Armin Klein

Kulturpolitik

Armin Klein

Kulturpolitik

Eine Einführung

3., aktualisierte Auflage

VS VERLAG FÜR SOZIALWISSENSCHAFTEN

Bibliografische Information der Deutschen Nationalbibliothek
Die Deutsche Nationalbibliothek verzeichnet diese Publikation in der
Deutschen Nationalbibliografie; detaillierte bibliografische Daten sind im Internet über
<http://dnb.d-nb.de> abrufbar.

3., aktualisierte Auflage 2009

Alle Rechte vorbehalten
© VS Verlag für Sozialwissenschaften | GWV Fachverlage GmbH, Wiesbaden 2009

Lektorat: Frank Engelhardt

VS Verlag für Sozialwissenschaften ist Teil der Fachverlagsgruppe
Springer Science+Business Media.
www.vs-verlag.de

Umschlaggestaltung: KünkelLopka Medienentwicklung, Heidelberg
Druck und buchbinderische Verarbeitung: Krips b.v., Meppel
Gedruckt auf säurefreiem und chlorfrei gebleichtem Papier
Printed in the Netherlands

ISBN 978-3-531-15926-3

Inhaltsverzeichnis

Für wen und wozu dieses Buch?

„Weiß einer, was das überhaupt ist?" fragte vor einigen Jahrent provozierend
der Journalist Mark Siemons im Feuilleton der *Frankfurter Allgemeinen Zeitung* hinsichtlich des von ihm so genannten „Partythemas ‚Kulturpolitik'".
Anlässlich des seinerzeit aktuellen Amtsantritts eines rot-roten Senats in Berlin und dessen Sparzwängen, die auch vor Kunst und Kultur nicht Halt machen
wollten, fordert er ganz grundsätzlich, „eine öffentliche Debatte darüber zu beginnen, was ‚Kulturpolitik' überhaupt ist und nach welchen Kriterien sie
agieren könnte." Er beklagt: „Der Nachteil ist, dass niemand weiß, wovon eigentlich die Rede ist. Denn alle sind sich heute darüber einig, dass sich die
Politik kein ästhetisches Urteil anmaßen darf und erst recht kein politisches
darüber, welche Kunst als förderungswürdig gelten sollte und welche nicht.
Die Künste als halbwegs autonome Sphäre der Nichtentfremdung sollen nicht
funktionalisiert, für außerhalb ihrer Eigengesetzlichkeit liegende Zwecke gebraucht werden. Die Politik, so sagt man gerne, soll nicht selbst Kultur machen, sondern Kultur ermöglichen und dafür das nötige Geld bereitstellen.
Die Kultur darf nicht zum Mittel werden. Sie ist doch das Ziel. Es liegt auf
der Hand, dass solche gut gemeinten Formulierungen nichts anders als ein
Sophismus sind, eine unredliche Verschleierung der Tatsache, dass ‚Kultur'
keinen homologen Begriff darstellt."
Und Siemons fragt weiter: „Weshalb lässt sich die Öffentlichkeit gleichwohl so bereitwillig auf die Illusion ein, Kulturpolitik sei nichts anderes als
Management, und hält sich fortlaufend mit der Beurteilung von dessen professioneller Qualität bei Laune? Weshalb wird nicht auch hier die in anderen
politischen Bereichen selbstverständliche Transparenz eingefordert? Offenbar
ist ‚Kultur' im allgemeinen Bewusstsein das, was sich wegen seiner puren
Anwesenheit von selbst versteht und über das daher nicht mehr gesprochen
zu werden braucht. Auf der anderen Seite ist sie alles, worüber überhaupt gesprochen werden kann: Die ganze Welt, von den ‚lebensweltlichen' Milieus
bis zur Politik, kann in Zeichen aufgelöst werden, über die sich geschmäcklerisch diskutieren lässt. Beides hat dieselbe Wurzel: Da die ‚Kultur' für das
Ganze genommen wird und insofern nicht mehr zu den anderen Elementen
des Lebens in Beziehung gesetzt werden kann, ist sie sprachlos in ihrer

Selbstverständlichkeit und jeder Begründungspflicht enthoben."[1] Mark Siemons wirft hier einige sehr gewichtige Fragen auf, von denen dieses Buch handeln wird.

Sie sind indes keineswegs neu, denn schon vor über fünfzehn Jahren hatte Gerhard Schulze in seinem kultursoziologischen Bestseller *Die Erlebnisgesellschaft* in ganz ähnlicher Manier der Kulturpolitik heftig die Leviten gelesen. „Kulturpolitik kann einen generellen Respekt vor allem, was ‚Kultur‘ genannt wird, für sich in Anspruch nehmen. Sie profitiert von einer kollektiven Billigung, die zumindest den Charakter einer generellen Harmlosigkeitsvermutung hat, meist aber weiter geht und in ‚Kultur‘ einen der wenigen sicheren Werte an sich sieht, selbst dann, wenn sie negativ erlebt wird – ‚was soll’s, es ist eben Kunst.‘"[2]

Dieser „Harmlosigkeitsvermutung" bzw. dem konstatierten „Rechtfertigungskonsens" stellt Schulze provokant seine These entgegen: „Zu sehr ist Kulturpolitik aber aus der ursprünglichen Marginalität herausgewachsen, als dass man sie folgenlos träumen lassen könnte, soviel sie will; zu sehr wird ihr inzwischen Verantwortung nicht nur zugestanden, sondern zugeschoben. Ein Rechtfertigungskonsens hat sich etabliert: Kulturpolitik ist gut. Kulturpolitik verdient jedoch dieselbe skeptische Distanz wie jeder andere Versuch, in das Alltagsleben oder in die Natur einzugreifen."[3]

Und weiter: „Die Klage über unzureichende Kuletats ist nicht etwa ein Zeichen kulturpolitischen Niedergangs, sondern eines Booms. Immer kulturhungriger und anspruchsvoller wird die Öffentlichkeit allmählich sensibel gegenüber einem Politikbereich, der noch vor wenigen Jahrzehnten nicht einmal als eigenes Ressort eingerichtet war. Kulturpolitik wurde zwar bereits gemacht, als noch niemand davon sprach, verändert hat sich jedoch ihre kommunalpolitische Bedeutung. Seit ihren Anfängen in der Nachkriegszeit rückt die Kulturpolitik immer mehr von der Peripherie zum Zentrum vor. Die voranschreitende Institutionalisierung der Kulturpolitik konkretisiert sich vielfältig. Nach den kulturpolitischen Gründerjahren gibt es allenthalben Kulturämter, Kulturreferenten, Kuletats, Kulturstatistiken, Kulturentwicklungsplanungen."[4]

Was Schulze hier für die kommunale Ebene konstatiert, lässt sich auf die Ebene der Länder, ja sogar auf die des Bundes übertragen. Fand Länderkulturpolitik bis in die siebziger Jahre noch als quasi (Unter-)Abteilung der hauptsächlich für die Schulen und Hochschulen zuständigen *Kultus*ministerien statt, so wurden seit den achtziger Jahren bundesweit eigenständige *Ministerien für Wissenschaft und Kunst* gegründet. Zwar gibt es – vor allem

1   Siemons, Mark (2002): Black Box, Status quo. Partythema ‚Kulturpolitik‘: Weiß einer, was das überhaupt ist? In: *Frankfurter Allgemeine Zeitung* vom 3.5.2002
2   Schulze, Gerhard (1992): Die Erlebnisgesellschaft. Kultursoziologie der Gegenwart, Frankfurt/M./New York S. 513
3   Schulze (1992) S. 496
4   Schulze (1992) S. 495

wegen der Kulturhoheit der Länder – auf Bundesebene bislang zwar noch keinen Bundeskulturminister, wohl aber seit 1998 eine(n) *Beauftragte(n) der Bundesregierung für die Angelegenheiten der Kultur und der Medien* im Range eines Staatsministers bzw. einer Staatsministerin im Bundeskanzleramt.

Angesichts dieser erfreulichen zunehmenden Etablierung der Kulturpolitik als eigenständiges Politikfeld verwundert es umso mehr, dass es zwar eine kaum mehr zu überblickende Vielzahl von Einzelstudien und Fachpublikationen zu Detailfragen der Kulturpolitik gibt[5] – aber kaum eine grundlegende Einführung, die über dieses Politikfeld zusammenfassend informiert. Die beiden Taschenbücher von Hans-Georg Wehling[6] und Wolfgang Lipp[7] aus den späten achtziger Jahren, die beide den Titel „Kulturpolitik" tragen, sind schon seit langem nicht mehr lieferbar. 2007, nach der 2. Auflage des vorliegenden Buches, erschienen in der Reihe *Elemente der Politik* von Max Fuchs das knappe Büchlein „Kulturpolitik"[8] sowie von Wolfgang Schneider: „Grundlagentexte zur Kulturpolitik. Eine Lektüre für Studium und Beruf"[9]. 2009 schließlich erschien von Olaf Schwencke, Joachim Bühler und Marie Katharina Wagner: „Kulturpolitik von A-Z. Ein Handbuch für Anfänger und Fortgeschrittene"[10]. Unter inhaltlichen Gesichtspunkten ist besonders deutsam Oliver Scheytt: „Kulturstaat Deutschland", ein Plädoyer für eine aktivierende Kulturpolitik.[11]

Bemerkenswert scheint auch, dass das Politikfeld „Kulturpolitik" in der universitären Forschung und Lehre speziell der dafür zuständigen, etablierten Politikwissenschaften kaum eine Rolle spielt. So schreibt der Politikwissenschaftler Klaus von Byme in *Kulturpolitik und nationale Identität*, einer der ganz wenigen Fachpublikationen aus dieser Disziplin zum Thema: „Kulturpolitik wird überwiegend als überdehnter Begriff von den Kulturwissenschaftlern benutzt. Politikwissenschaftler haben dieses Politikfeld (...) meist anderen Disziplinen überlassen."[12]

5   Einen recht guten Überblick geben die beiden Bibliographien: Institut für Kulturpolitik / Kulturpolitische Gesellschaft: Bibliographie Kulturpolitik (1998): 1970-1997, Bonn/Essen sowie Bibliothek des Deutschen Bundestages (2003): Kultur in Deutschland (Auswahlbibliographie; Aktuelle Bibliographien der Bibliothek Nr. 15; Redaktionsschluss 22. September 2003); über aktuelle Publikationen informieren die *Kulturpolitischen Mitteilungen* (vierteljährlich) sowie das Jahrbuch für Kulturpolitik (jährlich).

6   Wehling, Hans-Georg (1989): Kulturpolitik, Stuttgart

7   Lipp, Wolfgang (1989): Kulturpolitik, Berlin

8   Fuchs, Max (2008): Kulturpolitik (Elemente der Politik); Wiesbaden

9   Schneider, Wolfgang (2007): Grundlagentexte zur Kulturpoliti. Eine Lewktüre für Studium und Beruf, Hildesheim

10   Schwencke, Olaf, Joachim Bühler und Marie Katharina Wagner: Kulturpolitik von A-Z. Ein Handbuch für Anfänger und Fortgeschrittene, Berlin 2009

11   Scheytt,Oliver: Kulturstaat Deutschland. Plädoyer für eine aktivierende Kulturpolitik, Bielefeld 2008

12   Beyme, Klaus von (1998): Kulturpolitik und nationale Identität. Studien zur Kulturpolitik zwischen staatlicher Steuerung und gesellschaftlicher Autonomie, Opladen/Wiesbaden S. 7

Diese Lücke möchte vorliegendes Buch schließen.[13] Dass hierfür ganz offensichtlich ein recht großes Bedürfnis besteht, mag die Tatsache verdeutlichen, dass dieses Buch bereits seine dritte, aktualisierte Auflage erlebt.

Das Buch richtet sich zum einen an alle jene, die aktiv in der Kulturpolitik tätig sind: an die ehrenamtlich als Gemeinderatsmitglieder oder als sog. Sachkundige tätigen Bürgerinnen und Bürger in den entsprechenden Kulturausschüssen, Parteien und sonstigen Gremien, zum anderen an die von der Kulturpolitik gleichsam „Betroffenen" in Kultureinrichtungen wie Theatern, Museen und Ausstellungshäusern, in Bibliotheken, Musikschulen und Volkshochschulen, in Vereinen oder Verbänden. Es wendet sich ebenso an die vielen Hauptamtlichen in der Kulturpolitik und in der Kommunalverwaltung, die mehr darüber wissen möchten, wie Kulturpolitik „eigentlich funktioniert".

Es wendet sich aber ebenso an die vielen Studierenden dieser Fachrichtung, die sich in entsprechenden Studiengängen an Universitäten und Fachhochschulen in ihren Seminaren und Vorlesungen direkt mit Kulturpolitik befassen oder Kulturmanagement, Kulturarbeit, Kulturpädagogik usw. studieren – Berufsfelder, für die die Kulturpolitik in Deutschland nach wie vor die zentralen Rahmenbedingungen setzt.

Das Buch ist geschrieben von einem „gelernten" Politikwissenschaftler, der sich in seinem eigenen Studium intensiv theoretisch damit beschäftigt hat „was Politik ist und wie sie gemacht wird"[14]. So mag man das teilweise etwas akademische Bemühen im ersten Kapitel erklären, den Begriffen doch gründlicher nachzuspüren, als dies beim eingangs explizit so genannten „Partythema" Kulturpolitik sonst üblich ist. Dies gilt sowohl für den Begriff der „Politik", der in Deutschland stets bestimmte, keineswegs immer positive Konnotationen hat. Und dies trifft umso mehr für den Begriff der „Kultur" zu, der hierzulande – deutlich anders als beispielsweise in England, Frankreich oder den USA – normativ besetzt ist. Auch wenn der eilige Leser geneigt sein mag, diese eher theoretischen Erörterungen zu überschlagen, sei er nach-

---

13 Als erster Vorläufer dieses Buches kann der 1994 gemeinsam mit Werner Heinrichs, verfasste Studienbrief *Kulturpolitik* (im Rahmen der *Kulturwissenschaftlichen Weiterbildung der Fernuniversität Hagen)* gelten. Hierauf basierte dann der von mir verfasste Studienbrief *Kulturpolitik und Ziele kulturellen Handelns* (2002/ aktualisiert 2008) des Autors im *Master-Aufbaustudiengang Kulturmanagement der PH Ludwigsburg.* Eine weitere wichtige Grundlage ist das ebenfalls gemeinsam mit Werner Heinrichs im Jahr 2001 in zweiter Auflage veröffentlichte, *Kulturmanagement von A-Z* (München 2001), auf dessen Stichworte im Text immer wieder verwiesen wird. Und viele wichtige Anregungen konnten schließlich aus den beiden Publikationen von Werner Heinrichs *Kulturpolitik und Kulturfinanzierung* (München 1997) und *Kommunales Kulturmanagement* (Baden-Baden 1999b) gewonnen werden, zwei wichtige Veröffentlichungen, auf die der interessierte Leser hier ausdrücklich verwiesen sei. Hinzu kommen zahlreiche Gespräche und Anregungen von den vielen Studentinnen und Studenten, die sich im Rahmen ihres Studiums mit dem so spannenden Feld der Kulturpolitik auseinander setzten.

14 So der Untertitel einer Studie meines akademischen Lehrers Hans Buchheim, dem ich sehr viel für das Verständnis von Politik verdanke und auf dessen einschlägigen Publikationen ich im Text immer wieder verweisen werde.

drücklich darauf hingewiesen, dass die allzu schnelle und vor allem unreflektierte Übernahme von kulturpolitischen Instrumenten bzw. „Erfolgsrezepten" aus den angelsächsischen Ländern mit ihren so gänzlich anderen Traditionen und Verständnissen sowohl von „Politik" wie „Kultur" ausgesprochen problematisch ist. Erst auf der Basis des genaueren Verständnisses der spezifischen Entwicklung sowohl in Deutschland wie in den anderen Ländern können kulturpolitische Konzepte und Instrumente adaptiert werden. Auch hier gilt: Kapieren geht über Kopieren!

Der Autor hatte über diesen akademischen Zugang zur Politik hinaus die Möglichkeit, mehr als dreizehn Jahre in der praktischen Kulturpolitik einer Stadt zu erleben, wie weit die theoretischen Entwürfe in der Realität tragen, d. h. wie Kulturpolitik *tatsächlich* funktioniert (und dabei auch, dass die stets hehren Zielsetzungen nicht selten scheitern – frei nach dem Satz, wenn schöne Ideen auf die harte Wirklichkeit prallen, es selten die Wirklichkeit ist, die sich blamiert![15]). Nach diesen Lehr- und Wanderjahren in der kulturpolitischen Wirklichkeit wieder im Hochschulbetrieb gelandet, wird mit diesem Buch die Hoffnung verbunden, dass es ein nützliches Hilfsmittel ist für alle, die Kulturpolitik machen und/oder sie besser verstehen wollen.

Die kulturpolitische Realität unterliegt wie alle politische Realität – neben einigen grundlegenden Konstanten – immer wieder dem Wandel und dem Wechsel: Akteure wechseln, Zahlen verändern sich, Institutionen entstehen neu, andere verschwinden. So sehr sich dieses Buch um Aktualität bemüht, so ausdrücklich sei doch darauf verwiesen, dass beispielsweise in jedem Jahr neue Haushaltsdaten vorliegen, sich politische Förderprogramme verändern, politisches Personal wechselt. Deshalb wird so weit wie möglich auf Internetadressen verwiesen, bei denen der tagesaktuelle Stand abrufbar ist. Die in diesem Buch gegebenen Informationen entsprechen daher dem Stand des Frühjahrs 2009.

Zu danken habe ich – wie so oft – Frau Ulrike Moser, die dafür Sorge getragen hat, dass der Text in eine ordentliche äußere Form gekommen ist.

---

15   Sehr lesenswert hierzu die versammelten Erfahrungen, die der Essener Kulturdezernent und
      Präsident der *Kulturpolitischen Gesellschaft*, Oliver Scheytt, zusammengetragen hat:
      Scheytt, Oliver (Hrsg.) (2001):Was bleibt? Kulturpolitik in persönlicher Bilanz, Bonn/Essen.

11

1 Was verstehen wir unter „Politik", was unter „Kultur", was unter „Kulturpolitik"?

1.1 Beispiele aus der alltäglichen Praxis zum Einstieg

Bevor die Themenbereiche „Kultur", „Politik" und ihre Verbindung – die „Kulturpolitik" – grundsätzlich behandelt werden, soll das Themenfeld zunächst anhand einiger praktischer Beispiele skizziert werden, die indes schon einige Hinweise auf das in Rede Stehende geben können und sollen.

Beispiel 1. In einer Stadt gründet sich ein selbstverwaltetes soziokulturelles Zentrum. Da die Initiatoren sich von ihrem Selbstverständnis her bewusst von der etablierten kommunalen Kulturpolitik abgrenzen wollen, verzichten sie zunächst stolz auf jedwede städtischen Zuschüsse. Da nach einigen Jahren aber deutlich wird, dass die hochgesteckten Ziele der Eigenfinanzierung nicht zu realisieren sind, entschließt sich der Vorstand des Zentrums, einen Zuschuss bei der Kommune zu beantragen.

Im Rahmen der jährlichen Haushaltsberatungen soll ein Antrag auf Zuwendungen zu den laufenden Kosten gestellt werden. Durch diesen Vorgang wird jetzt auf einmal ein Problem, das bislang ein rein *vereinsinternes* (nämlich das des soziokulturellen Zentrums) war, zu einem *politischen*. Von den Zielvorstellungen und der personellen Zusammensetzung des Vereins her gibt es eine starke Affinität zu einer ganz bestimmten, im Stadtparlament vertretenen Partei. Diese hat die verstärkte Förderung der Soziokultur in ihr Parteiprogramm aufgenommen.

Zu den anderen Parteien gibt es eine mehr oder weniger größere Distanz. Deshalb wird der Antrag nur an diejenige Partei gestellt, der man sich inhaltlich und personell verbunden fühlt. Diese bringt den Antrag in die jährlichen Haushaltsberatungen ein. Er wird jedoch prompt abgelehnt, da sich die Fraktion in der Opposition befindet. Im Verein entbrennt daraufhin eine heftige Diskussion. Die eine Gruppierung wirft dem Vorstand vor, er habe sich total „unpolitisch" verhalten, da er nur an eine Fraktion herangetreten sei, die noch dazu in der Opposition ist. Die andere Gruppe im Vorstand wittert Verrat am „Selbstverständnis" und der „Identität" des Zentrums, wenn auch mit den anderen Fraktionen verhandelt wird.

Nach einiger Zeit werden die Probleme jedoch immer drängender. Die bisherigen ABM-Stellen laufen aus, die Inneneinrichtung des Zentrums muss erneuert werden, das Interesse der Bevölkerung an den Angeboten ist so groß, dass die bislang ehrenamtlich Tätigen die Arbeit nicht mehr alleine bewerkstelligen können usw. Der Vorstand beschließt nach heftigen Diskussionen, erneut einen städtischen Zuschuss zu beantragen.

Aus der Erfahrung klug geworden, sucht man nun das Gespräch mit allen Fraktionen. Die Argumentationspalette wird darüber hinaus deutlich erweitert.

- So wird z. B. darauf hingewiesen, welche wichtigen jugendpolitischen Aufgaben das Zentrum als Treffpunkt erfüllt.
- Akribisch werden Besucherzahlen zusammengestellt, die sich durchaus mit anderen, kommunal unterstützten kulturellen Institutionen wie dem Theater oder dem Kunstverein messen können.
- Anhand von Presseartikeln wird die starke überlokale Resonanz der einzelnen Veranstaltungen dokumentiert.
- Es wird betont, welch wichtiges Angebot das Zentrum gerade für die über 18.000 Studenten der Universität bietet, auf die die Stadt aus wirtschaftlichen Gründen dringend angewiesen ist.
- Es wird erwähnt, dass das Zentrum immerhin fünf Vollzeitstellen sowie drei anerkannte Arbeitsplätze für Zivildienstleistende geschaffen hat.
- Die Zitierung der verschiedenen kulturpolitischen Programme auf Bundesebene lässt darüber hinaus deutlich werden, welch große Bedeutung alle Parteien mittlerweile der Soziokultur beimessen usw.

In den Gesprächen mit den einzelnen Fraktionen, mit denen nun auch der persönliche Austausch gesucht wird, wird sehr schnell deutlich, dass bei deren jeweiligen politischen Zielsetzungen jeweils ganz unterschiedliche Aspekte und Interessen im Vordergrund stehen. So sehen die einen eher die kulturellen Perspektiven, andere heben mehr sozial- und jugendpolitische Gesichtspunkte hervor, wieder andere betonen den Imagefaktor Kultur usw.

Das Eingehen auf diese Argumente und ihre Verstärkung durch das Nachreichen entsprechender Materialien durch den Vorstand ermöglicht den verschiedenen Fraktionen, sich wenn schon nicht mit allen, so doch mit jeweils bestimmten Aspekten des soziokulturellen Zentrums zu identifizieren. Die Fraktionen nehmen die einzelnen, von ihnen akzeptierten Erwartungen in ihre Antragsbegründungen gegenüber dem Gemeinderat auf. So findet sich, mit teilweise ganz unterschiedlichen Begründungen, schließlich eine Allianz von Fraktionen, die dem Zuschussantrag zustimmen. Der Vorstand ist stolz, einen „politischen" Sieg erreicht und die Weiterarbeit des Vereins gesichert zu haben.

Ein zweites Beispiel: Eine Stadt unterhält gemeinsam mit dem Bundesland eine Landesbühne in der Rechtsform einer GmbH. Auf der Basis der entsprechenden Gesellschafter- und Theaterverträge sowie langfristiger, in der Gesellschafterversammlung beschlossener Wirtschaftspläne, verpflichten sich die beiden Partner (Stadt und Land), die finanziellen Grundlagen der Landesbühne durch jährliche Zuwendungen (inklusive Erhöhungen aufgrund von Tarifverträgen und allgemeiner Kostensteigerungen) zu sichern. Die Kulturverwaltung nimmt jedes Jahr die entsprechenden Ansätze des Wirtschaftsplanes der GmbH in den von ihr aufzustellenden kommunalen Kulturhaushalt (den sog. *Einzelplan 03*) auf. Den beschließenden Gemeinderäten bleibt somit kein Spielraum, diesen Ansatz zu verändern, ohne die geschlossenen Verträge zu verletzen. Wird Kulturpolitik in diesem Falle zu reinem Verwaltungshandeln?!

In der gleichen Stadt hat sich ein freies, professionelles Theater mit dem Wohlwollen des Kulturdezernenten, der einen städtischen Raum für Proben und Aufführungen kostenlos zur Verfügung stellt, gegründet. Um ihre Existenz als professionelles Theater aufrechtzuerhalten, beantragt die Theatertruppe einen jährlichen Barzuschuss von der Kommune. Im Stadtparlament und im Kulturausschuss entbrennt daraufhin eine heftige Diskussion, ob es sinnvoll sei, ein zweites Theater vor Ort dauerhaft finanziell zu fördern und somit zu etablieren – wird die Existenz des Theaters wiederum zur (kultur-)politischen Frage?!

Dem Beschluss, einen Theater- und Gesellschaftervertrag mit dem Land zur Etablierung einer Landesbühne zu schließen, war vor vielen Jahren ebenfalls eine engagierte kulturpolitische Debatte zwischen den Fraktionen im Gemeinderat vorausgegangen. Während die einen die Position vertraten, die Stadt solle sich auf den Unterhalt eines reinen Stadttheaters (mit dann notgedrungen freiwilligen Zuschüssen des Landes) beschränken, meinten die anderen, es sei aus organisatorischen und finanziellen Gesichtspunkten sinnvoller, ein Landestheater mit langfristiger und fester, d. h. vertraglich geregelter finanzieller Beteiligung des Landes zu gründen. Die Befürworter setzten sich in der parlamentarischen Schlussabstimmung durch, und der Theatervertrag wurde mit einer Laufzeit von zunächst zehn Jahren abgeschlossen. Ohne fristgerechte Kündigung wird sich der Vertrag automatisch verlängern.

Das Beispiel des Landestheaters zeigt, wie also eine ursprünglich (kultur-)politische Frage nach erfolgter Entscheidung zu einer Frage des Verwaltungshandelns wird. Zum Zeitpunkt einer möglichen Kündigung kann die Sache allerdings durchaus wieder zu einer politischen Frage werden. Denn dann entbrennt von neuem eine eigentlich bereits entschiedene Diskussion mit mehr oder weniger offenem Ausgang über die Zukunft des Theaters. Im Fall der freien Theatergruppe, der nur ein jeweils jährlich neu zu beschließender Zuschuss gewährt wird, ohne dass damit eine langfristige vertragliche Bindung verknüpft ist, handelt es sich um eine – mehr oder weniger – permanente politische Frage, da sie im Jahresrhythmus neu entschieden werden muss. Ein Beispiel aus dem Alltag berichtet Wolfgang Schneider: „Die städtische Förderung der freien Theatergruppen in Frankfurt am Main soll 2004 um zehn Prozent, das sind 200.000 Euro, gekürzt werden. Während der Kulturdezernent mit den freien Theatern streitet, gleicht sein Magistratskollege, der Kämmerer, mit einer so genannten Mehrkostenvorlage den Haushalt der *Städtischen Bühnen*, aus, der um 700.000 Euro überzogen wurde."[16]

Der Soziologe Gerhard Schulze spricht in diesem Zusammenhang vom „Rationalitätstypus *korporativer Selbsterhaltung*", der in öffentlich getragenen Kultureinrichtungen vorherrscht und schreibt im Vergleich zu einem privatwirtschaftlich organisierten (Kultur-)Betrieb: „Während aber eine Korporation, die ihr Überlebensproblem nicht zu lösen vermag, unbeschadet der Qualität ihrer Angebote verschwinden muss, kann eine Korporation ohne kulturpolitischen Wert sehr wohl jahrzehntelang weiterexistieren, wenn sie mit guten Überlebensstrategien arbeitet."[17]

Als solche „Überlebensstrategien" öffentlich getragener oder geförderter Kulturkorporationen beschreibt Schulze u. a. die „Beschaffung von Legitimität" durch die „Anerkennung als wertvoll und förderungswürdig", die „informalen Beziehungen zu administrativen Handlungsträgern" (d. h. ein „guter Draht der Initiatoren zum richtigen Schreibtisch") und schließlich und vor allem „das erreichte Ausmaß von institutioneller Verfestigung": „Im Laufe der Jahre werden Etatzuweisungen, Stellenkontingente, Gebäude und langfristiges Personal allmählich zu politischen Selbstverständlichkeiten mit einer Eigendynamik des Fortbestehens".

Dadurch wird es kaum möglich, eine öffentlich getragene Kultureinrichtung – mag ihr Tun und Treiben noch so sinnlos sein – zu schließen, denn öffentliche Kulturbetriebe haben, „wie fast alles in Deutschland einen *strukturellen Ewigkeitscharakter* – weil hierzulande alles immer gleich ‚Dienst' ist. Und da kaum noch etwas nicht ins Öffentliche drängt, ist fast alles ‚öffentlicher Dienst'."[18] Es lohnt sich also schon, ein bisschen darüber nachzudenken, wie Politik funktioniert!

1.2 Was verstehen wir unter „Politik"?

Was meinen wir eigentlich damit, wenn wir sagen: „Das ist eine politische Frage"? Wie verhält sich jemand, den wir als „politischen Kopf" bezeichnen? Wie handelt jemand, von dem wir behaupten, er verhalte sich „völlig unpolitisch"? Der Soziologe Max Weber fragte bereits 1919 in seinem berühmten Vortrag *Politik als Beruf*: „Was verstehen wir unter Politik? Der Begriff ist

---

16 Schneider, Wolfgang (2004): Umsturz? Umbruch? Umgestaltung! Überlegungen zur Neustrukturierung der deutschen Theaterlandschaft. In: Jahrbuch für Kulturpolitik 2004. Thema: Theaterdebatte, Essen S. 238
17 Schulze (1992) S. 504
18 Stadelmaier, Gerhard: Adieu, Dinosaurier. Abwicklung West: Nachruf auf das Schiller-Theater. In: *Frankfurter Allgemeine Zeitung* vom 24.6.1993

außerordentlich weit und umfasst jede Art selbstständig leitender Tätigkeit. Man spricht von der Devisenpolitik der Banken, von der Diskontpolitik der Reichsbank, von der Politik einer Gewerkschaft in einem Streik, man kann sprechen von der Schulpolitik einer Stadt- oder Dorfgemeinde, von der Politik eines Vereinsvorstandes bei dessen Leitung, ja schließlich von der Politik einer klugen Frau, die ihren Mann zu lenken trachtet."[19] Es kommt also darauf an, den Begriff genauer zu fassen. Das, was wir im Alltagshandeln so selbstverständlich als „politisch" bezeichnen (und glauben damit schon recht genau zu wissen, was wir damit meinen), soll in einem ersten Schritt genauer analysiert werden.

Die verschiedenen Dimensionen, die sich – wie im Zitat von Max Weber dargestellt – im Alltagsverständnis von Politik finden, schlagen sich auch in den wissenschaftlichen Definitionen von Politik nieder. Unter der bezeichnenden Überschrift „Verwirrung" schrieb der Politikwissenschaftler Dolf Sternberger in seiner klassischen Studie *Drei Wurzeln des Politischen* ganz ähnlich wie Max Weber: „Was wir ‚politisch' nennen, ist offenbar nicht von einerlei Art".[20] Offensichtlich gibt es ganz unterschiedliche Ebenen und Aspekte des Politikbegriffs.

Politik als Verhalten

Wenn bei Max Weber von der Politik einer klugen Frau, die ihren Mann zu lenken trachtet, die Rede ist, wenn im Beispiel des ersten Antrages des soziokulturellen Zentrums der Vorwurf erhoben wird, der Vorstand habe sich total unpolitisch verhalten, so ist in diesen Fällen damit zunächst ein ganz bestimmtes menschliches *Verhalten* angesprochen, das in bestimmten Situationen zum Tragen kommt, nämlich in der Interaktion mit anderen. Allerdings handelt es sich (sieht man von dem erwähnten Beispiel der klugen Frau ab), nicht um private Interaktion, sondern um eine soziale.

Es ist hier also nicht irgendein Verhalten oder Handeln – wie beispielsweise das Lesen eines Buches, das Joggen im Wald oder das Lösen eines Kreuzworträtsels – angesprochen, sondern ein Handeln, das *auf andere bezogen* ist. Darüber hinaus ist es ein zielgerichtetes, also *intentionales* Handeln: Man möchte nämlich durch sein entsprechendes Handelns etwas ganz bestimmtes erreichen oder durchsetzen. Die Frau will möglicherweise ihren Mann beeinflussen, endlich mit Sport anzufangen; der Kommunalpolitiker seine Ziele hinsichtlich des Baus einer Umgehungsstraße erreichen; das soziokulturelle Zentrum Zuwendungen für seine Programmarbeit bekommen usw.

---

19   Weber, Max (1992; erstmals 1919): Politik als Beruf, Stuttgart S. 5
20   Sternberger, Dolf (1984): Drei Wurzeln des Politischen, Frankfurt/M. S. 19

Diesen jeweils eigenen Zielen stehen nun allerdings häufig mehr oder weniger ebenso berechtigte Interessen anderer Menschen gegenüber: Der Mann will sich vielleicht nicht so lenken lassen, wie seine Frau es will („Was, schon wieder laufen?"), der Kommunalpolitiker muss mit gegenteiligen Auffassungen zurechtkommen („Eine Umgehungsstraße bedeutet den Tod des Einzelhandels im Dorf!") und mit den finanziellen Wünschen des soziokulturellen Zentrums konkurrieren andere Kultureinrichtungen, die ebenfalls Zuschussbedarf angemeldet haben usw. In nahezu jeder sozialen Interaktion treffen ganz unterschiedliche Intentionen aufeinander und bedürfen über kurz oder lang einer entsprechenden Regelung, d. h. es müssen Entscheidungen getroffen werden.

Diese oben beispielhaft angesprochenen Ziele und Intentionen sind allerdings ganz offensichtlich nicht durch Befehl, Anordnung, Erlass oder sonstige „eindeutigen" Maßnahmen oder gar physische Gewalt durchzusetzen und unterscheiden sich deshalb ganz wesentlich von diesen. Politische Entscheidungen, am Beispiel des soziokulturellen Zentrums oder der freien Theatergruppe wird dies deutlich, bedürfen – wie aufgezeigt – eines ganz bestimmten Vorgehens. Der oder die, die etwas erreichen möchten, bringen ihre eigenen Ziele und Intentionen in Vergleich zu denen anderer und überlegen sich, wie unter diesen situationellen Bedingungen zu handeln ist, um die jeweils eigenen Ziele möglichst optimal zu erreichen.

Der Politikwissenschaftler Hans Buchheim, der eine *Theorie der Politik*[21] entwickelt hat, schreibt hierzu: „Wer im Rahmen einer Interaktion eine Absicht verfolgt, für den erweisen sich die Absichten der anderen Beteiligten als Konditionen dieser seiner Absicht. Mit diesem Tatbestand muss der Betreffende, will er seinen Zweck erreichen, auf eine bestimmte Weise umgehen. Und zwar muss er die Absichten, Interessen, Vorstellungen und Eigenheiten der anderen in Rechnung stellen, muss ihnen Rechnung tragen. Er muss also die eigene Absicht gewissermaßen im Modus der Absichten etc. der anderen Beteiligten verfolgen."[22]

Ein solches Verhalten bzw. Handeln findet sich zunächst in vielen menschlichen Interaktionen. Auch ein geschickter Autoverkäufer, der seinem Kunden einen bestimmten Wagen verkaufen möchte, ein Familienvater, der seiner Familie ein bestimmtes Urlaubziel schmackhaft machen möchte, ein Bewerber für eine ausgeschriebene Stelle – sie alle werden sich einer ähnlichen Vorgehensweise bedienen. Auch hier kann, wenn nur dieses spezifische Verhalten betrachtet wird, von „politischem" Verhalten gesprochen werden – Max Webers Beispiel der „klugen Frau" betont diesen Aspekt jeder menschlichen Interaktion.

Das *Grimmsche Wörterbuch* von 1889 verzeichnet dementsprechend unter dem Stichwort „politisch" u. a.: „im allgemeinen Leben auch schlau, ver-

---

21 Buchheim, Hans (1991): Theorie der Politik, München
22 Buchheim, Hans (1993): Beiträge zur Ontologie der Politik, München S. 13

schlagen, listig, pfiffig". Der Begriff „politisch" erscheint hier als „eine subjektive Fähigkeit, ein Bündel von spezifischen Talenten des Verhaltens, und
nicht einmal nur solcher, die im öffentlichen, sondern auch solcher, die im
privaten (oder ‚allgemeinen‘) Leben vorkommen", wie Dolf Sternberger
schreibt.[23]

Diese *akteursbezogene, subjektive* Dimension gilt es stets weiter im Au-
ge zu behalten, auch wenn der Begriff des Politischen im Folgenden genauer
als *ein auf soziale Gebilde gerichtetes Verhalten* näher untersucht wird. In
dem Zitat von Max Weber ist allerdings, wenn etwa von der „Politik eines
Vereinsvorstandes bei dessen Leitung" die Rede ist, die Sphäre des bloß Privaten bereits verlassen und die des Sozialen erreicht.

Politik als auf soziale Gebilde bezogenes Verhalten

Buchheim schreibt über den erfolgreichen Politiker: „Die entscheidende Voraussetzung des Erfolges besteht für den Politiker darin, dass der Effekt dessen, was er tut, dem, was er beabsichtigt, möglichst nahe kommt. Der Ort, an
dem sich das entscheidet, ist die von Tag zu Tag, ja oft von Stunde zu Stunde
wechselnde *Situation*. (...) Je besser man diese erfasst, desto zuverlässiger
kann man sie beeinflussen, desto eher ist man imstande, das, was man selbst
will, zu verwirklichen."[24]

Dies bedeutet, „sich der vollen Wirklichkeit der Situation immer aufs
neue zu stellen; die gerade aktuellen Sorgen und Zwecke seiner Partner zu er-
mitteln; die Verschränkungen der Interessen und Interdependenzen der Macht-
verhältnisse zu erfassen; die Wechselwirkungen zu analysieren, in denen
Menschen und Mächte untereinander und mit dem eigenen Verhalten stehen;
die Nuancen zu registrieren, in denen sich das alles kontinuierlich verändert.
Es bedarf dazu einer wachen geistigen Präsenz, die sich nie darauf verlässt,
dass eine Lagebeurteilung, die gestern richtig war, auch heute noch zutrifft,
sondern in immer neu ansetzendem Bemühen, ihre Vorstellungen an den
Verhältnissen, wie sie sich im Augenblick darbieten, kritisch überprüft. Nur
so bewahrt sich die Politik davor, dass die Lösung eines politischen Problems, die gestern situationsgerecht war, zu Schablonen erstarrt und damit den
Blick auf die Möglichkeiten von heute verstellt."[25]

Wer eine Sache, ein – privates, gruppenspezifisches oder allgemeines –
Interesse verfolgt, muss und wird zunächst aus der Logik dieser Sache heraus, von der er überzeugt ist, seine Argumente entwickeln – etwa der Notwendigkeit und Vernünftigkeit der Einrichtung einer Landesbühne, eines so-

---

23 Sternberger (1984) S. 30
24 Buchheim, Hans (1967): Konrad Adenauer oder was Politik ist und wie sie gemacht wird. In:
   Neue Rundschau 38 S. 72
25 Buchheim (1967) S. 72

ziokulturellen Zentrums, einer freien Theatergruppe usw. Er betont in aller Regel also die spezifische Vernünftigkeit einer Angelegenheit, also die spezifische *Rationalität der Sache*, über deren Richtigkeit man seiner Auffassung nach sowieso nicht streiten kann („Warum es absolut Sinn macht, eine gemeinsam von Land und Stadt getragene Landesbühne einzurichten").

Nicht selten wird er jedoch feststellen, dass diese Sachrationalität nicht weit trägt und offensichtlich kaum ausreicht, da diese Rationalität auf – mehr oder weniger ebenso rational begründeten – Gegendruck stößt. So kann etwa eine rational geführte Gegenargumentation gewichtige Gründe vortragen, die gegen die Etablierung einer Landesbühne, einer freien Theatergruppe oder eines soziokulturellen Zentrums sprechen („Damit wird auf lange Zeit der Zuwendungsbedarf im Haushalt festgeschrieben und Innovationen sind kaum möglich."). Selbstverständlich stehen hinter diesen (Gegen-)Argumenten ebenfalls ganz handfeste Interessen, die in diese Argumentation offen oder verdeckt Eingang finden.

Es bedarf also in der Interaktion – und Politik ist ein Spezialfall menschlicher Interaktion – in den allermeisten Fällen einer zusätzlichen Rationalität – nämlich der bereits erwähnten *situativen Rationalität* –, die eben nicht aus der Sache selbst kommt, sondern aus dem *Zusammenspiel der verschiedenen Interessen* in der Interaktion resultiert. Denn es gibt nie die „Sache an sich", sondern jede Sache ist immer *jemandes* Sache! „Deshalb muss man, wenn man rational handeln will," schreibt Buchheim, „dem *Sinn*, den man selbst seinem Tun beilegt, misstrauen; man muss sich statt dessen jederzeit unvoreingenommen der Wirklichkeit der Situation stellen, um zu ergründen, welches Verhalten sie im Hinblick auf das erstrebte Ziel fordert. Wer das versäumt, erliegt seinem subjektiven Meinen, das ihm als ,theoretische Spekulation' den Blick auf das verstellt, was die tatsächlichen Umstände erfordern."[26] Das – letztendlich erfolgreiche – soziokulturelle Zentrum etwa argumentiert in den unterschiedlichen Zusammenhängen mit ganz verschiedenen Argumenten und ermöglicht so den einzelnen Fraktionen eine zumindest teilweise Identifikation mit den eigenen Intentionen.

„Mit dem Sinn, den eine Handlung wirklich hat," schreibt Buchheim weiter, „meint der Politiker nicht den, den sie im persönlichen Lebenskonzept besitzt, sondern den, der aus der verfolgten Zielsetzung *und* der Situation resultiert, unter deren Bedingungen man das Ziel zu erreichen sucht. Dieser Sinn stammt also ,zur Hälfte' aus der Einschätzung der Situation und ist, wenn das Handeln situationsgerecht erfolgt, wesentlich von der Situation mitbestimmt. Von den Faktoren, aus denen dieser Sinn sich ergibt, ist nur der eine, nämlich das gesetzte Ziel sicher zu bestimmen, während die Faktoren der Situation nur annäherungsweise erfasst werden können, wobei das Urteil, ob eine Entscheidung richtig war, nicht schon ,am Abend' des gleichen Tages

---

26   Buchheim (1967) S. 72

gefällt werden kann, sondern erst zu einem späteren Zeitpunkt, wenn man überblickt, welche Folgen sie hatte."[27]

Gerade diese – wenn man so will – *doppelte Sinnorientierung*, die sich zum einen aus dem persönlichen Sinn bzw. dem der „Sache" (*Sachrationalität*) als auch aus der Situation, also dem Zusammenspiel mit den jeweils anderen, ergibt (*Situationsrationaliät*), lässt für Viele – besonders die Freunde der sog. „klaren Verhältnisse" – Politik zu einem permanenten Ärgernis werden. Da von ihnen gerade diese *Situationsorientierung* – also das Eingehen auf die jeweiligen äußeren Bedingungen – sehr kritisch gesehen wird, lauten die oft gehörten Vorwürfe, „die Sache wird verwässert" oder „zerredet", die „Handelnden müssen sich permanent verbiegen", sich „verkaufen" und so wird Politik dann insgesamt schließlich zum „schmutzigen Geschäft".

Selten kommen diese – übrigens ganz spezifisch deutschen – Vorurteile so deutlich zum Ausdruck wie bereits vor dreihundert Jahren in den Versen des Epigrammatikers Friedrich von Logau (1604-1655), der selbst studierter Jurist und herzoglicher Kanzleirat war:

> Anders sein, anders scheinen/
> Anders reden, anders meinen,
> Wer sich dessen will befleißen,/
> Kann politisch heuer heißen.[28]

Diese gerade heute angesichts wachsender Politikverdrossenheit weit verbreitete Meinung (die sich allerdings leider oft genug auf Beispiele der täglichen Praxis berufen kann), verkennt dabei ganz entscheidend das zentrale Element des Politischen. Politisches Handeln heißt demgegenüber gerade nicht, dass „das auf die Wirklichkeit der Situation abgestimmte Handeln richtungslos wäre, ein Spielball nur der äußeren Umstände. Es ist vielmehr fest am Ziel orientiert; und in seinen Zielen manifestiert sich auch der Lebensentwurf, das Selbstverständnis eines Politikers. Aber der Sinn des einzelnen Schrittes auf das Ziel hin ist nicht von ihm allein zu bestimmen, sondern unterliegt der Wirklichkeit eines Zusammenlebens mit anderen, die keine geringere humane Würde besitzt, als das Konzept seines eigenen Lebens."[29]

Politik als machtorientiertes Verhalten

Politisches Verhalten ist ein bestimmtes, auf soziale Gebilde bezogenes Verhalten. Denn die Fähigkeit eines Menschen, etwas sozial – also im Zusam-

---

27 Buchheim (1967) S. 75
28 Zit. nach Sternberger (1984) S. 31
29 Buchheim, Hans (1977): Das Grundgesetz und das Konzept des modernen Verfassungsstaates, Mainz S. 75

menleben mit seinesgleichen – zu bewirken, ist ihm teils unmittelbar eigen, teils gewinnt er sie erst aus eben diesem Zusammenleben.[30] Um hier entsprechend zu differenzieren, kann man die erste Eigenschaft, die man durch sich selbst und unabhängig von anderen besitzt – etwa Muskelkraft, körperliche Gewandtheit, ein gutes Gedächtnis, Scharfsinn und Schlagfertigkeit – als „Stärke" bezeichnen.

Demgegenüber stehen ganz offensichtlich Eigenschaften, die sehr stark vom Verhalten anderer Menschen abhängig sind, etwa Sympathie, die einem entgegengebracht wird, Vertrauen, das man genießt, ein Zusammenstimmen von Interessen, das einem beim Verfolgen eigener Belange die Unterstützung anderer Leute verschafft usw. In diesen jeweiligen Fällen wächst einem das Vermögen, etwas sozial zu bewirken, aus der Einstellung und dem Verhalten anderer zu. Es bleibt davon allerdings auch abhängig – beziehungsweise von der Art und Weise, wie man selbst den anderen begegnet und mit ihnen umgeht. Solche Beziehungen müssen nicht positiv gemeint sein, auch die negative Einstellung oder Gleichgültigkeit anderer Menschen kann jemandes Potenzial vergrößern, etwa wenn sie vor ihm Angst haben oder wenn sie einfach bloß hinnehmen, was er tut, weil sie in Ruhe gelassen sein wollen.[31]

Dieses Vermögen, das aus der Interaktion mit anderen erwächst, wird – im Gegensatz zur eingangs dargestellten *Stärke* – „Macht" genannt. Macht gewinnt der oder die Einzelne also insoweit, als einem aus dem, was andere denken, wollen und tun, Förderung zuteil wird für das, was man selbst beabsichtigt und betreibt. Macht ist somit ein Vorrat an Möglichkeiten, die einem Menschen durch Einstellung und Verhalten anderer objektiv gegeben sind – umgekehrt aber aufgefasst als sein *subjektives* Vermögen.[32]

Max Weber fasst die Definition von „Macht" ähnlich: „Macht bedeutet jede Chance, innerhalb einer Beziehung den eigenen Willen auch gegen Widerstreben durchzusetzen, gleichviel, worauf diese Chance beruht."[33] Die „soziale Beziehung" findet sich auch in seiner Definition; in dem Wort „gleichviel" können allerdings auch all jene Attribute von Macht Eingang finden, die gemeinhin mit diesem Begriff assoziiert werden, etwa Geld, Landbesitz, berufliche Stellung usw. und die eher unter den Begriff der „Stärke" gefasst werden können. Entscheidend ist, dass auch bei Max Weber Macht nicht als etwas „Statisches", sondern als „Chance" verstanden wird, d. h. lediglich als „Potenzial", als „Möglichkeit", die stets (rück-)gebunden ist an die soziale Interaktion.

30   Buchheim (1993) S. 61
31   Buchheim (1993) S. 61
32   Buchheim (1993) S. 61
33   Weber, Max (1956): Wirtschaft und Gesellschaft, Tübingen S. 28

Politik als auf den politischen Verband bezogenes Verhalten

Bislang war noch kaum von jenem Bereich die Rede, der gemeinhin zuerst (und oft ausschließlich) mit dem Begriff der Politik in Verbindung gebracht wird: der Staat oder, allgemeiner gesagt, der politische Verband. Ausgangspunkt der bisherigen Überlegungen war zunächst das *individuelle*, dann *das auf soziale Gebilde bezogene Verhalten*. Diese Vorgehensweise scheint deshalb sinnvoll, weil ein – gerade in Deutschland – häufig-allzuhäufig anzutreffendes Missverständnis Politik unzulässig auf staatliches Handeln reduziert und dabei die individuellen bzw. kollektiven Einflussmöglichkeiten von sozialen Gruppen im gesellschaftlichen bzw. vorstaatlichen Bereich bei weitem unterschätzt.

Diese Fehleinschätzung ist nicht nur im Alltagsverständnis, sondern auch in der Wissenschaft zu finden. „Die meisten politischen Theorien vernachlässigen den Bereich der *Lebenswelt*. Das gilt nicht nur für die hochabstrakten Begriffe zur Analyse des politischen Ganzen wie ‚Staat' und ‚System'. In der Lebenswelt des Einzelnen spielt Politik eine verhältnismäßig unbedeutende Rolle. Verständnis für politische Prozesse kann deswegen nicht mehr unmittelbar aufgrund lebensweltlicher Zusammenhänge erfahrbar gemacht werden, sondern nur über Berührungspunkte von Lebenswelt und Politik vermittelt werden", schrieb schon vor Jahren der Politikwissenschaftler Klaus von Beyme.[34]

War dieser lebensweltliche Zusammenhang von Politik in der griechischen *polis*, also dem athenischen Stadtstaat, dem dieser Begriff entstammt und in dem Platon und Aristoteles ihre klassischen Politiktheorien entwickelten, aufgrund der räumlichen Überschaubarkeit und der engen Begrenzung der am politischen Prozess Beteiligten noch recht unmittelbar gegeben, so stellt sich dieses Verhältnis heute weit komplexer dar. Für viele zeigt sich der lebensweltliche Zusammenhang lediglich als, mehr oder minder, permanente *passive Betroffenheit von Politik* (bei der Kürzung der Sozialhilfe, bei der Einberufung zum Wehrdienst, bei der Erhöhung der Kindergartengebühren usw.) bzw. als reduzierte aktive Wahlhandlung (etwa bei Europa-, Bundes-, Landes- oder Gemeinderatswahlen). Dabei wird übersehen, dass ständig allgemeine gesellschaftliche Fragen zu politischen Fragen gemacht werden – und umgekehrt.

So wurde beispielsweise der Umweltschutz bis in die siebziger Jahre hinein kaum als staatliche Angelegenheit begriffen. Er galt vielmehr als individuelle Aufgabe (jeder möge doch bitte individuell seinen Abfall möglichst umweltfreundlich entsorgen) oder höchstens als kommunale Aufgabe (auf dieser Ebene wurden die ersten Umweltämter eingerichtet). Erst der Reaktorunfall von Tschernobyl Ende der 80er Jahr führte dazu, dass ein eigenes Umweltministerium auf Bundesebene eingerichtet wurde und aus dem staat-

---

34   Beyme, Klaus von (1985): Politik und Lebenswelt. In: *Funkkolleg Politik. Studienbegleitbrief 1*, Weinheim/Basel S. 19

lichen Gefüge heute kaum noch wegzudenken ist. Auch die endliche Durchsetzung der gesellschaftlichen Gleichberechtigung von Mann und Frau wurde lange Zeit nicht als eine staatliche, sondern als gesellschaftliche Aufgabe gesehen. Erst allmählich wurden zunächst wiederum auf kommunaler Ebene Gleichstellungsbeauftragte, dann auf Landes- und schließlich auf Bundesebene entsprechende Einrichtungen geschaffen.

Es wäre deshalb unzulässig, politisches Handeln lediglich auf staatliches Handeln zu reduzieren bzw. es aus diesem ableiten zu wollen, denn es gibt „fast keine Aufgabe, die nicht ein politischer Verband hier und da in die Hand genommen hätte, andererseits auch keine, von der man sagen könnte, dass sie jederzeit, vollends: dass sie immer ausschließlich denjenigen Verbänden, die man als politische, heute: als Staaten, bezeichnet, oder welche geschichtlich die Vorfahren des modernen Staates waren, eigen gewesen wäre" schrieb Max Weber bereits 1919.[35]

Das, was der Staat als seine Aufgabe ansieht, ist – mit einer allerdings entscheidenden Ausnahme, auf die unten einzugehen sein wird – nicht genuin festgelegt, sondern wird im gesellschaftlichen Diskurs entwickelt und schließlich als öffentliche bzw. als „Staatsaufgabe" beschlossen. In manchen Ländern baut der Staat Autobahnen, in anderen überlässt er dies Privatgesellschaften, die sich über entsprechende Nutzungsgebühren refinanzieren; in manchen Ländern unterhält der Staat Universitäten, in anderen überlässt er dies Privaten. Und in manchen Ländern kümmert sich der Staat sehr intensiv um die Pflege und Förderung von Kunst und Kultur – und in anderen überlässt er dies in weiten Teilen dem privaten Engagement, z. B. der Einzelnen, der Wirtschaft oder gesellschaftlichen Verbänden.

Politik als Ordnungsaufgabe

Zunächst existiert der Mensch in der Gesellschaft als Einzelner, als individuelle Person mit der ihm eigenen, unwiderrufbaren Würde. Er existiert allerdings nicht alleine, sondern stets im Zusammenleben mit anderen – sieht man einmal von der Ausnahme des Eremiten ab, der sich vollständig aus der sozialen Existenz zurückzuziehen versucht. Der Mensch erfährt die anderen Menschen einerseits als angenehme Bereicherung seiner eigenen Existenz, oft aber auch als (allzu) lästige Begrenzung seiner eigenen Selbstständigkeit. Der Philosoph Immanuel Kant hat dieses Spannungsverhältnis von Individualität und Sozialität plastisch in den „Antagonismus" (also den Gegensatz) der „ungeselligen Geselligkeit der Menschen"[36] gefasst. Dies bedeutet: „Wer sich selbst verwirklichen will, muss frei sein, um sich an seiner Besonderheit orien-

---

35 Weber (1992) S. 6
36 Kant, Immanuel (1978): Schriften zur Anthropologie, Politik und Pädagogik. Hrsg. von Willy Weischedel, Frankfurt/M. S. 37

tieren und so seine Individualität entfalten zu können. Ebenso wichtig ist aber (...), dass jeder von uns sich seiner Besonderheit nur bewusst werden und seine Individualität nur ausbilden kann im Zusammenleben mit anderen Menschen. *Es gibt keine Personalität ohne Sozialität.* Wer sich nicht dem Einfluss anderer öffnet, der kommt auch nicht zu sich selbst. Die Entfaltung der Besonderheit des Menschen erfolgt in der Orientierung an der Allgemeinheit, wie umgekehrt die Allgemeinheit, und damit ist hier das gemeinsame Leben der Menschen gemeint, entwickelt werden muss unter Achtung der Besonderheit der Einzelnen."[37]

Nun könnte, zumindest theoretisch, nahezu jedes einzelne Problem, das sich aus „diesem gemeinsamen Leben der Menschen" mit ihren ganz unterschiedlichen Intentionen ergibt, jeweils neu und aktuell behandelt und entschieden werden (und den in den siebziger Jahren entwickelten Modellen von Wohn- und Lebensgemeinschaften, von politischen Zusammenschlüssen, von soziokulturellen Zentren und freier Theaterarbeit schwebten solche Ideen durchaus vor). Doch die allgemeine Erfahrung, ja bereits der erste oberflächliche Blick auf das Zusammenleben der Menschen in ihrem engsten Umfeld zeigt, dass die und der Einzelne zumeist hilflos überfordert wären, müsste jede auftauchende Frage, vor allem aber die sich ständig wiederholenden Probleme, jeweils in allen ihren Aspekten aktuell und neu ausdiskutiert werden.

Die morgendliche Badezimmerbenutzung in einer mehrköpfigen Familie, das Verhalten im Straßenverkehr, die Regelung des Arbeitsablaufes in einem Betrieb, die Organisation des Freizeitlebens – sie alle unterliegen einer mehr oder minder ausformulierten Standardisierung, d. h. es wird irgendwann einmal eine mehr oder minder verbindliche Regelung getroffen, wie im konkreten Fall zu verfahren ist. Natürlich kann die Regelung der morgendlichen Badezimmernutzung täglich neu diskutiert werden: und die vielen familiären Konflikte, die sich stets aufs Neue an diesem Problem entzünden, zeigen, wie häufig diese Frage von den Einzelnen immer wieder neu „thematisiert" wird. Das Beispiel zeigt aber auch, welch zumeist unnötige Kraft und welcher emotionale Aufwand hier bereits in frühen Morgenstunden vergeudet wird.

Die andere Möglichkeit besteht darin, die Badezimmernutzung ein für allemal (d. h. zumindest bis zum nächsten Konflikt) zu regeln, etwa so: Zunächst geht der Vater, der als erster zur Arbeit muss, unter die Dusche, dann die Mutter, die die Kinder anzieht, anschließend die selbstständigen Schulkinder, dann die Kindergartenkinder, oder, unter anderen äußeren Umständen, vielleicht als erste die berufstätige Mutter, die die Kinder im Auto zur Schule mitnimmt und als letztes der Vater, der später ins Büro muss. Dieser Konflikt kann entweder autoritär entschieden werden (der Vater legt fest, wie es gemacht wird) oder er kann – etwa unter Hinweis auf äußere Erfordernisse – rational diskutiert und geregelt werden. Egal, nach welchem Modus die Re-

---

37 Buchheim (1977) S. 7

gelung getroffen wird, ob autoritär oder mehr oder weniger rational begründet bzw. demokratisch: Die Entscheidung sollte, einzig aus Gründen permanenter Konfliktvermeidung, von allen Betroffenen akzeptiert werden. Denn sie hilft, den eigenen Alltag zu organisieren und zu handhaben, d. h. sie ist primär handlungsentlastend und hält den Kopf frei für wahrscheinlich wichtigere Fragen.

Das Zusammenleben von Menschen im Alltag, in der Familie, im Freundeskreis, an der Arbeitsstelle, im Kindergarten und der Schule, aber auch in der Kommune, im Land, im Bund, ja weltweit ist permanent einer Vielzahl von Entscheidungssituationen und Regelungsbedürfnissen unterworfen, die nach einer Lösung drängen. Wann wird der Müll abgeholt? Wie ist die Krankenversicherung geregelt? Wie reagiert man auf äußere Bedrohung? usw. Die dafür notwendigen Lösungen können ganz unterschiedlich herbeigeführt werden, etwa durch die gemeinsame Entscheidung aller Betroffener in einem überschaubaren Rahmen (in der Familie, der Schulklasse, der Kindergartengruppe, der griechischen Polis usw.) oder durch Entscheidung der Anwesenden (wobei deren Beschlüsse von allen Betroffenen als verbindlich akzeptiert werden sollten) oder durch Delegation an bestimmte Ausgewählte (z. B. Elternvertreter, Betriebsräte, Gemeindevertreter usw.).

Egal, nach welchem Regelungsmechanismus die Entscheidung letztendlich getroffen wird: gemeinsam ist allen angesprochenen Situationen, dass ein Problem zur Lösung ansteht, dass eine Entscheidung getroffen werden muss und dass diese Entscheidung, wenn auch u. U. befristet, eine Verbindlichkeit für alle davon Betroffenen darstellt. Primär ist unter diesem Aspekt vor allem also der *Ordnungsbedarf.*

Nun gibt es allerdings Entscheidungen, die einen mehr oder weniger großen Kreis betreffen, d. h. die Reichweiten der Entscheidungen sind ganz unterschiedlich. Es gibt einen Ordnungsbedarf, der nur einen bestimmten Kreis betrifft, und einen Ordnungsbedarf, der potenziell alle Bürgerinnen und Bürger eines Staates, ja möglicherweise sogar der ganzen Welt betrifft. So wäre es relativ unsinnig, die innerfamiliäre Badezimmernutzung durch ein allgemeinverbindliches Gesetz zu regeln, da dies jede Familie sehr gut für sich selbst regeln kann. Andererseits wäre es allerdings mindestens ebenso problematisch, die Geltung der Straßenverkehrsregeln auf eine bestimmte Stadt zu beschränken, während sie in einer anderen völlig anders geregelt ist.

Gerade das Beispiel der unterschiedlichen Regelung des Straßenverkehrs in den verschiedenen Ländern zeigt, welch immens handlungsentlastende Funktion solche Normierungen haben. Jeder an Rechtsverkehr gewohnte Kontinentaleuropäer kann dies nachvollziehen, wenn er in den Ferien mit dem eigenen Auto auf der britischen Insel fährt, ja sogar jeder Fußgänger kann in seinem Alltagsverhalten diese Erfahrung machen, wenn er beim Überqueren einer Straße in London den Blick zuerst nach links gehen lässt, weil er von dort zuerst Gefahr wittert – und dabei prompt den Rechtsverkehr übersieht.

In dieser Perspektive eines notwendigen Regelungsbedarfs zur allgemeinen Handlungsentlastung erscheint Politik „als eine nach Ort und Zeit variable Antwort auf ein seinerseits wiederum der geschichtlichen Veränderung unterliegendes fundamentales Ordnungsproblem, das sich in und zwischen sozialen Verbänden überall dort und immer dann stellt, wenn verschiedene Akteure – mindestens zwei – aufeinander treffen, ohne dass von vorneherein völlige Sicherheit besteht, dass die wechselseitig gegeneinander erhobenen Ansprüche sachlich begrenzt bleiben."[38]

Nun gibt es eine Vielzahl von Problemen, die von den Menschen untereinander, in Selbstorganisation mehr oder weniger befriedigend gelöst werden können. Hier wäre es unsinnig, wenn der Staat handelnd eingreifen würde – das Beispiel eines allgemein verbindlichen Gesetzes zur Ordnung des familiären Badezimmerverkehrs macht die Absurdität deutlich. Wenn der Staat bzw. die ihn tragenden Bürgerinnen und Bürger indes Interesse haben, dass bestimmtes Handeln in geordneten Bahnen abläuft, kann der Staat zunächst einen gewissen Ordnungsrahmen vorgeben – so etwa im Rahmen der Gesundheitsvorsorge durch die Einrichtung von Ärztekammern oder in anderen Bereichen von Handwerkskammern, wobei die Akteure ihre Angelegenheiten innerhalb dieses Rahmens weiterhin in Selbstverwaltung lösen.

So gewährt etwa der Art. 28 des Grundgesetzes im Rahmen der kommunalen Selbstverwaltung den Gemeinden ausdrücklich das Recht, „alle Angelegenheiten der örtlichen Gemeinschaft im Rahmen der Gesetze *in eigener Verantwortung* zu regeln", weil der Gesetzgeber zu Recht vermutet, dass die lokalen Körperschaften sehr viel besser wissen, was vor Ort los ist, als eine weit entfernte Zentralregierung. Gleiches gilt für die im Art. 30 GG geregelten „Funktionen der Länder", wenn es dort heißt: „Die Ausübung der staatlichen Befugnisse und die Erfüllung der staatlichen Aufgaben ist Sache der Länder." (Allerdings gibt es hier einen folgenschweren weiteren Satz: „soweit dieses Grundgesetz keine andere Regelung trifft oder zulässt" – und hier hat die bisherige Geschichte der Bundesrepublik gezeigt, dass der Bund mehr und mehr Aufgaben an sich gezogen hat, z. B. um möglichst ähnliche Lebensverhältnisse im ganzen Bundesgebiet zu erreichen).

Es gibt allerdings – wie oben erwähnt – *ein* ganz besonderes Problem, das nur gesamtgesellschaftlich, also auf staatlicher Ebene gelöst werden kann, nämlich die „Stiftung und Wahrung des innergesellschaftlichen Friedens. Dies ist das politische Problem schlechthin; seine Lösung ist der wesentliche Sinn des Staates – genauer: der Staat ist die Lösung des politischen Problems"[39], schreibt Hans Buchheim und weiter: „Das Besondere des Staates entstammt der Besonderheit des Problems, dessen Lösung er ist. Es ist ei-

---

38 Rohe, Karl (1986): Politikbegriffe. In: Mickel, Wolfgang W. (Hrsg.): Handlexikon zur Politikwissenschaft, Bonn S. 352

39 Buchheim, Hans (1988): Wie der Staat existiert. In: *Der Staat. Zeitschrift für Staatslehre, Öffentliches Recht und Verfassungsgeschichte* 27 Jg. , 1988, H. 1 S. 1f

ner Gesellschaft nicht freigestellt, ob sie die Aufgabe, innergesellschaftlichen Frieden zu stiften, in Angriff nehmen will oder nicht, sondern das Problem drängt sich ihr unausweichlich auf und erzwingt eine Lösung. (...) Der Staat existiert nicht erst und nimmt dann die Aufgabe, Frieden zu stiften, in Angriff, sondern er existiert, weil er Resultat dieser Aufgabe ist."[40]

Max Weber wiederum rückt bei seiner Definition von Staat das „Mittel", mit dem diese Aufgabe gelöst wird, in das Zentrum, wenn er sagt: „Staat ist diejenige menschliche Gemeinschaft, welche innerhalb eines bestimmten Gebietes – dies: das ‚Gebiet' gehört zum Merkmal – das Monopol legitimer physischer Gewaltsamkeit für sich (mit Erfolg) beansprucht."[41]

Während Weber die Ausschaltung legitimer *individueller* physischer Gewaltanwendung zum wesentlichen Definitionskriterium macht (d. h. kein Einzelner darf selbst Gewalt anwenden, um seinen Schutz zu organisieren oder möglicherweise erlittenes Unrecht zu rächen), knüpft die moderne Staatslehre hieran zwar an, geht aber entscheidend weiter. „Die *Wahrung und Vertiefung des innergesellschaftlichen Friedens* erfordert zunächst eine handlungsfähige Macht, die imstande ist, unter den Gesellschaftsmitgliedern Selbstverteidigung überflüssig zu machen, Selbstjustiz zu unterbinden und eine gewaltfreie Austragung von Konflikten zu ermöglichen." Das ist eine *notwendige*, aber keine *hinreichende* Bedingung für die Existenz des modernen Staates der Neuzeit, denn „sodann muss der Frieden ‚vertieft' werden durch möglichste Verringerung der Anlässe sowie Zurückdämmen der Neigung zu Unfrieden. Dafür bedarf es eines verbindlichen Konzeptes des öffentlichen Lebens, wonach jeder beliebige Einzelne mit jedem anderen beliebigen Einzelnen verkehren kann, auch wenn den beiden dafür weder eine gemeinsame Sachorientierung noch individuelles Einander-Kennen zur Verfügung stehen. Dieses Konzept betrifft also das, was Personen einander als Personen schlechthin schulden, auch wenn sie einander fremd oder nicht durch gemeinsam verfolgte Zwecke verbunden sind."[42]

Sind also die Stiftung und Wahrung des innergesellschaftlichen Friedens die „conditio sine qua non" des Staates (quasi der „Notstaat", wie es bei Hegel heißt), kann sich die „Vertiefung" des Friedens, d. h. die „Verringerung der Anlässe" sowie das „Zurückdämmen der Neigung zu Unfrieden" je nach historischer Situation ganz unterschiedlich darstellen. Resultiert die Neigung zu Unfrieden etwa aus Fragen unterschiedlicher konfessioneller Bekenntnisse (wie im Frankreich und England des 17. Jahrhunderts), so ist der Schutz der Glaubensfreiheit vordringlich. Stehen dagegen soziale Fragen im Vordergrund (wie vor allem im 19. Jahrhundert), so muss der Staat hier Lösungen finden, um Unfrieden zu vermeiden. Werden ökologische Fragen (wie im 20. Jahrhundert) immer drängender, so ist der Staat hier gefordert. Und vielleicht

---

40   Buchheim (1988) S. 1
41   Weber (1992) S. 6
42   Buchheim (1988) S. 3

wird die zentrale Aufgabe des Staates im 21. Jahrhundert die gerechte Ordnung der Informationsgesellschaft sein.

Dies bedeutet, dass die Art und Weise, in der sich in einer konkreten Gesellschaft das politische Ordnungsproblem jeweils stellt, und welche Art von Ordnungsleistungen von der jeweiligen Politik entsprechend erbracht werden müssen, immer auch abhängig ist vom Stand der gesamtgesellschaftlichen Entwicklung – mal stehen die einen Fragen und Probleme, mal andere im Vordergrund.[43] Unbestritten ist aber immer, dass diese Probleme ohne legitimierte individuelle physische Gewaltanwendung gelöst werden müssen. Dass allerdings Mittel individueller physischer Gewaltanwendung auch in modernen Staaten von Individuen und Gruppen immer wieder zur Durchsetzung ihrer Ziele angewendet werden, ist empirisch beobachtbar und somit kaum bestreitbar; ihre Anwendung ist allerdings, und dies ist das Entscheidende, nicht legitimiert!

Politik als an Normen orientiertes Handeln

Wenn im bisher Gesagten von rational, verstandesmäßigen Orientierungen, von Gefühlen und Wertungen die Rede war, wenn Buchheim davon spricht, dass politisches Handeln keineswegs richtungslos sei, sondern von dem abhängt, was Personen einander als Person schlechthin schulden, auch wenn sie einander fremd sind – dann fließen hier Aspekte ein, die über das bloße möglichst reibungslose Lösen von Problemen hinausgehen. Denn zweifellos lassen sich viele Probleme zwar effizient, aber möglicherweise auch ohne jede Rücksicht auf die Wünsche und Interessen der Betroffenen lösen.

So kann der Familienvater möglicherweise aufgrund seiner patriarchalischen Autorität die Badezimmernutzung ein für allemal fest- und durchsetzen (ziemlich wahrscheinlich allerdings mit dem höchst ineffizienten Ergebnis, jeden Morgen mit mürrischen Familienmitgliedern verkehren zu müssen, die tagtäglich noch dazu alles in ihrer Macht Stehende unternehmen werden, diese Regelung zu unterlaufen und zu torpedieren). Ebenso kann der Gemeinderat ohne Diskussion aufgrund der Mehrheitsverhältnisse die im Eingangsbeispiel erwähnten Anträge des soziokulturellen Zentrums ablehnen (wahrscheinlich mit der Folge eines lange gärenden Konfliktes, der sich u. U. unpolitisch, d. h. radikal entlädt, indem z. B. Häuser besetzt werden usw.). Ganz offensichtlich ist es den Betroffenen also meistens nicht egal, wie das Verhältnis von Befehlen und Gehorchen, d. h. wie die *Herrschaft* innerhalb einer Gesellschaft geregelt ist. Politisches Handeln ist eben zwar auch, aber eben nicht nur zweckfreies, instrumentelles, sondern stets auch die Menschen und ihre Würde berücksichtigendes und somit an bestimmten Normen orientiertes und gebundenes Handeln.

---

43   Rohe (1986) S. 352

Der Politikwissenschaftler Karl Rohe schreibt dazu: „Zweckbezogene Politikbegriffe gehen zumeist von der bei Aristoteles formulierten Annahme aus, dass politische Gemeinschaften und politisches Handeln sich aufgrund ihnen vorgegebener Ziele und Zwecke, die nicht beliebig gewählt werden können, in ihrer Eigenart bestimmen lassen. Politik ist aus dieser Sicht kein wertfreier Begriff, sondern mehr oder minder gleichbedeutend mit *guter, am Gemeinwohl orientierter Politik*, die durch Zwecke wie *Gerechtigkeit, Frieden, Freiheit* oder *Demokratie* näher gekennzeichnet werden kann." Diesen Ansätzen folgend, ließe sich Politik als ein Handeln definieren, „das ausgesprochen oder unausgesprochen bei aller Interessenverhaftung stets auch *übergreifende Ziele und Zwecke* besitzt."[44]

Zusammenfassend lässt sich Politik also mit Thomas Meyer definieren als: „Gesamtheit der Aktivitäten zur Vorbereitung und zur Herstellung gesamtgesellschaftlich verbindlicher und/oder am Gemeinwohl orientierter und der ganzen Gesellschaft zu gute kommender Entscheidungen."[45]

Zusammenfassung: Polity, Policy, Politics

Der Begriff der Politik, wie er in der Alltagssprache verwendet wird, hat bei genauerem Hinsehen also durchaus verschiedene Aspekte. Folgt man der anglo-amerikanischen Politikwissenschaft, so lassen sich drei verschiedene Dimensionen von „Politik" unterscheiden (die in den folgenden drei Kapiteln behandelt werden):

–   Zunächst bezeichnet polity die strukturelle, formelle und institutionelle Dimension der Politik, meint also in erster Linie das Staatswesen, die politische Ordnung, das Regierungssystem bzw. die Verfassung, also die Rahmenbedingungen, unter denen Politik ganz konkret stattfindet. Bezogen auf die Kulturpolitik geht es hier z. B. um die grundgesetzlich garantierte Kunstfreiheit in Art. 5 Abs. 3; den sog. Trägerpluralismus; die Garantie der kommunalen Selbstverwaltung nach Art. 28 GG, auf der in Deutschland die besondere Rolle der kommunalen Kulturpolitik basiert; die staatliche Trägerschaft von Kultureinrichtungen (z. B. Staatstheater, Landesmuseen) usw. (vgl. hierzu ausführlich das zweite Kapitel).
–   Demgegenüber bezeichnet politics die prozesshafte Dimension politischer Verfahren, also z. B. Wahlverfahren, Abstimmungen, aber auch Lobbyismus und Einflussnahmen im politischen Prozess. Hier geht es um politische Akteure, um Interessen und Konflikte und ihre Lösung. Im Rahmen der Kulturpolitik werden also die Handelnden der Kulturpolitik untersucht, beispielsweise Ministerien, Kulturdezernenten, Verbände,

---

44   Rohe (1986) S. 350; Hervorhebungen AK
45   Meyer, Thomas (2000): Was ist Politik? Opladen S. 15

29

Kommissionen usw. (vgl. hierzu ausführlich das dritte und das fünfte Kapitel).

– Mit policy schließlich wird die inhaltliche Dimension von Politik bezeichnet, also die „politische Linie", die konkrete inhaltliche Ausgestaltung von Politik. Bezogen auf die Kulturpolitik geht es also um die unterschiedlichen Konzepte und Vorstellungen, wie Kulturpolitik konkret aussehen soll, etwa das Konzept der „Kulturpflege" bzw. der Entwurf einer „Kultur für alle" usw. (vgl. hierzu ausführlich das vierte Kapitel).

Und ganz besonders den Kulturpolitikern sei jener Satz ans Herz gelegt, mit dem Max Weber seinen eingangs zitierten Vortrag schließt: „Nur wer sicher ist, dass er daran nicht zerbricht, wenn die Welt, von seinem Standpunkt aus gesehen, zu dumm oder zu gemein ist für das, was er ihr bieten will, dass er all dem gegenüber: ‚dennoch!' zu sagen vermag, nur der hat den ‚Beruf' zur Politik."[46]

1.3 Annäherungen an den Begriff „Kultur"

Ging die Annäherung an den Begriff der *Politik* von der zunächst wenig tröstlichen Feststellung aus, dass das, was wir *politisch* nennen, „offenbar nicht von einerlei Art" ist (Sternberger), so verhält es sich mit dem Terminus *Kultur* leider wenig anders. Gerade in den achtziger Jahren hatte „Kultur" (und mit ihr der Begriff der *Kulturgesellschaft*) geradezu Hochkonjunktur. „Heute sieht es so aus, als hätten wir es mit einer ungeheuren Explosion des Kulturellen zu tun, die bald alle Lebensbereiche und Lebenstätigkeiten zu umgreifen scheint", schrieb 1987 ein Beobachter[47] und fuhr fort: „Ohne Kultur geht nichts mehr. Nicht die Organisation des eigenen Lebens und die Repräsentation der Gesellschaft, nicht die Vermittlung von Politik und der Verkauf von Waren. Alles scheint auf jenes diffuse Medium Kultur verwiesen".

Und unter der Überschrift *Kultur ist alles. Alles ist Kultur* konstatierte Dieter E. Zimmer in der *Zeit* anfangs der neunziger Jahre im Rückblick ironisch-sarkastisch die Inflationierung des Kulturbegriffs: „Die Kunst-Kultur war Kultur, die ‚Subkultur' aber auch oder erst recht. Dann kam die ‚Stadtteilkultur' auf, die heute zur ‚dezentralen Kultur' verallgemeinert, also dorftauglich gemacht ist. Und überall sprossen separate Kulturen, teilweise neuerfunden, teilweise aus dem Ruhestand reaktiviert: objektbezogene wie die ‚Musikkultur', die ‚Sprachkultur'; gruppenbezogene wie die ‚Jugendkultur', die ‚Angestelltenkultur'; tätigkeitsbezogene wie die ‚Briefkultur', die ‚Be-

46 Weber (1992) S. 83
47 Knödler-Bunte, Eberhard (1987): Editorial Kulturgesellschaft. In: Themenheft „Kulturgesellschaft" von *Ästhetik und Kommunikation*, 67 S. 21

stattungskultur'; gastronomische wie die ‚Esskultur' oder die ‚Bierkultur' oder die ‚Butterkultur' (im Unterschied zur ‚Olivenölkultur'); und so eigenartige neue Gebilde wie die ‚Diskussionskultur' oder ‚Streitkultur' (die uns wohl sagen will, dass Zoff leider unvermeidlich ist, aber etwas leichter erträglich, wenn die Leute dabei ein paar Manieren beobachten). Die Dämme sind jedenfalls gebrochen. Heute finden wir uns mitten in einer Inflation der Kulturen wieder."[48]

Eine letzte Stimme: „Kultur ist heute zu einem geradezu gnadenlos inflationär gebrauchten Begriff geworden: Alles ist oder hat Kultur (...) Man kann sich am Ende des 20. Jahrhunderts des Eindruckes nicht erwehren, dass von der Unternehmung bis zum Pop, vom Essen bis zur Bürokratie, von der Politik bis zur Religion alles Kultur hat."[49]

Der Klärungsbedarf ist also ganz offensichtlich. Was meinen wir also, wenn wir *Kultur* sagen? Beziehen wir uns auf Kunst, also auf Theater, Konzerte, Malerei usw.? Sprechen wir von Alltagserscheinungen wie verschiedenen Jugendkulturen oder von der Ess- und Trinkkultur? Reden wir von Lebensart und Stil? Die begrifflichen Vorstellungen von dem, was Kultur ist bzw. was unter ihr jeweils zu verstehen sei, was sie leisten kann (und soll), bestimmt ganz wesentlich die auf diesen Vorstellungen aufbauende Kulturpraxis und somit auch die entsprechende Kulturpolitik, denn auf der inhaltlichen Ebene muss tagtäglich entschieden werden, was mit öffentlichen Mitteln gefördert wird – und was eben nicht!

Dass die folgenden Überlegungen daher keineswegs nur Erörterungen von bloß theoretischer Bedeutung sind, sondern durchaus ganz praktische Konsequenzen für die Kulturpolitik haben können, beschreibt noch einmal Dieter E. Zimmer mit Blick auf die neunziger Jahre des letzten Jahrhunderts recht sarkastisch: „Für die Kulturverwaltungen hat sich sozusagen das Nachfragespektrum parallel zu dem Begriff gewaltig verbreitet. Jeder, der seiner Tätigkeit irgendwie das Wort ‚Kultur' anhängen kann, steht heute Schlange und beansprucht öffentliche Förderung. Das ist das eine. Das andere ist, dass im subventionierten Kulturbetrieb Qualität kein Thema mehr ist. Der Administrator, der die öffentlichen Mittel verteilt, muss sich verbieten, je die Frage nach der Qualität der geförderten Kulturarbeit zu stellen. Seit langem besteht Einigkeit, dass Kulturpolitik nur den Rahmen bereitzustellen, sich aber um die Inhalte nicht zu kümmern hat. Dieses soweit vernünftige Prinzip wurde erweitert: Es soll möglichst auch nicht mehr gefragt werden, welchen Dingen da der Rahmen hingestellt wird. Wer trotzdem fragte, müsste sich vorhalten lassen, er sei kein Demokrat; denn wenn jemand behauptet, er mache ‚Kultur',

---

48 Zimmer, Dieter E. (1992): Kultur ist alles. Alles ist Kultur. Über die sinnlose Erweiterung des Kulturbegriffs und was dies bedeutet für die öffentlichen Etats. In: *Die Zeit* vom 4.12.1992 S. 67

49 Karmasin, Helene/Matthias Karmasin (1997): Cultural Theory. Ein neuer Ansatz für Kommunikation, Marketing und Management, Wien S. 21

wenn er gar noch einige Zeugen beibringen kann, die sagen, es gefalle ihnen (‚find' ich echt geil‘) – wer dürfte es ihm dann bestreiten?"[50]

Das in der Welt wohl einmalige System staatlicher Kulturförderung in Deutschland ist somit kaum zu verstehen, wenn nicht die spezifische deutsche Bedeutung des Wortes Kultur geklärt wird. Sucht man den Begriff >*Kultur*< in gebräuchlichen Handwörterbüchern des Französischen bzw. Englischen, so finden sich dort etwa folgende Eintragungen. Im Französischen heißt es:

1. e-s Volkes, e-r Gesellschaft civilisation f; (persönliche Bildung, verfeinerte Lebensart) culture f; (Lebensart) savoir-vivre m; **die ~ des Abendlandes** la civilization occidentale; **ein Mensch ohne ~** un homme déporvu de culture; inculte;
2. Agr; Forstwirtschaft; Biol: von Bakterien etc. culture f[51]

Im Englischen heißt es:

1. culture; (Ggs. Barbarei) civilization; **die antike (abendländische) ~** ancient (western) civilization; **die römische (griechische)** Roman (ancient Greek) civilization, the civilization of Rome/ancient greece);
2. (Bildung) culture; **er hat ~** he's got education; F **etwas für die ~ tun** F (try and) educate oneself;
3. ~ des Essens (Wohnens) cultivatet eating habits (living);
4. (das Anbauen) cultivation;
5. (Bakterien~) culture[52]

Will man es noch etwas genauer wissen und informiert sich deshalb im *OXFORD Advanced Learner's DICTIONARY*, so findet man folgende Wortbedeutungen:

1. [U] (a) art, literature, music and other intellectual expressions of a particular society or time: a society without much culture • a period of high/low culture • Universities should be centres of culture. (b) an understanding or appreciation of this: She is a woman of considerable culture. (c) (often derog) art, literature, etc in general: tourists coming to Venice in search of culture.
2. [C, U] the customs, arts, social institutions, etc of a particular group or nation: people from different cultures • Western culture • working-class culture • twentieth-century popular culture.
3. [U] development through regular training, exercise, treatment, etc: physical culture (ie becoming fit and strong by doing exercises) The culture of the mind is vital.
4. [U] the growing of plants or breeding of certain types of animal to obtain a crop or improve the species: the culture of bees/silkworms.
5. [C] (biology) a group of bacteria grown for medical or scientific study: a culture of cholera germs.
6. cul·tured adj (of people) appreciating art, literature, music, etc; well educated; cultivated (Cultivate).
7. culture shock n [U] a feeling of confusion and anxiety caused by contact with another culture.[53]

---

50 Zimmer (1992)
51 Langenscheidts Handwörterbuch Französisch. Französisch-Deutsch, Deutsch-Französisch, Berlin u. a. 2000
52 Langenscheidts Handwörterbuch Englisch. Englisch-Deutsch, Deutsch-Englisch, Berlin u. a. 2000

Zunächst fällt die im französischen wie englischen Sprachgebrauch große Nähe bzw. fast inhaltliche Identität der beiden Begriffe Kultur und Zivilisation auf. Im Deutschen lässt sich ein deutlich anderer Sprachgebrauch beobachten, der – wie zu zeigen sein wird – vor allem mit den Besonderheiten der deutschen (Geistes-)Geschichte zu tun hat. Hierauf wird gleich einzugehen sein.

Der Begriff der Kultur im Alltagsverständnis

Um sich dem zu nähern, was unter Kultur verstanden werden kann, ist es zunächst sicherlich sinnvoll, vom Gebrauch in der Alltagssprache auszugehen. Die Alltagssprache unterscheidet im Allgemeinen vier Begriffsdimensionen von Kultur, die an Beispielsätzen erläutert werden sollen.[54]

(1) Kultur im Sinne von *Kunst*

Beispielsatz 1: „Der Maier macht ganz irre in Kultur: dauernd rennt er in die Oper oder ins Theater; den Kulturteil der Zeitung lernt er fast auswendig."

In diesem Sinne umfasst Kultur alle jene sog. hochkulturellen Bereiche, mit denen sich üblicherweise der Kulturteil bzw. das Feuilleton der Medien beschäftigt: Theater, Oper, Literatur, Bildende Kunst, Film, Architektur usw. Allen diesen Hervorbringungen ist gemeinsam, dass es sich um sog. *Artefakte* handelt, d. h. um Produkte menschlicher Arbeit. Sie unterscheiden sich allerdings deutlich von anderen Produkten menschlicher Arbeit – wie etwa Autos, Schuhen, Tischen, Stühlen usw. Hauptsächliches Unterscheidungsmerkmal ist, dass sie keinen praktischen Zweck verfolgen und dass die in ihnen steckende Arbeit vorwiegend geistig, kreativ bzw. künstlerisch ist. Kultur wird hier also nahezu synonym mit dem Begriff *Kunst* gebraucht (im Sinne von >art</>arts< im Englischen bzw. Französischen).

Außerdem schwingt in dieser Begriffsdimension mit, dass diese Tätigkeit nicht jedem und ohne weiteres offen steht, sondern dass hierfür eine bestimmte Begabung, vielleicht sogar ein gewisses „Genie" notwendig ist. Und nicht nur vom Produzenten solcher (künstlerisch-kultureller) Hervorbringungen, sondern auch vom Rezipienten werden bestimmte Eigenschaften gefordert, wie etwa eine besondere Sensibilität, Offenheit und Aufgeschlossenheit für diese Hervorbringungen, d. h. ein gewisser „Kunstsinn".

---

53 OXFORD Advanced Learners Dictionary, CD-Version 1.0
54 Vgl. hierzu ausführlich: Hansen, Klaus Peter (1995): Kultur und Kulturwissenschaft. Eine Einführung, Tübingen/Basel S. 9ff

33

(2) Kultur im Sinne von *Lebensart*

Beispielsatz 2: „Die Müllers haben einfach keine Kultur, überhaupt keine Lebensart! Sie besitzen zwar alle Errungenschaften der modernen Zivilisation, sind aber recht besehen eigentlich völlig kulturlos!"

Hier wird der Begriff Kultur in der Alltagssprache im Sinne von *Lebensart*, also in der Bedeutung von *Kultiviertheit* verwendet: Jemand hat bzw. pflegt eine gewisse Kultur („L'art de vivre", wie es im Französischen heißt). Wieder sind es in gewissem Sinne herausgehobene Menschen, die sich vor allem durch Geschmack, Bildung und bestimmte (humanistische) Werte, Manieren, schöngeistige Interessen usw. auszeichnen. Man grenzt sich ab gegenüber dem bloß Notwendigen der „Zivilisation".

Kultur bzw. Kultiviertheit in diesem Wortsinn bestehen nicht nur aus materiellen, insbesondere technischen Voraussetzungen, sondern hierzu müssen vor allem eine bestimmte geistige Einstellung bzw. geistige Fähigkeiten hinzukommen. Technische Hilfsmittel der Zivilisation lassen sich – zumindest in dieser Vorstellung – mehr oder weniger umstandslos aneignen, doch Kultur, d. h. also Geschmack, Manieren, Kunstsinn, Humanität usw. lassen sich nicht käuflich erwerben. Man kann zwar in einem Laden eine Flasche Wein kaufen, aber welcher Wein möglichst optimal zu welchem Essen passt, um dessen Eigenheiten hervorzuheben, ist eine Sache des Geschmacks, der Kultiviertheit. Oder etwas salopp auf den Begriff gebracht: „Zivilisation ist, wenn man eine Badewanne besitzt; Kultur, wenn man sie benutzt."[55]

(3) Kultur im Plural: *Kulturen*

Beispielsatz 3: „Heutzutage kann man ja gar nicht mehr von ,der Jugend' sprechen: hier stehen sich doch völlig unterschiedliche Kulturen gegenüber: von den Ravern zu den Hip-Hopern, von den Punkern zu ich weiß nicht was..."

In diesem dritten Sinne bezeichnet Kultur wertneutral und deskriptiv (beschreibend) sowohl die Existenz der unterschiedlichsten Kulturen der verschiedenen Gesellschaften in der Welt (vgl. etwa das *Haus der Kulturen der Welt* in Berlin) als auch das Nebeneinander der verschiedensten Kulturen innerhalb einer Gesellschaft (*Teil*- bzw. *Sub*kulturen). In dieser Perspektive werden ganz allgemein Vorstellungen, Weltbilder, Sitten, Brauchtum, Umgangsformen, Lebensweisen, Manieren, Religion, Produktionsweisen, kurz: der *way of life* einer Gesellschaft bzw. einer gesellschaftlichen Teilgruppe erfasst. Der Bereich der praktischen Daseinsbewältigung oder des Alltags wird hier nicht nur nicht ausgeschlossen, sondern im Gegenteil integriert, da unter dieser Perspektive die Gesamtheit der Gewohnheiten eines Volkes interessieren.

Während die beiden erstgenannten Begriffsdimensionen sowohl einengend (d. h. ausgrenzend, exklusiv) als auch wertend (d. h. normativ Kultur vs.

---

55 Hansen (1995) S. 10

Nicht-Kultur bzw. Un-Kultur) sind, ist die dritte Dimension integrativ und wertneutral. Dieser Aspekt des Kulturbegriffs erhält seine besondere Bedeutung im Hinblick auf eine mögliche Operationalisierung des Begriffes Kultur im Rahmen beispielsweise von empirischen Untersuchungen (z. B. in der Kulturentwicklungsplanung), da hierdurch vor allem auch die alltagskulturelle Lebensweise der Gesellschaft (Bräuche, Sitten, Traditionen, Feste, Organisation in Vereinen, bürgerschaftliches Selbstverständnis usw.) gefasst werden können, die von der ersten und zweiten Begriffsdimension nicht erfasst werden.

(4) Kultur im Kontext von *Natur*

Beispielsatz 4: „Die Frühjahrsstürme des letzten Jahres haben nahezu alle frisch angepflanzten Baumkulturen vernichtet."

Die vierte Wortbedeutung unterscheidet sich am stärksten von allen bisher genannten. In diesem Sinne bezeichnet der Begriff Kultur vor allem die direkte Auseinandersetzung des Menschen mit der Natur und die Ergebnisse dieser Auseinandersetzung, wie sie z. B. in Begriffsbildungen wie *Kulturlandschaft, Monokultur, Agrikultur,* oder – etwa in der Medizin bzw. Biologie – *Bakterienkultur* manifest werden. Diese Begriffsdimension bezieht sich auf den Eingriff des Menschen in die Natur, nämlich zu ihrer Umgestaltung bzw. Pflege. Kultur in diesem Sinne ist also alles das, was nicht mehr ausschließlich Natur ist. Ganz in diesem Sinne findet sich kurioserweise noch in der großen *Brockhaus-Enzyklopädie* von 1970 unter dem Stichwort Kulturämter folgender Eintrag:

= „Behörden zur Förderung des ländlichen Siedlungswesens und Durchführung von Aufgaben der Landeskultur. Sie waren früher überwiegend mit der Neuerrichtung von Bauernbetrieben beschäftigt, in der Bundesrepublik Deutschland vor allem mit der Anliegersiedlung (Vergrößerung von Kleinstellen zu selbstständigen Vollerwerbsbetrieben). Heute stellt die Flurbereinigung die Hauptaufgabe der Kulturämter dar. Die Kulturämter unterstehen den Landesministerien für Ernährung und Landwirtschaft."[56]

Dimensionen des Kulturbegriffs in der Alltagssprache		
Normativ / Exklusiv	*(1) Kultur als „Kunst"* (z. B. Theater, Oper, Literatur, Bildende Kunst, Feuilleton, Genie, Ästhetik)	*(2) Kultur als „Lebensart"* (z. B. Kultiviertheit, Bildung, Manieren, „Savoir vivre", Geschmack)
Nicht-normativ / Inklusiv	*(3) Kultur als „Kulturen"* (Kulturen im Plural, z. B. Kulturen der Welt; Teil-, Subkulturen, Jugendkulturen	*(4) Kultur vs. „Natur"* (direkte Auseinandersetzung des Menschen mit der Natur, Agrikultur, Monokultur, Sitten, „way of life")

---

56 Brockhaus-Enzyklopädie (1970), Wiesbaden S. 402

Die etymologische Herleitung des Begriffs Kultur

Der deutsche Begriff >Kultur< ist dem lateinischen >cultura< entlehnt. Dieses Substantiv geht wiederum zurück auf das Verb >colere<, das zwei Bedeutungen umfasst, nämlich:

(1) >drehen, wenden, bebauen< (wobei mit >wenden< zunächst vor allem das >Wenden der Ackerscholle< gemeint war), und

(2) >anbeten<. Für diese zweite Wortbedeutung bildete das Deutsche als eigene Ableitung das Wort >Kul<.

Beide Verwendungen des Begriffes beziehen sich auf den Grundaspekt der >*Pflege*< (>*cura*< bzw. >*curatio*<).[57] Ackerbau und Götterverehrung waren jene Tätigkeiten, die den Urmenschen vom Tier unterschieden; die Jagd gehörte dagegen nicht dazu, weil sich Raubtiere ebenfalls jagend ernähren. Deshalb waren es zunächst vor allem die beiden Tätigkeiten (1) der anbauenden Naturaneignung und (2) der Götteranbetung, die den Bereich des Menschlichen von der Natur abgrenzten und ihn in eine unterscheidbare Opposition zu dieser setzten.[58]

Vor allem Cicero ist dann die Übertragung des Bedeutungsfeldes aus dem Agrarischen auf das Geistige zu verdanken; bei ihm wird Fruchtbarmachen bzw. Pflege des Ackers erstmals parallel gesetzt zur *Pflege des Geistes* (>*cultura animi*<). Für das heutige Kulturverständnis sind vor allem zwei Aspekte dieser Übertragung wichtig. Zum einen ist Kultur kein Geschenk irgendwelcher außermenschlicher Kräfte, sondern ohne anstrengende menschliche Tätigkeit kann sich keine Kultur entwickeln; ebenso können, ohne entsprechende Pflege, >*Kulturen*< wieder verfallen bzw. untergehen. Zweitens erhält Kultur auch den Sinn von *guten Sitten*, d. h. eine lasterhafte Kultur scheint zumindest Cicero nicht vorstellbar. Kultur als weisheitliche – in Ciceros Fall stoisch-moralische – Bildung ist also kein Selbstzweck, sondern ein Weg zur Verfeinerung des Menschenlebens und zur Gewinnung der Menschenwürde.[59]

In der frühchristlichen Tradition bis hinein ins Mittelalter wurde der selbstbestimmte Aspekt der Kultur umgewandelt in einen gottbestimmten. Der Mensch gehört sich nicht selbst. Dementsprechend wird unter >*cultura*< immer >*cultura Christi*< bzw. >*cultura Christianae religionis*< verstanden: Gott pflegt wie ein Ackermann den Menschen und seine Kultur. „Eine nicht religiös gebundene, autonome Persönlichkeitskultur passte nicht in die christliche Lebensauffassung dieser Epoche (...) Entscheidend war nur die Verbes-

---

57 Vgl. Hilgers-Schell, Hans/Helmut Pust (1967): Culture und Civilisation im Französischen bis zum Beginn des 20. Jahrhunderts. In: Europäische Schlüsselwörter S. 1

58 Hansen (1995) S. 12f

59 Perpeet, Wilhelm (1984): Zur Wortbedeutung von ‚Kultur'. In: Brackert, Helmut/Fritz Wefelmayer (Hrsg.): Naturplan und Verfallskritik, Frankfurt/M. S. 21-28

serung der sittlich-religiösen Persönlichkeit, nicht die Veredelung äußerer und damit zweitrangiger Lebensformen."[60]
Erst der Humanismus bzw. die Renaissance kehrten dieses fast ein Jahrtausend die Gesellschaft prägende Verständnis wieder um, d. h. nach dieser Auffassung hat der Mensch, wie bereits in der römischen und griechischen Antike, für seine >cultura< selbst zu sorgen und kann dieses nicht einfach Gott überlassen. Die Aufklärung stellte die ursprüngliche lateinische Doppelbedeutung wieder her, d. h ab der Mitte des 18. Jahrhunderts tritt das deutsche Wort >Kultur< als Fachwort der Land- und Forstwirtschaft auf. Da die sog. Physiokraten den Boden als den wahren Reichtum des Landes betrachteten, wurde nun der Bodenpflege gesteigertes Interesse gewidmet.[61]

Die Aufklärung löste darüber hinaus auf der übertragenen Bedeutungsebene den Begriff erstens von seinen jeweiligen Genitivattributen (>animi< bzw. >ingenii<) und gebrauchte ihn *absolut*, d. h. als das genuine Unterscheidungskriterium von Mensch und Tier. Einem – hypothetisch angenommenen – Naturzustand wird ein erstrebter Kulturzustand gegenübergestellt, wobei Kultur das menschliche Leben durch den Beistand, die Rührigkeit und die Erfindungen der anderen Menschen über den bloßen Naturzustand hinaushebt.

Zweitens wird damit dem Kulturbegriff wiederum eine gesellschaftliche Bedeutungsdimension hinzugefügt, d. h. ohne wechselseitige Verpflichtung und Rücksicht auf andere, ohne Takt, Geschmack, Anstand und Friedfertigkeit unter- und miteinander kann es nach dieser Auffassung keine Kultur geben. Umgekehrt ist mit Kultur das gemeinsam erarbeitete und gehütete Würdegefühl einer Gemeinschaft benannt, die aufgrund ihrer Zusammengehörigkeit weiß, was sich gehört, was sich ziemt, was nachahmenswert und anständig ist. Kultur steht für ein Wir-Bewusstsein, das verpflichtet. Da gerade im deutschsprachigen Raum aufgrund der historischen Entwicklung die gesellschaftlich-politische Manifestation dieses Wir-Gefühls im Rahmen einer nationalen Staatsbildung jahrhundertelang ausblieb, kam es in Deutschland – ganz anders als etwa im angelsächsischen bzw. romanischen Sprachraum – Ende des 18. Jahrhunderts[62] zu einer folgenschweren Trennung der Bedeutungsfelder von Kultur und Zivilisation, auf die nun ausführlicher eingegangen werden soll.

Bereits Ende der dreißiger Jahre des letzten Jahrhunderts hatte der Soziologe Norbert Elias[63] auf die erheblichen Differenzen hinsichtlich des Wortgebrauchs von *Zivilisation* im Englischen und Französischen einerseits und im Deutschen andererseits aufmerksam gemacht. Im Englischen und Französi-

---

60   Pflaum, Michael (1967): Die Kultur-Zivilisations-Antithese im Deutschen. In: Europäische Schlüsselwörter S. 288
61   Pflaum (1967) S. 288f
62   Vgl. hierzu ausführlich mit Belegen Pflaum (1967) S. 302
63   Elias, Norbert (1977): Über den Prozeß der Zivilisation. Soziogenetische und psychogenetische Untersuchungen. 2 Bände, Frankfurt/M. 3; hier Band 1 S. 1ff

schen fasst der Begriff Zivilisation den Stolz auf die Bedeutung der eigenen Nation und den Fortschritt des Abendlandes und der Menschheit allgemein in dem einen Ausdruck der Zivilisation zusammen. Im deutschen Sprachgebrauch bedeutet Zivilisation dagegen „etwas ganz Nützliches", aber doch nur einen Wert zweiten Ranges, etwas, das quasi nur die Außenseite des Menschen, d. h. nur die Oberfläche des menschlichen Daseins umfasst.

Das Wort dagegen, durch das man im Deutschen sich selbst interpretiert, d. h. durch das man den Stolz auf die eigene Leistung und das eigene Wesen in erster Linie zum Ausdruck bringt, heißt Kultur. Der französische und der englische Begriff Zivilisation kann sich auf politische ebenso wie auf wirtschaftliche, auf religiöse ebenso wie auf technische, auf moralische ebenso wie auf gesellschaftliche Fakten beziehen. Der deutsche Begriff Kultur dagegen bezieht sich im Kern auf geistige, künstlerische, religiöse Fakten und er hat eine starke Tendenz, zwischen Fakten dieser Art auf der einen Seite, und den politischen, den wirtschaftlichen und gesellschaftlichen auf der anderen eine starke Scheidewand zu ziehen. Besonders augenfällig wird dies in der wörtlichen, aber unglücklichen bzw. häufig missverstandenen Eindeutschung des angelsächsischen *political culture* zu *politischer Kultur*.

Ebenfalls bereits Ende der dreißiger Jahre des 20. Jahrhunderts kritisierte der Sozialphilosoph Herbert Marcuse diesen verengten Kulturbegriff als *affirmativ*. Er kennzeichnete mit dieser – kritisch konnotierten! – Begriffsbildung „vorrangig jene der bürgerlichen Epoche angehörige Kultur, welche im Laufe ihrer eigenen Entwicklung dazu geführt hat, die geistig-seelische Welt als ein eigenständiges Wertreich von der Zivilisation abzulösen und über sie zu erhöhen. Ihr entscheidender Zug ist die Behauptung einer allgemein verpflichtenden, unbedingt zu bejahenden, ewig besseren Welt, welche von der tatsächlichen Welt des alltäglichen Daseinskampfes wesentlich verschieden ist, die aber jedes Individuum ‚von innen her', ohne jene Tatsächlichkeit zu verändern, für sich realisieren kann. Erst in dieser Kultur gewinnen die kulturellen Tätigkeiten und Gegenstände ihre hoch über den Alltag emporgesteigerte Würde; ihre Rezeption wird zu einem Akt der Feierstunde und Erhebung."[64] Hierauf wird gleich ausführlicher einzugehen sein.

Wohl am weitesten von diesem sehr stark normativ besetzten Kulturbegriff des Deutschen weicht jener *weite, deskriptive Kulturbegriff* ab, wie er in der modernen Kulturanthropologie und Ethnologie, nicht zuletzt aus rein forschungspraktischen Gründen, zugrunde gelegt wurde und wird. Nach der klassischen Definition des britischen Ethnologen Edward B. Tylor von 1871 ist Kultur im weitesten ethnographischen Sinne jener Inbegriff von Wissen, Glauben, Kunst, Moral, Gesetz, Sitte sowie alle übrigen Fähigkeiten und Gewohnheiten, welche der Mensch als Mitglied der Gesellschaft sich ange-

---

64 Marcuse, Herbert (1980): Über den affirmativen Charakter der Kultur. In: ders.: Kultur und Gesellschaft I, Frankfurt/M. 14S. 63f

eignet hat[65]. Diese Begriffsbestimmung prägte ganz entscheidend vor allem die amerikanische *Cultural Anthropology* seit den 20er und 30er Jahren, deren Ansätze in Deutschland allerdings erst mit etwa jahrzehntelanger Verspätung rezipiert worden sind.

Für den amerikanischen Sozialanthropologen Ralph Linton etwa hat der wissenschaftliche Terminus Kultur nicht die wertenden Obertöne, die im populären Sprachgebrauch mit ihm verbunden sind. Er meint vielmehr die gesamte Lebensform einer Gesellschaft, nicht nur jene Teile, die als höherstehend oder wünschenswert gelten. Diese Gesamtheit schließt auch prosaische Tätigkeiten wie Geschirrabwaschen oder Autofahren ein, und für Kulturstudien stehen diese mit den ‚höheren Dingen des Lebens' auf einer Ebene. Daraus folgt, dass es für den Sozialwissenschaftler keine unkultivierten Gesellschaften, nicht einmal unkultivierte Individuen gibt. Jede Gesellschaft hat eine Kultur, so einfach diese auch sein mag, und jeder Mensch ist kultiviert in dem Sinne, dass er an der einen oder anderen Kultur teilhat.[66]

„Wissenschaftlich kann Kultur nicht als das fraglos und universell Gültige verstanden werden. Das gerade ist sie nicht, sondern die recht spezifische Summe derjenigen Mittel und Medien, über die Gesellschaften, Gruppen und Milieus zum Zwecke einer angemessen Sozialisation ihrer Mitglieder verfügen", schreibt Dietrich Mühlberg[67] und benennt vier kulturell relevante gesellschaftliche Felder, in denen sich dieser Sozialisationsprozess abspielt:

(1) das System der in dieser Gesellschaft gültigen Werte und die mentale Ausstattung ihrer Menschen;
(2) die Muster („patterns"), d. h. die kulturellen Formen, nach denen das Alltagsverhalten dieser Population abläuft;
(3) die Semantik ihrer Sprache wie der Kosmos der Zeichen und Symbole, an dem sie sich orientieren, der Sicherheit gibt und Identität durch Abgrenzung vom Fremden ermöglicht;
(4) schließlich das System jener Institutionen, die als mediale Vermittler und Bewahrer dieser Eigenheiten wirksam sind.[68]

Der amerikanische Ethnologe Philip Bock hat dies anschaulich auf den Begriff gebracht: „Kultur in ihrem weitesten Sinn ist das, was dich zum Fremden macht, wenn du von daheim fort bist. Sie umfasst alle jene Überzeugungen und Erwartungen, wie Menschen zu sprechen und sich zu verhalten haben. Diese sind als Resultat sozialen Lernens eine Art zweiter Natur für

---

65 Tylor, Edward Burnett (1871): Primitive Culture, London S. 1
66 Linton, Ralph (1974): Gesellschaft, Kultur und Individuum. Interdisziplinäre sozialwissen-
    schaftliche Grundbegriffe, Frankfurt/M. S. 31
67 Mühlberg, Dietrich (2001): Beobachtete Tendenzen zur Ausbildung einer ostdeutschen
    Teilkultur. In: *Aus Politik und Zeitgeschichte*. Beilage zur Wochenzeitung *Das Parlament*.
    (B11/2001) vom 9. März 2001 S. 31
68 Mühlberg (2001) S. 32

dich geworden. Wenn du mit den Mitgliedern einer Gruppe zusammen bist, die deine Kultur teilen, musst du nicht darüber nachdenken, denn ihr alle seht die Welt in gleicher Weise und ihr alle wisst, im großen und ganzen, was ihr voneinander zu erwarten habt. Jedoch, einer fremden Gesellschaft direkt ausgesetzt zu sein, verursacht im allgemeinen ein störendes Gefühl der Desorientierung und Hilflosigkeit, das ‚Kulturschock' genannt wird."[69]

Dieser Kulturbegriff allerdings „ist den meisten Deutschen nur schwer zu vermitteln, weil sie daran gewöhnt sind, unter Kultur das Reich der höheren Werte und Tätigkeiten zu verstehen, im Kern das zeitlos Gute, Wahre und Schöne. Die ist nicht nur für das deutsche Feuilleton weitgehend selbstverständlich, sondern auch für die Politik."[70] So ist nun zu fragen, wie es zu dieser ganz spezifischen Überhöhung des Begriffes Kultur im Deutschen kam, auf Grund derer Kultur (im Sinne von Kunst) in Deutschland so ein herausragendes Ansehen genießt.

Zur Entstehung des spezifisch deutschen Verständnisses von Kultur

In Deutschland kam es vor allem auf Grund der speziellen gesellschaftlichen, ökonomischen und politischen Konstellationen im 18. Jahrhundert zu einer folgenreichen Begriffsverengung bzw. einer begrifflichen Gegenüberstellung der ursprünglich in eins gesetzten Bedeutungsgehalte der Begriffe Kultur und Zivilisation. Norbert Elias schreibt hierzu: „Der französische und der englische Begriff ‚Zivilisation' kann sich auf politische oder wirtschaftliche, auf religiöse oder technische, auf moralische oder gesellschaftliche Fakten beziehen. Der deutsche Begriff ‚Kultur' bezieht sich im Kern auf geistige, künstlerische, religiöse Fakten und er hat eine starke Tendenz, zwischen Faktoren dieser auf der einen Seite, und den politischen, den wirtschaftlichen und gesellschaftlichen auf der anderen, eine starke Scheidewand zu ziehen."[71] Dies lässt sich beispielhaft an zwei Texten des französischen Philosophen Rousseau einerseits und dem deutschen Schriftsteller Klopstock andererseits zeigen, die etwa zur gleichen Zeit entstanden.

Der französische Philosoph Jean-Jacques Rousseau[72] legte in seinem berühmten *Diskurs über die Ungleichheit unter den Menschen* bereits 1755 detailliert dar, dass die angesprochene Ungleichheit unter den Menschen keineswegs „natürlich" oder „göttlich", sondern gesellschaftlich bedingt ist. Das

---

69 Bock, Philip (1970) (Hrsg.): Culture shock. A reader in modern cultural anthropology. New York S. 11
70 Mühlberg (2001) S. 31
71 Elias, Norbert (1969) S. 2.
72 Rousseau, Jean-Jacques (1975a) Diskurs über die Ungleichheit. Discours sur l'inégalité. Kritische Ausgabe des integralen Textes. Mit sämtlichen Fragmenten und ergänzenden Materialien nach den Originalausgaben und den Handschriften neu ediert, übersetzt und kommentiert von Heinrich Meier, 3. Aufl., Paderborn/München/Wien/Zürich S. 65

daraus resultierende Problem, die Regelung des menschlichen Zusammenleben, also die entsprechende politische bzw. gesellschaftliche Ordnung als *kulturelle* Leistung erbringen zu müssen, wird bei ihm dann 1762 in der Formulierung des grundlegenden Prinzips des *Gesellschaftsvertrags* aufgehoben. Dort heißt es: „Jeder von uns stellt gemeinschaftlich seine Person und seine ganze Kraft unter die oberste Leitung des allgemeinen Willens (>*volontée generale*<), und wir nehmen jedes Mitglied als untrennbaren Teil des Ganzen auf."[73] Die Betonung liegt hier auf „jeder" bzw. auf „jedes Mitglied". Die entsprechende Organisationsform heißt bei ihm dementsprechend „Republik", von lateinisch „Res publica", wörtlich übersetzt also: die „*öffentliche Sache*".

Die ungeheure Diskrepanz zwischen den Überlegungen eines Jean-Jacques Rousseau zur politischen Republik in seinem *Gesellschaftsvertrag* (wie sie dann in die Verfassungsgebung nach der Französischen Revolution von 1789 einflossen) einerseits und den deutschen Verhältnissen etwa zur gleichen Zeit andererseits, kann kaum deutlicher werden als in dem von Friedrich Gottlieb Klopstock 1774 veröffentlichten Text mit dem bezeichnenden Titel *Die Deutsche Gelehrtenrepublik, ihre Einrichtung, ihre Gesetze, Geschichte des letzten Landtags*.

Klopstock kleidet darin seine Vorstellungen vom deutschen Geistesleben in die Utopie des Gelehrtenstaates, der über eigene Gesetze, Beamte, Rangklassen und ein eigenes Parlament verfügt. Er gibt seinem Phantasiestaat ausdrücklich eine aristokratische Verfassung, in ganz bewusster Abgrenzung gegen das demokratische, seiner Meinung nach den Pöbel großziehende England, und das oligarchische, Diktatoren den Weg bahnende Frankreich.

Bereits in den ersten Zeilen von Klopstocks Text heißt es: „Die Republik besteht aus Aldermännern, Zünften und Volke. Wir müssen auch, weil dieses einmal nicht zu ändern ist, Pöbel unter uns dulden. Dieser hat sich fast auf jedem Landtage über seine Benennung beschwert. Man hat ihm zu seiner Beruhigung verschiedne andre Benennungen angeboten, als: Das geringe Volk, der große Haufen, der gemeine Mann; aber er hat damit nie zufrieden sein, sondern immer: Das große Volk heißen wollen. Jahrbücher setzen beständig: Pöbel. Es tut nicht not, ihn zu beschreiben. Er hat keine Stimme auf den Landtagen; aber ihm wird ein Schreier zugelassen, der, sooft man nach einer Stimmensammlung ausruht, seine Sache recht nach Herzenslust, doch nur eine Viertelstunde lang, vorbringen darf. Er ist gehalten, einen Kranz von Schellen zu tragen. Nach geendetem Landtage wird er allezeit Landes verwiesen."[74]

---

73 Rousseau, Jean-Jacques (1975b): Der Gesellschaftsvertrag oder Die Grundsätze des Staatsrechtes, Stuttgart S.18f
74 Klopstock, Friedrich Gottlieb (1982): Die Deutsche Gelehrtenrepublik, ihre Einrichtung, ihre Gesetze, Geschichte des letzten Landtags. In: ders.: Werke in einem Band, München S. 875

So weit in knappen, allerdings recht bezeichnenden Worten die deutsche geistige Auseinandersetzung mit den Fragen der Republik im letzten Viertel des 18. Jahrhunderts, 12 Jahre nach der Veröffentlichung von Rousseaus *Contrat social*, 15 Jahre vor der Französischen Revolution. Geht es in Frankreich also um die *politische* Republik, so phantasieren deutsche Intellektuelle von der *Gelehrten*republik!

In seiner Goethe-Biographie beschreibt Nicholas Boyle die für Deutschland so spezifische Interessenidentität von politischer und intellektueller Elite auf der Ebene von Bildung und Kultur. Deutschland war im 18. Jahrhundert in eine Vielzahl von Fürstentümern zersplittert, die von Lokalherrschern – gleichsam im Kleinformat – nach französischem Vorbild absolutistisch regiert wurden. Die für Philosophie, Theologie und Literatur wichtigste Folge der despotischen Verfassung weiter Teile Deutschlands im 18. Jahrhundert war deshalb die Tatsache, dass der Beamtenstand sich praktisch nicht nur mit der politisch bedeutsamen Mittelschicht deckte, sondern auch mit der Schicht der Intellektuellen. Das galt vor allem für das protestantische Deutschland, wo Lehrer und Geistliche vom Staat bestellt wurden und quasi eine „Krypto-Beamtenschaft" bildeten. Vor allem die Universität hatte im absolutistischen System eine entscheidende Rolle als Instrument der Rekrutierung und Reglementierung des Dritten Standes zu spielen. Deutschland hatte über fünfzig Universitäten oder ähnliche weiterführende Einrichtungen zu einer Zeit, als England deren zwei besaß, aber dieser Reichtum war eher Ausdruck der politischen Fragmentierung als einer interesselosen Liebe zur Bildung. Territorialfürsten, allen voran die Kurfürsten bzw. Könige von Preußen, unternahmen immer wieder den Versuch, ihren Landeskindern das Studium an einer anderen als der eigenen Landesuniversität zu verwehren.

Auch kannten die Fakultäten keine Selbstverwaltung, sondern unterstanden einem universitätsfremden Bürokraten. Alle Professoren wurden vom Staat bestellt, alle legten einen Treueeid auf den Monarchen ab. Viele von ihnen waren Verwaltungsbeamte gewesen oder gingen später in die Verwaltung, oder sie kamen, wenn es Theologen waren, aus der Kirchenhierarchie. Ein ehrgeiziger junger Mann, ohne Perspektiven in der erstickenden Enge der Stadt, gewann begrenztes Selbstvertrauen auf der Universität oder, durch die Universität, auf der Kanzel, im Schulzimmer oder in der Amtsstube. Mit Recht ist gesagt worden: ‚Mehr als alles andere hat dieses Vorwalten des Akademisch-Bürokratischen die deutsche Kultur im 18. Jahrhundert ausgezeichnet.'[75]

Diese Rückzugsmöglichkeit auf Bildung,[76] auf Kultur, in die „Gelehrtenrepublik", insbesondere verkörpert durch die deutsche Universität, zeigt für

---

75 Boyle, Nicholas (2000): Goethe. Der Dichter in seiner Zeit. Band I. 1749-1790, München³ S. 34f
76 Vgl. hierzu ausführlich: Bollenbeck, Georg (1996): Bildung und Kultur. Glanz und Elend eines deutschen Deutungsmusters, Frankfurt/M.

Boyle einen „neuen, typisch deutschen modus vivendi zwischen mobiler Mittelschicht und absolutem Staat und von der Heraufkunft einer Zeit, in der nicht mehr städtische Ratsversammlungen, sondern die Universitäten das Rückgrat der nationalen Kultur bilden."[77]

Wie anders verlief dagegen die Entwicklung in England bzw. in Frankreich? Im 17. Jahrhundert formierte sich in England, im 18. Jahrhundert dann zunehmend auch in Frankreich ein immer selbstbewusster werdendes Bürgertum in deutlicher Abgrenzung sowohl gegenüber dem König als absolutistischem Herrscher auf der einen Seite als auch gegenüber dem an der Herrschaft beteiligten Adel und der Kirche auf der anderen Seite und formulierte ein entsprechendes eigenes Selbstbewusstsein.

Das Selbstgefühl dieses neuen Standes ist für England exemplarisch in Daniel Defoes 1719 erschienenen *The Life and Strange Surprizing Adventures of Robinson Crusoe* formuliert. Es artikuliert sich insbesondere in der Begründung von Robinsons Vaters, mit der er bereits auf den allerersten Seiten des umfangreichen Romans seinem Sohn auszureden versucht, Seemann zu werden. In der indirekten Wiedergabe des Sohnes lesen sich die Worte des Vaters wie folgt: „Ich gehörte dem Mittelstand an, dem besten und glücklichsten Stand in der Welt, (...), denn dieser kenne nicht das Elend, die Mühsal, die Sorgen und die Quälerei der arbeitenden Klasse, aber auch nicht den Hochmut, das Wohlleben, den Ehrgeiz und die Missgunst der Oberklasse. Der Neid, mit dem uns die anderen Klassen betrachten, zeige doch genügend, wie glücklich die unsrige sein müsse. Auch ein König sei mit seinem Los nicht zufrieden und klage über die oft mit hoher Geburt verbundenen Nachteile; auch er hätte seinen Platz lieber zwischen den beiden Extremen, zwischen hoch und niedrig gehabt."[78]

Doch Robinson lässt sich bekanntermaßen von den Worten des Vaters nicht sonderlich beeindrucken, geht auf große Fahrt, gerät in Seenot und wird auf eine einsame Insel verschlagen, um letztendlich gerettet zu werden und nach England zurückzukehren. Bezeichnender Weise beschließt Robinson den Roman – nach zahlreichen Abenteuern und Schiffbrüchen – mit nahezu denselben Worten, die sein Vater ihm am Anfang mitgegeben hat.

Nicholas Boyle zieht anhand der „Inselmetapher" Vergleiche zwischen Robinson und der etwa zur gleichen Zeit in Deutschland erschienen, mehrbändigen *Insel Felsenburg* (1731-1743) des deutschen Schriftstellers Johann Gottfried Schnabel, aber auch zu Grimmelshausens *Simplicius Simplicissimus* und Leibniz' *Monadenlehre*. Der ungeheure Erfolg, den Defoes Roman in ganz Europa hatte, spiegele die generelle Aufgeschlossenheit der Zeit für die Erfahrung der Isolation (was ja wörtlich ‚auf einer Insel ausgesetzt sein' bedeutet).

---

77   Boyle (2000) S. 34f
78   Defoe, Daniel (1995): Robinson Crusoe. Erster und zweiter Band, München S. 10

Wie Grimmelshausens Simplicissimus und wie Leibniz' „Monade" hat Crusoe anfänglich nur Gott zur Gesellschaft. Defoe aber, anders als seine Vorgänger, doch ähnlich seinem Zeitgenossen Leibniz in seinem Drang, die monadische Einsamkeit zu durchbrechen, zeigt einen Helden, der sich danach verzehrt, in die Gesellschaft der Menschen – oder wenigstens der Engländer – zurückzukehren. Die erotische Potenz, die in der Isolation brachliegt, wird nicht einfach, wie bei Grimmelshausen, zu religiöser Inbrunst sublimiert. Sie kommt stattdessen in dem liebevoll detailgetreuen Blick und dem sinnlichen Interesse für die materiellen Gegenstände und materiellen Gegebenheiten in Crusoes kleiner Welt zum Ausdruck. Sie zeigt sich in dem energischen und aggressiven Geist, womit Crusoe seine Insel ausbeutet und zugleich gegen jede Art von menschlichem Kontakt befestigt, die nicht Rettung, sondern Störung bedeutet. Und sie zeigt sich schließlich in der bewegenden, ebenso wohlwollenden wie herablassenden Beziehung zu Freitag, der zwar ein Fremdling, aber keine Gefahr, sondern Gegenstand frommen pädagogischen Bemühens ist. Damit zeichnet Robinson Crusoe exakt die Einstellung der Briten des 18. und 19. Jahrhunderts zur materiellen Welt, zu persönlichen und internationalen Beziehungen und zum überseeischen Empire vor. Crusoes Ich ist ebenso abgesondert, ebenso theozentrisch wie jede Monade, aber die Absonderung wird, soweit sich das als möglich erweist, auf jene partielle, lieblose, aggressive, sinnliche, erfinderische, zwanghafte, konstruktive, pflichtbewusste und gütige Art überwunden, mit der die Briten ein Weltreich gründeten und beherrschten.[79]

Die Position des ökonomisch immer stärker werdenden und daher immer mehr auch auf politischen Einfluss drängenden Bürgertums, das sich in England in der *Glourious Revolution* von 1688 durchsetzte, schlug sich vor allem in einer zunehmenden Einschränkung der Macht des englischen Königs und damit verbunden in einer Aufwertung des Parlaments nieder. England hatte bereits seit dem 11. Jahrhundert eine ganz eigene Tradition herausgebildet, die die friedliche Lösung der gesellschaftlichen und politischen Probleme der beginnenden Neuzeit begünstigen sollte. Denn in England bedurfte seit alters her das Königtum der (wenn oftmals auch nur formlosen bzw. stillschweigenden) Zustimmung des Volkes. Diese Zustimmungsbedürftigkeit des politischen Handelns des Herrschers wurde seit dem 11. Jahrhundert zunächst in dem aus angesehenen geistlichen und weltlichen Kronvasallen bestehenden Hoftag repräsentiert. Dieser bewilligte die Staatsausgaben und übte Teile der königlichen Gerichtsbarkeit aus.

Bereits in der *Magna Charta* von 1215 wurde die Erhebung neuer staatlicher Abgaben von der Zustimmung des sog. Allgemeinen Rates abhängig gemacht. Diesem gehörten zunächst die großen Lehnsträger, später auch Vertreter des niederen Adels und der Städte an. Seit etwa 1340 wirkte das Parlament an der Gesetzgebung mit, zunächst in Form von an den König gerichteten

---

79 Boyle (2000) S. 31f

„Bitten" (>*petition*<), später in Form der vom Parlament formulierten und vom König genehmigten >*bill*<.

Nach der *Glorious Revolution* wurde in der *Declaration of Rights* von 1689 – also genau einhundert Jahre vor der Französischen Revolution von 1789 – die Macht des Königs, Gesetze aufzuheben und ein Heer in Friedenszeiten zu unterhalten, ausdrücklich an die Zustimmung des Parlamentes gebunden. Sie regelte zudem die regelmäßige Einberufung des Parlamentes und gewährleistete die Redefreiheit im Parlament. Der König wurde mehr und mehr zu einem „King in Parlament".

Der Begriff *Parlament* hat seine Wurzel im französischen >*parler*<, also reden bzw. sprechen, d. h. das Parlament ist jener Ort, wo sich eine „Öffentlichkeit" artikuliert, die über die Entwicklung des Gemeinwesens bestimmt. In seiner grundlegenden Untersuchung zum *Strukturwandel der Öffentlichkeit* schreibt Jürgen Habermas: „Die politisch fungierende Öffentlichkeit erhält den normativen Status eines Organs der Selbstvermittlung der bürgerlichen Gesellschaft mit einer ihren Bedürfnissen entsprechenden Staatsgewalt (...) Diese (politisch fungierende Öffentlichkeit A.K.) soll ‚voluntas' (also: Willkür) in ‚ratio' überführen, die sich in der öffentlichen Konkurrenz der privaten Argumente als der Konsensus über das im allgemeinen Interesse praktisch Notwendige herstellt."[80] Die solchermaßen im öffentlichen Diskurs hergestellt *Ratio*, also Vernunft, wird explizit gegen die *Voluntas*, also die Willkür, des jeweiligen absoluten, also an nichts gebundenen politischen Herrschers in Stellung gebracht.

Habermas weiter: „Eine politisch fungierende Öffentlichkeit entsteht zuerst in England mit der Wende zum 18. Jahrhundert. Kräfte, die auf die Entscheidung der Staatsgewalt Einfluss nehmen wollen, appellieren an das räsonierende Publikum, um Forderungen vor diesem Publikum zu legitimieren. Im Zusammenhang mit dieser Praxis bildet sich die Ständeversammlung in ein modernes Parlament um." Ganz wesentliche Voraussetzungen hierfür sind u. a. die Aufhebung der Vorzensur durch den König und die Bildung eines selbstständigen Journalismus.

Wenn auch der Begriff *Parlament* auf ein französisches Wort zurückgeht, so verlief doch die Entwicklung in Frankreich – zumindest zunächst – völlig anders als in England. Zwar gab es auch hier seit 1302 die Generalstände. Diese *États géneraux* waren die Versammlung der Vertreter aller französischen Provinzen mit Abgeordneten des Adels, der Geistlichkeit und der städtischen Körperschaften, der sog. Dritte Stand. Der französische König berief die Nationalstände allerdings nur nach Belieben ein. Erstmals traten sie 1302 zusammen, zuletzt 1614, dazwischen lagen Unterbrechungen oft von Jahrzehnten. Gerade die immer wieder geforderte und von König Ludwig XVI. immer wieder verweigerte Einberufung der letztmals 1614 tagenden

---

80 Habermas, Jürgen (1962): Strukturwandel der Öffentlichkeit. Untersuchungen zu einer Kategorie der bürgerlichen Gesellschaft, Neuwied/Berlin S. 95 bzw. 76f

45

Generalstände war schließlich einer der Auslöser der Französischen Revolution von 1789.

Doch auch in Frankreich formierte sich, vor allem durch das Wirken der französischen *Philosophes* (Rousseau, Voltaire, Didereot, D'Alembert usw.) und durch das Projekt der *Enzyclopédie*, zunehmend eine politische Öffentlichkeit. Diese musste sich allerdings außerhalb eines funktionierenden Parlamentes bilden, das in den États géneraux zwar der Form, nicht aber der Realität nach bestand. Diese politisch fungierende Öffentlichkeit fand ihren Ort vor allem in den Pariser *Salons* ihrer Zeit bzw. in einer entsprechenden publizistischen Öffentlichkeit, die sich z. B. in einer rasanten Zunahme von *Journals*, d. h. von Zeitungen und Zeitschriften niederschlug.

„In Frankreich bildeten", so Habermas, „die Salons eine eigentümliche Enklave. Während das Bürgertum, von der Führung in Staat und Kirche freilich so gut wie ausgeschlossen, in der Wirtschaft nach und nach alle Schlüsselstellungen einnahm und die Aristokratie dessen materielle Überlegenheit durch königliche Privilegien und eine um so strengere Betonung der Hierarchie im gesellschaftlichen Umgang kompensierte, begegneten sich hier der Adel und das sich ihm assimilierende Großbürgertum der Banken und der Bürokraten mit der ‚Intelligenz' sozusagen auf gleichem Fuße (...) Im Salon ist der Geist nicht länger Dienstleistung für den Mäzen; die ‚Meinung' emanzipiert sich von den Bindungen der wirtschaftlichen Abhängigkeit (...) Kaum einer der großen Schriftsteller des 18. Jahrhunderts hätte seine wesentlichen Gedanken nicht zuerst in solchen *discours*, eben in Vorträgen vor den Akademien und vor allem in den Salons zur Diskussion gestellt."[81]

Und weiter: „Auch in Frankreich entsteht, allerdings erst etwa seit Mitte des 18. Jahrhunderts, ein politisch räsonierendes Publikum. Vor der Revolution (1789) kann dieses jedoch seine kritischen Impulse nicht, wie es im zeitgenössischen England möglich war, wirksam institutionalisieren (...) Nicht nur ein ausgebildeter politischer Journalismus fehlt, sondern auch die Ständeversammlung, die unter seinem Einfluss allmählich zu einer Volksvertretung sich hätte bilden können (...) Schließlich fehlt auch die soziale Basis solcher Institutionen. Allerdings nicht das handel- und gewerbetreibende Bürgertum überhaupt; die Spekulanten und Bankiers, Händlermanufakturisten, Großkaufleute und Steuerpächter formieren sich unter der Regentschaft schon zur höheren Bourgeoisie, in deren Händen sich der Reichtum der Nation sammelt. Aber sie können politisch nicht auf die Geschicke der Nation einwirken; sie verbinden sich nicht, wie in England, mit Adel und hoher Beamtenschaft (...) zu einer homogenen Oberschicht, die, auf sicheres Prestige gestützt, gegen den König die Interessen der kapitalbildenden Klassen auch politisch hätten vertreten können."[82]

---

81 Habermas (1962) S. 49
82 Habermas (1962) S. 88

Da diese räsonierende Öffentlichkeit nicht in die absolutistische Politik des französischen Sonnenkönigs eingebunden wurde, sondern sich quasi daneben institutionalisierte, verlief die Entwicklung nicht so friedlich wie in England. Die gleichsam aufgestaute öffentliche Vernunft konnte nicht in die entsprechenden politischen Institutionen einmünden, sondern entlud sich gewaltsam in der Französischen Revolution. Erst nach der Revolution von 1789 wurde der Parlamentarismus in Frankreich in der Französischen Nationalversammlung institutionalisiert. „Die Revolution schafft in Frankreich über Nacht, freilich auch weniger beständig, wozu in England eine stetige Entwicklung über ein Jahrhundert gebraucht hatte: für das politisch räsonierende Publikum die bis dahin fehlenden Institutionen. Es entstehen die Clubparteien, aus denen sich die Fraktionen des Parlaments rekrutieren; es bildet sich eine politische Tagespresse."[83]

Ganz anders dagegen verlief die Entwicklung in Deutschland. „Die deutschen Verhältnisse unterscheiden sich von den englischen durch die vom kontinentalen Absolutismus überhaupt länger konservierten ständischen Schranken, insbesondere denen zwischen Adel und Bürgertum; die Bürgerlichen ihrerseits halten streng auf Abstand gegenüber dem Volk. Zu ihm gehören neben der Landbevölkerung (vom Landarbeiter über den Pächter zum Freisassen) und der eigentlichen Unterschicht (Tagelöhner, Soldaten und Bediensteten) die Krämer, Handwerker und Arbeiter. ‚Volk' deckt sich mit ‚peuple', beides Kategorien, die während des 18. Jahrhunderts die gleiche Bedeutung annehmen; hier wie dort gelten Ladentisch wie Handarbeit als die subjektiv verbindlichen Kriterien der Abgrenzung gegenüber dem eigentlichen Bürgertum. Die einstmals Bürger, Stadtbürger par excellence waren, Einzelhändler und Handwerker, werden von den ‚Bürgerlichen' nicht mehr zur Bourgeoisie gerechnet. Deren Kriterium ist die Bildung; die Bürgerlichen gehören zu den gebildeten Ständen – Geschäftsleute und Akademiker (Gelehrte, Geistliche, Beamte, Ärzte, Juristen, Lehrer usw.)."[84]

Norbert Elias schreibt über die entscheidenden Unterschiede zu England und Frankreich: „In Deutschland dagegen blieben die durch Talent und Geist ausgezeichneten Söhne des aufsteigenden Mittelstandes in ihrer großen Mehrzahl von dem höfisch-aristokratischen Leben abgesperrt (...) Die deutsche Universität war gewissermaßen das mittelständische Gegenzentrum des Hofes." Und weiter: „Das, wodurch sich diese mittelständische Intelligenz des 18. Jahrhunderts legitimiert, was ihr Selbstbewusstsein, ihren Stolz begründet, liegt jenseits von Wirtschaft und Politik: in dem, was man gerade deswegen im Deutschen ‚Das rein Geistige' nennt, in der Ebene des Buches, in Wissenschaft, Religion, Kunst, Philosophie."[85]

---

83 Habermas (1962) S. 90
84 Habermas (1962) S. 92
85 Elias (1977) S. 27

Exemplarisch lässt sich diese Haltung an der Figur des *Wilhelm Meister* von Johann Wolfgang von Goethe zeigen. Auch Wilhelm Meister zieht im Laufe seiner (zunächst) *Wanderjahre*, dann *Lehrjahre* hinaus in die weite Welt. Er geht einen Weg, auf dem er allerdings – anders als der Engländer Robinson Crusoe – weniger Schiffbruch und Seenot erlebt als vielmehr Bekanntschaft mit fast allen möglichen Formen des seinerzeitigen Theaterlebens, mit dem Puppenspiel, mit der Seiltänzergruppe, dem Liebhabertheater, dem Mysterienspiel, der Wanderbühne, dem Hoftheater und schließlich dem Schauspielhaus macht.

Im Laufe der *Lehrjahre* von 1795 „überzeugte sich" Wilhelm, wie es wörtlich heißt, „dass er nur auf dem Theater die Bildung, die er sich zu geben wünschte, vollenden könne." Im Dritten Kapitel des Fünften Buches schreibt Wilhelm Meister seinen berühmten Abschiedsbrief an seinen Schwager Werner, der ein geordnetes bürgerliches Leben führt und Wilhelm ebenfalls dazu bekehren möchte. In Wilhelms Brief heißt es u. a.:

„Was hilft es mir, gutes Eisen zu fabrizieren, wenn mein eigenes Inneres voller Schlacken ist? Und was, ein Landgut in Ordnung zu bringen, wenn ich mit mir selbst uneins bin? Dass ich dir's mit einem Worte sage, mich selbst, ganz wie ich da bin, auszubilden, das war dunkel von Jugend auf mein Wunsch und meine Absicht."[86] Dieses „Sich-Selbst-Ausbilden" geschieht ausdrücklich nicht in der Form des in Landwirtschaft oder Industrie, also des ökonomisch tätigen Individuums, sondern (notgedrungen) in einem Bereich außerhalb. In der weiteren Argumentation beschreibt Wilhelm Meister die für die deutsche Situation im 18. Jahrhundert so bezeichnende Ohnmacht des bürgerlich Geborenen im Gegensatz zum adlig Geborenen, wenn er fortfährt:

„Wäre ich ein Edelmann, so wäre unser Streit bald abgetan; da ich aber nur ein Bürger bin, so muss ich einen eigenen Weg nehmen, und ich wünsche, dass du mich verstehen mögest. Ich weiß nicht wie es in fremden Ländern ist, aber in Deutschland ist nur dem Edelmann eine gewisse allgemeine, wenn ich sagen darf personelle Ausbildung möglich. Ein Bürger kann sich Verdienst erwerben und zur höchsten Not seinen Geist ausbilden; seine Persönlichkeit geht aber verloren, er mag sich stellen, wie er will." Der Bürger ist also ein „bloß" der ökonomisch-gesellschaftlichen Sphäre des „Verdienstes" verhaftetes Individuum; die höhere menschliche Bildung bleibt ihm in dieser Sphäre verschlossen.

Zwischen „Edelmann" und „Bürger" gibt es demnach, so Wilhelm Meister, in Deutschland eine prinzipielle Grenze, die nicht überschritten werden kann. In der folgenden Argumentation kennzeichnet Wilhelm diese Grenzen genauer: „Indem es dem Edelmann, der mit den Vornehmsten umgeht, zur Pflicht wird, sich selbst einen vornehmen Anstand zu geben, indem dieser Anstand, da ihm weder Tür noch Tor verschlossen ist, zu einem freien An-

---

86 Goethe, Johann Wolfgang von (1977): Wilhelm Meisters Lehrjahre. In: ders.: Sämtliche Werke, Bd. 7, München S. 312

stand wird, da er mit seiner Figur, mit seiner Person, es sei bei Hofe oder bei der Armee, bezahlen muss: so hat er Ursache, etwas auf sich zu halten, und zu zeigen, was er auf sich hält (...) Er ist eine *öffentliche Person*, und je ausgebildeter seine Bewegungen, je sonorer seine Stimme, je gehaltner und gemessener sein ganzes Wesen ist, desto vollkommner ist er (...) Wenn er gegen Hohe und Niedre, gegen Freunde und Verwandte immer eben derselbe bleibt, so ist nichts an ihm auszusetzen, man darf ihn nicht anders wünschen. Er sei kalt, aber verständig; verstellt, aber klug. Wenn er sich äußerlich in jedem Momente seines Lebens zu beherrschen weiß, so hat niemand eine weitere Forderung an ihn zu machen, und alles übrige, was er an und um sich hat, Fähigkeit, Talent, Reichtum, alles scheinen nur Zugaben zu sein."

So charakterisiert Wilhelm die *öffentliche Person*, die Person also, die vorrangig im gesellschaftlichen und vor allem natürlich im politischen Geschehen agiert, im englischen Parlament und im französischen Salon auftritt – mit einem Worte: den *Politiker*. Im Kontrast hierzu steht der (deutsche) Bürger, in den Worten Wilhelm Meisters: „Er darf nicht fragen: was bist du? sondern nur: was hast du? Welche Einsicht, welche Kenntnis, welche Fähigkeit, wieviel Vermögen? Wenn der Edelmann durch die Darstellung seiner Person alles gibt, so gibt der Bürger durch seine Persönlichkeit nichts und soll nichts geben. Jener darf und soll scheinen; dieser soll nur sein und was er scheinen will, ist lächerlich und abgeschmackt. Jener soll tun und wirken, dieser soll leisten und schaffen; er soll einzelne Fähigkeiten ausbilden, um brauchbar zu werden (...)."

Während also dem Edelmann die Welt des Tuns und Wirkens zugeordnet wird (unschwer ist hier der englische *Gentleman* zu erkennen), bleibt für den Bürger nur die Sphäre des „Leistens und Schaffens", die eindeutig negativ besetzt ist. Will der Bürger dagegen ebenfalls „scheinen", d. h. seine vorgegebene und eng umrissene Sphäre verlassen, so wird er „lächerlich". Dem Bürger sind klare Grenzen gezogen: „Wenn der Edelmann im gemeinen Leben gar keine Grenzen kennt, wenn man aus ihm Könige oder königähnliche Figuren erschaffen kann, so darf er überall mit einem stillen Bewusstsein vor seinesgleichen treten; er darf überall vorwärts dringen, anstatt dass dem Bürger nichts besser ansteht, als das reine stille Gefühl der Grenzlinie, die ihm gezogen ist."

Man vergleiche ein solchermaßen defizientes, geducktes bürgerliches Selbstbewusstsein mit jenem eines Jean-Jacques Rosseau, dessen Singspiel *Der Dorfwahrsager* 1752 in Gegenwart des Königs Ludwig XV. aufgeführt wurde. Rousseau beschreibt rückblickend sein eigenes Auftreten am Tage der Premiere am französischen Hof in seinen Bekenntnissen strotzend vor Selbstbewusstsein gegenüber dem absolutistischen König: „Ich war an jenem Tage in meinem Äußeren ebenso vernachlässigt wie gewöhnlich mit langem Bart und einer ziemlich schlecht gekämmten Perücke erschienen. Da ich diesen Mangel an Anstand für eine mutige Tat hielt, betrat ich in diesem Aufzug denselben Saal, in den sich um einiges später der König, die Königin, die königliche Familie und der ganze Hof einfinden sollten (...) Als ich mich dann nach dem Anzünden der Lichter in meinem Aufzuge plötzlich inmitten all dieser aufs äußerste geschmückten Leute sah, fing mir doch an, etwas unbehaglich zumute zu werden: ich fragte mich, ob ich denn an meinem Platze sei und sich mein Äußeres auch für ihn schicke; nach einigen Augenblicken innerer Unruhe antwortete ich mir ‚ja‘, und zwar mit einer Unerschrockenheit, die vielleicht mehr der Unmöglichkeit, etwas zu ändern, entsprang als der zwingenden Kraft meiner Gründe.

Ich sagte mir, ich bin an meinem Platze, da ich ja hier *mein* Stück gespielt sehen will, da man *mich* dazu eingeladen hat, da *ich* es ja nur zu diesem Zweck geschrieben habe und schließlich niemand anders denn *ich* ein größeres Recht dazu hat, sich der Freude *meiner* Arbeit und *meines* Talentes zu erfreuen." Rousseau betont an dieser Stelle ausdrücklich seine „Arbeit", d. h. er argumentiert wie ein selbstbewusster Handwerker oder Fabrikant, der stolz auf das „Geleistete" ist – eben jenes, was bei Wilhelm Meister ausdrücklich der negativ besetzten Sphäre des „Leistens und Schaffens" zugeordnet ist!

Und Rousseau fährt fort: „Ich bin wie gewöhnlich gekleidet, weder besser noch schlechter; wenn ich erst beginne, mich in irgendeiner Sache der allgemeinen Meinung unterzuordnen, so werde ich ihr gar bald wieder mit Haut und Haaren verfallen sein. Um immer Ich selbst zu sein, darf ich nirgendwo, wo es auch immer sein möchte, mich schämen, dem Stande gemäß gekleidet zu sein, den ich mir erwählte: mein Äußeres ist schlicht und nachlässig, aber weder schmutzig noch unsauber, auch der Bart ist es an sich nicht, da ja die Natur ihn wachsen lässt und er je nach Zeit und Mode sogar für eine Zier gegolten hat. Man wird mich lächerlich und rücksichtslos finden: wohlan, was tut's. Ich muss Lächerlichkeit und Tadel ruhig hinzunehmen suchen, da sie ja in keiner Weise verdient sind. Nach diesem kurzen Selbstgespräch erlangte ich meine Sicherheit wieder, so dass ich im Notfall allen hätte Trotz bieten können."

Die „Lächerlichkeit", die bei Wilhelm Meister unweigerlich dem anhaftet, der die gesellschaftliche Grenzlinie überschreitet, wird von Rousseau mit einer Handbewegung weggewischt – sie ist „nicht verdient". Und Rousseau geht noch einen Schritt weiter. Ludwig der XV., der sich offensichtlich nicht an seinem Aufzug gestört hatte, lädt ihn für den nächsten Tag zu einer Audienz ein. Dem erfolgreichen Komponisten Rousseau wird sogar eine Pension in Aussicht gestellt. Doch dieser entscheidet, demonstrativ nicht zu Hof zu gehen: „Ich verlor dabei allerdings die Pension, die mir gewissermaßen in Aussicht gestellt worden war, aber ich entging dem Joche, das sie mir auferlegt hätte. Adieu Wahrheit, Freiheit und Mut, wie hätte ich fürderhin noch wagen dürfen, von Unabhängigkeit und Uneigennützigkeit zu sprechen? Sobald ich diese Pension annahm, blieb mir nichts anderes mehr übrig, als zu schmeicheln oder zu schweigen? (...) Als ich innerlich auf sie verzichtete, glaubte ich also einen mit meinen Grundsätzen völlig übereinstimmenden Entschluss zu fassen und den Schein der Wirklichkeit aufzuopfern."[87]

Auch hier ist, wie bei Wilhelm Meister, von „Schein" die Rede – es geht hier allerdings nicht darum, dass der Bürger „scheinen" will, um sich so über die Wirklichkeit zu erheben, sondern genau umgekehrt: auf den „Schein" wird ganz bewusst verzichtet, um sich die volle Freiheit, die Unabhängigkeit zu bewahren!

Wie schätzt nun Wilhelm Meister die von Rousseau so nachdrücklich thematisierte Ungleichheit ein? Er verweist eine *politische* Analyse der spezifischen gesellschaftlichen Verhältnisse in Deutschland ins nebulöse Nirgendwo, wenn er recht bezeichnend in seinem Brief an Werner schreibt: „An diesem Unterschiede (i. e. zwischen Edelmann und Bürger) ist nicht etwa die Anmaßung der Edelleute und die Nachgiebigkeit der Bürger, sondern die *Verfassung der Gesellschaft* selbst schuld; ob sich daran einmal etwas ändern wird und was sich ändern wird, bekümmert mich wenig." Ein Einwirken auf jenen im 17. Jahrhundert in England und im 18. Jahrhundert in Frankreich entstehenden und so entscheidenden Zwischenbereich der *bürgerlichen Öffentlichkeit*, in dem sich bürgerliches Selbstbewusstsein formiert und formuliert, sei es im politischen Journalismus, sei es in bürgerlichen Salons, sei es im Parlamentarismus, also jenen Zwischenbereich, der zwischen Gesellschaft und Staat vermittelt, der vermittelt zwischen den vielfältigen gesellschaftlichen Einzelwillen (der *voluntée de tous*, wie es bei Rousseau heißt) einerseits und der politischen Handlungsfähigkeit (der *voluntée generale*) andererseits – ein Einwirken auf diesen Zwischenbereich wird von Wilhelm nicht angestrebt.

Andererseits leugnet Wilhelm nicht, „dass mein Trieb täglich unüberwindlicher wird, eine öffentliche Person zu sein". Diese Ambition geht allerdings nicht in den Bereich des „öffentlichen Lebens", da hier zwischen den einzelnen Sphären seiner Einschätzung nach eine klare Grenzlinie gezogen ist; er sucht vielmehr eine individuelle Lösung, die für ihn nur im Bereich der Kunst liegen kann. An seinen in bürgerlichen Sphären wirkenden Freund Werner schreibt Wilhelm: „Du siehst wohl, dass das alles für mich nur auf dem Theater zu finden ist, und dass ich mich in diesem einzigen Elemente nach Wunsch rühren und ausbilden kann. Auf den Brettern erscheint der gebildete Mensch so gut persönlich in seinem Glanz, als in den obern Klassen."

„Nicht die ökonomische unternehmerische Freiheit, sondern die *kulturelle Freiheit der vernünftigen Persönlichkeit* bildet den Kern dieses Freiheitsverständnisses", kommentiert Richard Münch diese Position in seiner Untersuchung über *Die Kultur der Moderne*[88]. Durch diese Haltung verabschiedet sich Wilhelm – und steht somit stellvertretend für die Mehrheit der deutschen

---

87   Rousseau, Jean Jacques (1956): Bekenntnisse, Wiesbaden S. 480ff; Hervorhebungen AK
88   Münch, Richard (1993): Die Kultur der Moderne. Ihre Grundlagen und ihre Entwicklung in England und Amerika, Frankreich und Deutschland, Frankfurt/M. S. 683

bürgerlichen Intelligenz seiner Zeit – aber auch von einer politischen Lösung der Ungleichheit, der gesellschaftlichen Konflikte seiner Zeit und weicht aus in den Bereich des Theaters, der hier stellvertretend für die Kunst überhaupt steht.

In ganz ähnlichem Sinne schreibt Lessing, der sich zwischen 1767 und 1769 sehr ausführlich mit der englischen und französischen Dramentheorie seiner Zeit befasst hatte, und bei dem stets die „Wirkung" des Theaters im Vordergrund steht, im berühmten 14. Stück der *Hamburgischen Dramaturgie*: „Die Namen von Fürsten und Helden können einem Stücke Pomp und Majestät geben; aber zur Rührung tragen sie nichts bei. Das Unglück derjenigen, deren Umstände den unsrigen am nächsten kommen, muss natürlicherweise am tiefsten in unsere Seele dringen; und wenn wir mit Königen Mitleiden haben, so haben wir es mit ihnen als mit Menschen, und nicht als mit Königen. Macht ihr Stand schon öfters ihre Unfälle wichtiger, so macht er sie darum nicht interessanter. Immerhin mögen ganze Völker darein verwickelt werden; unsere Sympathie erfordert einen einzelnen Gegenstand, und ein Staat ist ein viel zu abstrakter Begriff für unsere Empfindungen."

Der Staat also, genau der Gegenstand, auf den englische und französische Intellektuelle, Literaten und Philosophen wie Hobbes und Rousseau ihre geistigen Energien richteten, wird von der deutschen Intelligenz als Gegenstand von Reflexionen, ja gar von Kritik oder grundlegender Veränderung verworfen. Boyle kommentiert: „Der deutsche Intellektuelle des 18. Jahrhunderts war in einem eindimensionalen System gefangen: wohin er sich auch wandte, begegnete er dem Staat. Weder die Universität noch die Kirche bot ihm die Möglichkeit der Unabhängigkeit, selbst wenn er sie gesucht hätte, und die wirtschaftliche Struktur des Landes ließ nicht erwarten, dass er auf eigene Mittel hätte zurückgreifen können. Ein unabhängiges Leben als Literat zu führen war sogar für die Leitfigur des freien Denkens, Gotthold Ephraim Lessing, eine kaum zu bewältigende Aufgabe und noch Ende des Jahrhunderts war es für einen Mann von geistiger Integrität ein hoffnungsloses Unterfangen, wie die tragischen Schicksale Heinrich von Kleists und Friedrich Hölderlins beweisen. Gewiss, das relativ reiche Angebot an Beamten- und Universitätsstellen bot mehr Möglichkeiten, sich eine gesicherte und gleichwohl intellektuelle Existenz zu schaffen, als es außerhalb Deutschlands der Fall war – aber diese Sicherheit war (...) teuer erkauft."[89]

Boyle schreibt in Bezug auf die typisch deutsche Situation im Gegensatz zu England und Frankreich: „Die Dichter, eher Seismographen denn Gesetzgeber der Nation, wissen, dass jene Öffentlichkeit, welche die Aufklärer durch den Buchmarkt ansprechen, in Deutschland weder eine institutionelle noch eine ökonomische Basis hat – sie ist keine Versammlung freier Menschen. Die Menschen – Männer wie Frauen –, die diese Dichter uns zeigen, sind nicht Bewohner jener gemeinsamen Welt, die man ,die Sphäre des Um-

---

89 Boyle (2000) S. 35 bzw. 38

gangs' genannt hat: eher entsprechen sie dem Leibnizschen Bild von der in sich geschlossenen, autonomen Seele."[90]

Und weiter: „Das ‚bürgerliche Trauerspiel', das zu einer der charakteristischen Gattungen der neuen deutschen Literatur zu machen Lessing so bemüht war, konzentriert sich auf den *inneren* Konflikt im Mittelstand, oder in dessen einzelnen Vertretern, nicht auf die Klassenkonfrontation und deren Mechanismen (...) Lessing begriff zuletzt die eisernen Notwendigkeiten, die die Verhältnisse deutscher Intellektueller diktierten, und rettete in dem unausweichlichen Kompromiss seine Selbstachtung durch bittere, durchtriebene Ironie."[91]

Eine der wesentlichen Ursachen für die unterschiedliche Entwicklung in Frankreich, England und Deutschland ist sicherlich das – geschichtlich bedingte – Fehlen eines eindeutigen politischen und geistigen Zentrums im Deutschland des 18. Jahrhunderts, wie es etwa in Frankreich mit Paris, in England mit London gegeben war. Dies waren städtische Zentren, wo sich sowohl das ökonomische wie politische wie philosophische wie kulturelle Leben gleichermaßen entfaltete.

Wo aber hätten sich die geistig-politischen Auseinandersetzungen ihrer Zeit in Deutschland lokal ähnlich fokussieren und ebenso selbstverständlich zuspitzen können, wie vergleichsweise in England im 17. Jahrhundert in London und im 18. Jahrhundert in Paris mit einem aufblühenden Handel, sowohl in Europa als auch in Übersee, mit einem immer selbstbewusster werdenden Bürgertum, einem lebhaften Parlamentarismus, einem aufblühenden Pressewesen? Oder wie vergleichsweise in den Pariser Salons der vorrevolutionären Zeit bzw. nach der Revolution in der Nationalversammlung im Paris eines Voltaire, eines Rousseau, eines Diderot usw. oder in den entsprechenden politischen Clubs der sich herausbildenden Fraktionen von Jakobinern und Girondisten eines Condorcet, eines Marat, eines Danton?

Deutschland dagegen war – wie gesagt – zu jener Zeit zersplittert in eine Unzahl kleiner und kleinster Fürsten- und Herzogtümer. Wie Boyle schreibt, war ‚Deutschland' im 18. Jahrhundert nicht einmal ein geographischer, sondern bestenfalls ein sprachlicher Begriff. Weder eine natürliche Grenze noch gar eine einheitliche politische Struktur verband die Menschen, die verschiedene Dialekte deutscher Zunge sprachen. Sie lebten, in unterschiedlicher Dichte konzentriert, vom Elsass bis zur Wolga und zum heutigen Rumänien, vom Finnischen Meerbusen bis zu den Schweizer Alpen und der Adria verstreut. Das Reich selbst, die deutschen Kernlande, beschreibt man besser als äußerst lockeren Bund von Staaten sehr ungleicher Größe und Bedeutung. Im 18. Jahrhundert gab es neun Kurfürsten, 94 weltliche und geistliche Fürsten, 103 Reichsgrafen, 40 Prälaten und 51 freie Reichsstädte; sie alle waren souveräne Herrscher über ihr Territorium und lehnsrechtlich nur direkt vom Kaiser abhängig. Aber nicht nur das Reich als ganzes war fragmentiert; die Frag-

---

90   Boyle (2000) S. 47
91   Boyle (2000) S. 52

mente selber zerfielen wieder in Fragmente. Außer der Person des Kaisers gab es nur wenige vage Institutionen, die dieses prachtvolle Chaos zusammenhielten.[92]

Ein mögliches deutsches geistiges Zentrum Ende des 18. Jahrhunderts war sicherlich der thüringische Residenzort Weimar, denn dort hatte die Herzogin Anna Amalia zunächst Wieland an ihren Musenhof geholt und ihr Sohn Karl August berief Herder und Goethe; 1799 kam schließlich noch Schiller hinzu und auch der Sturm und Drang-Dichter Jakob Michael Lenz gab ein, wenn auch kurzes und unrühmliches, Gastspiel. Wie aber hat man sich jenes Weimar vorzustellen, wie steht es im Vergleich etwa zu Paris oder London seiner Zeit? Das Herzogtum Weimar bestand, wie Boyle schreibt, zu Goethes Zeiten aus vier getrennten territorialen Einheiten mit einer Gesamtfläche von rund 1.800 Quadratkilometern. Wie kompliziert unter diesen Umständen Grenzverläufe, Zollsysteme und Verkehrswege waren, kann man sich unschwer ausmalen.[93]

Doch das Fehlen eines geistigen und politischen Zentrums ist sicherlich nur die eine der Ursachen für den harten Dualismus, das angespannte Verhältnis zwischen den Sphären des Gesellschaftlich-Politischen einerseits und des Künstlerisch-Kulturellen andererseits.

In seiner Untersuchung über die *Kultur der Moderne* nennt Richard Münch – ganz in der Tradition der Religionssoziologie Max Webers stehend – als den zweiten wesentlichen Faktor für „die Eigenart des deutschen Weges in die Moderne" den Unterschied des deutschen *Lutherischen* zum *Calvinistischen Protestantismus*. An die Stelle der calvinistischen – vor allem in England und dann in Amerika wirksamen – Verpflichtung des Individuums zur aktiven Teilhabe an der Gestaltung der Welt trete, so Münch, im vor allem in Deutschland prägenden Lutherischen Protestantismus die Verbindung von privater Innerlichkeit und öffentlicher, d. h. staatlicher und kirchlicher Verwaltung der Welt.[94]

Der Calvinismus hat in der Form des englischen und vor allem amerikanischen Puritanismus ganz wesentlichen Einfluss auf eine aktive Gestaltung des politischen Gemeinwesens genommen. Der Lutherische Protestantismus habe dagegen zu einer strikten Trennung zwischen religiöser und politischer Welt geführt. „In England", so Münch, „ist der Puritanismus von einem religiös nonkonformistischen und politisch oppositionellen Bürgertum getragen worden, das gegen den Absolutismus von Kirche und Krone gekämpft und sich dabei auf allgemeine Prinzipien berufen hat, die über die bestehende Obrigkeit hinauswiesen. In Neuengland ist dieser revolutionäre Elan auf den Aufbau einer ganz neuen Gesellschaft nach allgemeinen Ideen übertragen worden. Nichts von dieser traditionsbrechenden Macht ist in Luthers Protestantismus in

---

92 Boyle (2000) S. 24
93 Boyle (2000) S. 24
94 Münch (1993) S. 683

Deutschland zu erkennen. Hier ist der Protestantismus mit der Obrigkeit verbündet und stützt die unbezweifelbare Geltung der althergebrachten Tradition. Der deutsche Protestant erwählt außerdem seinen Glauben nicht, er bekommt ihn vielmehr von der Obrigkeit nach dem Prinzip ‚cuius regio, eius religio‘ verordnet. Die Annahme des protestantischen Glaubens ist nichts anderes als die übliche Erfüllung der Untertanenpflichten.“[95]

Münch weiter: „Der Unterschied beginnt schon bei Luther und Calvin. Während Calvin als freier Bürger der Stadt Genf einen aktiven Einfluss auf die Gestaltung des politischen Gemeinwesens nahm (...), suchte der Wittenberger Mönch Luther Zuflucht bei seinem Landesherrn gegen die päpstliche Verfolgung. Luther musste den Protestantismus den Machtinteressen der Landesfürsten unterordnen. Von dieser Konstellation ausgehend, hat der Lutherische Protestantismus nie eine Idee für die Formung des politischen Gemeinwesens entwickelt, wie das für den Calvinismus und für die von ihm beeinflussten puritanischen Glaubensgemeinschaften galt. Im Gegenteil, er hat dem Staat stets die führende Rolle überlassen müssen und hat sich unter seinem Schutz ausgebreitet (...) Gleichzeitig hat Luther den Schutz des Landesherrn mit einer allgemeinen Legitimation des Gehorsams der Protestanten gegenüber dem Landesherrn und seinen Gesetzen honoriert.“

Calvinismus und lutherischer Protestantismus sind durch ganz verschiedenen Sichtweisen der Existenz des Menschen geprägt, so Münch: „In der calvinistischen Perspektive ist der Mensch ein *Werkzeug* Gottes, dagegen sieht Luther den Menschen als ein *Gefäß* Gottes. Diese gegensätzlichen Sichtweisen des Verhältnisses zwischen Gott und Mensch bilden die Hintergrundideen für die unterschiedlichen Auffassungen über die gottgefällige Haltung des Menschen zur Welt.

– Als *Werkzeug Gottes* hat der Mensch die Welt aktiv zu gestalten (...) Der Mensch darf nie müde werden, die gesellschaftliche Realität im Sinne der universellen ethischen Gebote Gottes und gegen die Widerstände der existierenden gesellschaftlichen Kräfte umzugestalten (...)
– Ganz andere Konsequenzen hat die Lutherische Auffassung des Menschen als *Gefäß Gottes*. Hier ist das Erfülltsein von der Gnade Gottes und das Erfülltsein vom Glauben an Gott und vom Vertrauen in Gott, der Gedanke des sola fide, die vom Individuum erwartete gottgefällige Haltung. Es ist eine Hingabe an die Führung durch Gott. Grundsätzlich ist es ein Gefühl, das den Lutherischen Protestanten auszeichnet, und keine Aufgabe. Aktiv die Welt zu verändern, wäre ein Eingriff in die Pläne und Werke Gottes, der dem Menschen nicht zusteht; es wäre ein Zeichen eines mangelnden Vertrauens in Gottes Führung.“[96]

---

95 Münch (1993) S. 711
96 Münch (1993) S. 691; Hervorhebungen A.K.

Während sich der Puritaner durch eine *innerweltliche Askese* (im Gegensatz etwa zu einem einsamen Mönch) auszeichne, die ein aktives Gestalten der Welt, insbesondere der Ökonomie erfordere, um durch sein Handeln, seine Taten seine Gottgefälligkeit nachzuweisen, impliziere Luthers Auffassung des Menschen als „Gefäß Gottes" eine innerweltliche Mystik. Nicht das Handeln führt den Menschen demnach zu Gott, sondern der *richtige Glaube* und das Vertrauen in Gott, bzw. das reine Gefühl des Erfülltseins von Gott. Überall und unter allen Bedingungen findet der Mensch demnach seinen Frieden mit der Welt, solange er nur sein Vertrauen in Gott bewahrt. Zwischen seiner protestantischen Gesinnung und seinem Handeln in der Welt besteht keinerlei zwingender Zusammenhang. Der Mensch muss weder vor sich selbst noch vor Gott die Wahl seines Handelns rechtfertigen, weil es nicht auf sein konkretes Handeln ankommt, sondern auf die Bewahrung einer bestimmten Gesinnung und eines bestimmten Gefühls in jedem beliebigen Handeln.[97]

Im Gegensatz zur aktivistischen *innerweltlichen Askese* des Puritanismus, die so prägend wird für die Entwicklung in England und vor allem in den USA, entwickelt sich im (deutschen) Protestantismus die *Innerlichkeit als Persönlichkeitsideal*. Nach diesem Ideal verwirklicht sich das Individuum nicht in äußeren Werken, sondern in einer *inneren Haltung* und einem *inneren Gefühl*. Innerlichkeit bedeutet *Privatheit* und *Rückzug aus der Öffentlichkeit*. Die Sphäre der Öffentlichkeit ist eine Sphäre der äußeren Welt, an der man teilnimmt und in der man seine Pflichten erfüllt, in der man sich aber nicht als Person aktiv engagiert und in der man nicht seine Identität findet.[98]

Dieser Dualismus zwischen Privatheit einerseits, öffentlicher Sphäre andererseits, wie Münch ihn als prägend für den deutschen Protestantismus ansieht, setzt sich auch in nicht-religiöser, säkularisierter Form in der deutschen Aufklärung fort. Dies wird kaum deutlicher als in Immanuel Kants berühmter *Beantwortung der Frage: Was ist Aufklärung* von 1783. „Aufklärung" ist nach Kant „der Ausgang des Menschen aus seiner selbst verschuldeten Unmündigkeit"; und Kant definiert weiter: „Unmündigkeit ist das Unvermögen, sich seines Verstandes ohne Leitung eines anderen zu bedienen. Selbstverschuldet ist diese Unmündigkeit, wenn die Ursache derselben nicht am Mangel des Verstandes, sondern der Entschließung und des Mutes liegt, sich seiner ohne Leitung eines andern zu bedienen."[99]

Als Voraussetzung so verstandener Aufklärung ist nach Kant nicht mehr notwendig als „Freiheit; und zwar die unschädlichste unter allem, was nur Freiheit heißen mag, nämlich die: von seiner Vernunft in allen Stücken *öffentlich* Gebrauch zu machen." Mit dieser Feststellung scheint Kant völlig

---

97 Münch (1993) S. 692
98 Münch (1993) S. 694
99 Kant (1978) S. 53ff

auf der Höhe der Position der englischen und französischen Aufklärung und ihres oben dargestellten Öffentlichkeitsbegriffes zu sein.

Doch genau das Gegenteil ist der Fall, wenn gefragt wird, wie Kant den „öffentlichen Gebrauch von Vernunft" genauer definiert. „Der *öffentliche* Gebrauch seiner Vernunft", so Kant, „muss jederzeit frei sein, und der allein kann Aufklärung unter Menschen zu Stande bringen; der Privatgebrauch derselben aber darf öfters sehr enge eingeschränkt sein, ohne doch darum den Fortschritt der Aufklärung sonderlich zu hindern.

– Ich verstehe aber unter dem *öffentlichen Gebrauche* seiner eigenen Vernunft denjenigen, den jemand *als Gelehrter* von ihr vor dem ganzen Publikum der Lesewelt macht.

– Den *Privatgebrauch* nenne ich denjenigen, den er in einem gewissen ihm anvertrauten bürgerlichen Posten, oder Amte, von seiner Vernunft machen darf."

Kant begründet diese merkwürdige Einschränkung mit der notwendigen Aufrechterhaltung des reibungslosen Funktionierens der Verwaltung, wenn er – quasi das Bild des *Gefäß Gottes* in das *Gefäß staatlicher Weisheit* umdeutet – schreibt: „Nun ist zu manchen Geschäften, die in das Interesse des gemeinen Wesens laufen, ein gewisser Mechanismus notwendig, vermittelst dessen einige Glieder des gemeinen Wesens sich bloß passiv verhalten müssen, um durch eine künstliche Einhelligkeit von der Regierung zu öffentlichen Zwecken gerichtet, oder wenigstens von der Zerstörung dieser Zwecke abgehalten zu werden. Hier ist es nun freilich nicht erlaubt, zu räsonieren; sondern man muss gehorchen."

Und er schreibt weiter: „So fern sich aber dieser Teil der Maschine zugleich als Glied eines ganzen gemeinen Wesens, ja sogar der Weltbürgergesellschaft ansieht, mithin in der Qualität eines Gelehrten, der sich an ein Publikum im eigentlichen Verstande *durch Schriften* wendet: kann er allerdings räsonieren, ohne dass dadurch die Geschäfte leiden, zu denen er zum Teile als passives Glied angesetzt ist." Und er gibt hierzu ein Beispiel: „So würde es sehr verderblich sein, wenn ein Offizier, dem von seinen Oberen etwas anbefohlen wird, im Dienste über die Zweckmäßigkeit oder Nützlichkeit dieses Befehls laut vernünfteln wollte; er muss gehorchen. Es kann ihm aber billigermaßen nicht verwehrt werden, *als Gelehrter*, über die Fehler im Kriegsdienste Anmerkungen zu machen, und diese seinem Publikum zur Beurteilung vorzulegen."

In diesen Aufführungen Kants wird deutlich, dass Klopstocks *Gelehrtenrepublik* von 1774 also keineswegs die Grille eines einzelnen Literaten war; ein ganz ähnlicher Dualismus zwischen politischer Öffentlichkeit einerseits, „Gelehrtendasein" andererseits findet sich fast zur gleichen Zeit, nur neun Jahre später ebenso bei Kant in der wohl populärsten Schrift der deutschen Aufklärung.

Und dieser Dualismus zieht sich bis in das zwanzigste Jahrhundert zu einem Schriftsteller, in dessen Werk die ganze Tragik des deutschen Kulturbegriffs – in seiner Kontrastierung und Ablehnung des englischen und französischen Kulturbegriffs und deren zivilisatorischen, sozialen und politischen Implikationen – noch einmal fokussiert. Fast 150 Jahre nach Lessing und Kant findet sich dieser typisch deutsche Kulturbegriff noch einmal in den zwischen 1915 und 1917 entstandenen und 1918 erschienenen *Betrachtungen eines Unpolitischen* Thomas Manns.

In seinen umfangreichen Überlegungen entwirft Thomas Mann als Gegenbild zu seiner eigenen explizit künstlerischen Zielsetzung das Zerrbild des von ihm abgelehnten „Zivilisationsliteraten". (Dieser verkörperte sich nicht zuletzt in seinem Frankreich-orientierten und gesellschaftlich engagierten Bruder Heinrich Mann, dem Autor so beißend-kritischer Satiren wie *Der Untertan* und *Professor Unrat*). Thomas Mann baut den – typisch deutschen – Gegensatz von „Geist und Politik" auf, wenn er schreibt: „Geist ist nicht Politik (...) Der Unterschied von Geist und Politik enthält den von Kultur und Zivilisation, von Seele und Gesellschaft, von Freiheit und Stimmrecht, von Kunst und Literatur; und Deutschtum, das ist Kultur, Seele, Freiheit, Kunst und nicht Zivilisation, Gesellschaft, Stimmrecht, Literatur."

Alle diese negativen Eigenschaften werden – ganz in der deutschen intellektuellen Tradition des 18. Jahrhunderts stehend – den französischen bzw. englischen sog. „Zivilisationsliteraten" zugeordnet, die sich mit den sozialen, ökonomischen und politischen Problemen ihrer Gesellschaft befassen. Das Kapitel mit dem Titel *Der Zivilisationsliterat* endet mit den bezeichnenden Sätzen: „Welches ist nun diese Entwicklung, dieser Fortschritt, von dem ich sprach? Aber es ist eine Handvoll schändlich hässlicher Kunstwörter nötig, um anzudeuten, um was es sich handelt. Es handelt sich um die Politisierung, Literarisierung, Intellektualisierung, Radikalisierung Deutschlands, es gilt seine ‚Vermenschlichung' im lateinisch-politischen Sinne und seine Enthumanisierung im deutschen (...) Es gilt, um das Lieblingswort, den Kriegs- und Jubelruf des Zivilisationsliteraten zu brauchen, die Demokratisierung Deutschlands, oder, um alles zusammenzufassen und auf den Generalnenner zu bringen, es gilt seine Entdeutschung ... Und an all diesem Unfug sollte ich teilhaben?"[100]

„‚Vermenschlichung' im lateinisch-politischen Sinne" – damit ist zweifelsohne jene „res publica" gemeint, die das Resultat der Rousseau'schen Reflexionen darstellt. Von der „Demokratisierung Deutschlands" wollte Thomas Mann – wie viele Intellektuelle des ersten Jahrzehnts des 20. Jahrhunderts in Deutschland – seinerzeit wenig wissen, ein „Unfug" war sie in seinen Augen, an dem er nicht teilhaben wollte. Dies war ein tragischer Irrtum, für den er und seine Familie wie viele andere deutsche Literaten,

---

100 Mann, Thomas (1960): Betrachtungen eines Unpolitischen. In: ders.: Gesammelte Werke, Band XII, Frankfurt/M. S. 68

Philosophen, Intellektuelle und Politiker in den Jahren 1933 folgende bitter bezahlen mussten. (In seinem Aufsatz *Kultur und Politik* aus dem Jahre 1954 revidierte Thomas Mann vor dem Hintergrund der soeben gemachten politischen Erfahrungen diese Auffassung aus dem ersten Jahrzehnt des Jahrhunderts allerdings grundsätzlich).

1.4 Zum Verhältnis von Kultur und Politik

Die obigen Ausführungen haben gezeigt, dass sowohl der Begriff der *Politik* als auch der der *Kultur* in Deutschland eine ganz spezifische Entwicklung genommen haben, die sich von England und Frankreich deutlich unterscheiden. Ein Begriff wie „Kulturnation" oder „Kulturstaat", der deutschen Politikern nicht nur in Sonntagsreden flüssig über die Lippen geht, wäre in Frankreich oder England kaum vorstellbar, da diese Staaten ihr eigenes Selbstverständnis nicht kulturell, sondern politisch als *Republik*, als *Nation* oder als *Empire* definieren. Durch die ausführliche Darstellung sollten die Wurzeln deutlich werden, warum sich in Deutschland der Staat (und seine einzelnen Körperschaften) so stark für die Förderung der Kultur engagieren, warum Deutschland sich explizit als *Kulturstaat* begreift.

Um nun das Verhältnis der beiden Bereiche *Kultur* und *Politik* zueinander näher zu beschreiben, soll im Folgenden zunächst auf zwei verschiedenen Ebenen vorgegangen werden:

(1) Zunächst werden auf einer allgemeinen *systemtheoretischen* Ebene anhand eines Modells von Talcott Parsons die grundsätzlich unterschiedlichen Funktionen von Kultur und Politik innerhalb aller Gesellschaften beschrieben.
(2) Auf einer *inhaltlichen* Ebene soll anhand eines Beispiels aus der politischen Praxis gezeigt werden, wie unterschiedlich Kultur und Politik im Verständnis von Politikern zueinander stehen können.

Das Verhältnis von Kultur und Politik im Modell von Talcott Parsons

Der amerikanische Soziologe Talcott Parsons[101] analysiert die unverzichtbaren Funktionsbedingungen, die – wenn auch auf jeweils höchst unterschiedliche Weise – in *allen* menschlichen Gesellschaften erfüllt sein müssen, damit diese lebensfähig sind und Bestand haben können. Aus der vergleichenden Betrachtung sowohl einfacher, noch wenig differenzierter Gemeinwesen in

---

101 Parsons, Talcott (1951): The Social System, New York; die Darstellung folgt Meyer (2000) S. 18-23

der Frühzeit der Geschichte mit den hochgradig differenzierten Gesellschaften der Gegenwart, ebenso wie aus dem Vergleich ganz unterschiedlich verfasster Gesellschaften gleicher Epochen hat Parsons vier Grundfunktionen entwickelt, die in irgendeiner Weise immer erfüllt sein müssen, damit Gesellschaften überhaupt bestehen können. Diese Grundfunktionen gesellschaftlichen Handelns sind *Wirtschaft, Kultur, Gesellschaft* und *Politik*. Das Modell sei hier in seinen Grundzügen skizziert.

Abbildung 1: Grundtypen gesellschaftlichen Handelns nach Parsons[102]

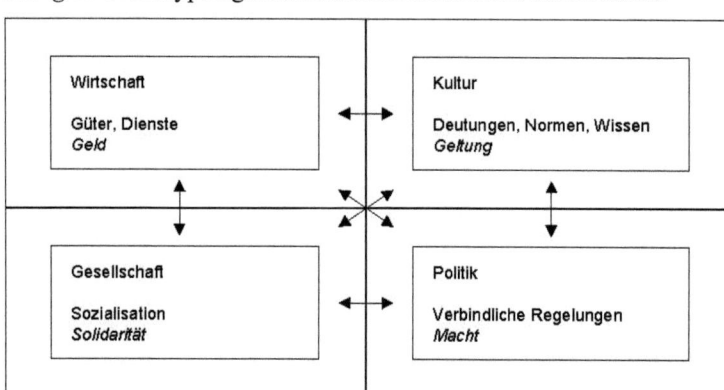

(1) *Wirtschaftliches Handeln/Ökonomie* meint die Erzeugung von Gütern und Dienstleistungen, durch die die Grundbedürfnisse des (Über-)Lebens befriedigt werden müssen. Durch wirtschaftliches Handeln, Herstellen und Tauschen, Verteilen und Reparieren und dergleichen, passt sich die Gesellschaft an die natürlichen Umstände ihrer Umwelt an und ermöglicht das physische Leben der Menschen. Die grundlegende Logik ist in diesem Sektor der *Tausch*, der sich im weitesten Sinne am Markt vollzieht; das Medium des Tausches ist das *Geld*.

(2) *Solidarisches Handeln (Familie, Gemeinschaften)*; dauerhafte Lebensgemeinschaften von Erwachsenen mit Kindern ermöglichen mit ihren emotionalen Energien und wechselseitigen Bindungen die Sozialisation der nachwachsenden Generationen in der Gesellschaft. Sie befriedigen in direkter, dichter emotionaler Zuwendung zugleich die wichtigen biologischen und sozialen Bedürfnisse ihrer Mitglieder und festigen auf dieser Basis die Normen, Regeln, Rollen, Erwartungen und sozialen Kompetenzen der jeweiligen Gesellschaften. Das Medium ist hier die generationenübergreifende *Solidarität*.

---

102 Parsons (1951) nach Meyer (2000) S. 19

(3) *Kulturelles Handeln (Kultur)* kompensiert die im tierischen Zusammenleben wirkenden genetischen Steuerungsprogramme; die „instinkt-reduzierten" Menschen sind auf den künstlichen Ersatz dessen angewiesen, was bei den Tieren die Instinktsteuerung leistet. Kultur ist somit der Inbegriff für die Gesamtheit der Leistungen, die an die Stelle der unmittelbaren Natur die Steuerung des menschlichen Verhaltens und Zusammenlebens in Gesellschaften setzen. Normen und Werte, Deutungen und Begründungen, Sinn, Beziehungen und Wissen, Erwartungen und Erzählungen sind der Stoff, aus dem Orientierung im Handeln und die Verknüpfung der Motivationen vieler mit den gesellschaftlichen Notwendigkeiten, Zwängen und Möglichkeiten besteht. Ihr Steuerungsmedium, gleichsam die Währung für das Hervorbringen und die Geltung der kulturellen Erzeugnisse, ist *Sinn*. Von ihm hängt die Fähigkeit der wirksamen Vermittlung kulturell erzeugter Orientierungen an alle ab, die in einer Gesellschaft zusammenleben. Der Beitrag, den das kulturelle Handeln zur gesellschaftlichen Integration leistet, besteht demnach in der Erzeugung und Aufrechterhaltung der unsichtbaren Muster der Weltdeutung, der individuellen Orientierung und der kollektiven Handlungskoordination. Das Steuerungsmedium *Sinn* gewährleistet die Überzeugungskraft der kulturellen Leistungen im jeweiligen Bezugsrahmen historischer Epochen und Gesellschaften. In ihm entstehen auch die Interpretationen und Normen, an denen sich die Legitimität politischen Handelns bemisst. Hier wird also ganz deutlich an jenen in der englischen und französischen Tradition stehenden Kulturbegriff angeknüpft.

(4) *Politisches Handeln (Politik)* erzeugt diejenigen Regelungen des Zusammenlebens, die für die ganze Gesellschaft verbindlich gelten sollen, d. h. keine Gesellschaft kann – wie oben gezeigt – ohne ein gewisses Maß solcher verbindlicher Regelungen bestehen. In einfachen, kaum ausdifferenzierten Gesellschaften sind es Überlieferungen über gesellschaftliche Rollen, die zu verbindlichen Entscheidungen für besonders befugte Personen über Krieg und Frieden, Leistungen für das Gemeinwesen, die Verteilung von Pflichten und Lasten oder Vorrechten berechtigen. Im Falle der hochkomplexen Gesellschaften der Gegenwart sind es Gesetze, Verordnungen und Regelungen, Leistungen und öffentliche Handlungsprogramme, die in öffentlich-rechtlich genau festgelegten Institutionen (z. B. Parlamenten) festgelegt werden. Das Medium der Politik ist *Macht*, denn sie allein vermag, wie eingangs dargelegt, die Durchsetzung des verbindlich Gemachten zu gewährleisten. Die Art ihres Zustandekommens, ihre Legitimation, ihre Reichweite hingegen variieren von Epoche zu Epoche, von Gesellschaft zu Gesellschaft, von politischem System zu politischem System.

Kultur wird hier – fern ab von allen inhaltlichen Bestimmungen – als eine spezifische Funktion innerhalb von Gesellschaft gesehen, die erfüllt sein muss, damit menschliches Zusammenleben insgesamt „funktionieren" kann. Das Modell der universalen Grundfunktionen von Parsons gibt somit eine Beschreibung des Funktionierens von menschlichem Zusammenleben überhaupt, das je nach dem Zusammenwirken der o. a. Grundfunktionen ganz unterschiedlich ausgestaltet sein kann. Es zeigt darüber hinaus, „dass Politik ein gesellschaftlicher Handlungstyp mit bestimmten regelmäßigen Handlungsfolgen ist, aber nicht notwendigerweise ein Handeln, dass allein im Rahmen eigens zu diesem Zwecke eingerichteter politischer Institutionen, wie Parlamente, Regierungen oder Parteien stattfinden muss. In gering differenzierten Gesellschaften ohne ein System speziell ausgegliederter politischer Institutionen findet dennoch politisches Handeln statt, damit der Zusammenhalt der Gesellschaft gewährleistet werden kann. Ebenso ist in den hochdifferenzierten Gesellschaften der Gegenwart Politik nicht ausschließlich im Rahmen der politischen Institutionen zu finden, die für sie speziell eingerichtet sind. Politik ist demnach ein *gesellschaftlicher Handlungstyp*, der in erster Linie an seinen Zwecken und Wirkungen und nicht an den Formen seiner Organisation und Institutionalisierung zu bemessen ist."[103] Hier haben wir es sowohl mit einem sehr weiten Kultur- als auch Politikverständnis zu tun. Hierauf wird unten noch einmal einzugehen sein.

Das Verhältnis von Kultur und Politik an einem inhaltlichen Beispiel

Wie sich das Verhältnis von Kultur und Politik in einer historischen Situation aus der Sicht verschiedener Akteure konkret ganz unterschiedlich gestalten kann, soll das zweite Beispiel zeigen. Bemerkenswert dabei ist, dass beide, inhaltlich so deutlich unterschiedliche, beinahe „idealtypische" Positionen zur gleichen Zeit und von zwei Akteuren formuliert werden, die nahezu gleich alt sind und derselben politischen Partei angehören.

In der ersten *Bundestagsdebatte zur Kulturpolitik* vom 8. November 1984 skizzierte der damalige CDU-Fraktionsvorsitzende Alfred Dregger die aus seiner Sicht wesentlichen Unterschiede zwischen den Gegenstandsbereichen Politik und Kultur sowie das seiner Meinung nach prekäre Verhältnis zwischen beiden.

– „Kultur und Politik, wie stehen sie zueinander? Idealtypisch gesehen, wirken sie antagonistisch. Wieso? Politik muss, um wirksam zu sein, den Gegenwartskonsens erstreben, sei es durch die freie Zustimmung der Mehrheit und ihre Respektierung durch die Minderheit in der Demokratie, sei es durch den erzwungenen Beifall aller in der Diktatur. Politik baut, wie Bertrand de Jouvenel gezeigt hat, auf Meinung auf und gewinnt

---

103 Meyer (2000) S. 22; HervorhebungA.K.

ihre Macht durch sie. Kultur dagegen – jetzt einmal im engeren Sinn als künstlerische Kultur gedacht – ist von gegenwärtiger Zustimmung völlig unabhängig. Da macht es nichts aus, ob ein Komponist wie Franz Schubert keines seiner größeren Werke in einer öffentlichen Aufführung gehört hat, ob ein Maler wie Vincent van Gogh nicht eines seiner Bilder verkaufen konnte. Der Rang ihrer Arbeiten hängt nicht einmal indirekt davon ab, ob sie zu ihrer Zeit Zustimmung gewinnen konnten oder nicht."

– „Die Unterschiedlichkeit von Kultur und Politik zeigt sich auch in einer anderen Facette: Politiker sind, wie wir wissen, gewiss keine besseren Menschen als andere, und der Bundestag ist, wie Eugen Gerstenmaier einmal gesagt hat, nicht die Elite, sondern der Querschnitt der Nation. Aber unbeschadet dessen: Politik ist allein und unmittelbar auf das Gemeinwohl verpflichtet. Gruppen-, Partei- und Politikerinteressen spielen gewiss mit, aber sie müssen sich ein- und unterordnen. Sie können nicht Maßstab der Politik sein. In der Kunst ist das anders. Sie darf nicht unter irgendwelchen Vorwänden auf das Gemeinwohl verpflichtet werden, weil sie damit ihre Freiheit verlieren würde. In der Kunst geht es zunächst und ausschließlich um die Verwirklichung einer Idee eines Werkes und in diesem Werk um die Verwirklichung der Persönlichkeit des Künstlers. Subjektivität ist hier genauso Trumpf, wie in den Angelegenheiten des Staates Objektivität Trumpf sein muss."

– „Ein Künstler von Rang stiftet Bleibendes, der Politiker meistert bestenfalls die Gegenwart. Er sollte das im Blick auf die Zukunft tun, aber ob sein Werk die Zukunft erreicht, hängt nicht nur von seinem Rang ab, und ob die Folgen seines Wirkens positive Wirkungen auf die Zukunft haben statt negative, ist ein Risiko, das in der Politik weit größer ist, als es beim Künstler jemals sein könnte."

– „Die Erkenntnis ist unabweisbar, dass wir es in Kultur und Politik mit zwei Welten zu tun haben, die nur schwer zusammenzukoppeln sind. (...) Die Kultur hat zu allen Zeiten – wenn auch in unterschiedlichem Ausmaß und in unterschiedlich edler Absicht – den Respekt der politisch Mächtigen genossen. In besonders hochgestimmten Zeiten kam es sogar zu einem Zusammenhang der künstlerischen und der staatlichen Ambitionen (...) Aber selbst in solch glücklichen Epochen bleiben und blieben die Sphären von Kunst und Politik essentiell geschieden. Geschichtlich war es in der Regel schon das beste, wenn beide einander in Ruhe ließen."

– „Ein gleiches Verhalten erbitte ich allerdings auch von der Kunst der Politik gegenüber. In seinem künstlerischen Schaffen sollte der Künstler die prekäre Grenze zwischen Politik und Kunst respektieren (...) Aber weil Politik und Kunst ihrem Wesen nach verschieden sind, ist es, wie ich meine, mehr als problematisch, wenn eine allein künstlerisch ausgewiesene Autorität ohne weiteres aktuelle politische Kompetenz beansprucht."

– „So gesehen ist Kulturpolitik im engeren Sinne immer der Versuch, das Unvereinbare zu vereinen. Eine vernünftige Kulturpolitik muss daher auf dem Respekt von Politik und Kultur voreinander und auf der gegenseitigen Anerkennung ihres jeweils eigenen Rechts beruhen."[104]

Ziemlich eindeutig wird von diesem Redner also an den von Marcuse kritisch so genannten *affirmativen Kulturbegriff* angeknüpft, der Kunst und Kultur auf der einen, Gesellschaft und Politik auf der anderen Seite säuberlich voneinander zu trennen bemüht ist. Ebenso wird unter *Politik* mehr oder weniger das verstanden, was „der Staat" tut.

Ganz anders dagegen der damalige Bundespräsident Richard von Weizsäcker in seiner Rede *Das Wunder der europäischen Kultur* anlässlich der Verleihung der Goethe-Medaille am 10. April 1987 in München.

– „Schon im Begriff Kulturpolitik wird deutlich, wie elementar Kultur und Politik einander durchdringen. Kultur ist kein politikfreier Raum. Kultur ist nicht der Paradiesgarten geistiger und künstlerischer Eliten. Kultur ist Lebensweise des Menschen. Sie ist die Substanz, um die es der Politik zu gehen hat."
– „Politik ist immer auch Kulturpolitik, denn Politik beeinflusst die Bedingungen des Lebens und Handelns des Menschen (...) Umgekehrt wirkt jede Änderung der kulturellen Befindlichkeit früher oder später auf die Politik ein. Immer wieder entpuppt sich das politische Bewusstsein als das kulturelle Bewusstsein in einer konkreten politischen Entscheidungslage."
– „Es wäre ebenso vergeblich wie halbherzig, wollte man von der Kultur aus einen Schutzzaun gegen die Politik ziehen. Eine Kultur, die versuchen wollte, in einem politikfreien Raum zu leben, würde nicht nur das falsche Kampffeld wählen und auf ihm unterliegen, sondern sie würde vor allem ihr eigenes Wesen, ihren bestimmenden substantiellen Rang verleugnen und verfehlen. Sie wäre kleingläubig – und warum sollte sie das sein?"
– „Die Barrieren, die es in unserer Öffentlichkeit tatsächlich noch gibt zwischen Politik und Kultur, gehören nach meiner Überzeugung nicht zu unseren besten Überlieferungen. Ich meine damit zum Beispiel die allzu strikte Trennung von Politik und Feuilleton in unseren Zeitungen: die oft zu beobachtende Beziehungslosigkeit im Stoff der beiden Sparten, die Mentalitätsunterschiede einschlägiger Redakteure, den Beilagencharakter des Feuilletons. Jeder Teil des Blattes kultiviert seine eigenen Leser, anstatt sie über Kreuz zu interessieren und herauszufordern."

---

104 Dregger, Alfred (1984): Ein freier Staat braucht eine freie Kunst – aber eine freie Kunst braucht auch einen freien Staat. In: Bundestagsfraktion der CDU (Hrsg.): Kulturpolitik. Die Union in der Kulturpolitischen Debatte des Deutschen Bundestages am 8. November 1984, Bonn S. 10

- „Der Politiker hat sein eigenes ganz persönliches Wissen und Gewissen. Zugleich aber handelt er im Namen vieler, die ihm sein Mandat gegeben haben. Seine Entscheidungen kann er nicht alleine treffen, und ihre Folgen betreffen ihn nicht allein. Der Autor, der Künstler, der Wissenschaftler unterliegt keinem Auftrag. Er kann kompromisslos sein. In der Politik kann Kompromisslosigkeit an Gewalt grenzen. Nie wird ein Staat die Vollkommenheit einer großen Dichtung erreichen. Aber er kann und muss sich täglich mühen, um die Freiheit und Unverletzlichkeit einer jeden Person, um ein menschenmögliches Maß an Gerechtigkeit und um Frieden."
- „Aufgabe des freien Geistes ist es, ihn dazu anzuhalten. Genau damit sind und bleiben beide Seiten der Kultur verpflichtet. Je deutlicher und klarer die kulturelle Sensibilität der Politik ist, desto besser, desto überzeugender ist sie, die Politik! Und andererseits ist jedes Handeln, das die Völker einander näher bringt, jede kulturelle Anstrengung auch Politik – gute Politik, wie ich meine."[105]

Hier zeigt sich eine völlig andere Position, die den Kulturbegriff sehr viel weiter fasst und – ganz im Gegensatz zum ersten dargestellten Standpunkt – keine künstliche Trennungslinie zwischen Kultur und Politik zieht. Diese Einstellung ist somit sehr viel „französischer" als die erste, die durchaus als typisch deutsch betrachtet werden kann. Interessant bei beiden Positionen ist, dass es sich bei den sie vertretenden Politikern weder um unterschiedliche Parteien noch verschiedene Generationen handelt. Beide sind gleichaltrig und gehören der CDU an.

Zusammenfassend lassen sich jeweils sowohl ein *weiter* wie ein *enger* Kultur- und Politikbegriff feststellen. Je nachdem, auf welchen Begriff jeweils zurückgegriffen wird, folgt die konkrete Kulturpolitik ganz unterschiedlichen Konzepten.

(1) *Weiter* Kulturbegriff: Kultur im Plural als Sitten, Gebräuche, Lebensweisen der Menschen	(2) *Enger* Kulturbegriff Kultur als Kunst
(3) *Weiter* Politikbegriff: Politik sowohl staatliches als auch gesellschaftliches Handeln	(4) *Enger* Politikbegriff Politik ausschließlich staatliches Handeln

105 Weizsäcker, Richard von (1987): Die politische Kraft der Kultur, Reinbek bei Hamburg S. 22f

So wird beispielsweise eine Kombination aus (2) und (4) zu einem Konzept von Kulturpolitik führen, das diese vor allem als Kunstpolitik begreift, die weitestgehend vom Staat verantwortet wird. Das Konzept der „Kunstpflege", wie es direkt nach der Gründung der Bundesrepublik entwickelt wurde und bis in die sechziger Jahre hinein Gültigkeit hatte, ließe sich so beschreiben (vgl. hierzu ausführlich das vierte Kapitel) Aus einer Kombination aus (2) und (3) wird ein Konzept von Kulturpolitik folgen, das diese auf den engen Bereich von Kunst konzentriert, deren Förderung aber sowohl staatlichem als aber auch vorrangig gesellschaftlichem Engagement überantwortet. Eine Kombination aus (1) und (3) ergibt eine Kulturpolitik, die sich am weiten Kulturbegriff orientiert und deren Umsetzung weitgehend den gesellschaftlichen Gruppen überlässt.

2 Rahmenbedingungen der Kulturpolitik

2.1 Was tut der Kulturpolitiker?

Der langjährige Frankfurter Kulturdezernent und Präsident des *Goethe-Instituts*, Hilmar Hoffmann, der wie kaum ein anderer die Kulturpolitik der Bundesrepublik Deutschland in den siebziger und achtziger Jahren durch seine theoretischen Ausführungen und durch sein praktisches Handeln geprägt hat, schrieb in seinem kulturpolitischen Bestseller *Kultur für alle* Ende der siebziger Jahre unter der Überschrift *Was tut der Kulturpolitiker?* u. a.:

– „Die verschiedenen theoretischen Ansätze zur objektivierenden Bestimmung der Funktion von Künsten und Kultur haben für den Kulturpolitiker alle ihre Legitimation: Sowohl die spezifische Erkenntnisfunktion als auch der Beitrag zur Persönlichkeitsbildung und zur ‚Enkulturation' (der Integration in die Gesellschaft), als auch der Beitrag zur Persönlichkeitsbildung und zur Vermittlung von lebenspraktischen Grundqualifikationen und Kreativität; die Entwicklung der Emotionalität und die katharische Wirkung genauso wie der Beitrag zur Diskussion gesellschaftlicher Probleme – als auch, ganz gewiss nicht zuletzt, die Bedeutung als Gegenstand des Genusses, wie sie sowohl aus den genannten Funktionen resultiert als auch um ihrer selbst willen besteht."

– „Die Funktionen der Künste sind komplex und nicht auf einen Aspekt festlegbar – daran werden auch neue Erkenntnisse und Ansätze der ästhetischen Theorie nichts ändern (...) Kein im Kulturbereich Tätiger kann warten, bis alle offenen Fragen von Theoretikern behandelt sind. Er muss jetzt handeln, und ich glaube, er hat auch genügend Legitimation dazu."

– „Außerdem muss man erkennen, dass Kulturpolitik ihre eigenen Gesetze hat: sie ist nicht Lobby der Künste um jeden Preis, sondern Stelle der Vermittlung zwischen Kunst und Gesellschaft, nicht in dem Sinne, dass sie die eine in den Dienst der anderen stellt, sondern eher im Sinne des ehrlichen Maklers."

– „Als Kommunalpolitiker sucht man seine Begründungen, wo man sie findet. Soll das aber nicht in Opportunismus ausarten, ist eine überzeugende Grundlage der Arbeit notwendig. Auch ist der Kulturpolitiker nicht jemand, der bestimmte Richtungen fördert, sondern eher jemand, der sie ermöglicht."

- „Der Politiker unter den Kulturarbeitern darf nicht der Parteipolitik im engeren Sinne verpflichtet sein. Er soll für alle Bevölkerungskreise tätig sein und kann daher nicht imperative Mandate einer Partei akzeptieren."[106]

Dieser kurze Überblick über das Handlungsfeld eines viele Jahre aktiven Kulturpolitikers lässt bereits deutlich werden, dass Kulturpolitik stets unter ganz konkreten Rahmenbedingungen und in bestimmten inhaltlichen Begründungszusammenhängen stattfindet.

Kulturpolitik geschieht also weder raumlos noch zeitlos, sondern konkretisiert sich in ganz bestimmten Konstellationen, die sich von Ort zu Ort, von Zeit zu Zeit unterschiedlich darstellen können. So sprechen wir etwa von „kommunaler Kulturpolitik in der Bundesrepublik Deutschland seit Mitte der 70er Jahre", womit der Ort (Bundesrepublik Deutschland), der Geltungsbereich (Kommune) und die Zeit (historische Phase der *Neuen Kulturpolitik*) markiert sind. Diese zeitgeschichtliche Phase wird abgegrenzt beispielsweise gegenüber der *Kulturpolitik der Nachkriegszeit*, der *Kulturpolitik in der DDR im Zeichen des sog. ,Bitterfelder Weges'* usw. Ähnlich sprechen wir von der *Französischen Kulturpolitik in der Ära Jack Lang* oder der *Auswärtigen Kulturpolitik des Bundes* usw.

Die konkrete Ausgestaltung der Kulturpolitik ist einerseits von recht konstanten und langfristig wirkenden Konditionierungen abhängig (z. B. die typisch föderale, dezentrale Struktur der Kulturpolitik in Deutschland, der im letzten Kapitel dargestellte spezifisch deutsche Kulturbegriff, das Selbstverständnis eines *Kulturstaates* usw.), unterliegt andererseits aber auch einem relativ kurzfristig wirkenden Wandel der Rahmenbedingungen (z. B. die Verschlechterung der Finanzierungsgrundlagen, die Veränderungen des kulturpolitischen Diskurses, der Wandel der Rechtslage durch EU-Beschlüsse, der Wechsel der politischen Mehrheiten in den relevanten Beschlussgremien oder oftmals auch bloße personelle Veränderungen usw.). Wer sich – in welcher Funktion auch immer – mit Kulturpolitik befasst, muss diese Rahmenbedingungen kennen, um die eigenen Handlungsmöglichkeiten richtig einschätzen zu können.

2.2 Historische Erfahrungen

Politisches Handeln beginnt niemals an einem historischen Nullpunkt, auch wenn einschneidende historische Geschehnisse – etwa das Ende des Zweiten

---

106 Hoffmann, Hilmar (1981): Kultur für alle. Perspektiven und Modelle, Frankfurt/M. S. 35f

Weltkriegs und der totale Zusammenbruch Deutschlands – oftmals als *Stunde Null* bezeichnet werden und somit einen kompletten Neubeginn suggerieren wollen. So schreibt etwa Hermann Glaser[107] in seiner dreibändigen *Kulturgeschichte der Bundesrepublik* im Hinblick auf die Neugründung der Bundesrepublik Deutschland nach 1945: „Als die Welt endete, fing sie auch wieder an. Später wurde klar, dass die Stunde Null gar kein wirklicher neuer Anfang gewesen war; aber angesichts des totalen Zusammenbruchs empfand man sie so: als Formel der Hoffnung, Synonym der Erwartung."

Was für politisches Handeln allgemein gesagt wird, gilt umso mehr für kulturpolitisches Handeln, da das Historische ein ganz wesentliches Element aller Kultur ist, wie es schon Begriffe wie „kulturelles Erbe" oder „Kulturgut" nahe legen. Etwas ist gemacht worden oder entstanden, das in komplexen kulturellen Prozessen nachfolgenden Generationen tradiert wird. Dementsprechend kennzeichnet z. B. Glaser den „kulturellen Neubeginn" als „Auferstehung Deutschlands aus dem Geiste der Tradition, die verschüttet gewesen war und nun wieder aus der Tiefe emporstieg."[108] Insofern sind historische Erfahrungen wichtige Rahmenbedingungen, die sich beispielsweise in der normativen Formulierung von bestimmten Gesetzen niederschlagen können. Im Folgenden werden die wichtigsten dieser historischen Erfahrungen skizziert, die für die konkrete Ausgestaltung der Kulturpolitik in Deutschland von Bedeutung sind.

Föderale und kommunale Kulturpolitik

Wenn der *Deutsche Städtetag*[109] immer wieder ganz grundsätzlich feststellt: „Kulturpolitik ist in der Bundesrepublik Deutschland in erster Linie *Kommunalpolitik*. Sie ist es, unbeschadet der den Ländern zugesprochenen Kulturhoheit, unbeschadet wichtiger kulturpolitischer Initiativen des Bundes, unbeschadet der zunehmenden Aktivitäten großer gesellschaftlicher Organisationen", so ist dies das Resultat einer Jahrhunderte langen historischen Entwicklung, die in Deutschland gänzlich anders verlief als etwa in den zentralistisch verfassten Staaten Frankreich, England und Spanien mit ihren Kulturmetropolen Paris, London und Madrid.

---

107 Glaser, Hermann (1985): Kulturgeschichte der Bundesrepublik Deutschland, 3 Bände, Frankfurt/M. S. 12; vgl. hierzu auch Hermand, Jost (1986): Kultur im Wiederaufbau. Die Bundesrepublik 1945-1965, München; ders. (1988): Die Kultur der Bundesrepublik Deutschland, 1965-1986, München
108 Glaser (1985) S. 21.
109 Deutscher Städtetag (1979): Kultur in den Städten. Eine Bestandsaufnahme, Stuttgart/ Berlin/Köln/Mainz S. 7.

Viel typischer als der dort herrschende kulturelle Zentralismus ist für Deutschland die kulturelle Regionalisierung.[110] Neben dem Adel und den Kirchen bzw. Klöstern, die vor allem im Mittelalter die entscheidenden Träger von Kunst und Kultur darstellten, waren es in Deutschland viele Jahrhunderte lang vor allem die Städte, die sich kulturell engagierten und wichtige Beiträge zum kulturellen Erbe schufen. Die sog. freien Reichsstädte wie Köln, Mainz, Regensburg, München, Augsburg oder Worms waren sehr reich und konnten sich eine intensive Pflege der Künste leisten, denn sie unterstanden unmittelbar dem Kaiser, nicht einem regionalen Fürsten. Da einige dieser Städte auch Bischofsstädte waren, engagierte sich dort darüber hinaus dementsprechend die Kirche als Kunst- und Kulturförderer. Dabei beschränkte sich das kulturelle Engagement der Städte und der Kirche in Deutschland im Wesentlichen auf die Förderung der Baukunst und der Bildenden Kunst. Musik, Literatur und frühe Formen des Theaters waren dagegen abhängig vom mäzenatischen Wirken der Fürstenhöfe und nur teilweise der Kirche.[111]

Die Fürstenhäuser leisteten – neben dem Neubau von Residenzen und Stadtschlössern, insbesondere im Barock – mit der Gründung von Opernhäusern und Theatern wichtige Beiträge zur künstlerischen und kulturellen Entwicklung. Diese Kunst diente jedoch nahezu ausschließlich höfischen Zwecken.[112] Der einfache Bürger bekam die Kunst in den Schlössern und Schlosstheatern nicht zu Gesicht. Für dieses Publikum war die Kulturförderung der Kirchen und Klöster sehr viel bedeutungsvoller, da die reich ausgestatteten Kirchen und Klöster, vor allem aber auch die ihnen häufig angeschlossenen Schulen und Stiftsschulen auch von der einfachen Bevölkerung besucht werden konnten.

Die *Städtereform* des Freiherrn vom Stein (1808) legte die Grundlage für eine wieder erblühende Selbstverwaltung der Kommunen und Städte. Hinzu kam als wichtiger Wirkfaktor die Industrialisierung ab dem Beginn, vor allem aber seit der Mitte des 19. Jahrhunderts. In deren Verlauf wurden auch in Deutschland die Städte mit ihren Fabriken und ihrem Handel zu bedeutenden Wirtschaftszentren. Dadurch stieg zunächst die kulturelle Bedeutung des städtischen Bürgertums, dann aber auch der Arbeiterschaft. Hinzu kam, dass durch die napoleonische Säkularisierung (1806) die Kirchen und Klöster ihre kulturfördernde Rolle weitgehend einbüßten. Erstmals gehörten nun auch Theater- und Museumsneubauten zu den Aktivitäten der Städte (besonders

---

110 Vgl. zum Folgenden Heinrichs, Werner (1992): Kommunale Kulturarbeit – Kultur vor Ort, Hagen (*Studienbrief der Fernuniversität Hagen im Studienangebot Kulturmanagement – Kulturwissenschaftliche Weiterbildung*) S. 38ff.

111 Vgl. hierzu ausführlich: Friedell, Egon (1976): Kulturgeschichte der Neuzeit, 2 Bände, München

112 Vgl. hierzu nach wie vor unübertroffen: Alewyn, Richard (1989): Das große Welttheater. Die Epoche der höfischen Feste, München

wichtig ist hier die Geburt des typisch deutschen Stadttheaters).[113] Gleichzeitig entstand in den Städten eine Bevölkerungsgruppe, die den neuen
Reichtum auch für künstlerische und kulturelle Zwecke nutzte: das Bürgertum der Großindustriellen.[114] Neben schlossartigen Villen, zahlreichen Stadt-
häusern und prachtvollen Rathäusern erwies sich das Großbürgertum als
namhafter Mäzen von Bildender Kunst und Architektur, vor allem aber von
Theater, Musik und Literatur.

Gegen Mitte / Ende des 19. Jahrhunderts kämpfte die neu entstehende
Schicht des Industrieproletariats um eine gerechte Teilhabe nicht nur am
wirtschaftlichen, sondern auch am kulturellen Reichtum der Gesellschaft.
Unter der Losung „Wissen ist Macht" gründeten sich in den Städten eine
Vielzahl von Arbeiterbildungs- und Kulturvereinen, deren Ziel zum einen
eine Teilhabe am kulturellen Erbe war (was sich z. B. in einer großen Schil-
lerverehrung der Arbeiterschaft niederschlug), zum anderen aber auch die
Herausbildung eigener Kulturformen (im Extrem bis hin zum sog. „Prolet-
kult"), die sich vom Bürgertum unterscheiden sollten.[115] Neu zum Kulturangebot der Städte kamen so vor allem die Volkshochschulen, die öffentlichen
Bibliotheken und Theater-Besucherorganisationen bzw. Volksbühnen hinzu.

Die Erfahrung totalitärer Kulturpolitik im Nationalsozialismus

Der spezifische Kulturföderalismus der Bundesrepublik Deutschland hat –
neben der aufgezeigten historischen Entwicklung bzw. Tradition – allerdings
noch eine weitere, kaum zu unterschätzende Ursache. Spezifische historische
Entwicklungen finden ihren Niederschlag in juristischen Normierungen, die
positive Erfahrungen bewahren, negative dagegen für die Zukunft vermeiden
wollen. Eine solche positive Erfahrung war und ist zweifelsohne der erfolgreiche Föderalismus, wie er in den Art. 28 und 30 GG festgelegt ist.

Eine wesentlich negative Erfahrung, die sich unmittelbar in der Gesetzgebung auf höchster Ebene, dem Grundgesetz der Bundesrepublik Deutschland, niederschlug, war „die Erfahrung des exzessiven politischen Miss-
brauchs der Kultur im Nationalsozialismus."[116] Insbesondere eine Wiederho-

---

113 Vgl. hierzu ausführlich die Studie von Lennartz, Knut (1996): Theater, Künstler und die
    Politik. 150 Jahre Deutscher Bühnenverein, Berlin
114 Vgl. hierzu ausführlich: Hein, Dieter/Andreas Schulz (Hrsg.) (1996), Bürgerkultur im 19.
    Jahrhundert. Bildung, Kunst und Lebenswelt, München
115 Vgl. hierzu ausführlich: Beiträge zur Kulturgeschichte der deutschen Arbeiterbewegung
    1848-1918. Hrsg. von Peter von Rüden u. a. (1979), Frankfurt/M.; van der Will, Wilfried/
    Rob Burns (1982): Arbeiterkulturbewegung in der Weimarer Republik, 2 Bände, Frank-
    furt/M./Berlin/Wien
116 Trommler, Frank (1983): Kulturpolitik der Bundesrepublik Deutschland. In: Langenbucher,
    Wolfgang (Hrsg.): Kulturpolitisches Wörterbuch Bundesrepublik Deutschland, Deutsche
    Demokratische Republik im Vergleich, Stuttgart S. 379

lung der zentralistischen Steuerung und der Einsatz von Kunst und Kultur[117], wie sie zwischen 1933 und 1945 durch den Reichspropagandaleiter Joseph Goebbels für die eigene nationalsozialistische Politik praktiziert wurde, sollte mit allen Mitteln verhindert werden.

Vor allem zwei juristische Sicherungen wurden daher in das Grundgesetz eingebaut, um eine Wiederholung der damals gerade gemachten Erfahrungen zu verhindern: erstens die Verhinderung direkter staatlicher Einflussnahme auf Kulturpolitik durch die ausgesprochen zurückhaltende Formulierung in Art. 5 (3) GG (ein klassisches liberales Abwehrrecht, d. h. der Staat hat sich hier nicht einzumischen) und zweitens die explizite Dezentralisierung der Kulturpolitik durch den föderalen Aufbau Deutschlands, wie er in den erwähnten Art. 28 und 30 GG niedergelegt ist – nicht zuletzt auf Drängen der alliierten Siegermächte.[118] Art. 30 GG bestimmt ausdrücklich: „Die Ausübung der staatlichen Befugnisse und die Erfüllung der staatlichen Aufgaben ist Sache der Länder, soweit dieses Grundgesetz keine andere Regelung trifft oder zulässt." Da hinsichtlich der Kultur keine andere Regelung im Grundgesetz getroffen ist (außer in Art. 74 GG, in dem unter dem Stichwort der *konkurrierenden Gesetzgebung* der *Schutz deutschen Kulturgutes gegen Abwanderung in das Ausland* genannt ist), ist Kultur Sache der Länder bzw. der Kommunen.

Dies bedeutet eine Aufsplitterung der Kompetenzen auf die neugeschaffenen Länder bzw. die Kommunen und Städte, um ein für allemal eine zentralistische, staatliche Gleichschaltung, wie sie unter der nationalsozialistischen Herrschaft durchgesetzt wurde, in Zukunft unmöglich zu machen. „Nach den Erfahrungen des Nationalsozialismus, der (...) die totale Gleichschaltung aller kulturellen Bereiche bewirkte und mit großem propagandistischem Geschick den Rückschritt in die Barbarei mit einer Kulturfassade umstellte, ist seit 1945 die staatliche Kulturpolitik sehr zurückhaltend ausgeübt worden. An die Stelle von Indoktrination will Kulturpolitik heute die freie Entfaltung von Kunst, Wissenschaft und Religion garantieren und diese Freiheit im materiellen Sinne durch entsprechende Subventionen abstützen helfen. Der Kulturföderalismus sucht die Monopolisierung von Zuständigkeiten im kulturellen Bereich auszuschließen."[119]

---

117 Vgl. hierzu die mehrbändige Dokumentation von Wulf, Joseph (1963ff) zu den verschiedenen Künsten sowie zu Presse und Funk im Dritten Reich, Reinbek bei Hamburg

118 Vgl. hierzu etwa: Bausch, Ulrich M. (1992): Die Kulturpolitik der US-amerikanischen Information Control Division in Württemberg-Baden von 1945 bis 1949, Tübingen; Clemens, Gabriele (1997): Britische Kulturpolitik in Deutschland 1945-1949; Stuttgart; Frankreichs Kulturpolitik in Deutschland, 1945-1950 (1987). Ein Tübinger Symposium. Hrsg. von Franz Knipping, Tübingen; vgl. völlig anders dagegen: Hartmann, Anne/Wolfram Eggeling (1998): Sowjetische Präsenz im kulturellen Leben der SBZ und frühen DDR 1945-1953, Berlin

119 Glaser, Hermann/Karl-Heinz Stahl (1983): Bürgerrecht Kultur, Frankfurt/M./Berlin/ Weimar, S.17; vgl. hierzu auch ausführlich: Hermand (1986)

Unterschiedliche Kulturtraditionen in den neuen und alten Bundesländern

Historische Erfahrungen und daraus resultierende Probleme spiegeln sich aber auch ganz aktuell in der Konfrontation stark unterschiedlicher Kulturtraditionen beim Zusammenwachsen der alten mit den neuen Bundesländern. Hierzu schreibt Albrecht Göschel[120]: „Im Verlauf der Vereinigung der beiden deutschen Staaten wurde nach dem Abklingen der ersten großen Euphorie auf beiden Seiten die Erwartung gehegt, die gemeinsame kulturelle Tradition werde bei Spannungen und Konflikten stabilisierend wirken." So heißt es im Art. 35 des *Vertrages zwischen der Bundesrepublik Deutschland und der Deutschen Demokratischen Republik über die Herstellung der Einheit Deutschlands,* kurz: *Einigungsvertrag,* u. a.: „In den Jahren der Teilung waren Kunst und Kultur – trotz unterschiedlicher Entwicklung der beiden Staaten in Deutschland – eine Grundlage der fortbestehenden Einheit der deutschen Nation."[121]

Die tatsächliche Entwicklung verlief (und verläuft) jedoch ganz anders; Göschel weiter: „Bald wurde jedoch deutlich, dass auch in der Bewertung von Kunst und Kultur sowie von unterschiedlichen kulturpolitischen Konzepten tiefgehende Unterschiede zwischen Ost und West bestehen. Man kann heute davon ausgehen, dass die Einstellungen zu Kunst und Kultur bzw. die Erwartungen an Kulturpolitik, bei Kulturinteressierten, Kulturpolitikern und Künstlern in Ost und West so gravierend differieren, dass die jeweiligen ,Kulturbegriffe' eher einer wechselseitigen Provokation gleichkommen, statt verbindendes Element in einer von Enttäuschungen geprägten Vereinigung zu sein.

In der zentralistischen Struktur der DDR-Kulturpolitik kam zum Ausdruck, dass Kunst und Kultur als Instrumente einer politischen und moralischen Erziehung zu verstehen seien. Kulturförderung ist nach dieser Prämisse staatliche, soziale Infrastrukturaufgabe, die alle Bürger in gleicher Weise und in gleichen Anteilen zu erreichen hatte und die nach inhaltlichen Vorgaben aus der Politik zu planen war. Das widerspricht der bundesdeutschen Konstruktion, in der Kulturpolitik nicht als staatlich verantwortete Erziehung, sondern als ,vorstaatliche' Ebene eines gesellschaftlichen – eines bürgerschaftlichen – Wertekonsenses definiert ist, auf den staatliches Handeln gründet. Daher liegt Kulturpolitik in der Hoheit der Gemeinden. Einen explizit formulierten Dienstleistungsauftrag für die Förderung kultureller Einrichtungen,

120 Göschel, Albrecht (1993): Kulturbegriff in Ost und West (Projektskizze). In: *DIFU-Berichte* 3 S. 17ff.; vgl. ausführlich auch Göschel, Albrecht (1999): Kontrast und Parallele – kulturelle und politische Identitätsbildung ostdeutscher Generationen, Stuttgart/Berlin/Köln

121 Vertrag zwischen der Bundesrepublik Deutschland und der Deutschen Demokratischen Republik über die Herstellung der Einheit Deutschlands. In: Grundgesetz für die Bundesrepublik Deutschland (1995), München (Beck'sche Textausgaben) S. 154

möglicherweise sogar mit Zielgrößen für Versorgungsstandards, kann es bei dieser Konstruktion im Grunde nicht geben. Im Vereinigungsprozess folgen aus dieser Differenz tiefe Missverständnisse über Förderungsaufgaben von Staat und Kommunen gegenüber Einrichtungen und Künstlern. Solche Verpflichtungen werden in den neuen Bundesländern fehleingeschätzt – Enttäuschungen sind die Folge. Die Unterschiede zwischen Ost und West resultieren allerdings nicht nur aus der Zeit des geteilten Nachkriegsdeutschlands, sondern verweisen auf tiefe historische Differenzen zwischen staatsorientierter Politik in den östlichen Landesteilen gegenüber bürgerschaftlicher Ausrichtung in den Städten des Westens."[122] Das, was Göschel Anfang der neunziger Jahre noch als Arbeitshypothese formulierte, hat er mittlerweile durch eine umfangreiche empirische Studie belegt.[123]

2.3 Rechtliche Normierungen

Politik als Ordnungsaufgabe setzt Recht: durch die Verfassungsgebung auf Bundes- und Landesebene, durch die Verabschiedung von Kommunalordnungen, durch Spezialgesetze für bestimmte Gegenstandsbereiche, durch die Verabschiedung von Satzungen im kommunalen Bereich und – in den letzten Jahren zunehmend mehr – durch Rechtsetzungen auf der europäischen Ebene. Wo der Gesetzgeber große Interpretationsspielräume offengelassen hat (wie z. B. gerade beim „Kulturverfassungsrecht"[124]), wirken die Verfassungsgerichte, insbesondere das Bundesverfassungsgericht[125] an einer Präzisierung bzw. Anwendung auf den konkreten Fall mit. Nachdem solche Gesetze verabschiedet und somit wirksam geworden sind, bilden sie wichtige Rahmenbedingungen für kulturpolitisches Handeln, das sich an diesen Gesetzen orientieren muss. Und einmal verabschiedet, lassen sich solche Gesetze meist nur schwer wieder verändern und schaffen in der gesellschaftlichen Wirklichkeit stabile Strukturen; von daher gibt es gerade im Bereich von Kunst und Kultur, für die Wandel und Innovation konstitutiv sind, stets ein Spannungsverhältnis zwischen juristischer Normierung und politischer Gestaltungsfreiheit.

---

122 Göschel (1993) S. 17ff
123 Göschel (1999)
124 Vgl. hierzu: Scheytt, Oliver (2004): Kulturverfassungsrecht – Kulturverwaltungsrecht. In: Klein, Armin (Hrsg.) (2004): Kompendium Kulturmanagement. Handbuch für Studium und Praxis, München S. 141-159
125 Vgl. hierzu ausführlich: Naucke, Maria (2001): Der Kulturbegriff in der Rechtsprechung des Bundesverfassungsgerichts, Hamburg (Hamburger Schriften zum Kulturverfassungs- und -verwaltungsrecht)

Der Staat beschränkte sich als Gesetzgeber – wie oben dargestellt aufgrund historischer Erfahrungen – in der Bundesrepublik in seiner Gründungsphase auf die Schaffung einiger weniger Rahmenbedingungen für die Entfaltung kultureller und künstlerischer Tätigkeiten, so dass von einem systematisch ausformulierten „Kulturverfassungsrecht" als „Inbegriff verfassungsrechtlicher Regelungen in Bund und Ländern, der die Sache ‚Kultur' in Bezug auf die Gemeinden als Hoheitsträger im Dienst des Bürgers normiert",[126] kaum die Rede sein kann.

Juristische Normierungen auf europäischer Ebene

Mehr und mehr gewannen und gewinnen im letzten Jahrzehnt juristische Normierungen auf der Ebene der Europäischen Union an Bedeutung für die ihr angehörenden Mitgliedsstaaten; dies gilt auch für den Kulturbereich. In der (nicht zustande gekommenen-) Verfassung der Europäischen Union hieß es unter der Überschrift „Die Ziele der Union" u. a. in Abs. 3: „Sie wahrt den Reichtum ihrer kulturellen und sprachlichen Vielfalt und sorgt für den Schutz und die Entwicklung des kulturellen Erbes Europas." Im Artikel 1-17 hieß es u. a. „Die Union ist für die Durchführung von *Unterstützungs-, Koordinierungs-* oder *Ergänzungsmaßnahmen* zuständig. Diese Maßnahmen *mit europäischer Zielsetzung* können in folgenden Bereichen getroffen werden: (...) c) Kultur (...)" (Hervorhebungen AK).[127] Durch das Scheitern dieser Verfassung gilt weiterhin das im Amsterdamer vertrag Festgelegte.

Denn bereits durch die Unterzeichnung des *EG-Vertrages von Amsterdam* bekamen die kulturpolitischen Aktivitäten der EU erstmals eine rechtliche Grundlage. Im Artikel 151 (ehemals 128 von Maastricht) im Teil XII (ehemals IX) dieses Vertrages ist geregelt, dass die Gemeinschaft einen Beitrag zur Entfaltung der Kulturen der Mitgliedsstaaten unter Wahrung ihrer nationalen und regionalen Vielfalt sowie gleichzeitiger Hervorhebung des gemeinsamen kulturellen Erbes leistet. Wörtlich lautet Art. 151:

(1) Die Gemeinschaft leistet einen Beitrag zur Entfaltung der Kulturen der Mitgliedsstaaten unter Wahrung ihrer nationalen und regionalen Vielfalt sowie gleichzeitiger Hervorhebung des gemeinsamen kulturellen Erbes.
(2) Die Gemeinschaft fördert durch ihre Tätigkeit die Zusammenarbeit zwischen den Mitgliedsstaaten und unterstützt und ergänzt erforderlichenfalls deren Tätigkeit in folgenden Bereichen:
 – Verbesserung der Kenntnis und Verbreitung der Kultur und Geschichte der europäischen Völker

---

126 Häberle, Peter (1983): Kulturpolitik in der Stadt – ein Verfassungsauftrag, Heidelberg/
 Hamburg/Karlsruhe S. 17
127 veröffentlicht im Amtsblatt der Europäischen Union C 310 vom 16.12.2004

- Erhaltung und Schutz des kulturellen Erbes von europäischer Bedeutung
- Nichtkommerzieller Kulturaustausch
- Künstlerisches und literarisches Schaffen, einschließlich im audiovisuellen Bereich

(3) Die Gemeinschaft und die Mitgliedsstaaten fördern die Zusammenarbeit
mit dritten Ländern und den für den Kulturbereich zuständigen internationalen Organisationen, insbesondere mit dem Europarat.

(4) Die Gemeinschaft trägt bei ihrer Tätigkeit aufgrund anderer Bestimmungen dieses Vertrages den kulturellen Aspekten Rechnung, insbesondere
zur Wahrung und Förderung der Vielfalt der Kulturen.

(5) Als Beitrag zur Verwirklichung der Ziele dieses Artikels erlässt der Rat
- gemäß dem Verfahren des Artikels 251 und nach Anhörung des
  Ausschusses der Regionen Fördermaßnahmen unter Ausschluss jeglicher Harmonisierung der Rechts- und Verwaltungsvorschriften der
  Mitgliedsstaaten. Der Rat beschließt im Rahmen des Verfahrens des
  Artikels 251 einstimmig;
- auf Vorschlag der Kommission Empfehlungen.

Das in der Bundesrepublik Deutschland vorherrschende Prinzip des Föderа-
lismus bzw. der kulturpolitischen Subsidiarität prägt auch die europäische
Ebene. Auf der einen Seite wird der nationalen bzw. regionalen Kulturpolitik
absoluter Vorrang eingeräumt. Auf der anderen Seite sollen die europäischen
Staaten zu verstärkter Kooperation auch im kulturellen Sektor, insbesondere
unter dem Gesichtspunkt der Pflege eines gemeinsamen europäischen Erbes,
ermuntert werden. Art. 87 / (d) des Vertrages gestattet den Mitgliedsstaaten
Beihilfen zur Förderung der Kultur und der Erhaltung des kulturellen Erbes
zu zahlen, allerdings unter der Voraussetzung, dass diese Zuwendungen mit
dem gemeinsamen Markt vereinbar sind, d. h. wenn die gemeinschaftlichen
Wettbewerbs- und Handelsvorschriften nicht geändert werden.

Der Art. 151 gibt erstmals auch eine ausreichende rechtliche Grundlage
für Fördermaßnahmen auf europäischer Ebene (vgl. dazu ausführlicher unten
„Ebenen und Akteure"). Besonders bemerkenswert ist die sog. *Kulturverträg-
lichkeitsklausel* in Abs. 4 des Art. 151. Diese besagt, dass die Europäische
Union bei der Verabschiedung jedes allgemeinen und spezifischen Gesetzes,
jeder Verordnung usw. prüfen muss, inwieweit diese schädliche Auswirkungen
für den kulturellen Sektor haben. Genau auf diesen Artikel berief sich die
deutsche Bundesregierung, als im Jahre 2000 der Wettbewerbskommissar der
europäischen Kommission prüfte, ob die zwischen Deutschland und Österreich
geltende Preisbindung für Bücher aufgehoben werden solle (die Schweiz als
drittes deutschsprachiges Land war hiervon nicht betroffen, da sie nicht Mitglied der EU ist).

Ein wesentliches Ziel der Europäischen Union war von Anbeginn an
(also auch schon zu Zeiten der sog. EWG) die Errichtung eines europäischen

Binnenmarktes, d. h. alle Wirtschaftsteilnehmer (Unternehmen, Arbeitnehmer, staatliche Stellen) der verschiedenen Mitgliedstaaten sollen gemeinschaftsweit denselben Rechtsvorschriften unterliegen; dabei sollen diese Vorschriften allerdings den (nationalen) Besonderheiten der Kultur Rechnung tragen. Im *EG-Vertrag* findet das seinen Niederschlag u. a. in folgenden Regelungen:

- Freizügigkeit der Kulturschaffenden (Art. 39ff)
- Niederlassungsfreiheit (Art. 43ff)
- Dienstleistungsfreiheit (Art. 49ff)
- Freier Warenverkehr (Art. 23ff)
- Wettbewerbspolitik (Art. 81ff)

Neben diesen juristischen Regelungen auf europäischer Ebene gibt es eine ganze Reihe von Rechtsetzungen auf europäischer Ebene mit kulturpolitischen Auswirkungen auf die Bundesrepublik Deutschland. Die sog. Binnenmarktvorschriften etwa befassen sich mit dem *Folgerecht*[128] von Künstlern, das in den einzelnen Mitgliedsländern unterschiedlich geregelt war: es bestand in den meisten EU-Mitgliedsstaaten, nicht jedoch in Großbritannien, Irland, den Niederlanden und Österreich. Dies führte jahrzehntelang zu Wettbewerbsverzerrungen (etwa im Auktionswesen). Mittlerweile ist dies einheitlich geregelt. Weiterhin gibt es Regelungen zum Export schützenswerter Kulturgüter aus der Europäischen Union und zur Rückgabe von unrechtmäßig aus dem Hoheitsgebiet eines Mitgliedsstaates ausgeführten Kulturgütern.
Vereinheitlicht werden sollen auch bislang noch unterschiedliche Mehrwertsteuerregelungen, etwa für Kunstwerke und Antiquitäten. Welche Relevanz das beispielsweise für die Bundesrepublik Deutschland hat, zeigt folgende kleine Notiz vom Jahresbeginn 2001: „Die deutsche Mehrwertsteuerregelung für künstlerische Leistungen verstößt nach Einschätzung der europäischen Kommission gegen das Gemeinschaftsrecht. Deshalb hat die Behörde jetzt beim Europäischen Gerichtshof eine Klage gegen die Bundesregierung eingereicht. Die Kommission kritisiert die Praxis unterschiedlicher Steuersätze: Während die Leistungen von Musikgruppen mit dem ermäßigten Satz von 7 Prozent versteuert werden, können Solisten diese Regelung nur in Anspruch nehmen, wenn sie als eigener Konzertveranstalter tätig werden. Stellen sie ihre Arbeit dagegen einem Konzertveranstalter zur Verfügung, müssen sie dies mit dem Regelsatz von 16 Prozent versteuern. Deutschland mache seine Steuervorschriften von der Handlungsweise der Künstler abhängig; darin sieht die Kommission einen Verstoß gegen die sechste EU-

---

128 Das Folgerecht regelt die Beteiligung der Künstler am Erlös beim Weiterverkauf eines Kunstwerks als Teil des Urheberrechts der Künstler. Auf einen Vorschlag der Kommission vom April 1996 hin soll beim Weiterverkauf eines Kunstwerks mit einem Mindestverkaufswert von 10.000 Euro dem Künstler bestimmte Prozente am Verkaufswert als Folgerecht zugesichert werden; dies gilt nicht für den Verkauf von privat an privat.

Mehrwertsteuerrichtlinie. Ferner führe das deutsche Steuerrecht zu Wettbewerbsverzerrungen zwischen gleichen Berufstätigkeiten."[129]

Im Rahmen der Wettbewerbspolitik unterliegt prinzipiell auch die Kulturpolitik den Wettbewerbsvorschriften und der EU-Beihilfenkontrolle. Dies betrifft beispielsweise den audiovisuellen Bereich (jedweder Zusammenschluss von Medienunternehmen wird überprüft) oder die bereits angesprochene Buchpreisregelung. Und schließlich herrscht auch der Grundsatz, das Urheberrecht und das geistige Eigentum auf einem möglichst hohen Schutzniveau europaweit zu sichern und dies auszudehnen auf Computerprogramme, Datenbanken usw.

Kulturverfassungsrecht[130]

Der Begriff „Kulturverfassungsrecht umfasst all diejenigen verfassungsrechtlichen Normen insbesondere des Grundgesetzes und der Länderverfassungen, die für den Kulturbereich einschlägig sind. Es wird durch einige zumeist allgemeine Verfassungsnormen konturiert, die zum Teil kulturelle Grundrechte verbürgen, zum anderen aber auch als Kompetenz- und Aufgabenkataloge, (allgemeine) Kulturstaatsklauseln oder Bildungs- und Erziehungsziele zu klassifizieren sind. All diese Vorschriften binden einerseits das Ermessen von Staat und Kommunen bei der Erfüllung der ihnen zugewiesenen Kulturaufgaben, konkretisieren andererseits deren Kompetenzen."[131]

Das Wort „Kultur" selbst taucht im Grundgesetz allerdings nur an einer einzigen Stelle auf: Art. 74 GG regelt unter dem Stichwort *konkurrierende Gesetzgebung* u. a. „den Schutz deutschen Kulturgutes gegen Abwanderung in das Ausland." Hiermit soll verhindert werden, dass auf einer speziellen Liste erfasstes Kulturgut, das sich in privater Hand befindet, ins Ausland verkauft wird. (Dieses Gesetz ist allerdings dann wirkungslos, wenn der Staat nicht wirklich entschlossen ist, so deklariertes Kulturgut zu schützen. Dies hat der unlängst viel diskutierte Fall des Verkaufs der zwölfteiligen Landkarte des deutschen Kartographen Martin Waldseemüller aus dem Jahre 1507, auf der sich erstmals der Name „America" befindet, aus deutschem Privatbesitz an die amerikanische Kongressbibliothek, gezeigt).

---

129 In: *Frankfurter Allgemeine Zeitung* vom 26.1.2001
130 Dieser Begriff wird in der juristischen Diskussion verwendet, obwohl gleichzeitig festgestellt wird, dass von einem systematisch ausformulierten „Kulturverfassungsrecht" als „Inbegriff verfassungsrechtlicher Regelungen in Bund und Ländern, der die Sache ‚Kultur' in Bezug auf die Gemeinden als Hoheitsträger im Dienst des Bürgers normiert", kaum die Rede sein kann; vgl. hierzu z. B. Häberle, Peter (1985): Das Kulturverfassungsrecht der Bundesrepublik Deutschland. In: *Aus Politik und Zeitgeschehen*, Beilage zur Wochenzeitung *Das Parlament*,(B28) vom 13 Juli 1985 S. 17f
131 Scheytt (2004) S. 141

Von zentraler Bedeutung ist dagegen Art. 5 (3): „Kunst und Wissenschaft, Forschung und Lehre sind frei." Diese Bestimmung gewährt „individuelle Freiheitsrechte im klassischen Sinne"[132]; sie kann daher zunächst als klassisches liberales „subjektiv-individuales Abwehrrecht"[133] gegen einen übermächtigen Staat interpretiert werden. „Diese Freiheitsverbürgung ist sowohl eine institutionelle Garantie, eine objektive, das Verhältnis des Lebensbereiches ,Kunst' zum Staat regelnde Grundsatznorm; sie ist zugleich aber auch subjektives, individuelles Freiheitsrecht derjenigen, die hier agieren"[134], also der Künstler und der Kunstvermittler. „Abzulehnen ist auch die Meinung, dass die Freiheit der Kunst gemäß Art. 2 Abs. 1 Halbsatz 2 durch die Rechte anderer, durch die verfassungsmäßige Ordnung und durch das Sittengesetz beschränkt sei."[135]

Dass diese scheinbar so absolut gesetzte Kunstfreiheit allerdings nicht völlig ohne Grenzen ist und auch sein kann, hat das legendäre Urteil des *Bundesverfassungsgerichtes* aus dem Jahre 1971, das sog. *Mephisto-Urteil*, deutlich gemacht.[136] ,Mephisto' wird der vom Bundesverfassungsgericht verhandelte Fall nach dem gleichnamigen Roman von Klaus Mann genannt. In diesem Roman beschreibt Mann seinen früheren Schwager, Gustav Gründgens, als zynischen, treu- und skrupellosen Karrieremacher im Dienst der Nazi-Diktatur und dichtet ihm abscheuliches Verhalten an. Nach Gründgens' Tod 1963 verlangte dessen Adoptivsohn und Alleinerbe, die Veröffentlichung des Romans zu unterlassen. Das Bundesverfassungsgericht gab ihm Recht. Mit der Begründung hat es sich allerdings ausgesprochen schwer getan. Eigentlich hat es sich nur den beiden Vorinstanzen, dem Oberlandesgericht Hamburg und dem Bundesgerichtshof, angeschlossen.

Der Roman, so meint das Gericht, sei ein schützenswertes Kunstwerk. Seine Veröffentlichung falle somit unter die bedingungslose Kunstfreiheit (Art. 5 (3) des Grundgesetzes); die Kunstfreiheit sei daher ohne Vorbehalt gewährt. Sie finde jedoch ihre Schranken an den verfassungsmäßigen Rechten anderer. Aber welches verfassungsmäßige Recht Gustaf Gründgens konnte ,Mephisto' verletzt haben? In Betracht kam nur das Recht der persönlichen Ehre. Dogmatisch schränkt die Ehre jedoch nur die Meinungsfreiheit ein, nicht die Kunstfreiheit. Aber Ehre und Kunst sind beide Ausdruck der Menschenwürde, die Kommunikation erst ermöglicht. Also darf Kunst die Menschenwürde nicht antasten. Der Roman ,Mephisto' hat dagegen Gründgens

132 Mangoldt, Hermann von/Friedrich Klein (1992): Das Bonner Grundgesetz Kommentar, München S. 592
133 Maunz, Theodor/Günter Dürig u. a. (1994): Grundgesetz-Kommentar, München S. 100
134 Bischoff, Friedrich (1990): Kunstrecht von A-Z, München S. 81f
135 Leibholz, Gerhard/Hans-Justus Rinck (1992): Grundgesetz für die Bundesrepublik Deutschland Kommentar an Hand der Rechtsprechung des Bundesverfassungsgerichts, Köln (Randzeichen 1041)
136 Bundesverfassungsgericht (1971): Beschluss vom 24. Februar 1971, Sammlung der Entscheidungen Band 30, S. 173 bis 277

als jemanden dargestellt, mit dem man nicht mehr reden kann. Er wurde deshalb vom Bundesverfassungsgericht verboten und durfte nicht weiter verbreitet werden. (Gleiches gilt aktuell für den von Maxim Biller veröffentlichten, stark autobirographisch gefäbten Roman „Esra", der aufgrund eines Urteils des Bundesverfassungsgerichtes weiterhin verboten bleibt.)

Allerdings erwies sich die Menschenwürde des toten Gründgens als recht kurzlebig. 1979 dramatisierte Ariane Mnouchkine den Mephisto-Roman und führte das Stück in Frankreich auf. 1980 erschien dann das Textbuch zu dem Stück in München in deutscher Übersetzung. Allerdings fand sich niemand, der klagte. 1981 brachte der Rowohlt-Verlag deshalb eine Neuausgabe des Romans auf den Markt. Das Buch wurde ein Verkaufsschlager; die Verfilmung folgte auf dem Fuß.[137]

Die beiden Grundgesetz-Kommentatoren *Leibholz/Rinck* schreiben hierzu: „Die Entscheidung darüber, ob durch die Anlehnung der künstlerischen Darstellung an Persönlichkeitsdaten der realen Wirklichkeit ein der Veröffentlichung des Kunstwerks entgegenstehender schwerer Eingriff in den schutzwürdigen Persönlichkeitsbereich des Dargestellten zu befürchten ist, kann nur unter Abwägung aller Umstände des Einzelfalles getroffen werden."[138]

Das Bundesverfassungsgericht ist allerdings in seiner Rechtsprechung über die Interpretation, die den Art. 5 (3) auf die bloße Abwehrfunktion reduziert, hinausgegangen; es interpretiert Art. 5 (3) als eine „objektive Wertentscheidung für die Freiheit der Kunst" und sagt weiterhin, dass „dem modernen Staat, der sich im Sinne einer Staatszielbestimmung auch als Kulturstaat versteht, zugleich die Aufgabe (zukommt), ein freiheitliches Kulturleben zu erhalten und zu fördern."[139]

Die verschiedenen Grundgesetzkommentare geben dem Art. 5 (3) ebenfalls einen über das liberale Abwehrrecht hinausreichenden Sinn. So heißt es in dem *Grundgesetz-Kommentar* von *Maunz-Dürig*: „Neben der *subjektiv-rechtlichen Gewährleistung* des Art 5 (3) steht dessen *objektiv-rechtliche Gewährleistung* der autonomen Lebens- und Sachbereiche Kunst, Wissenschaft, Forschung und Lehre. Diese objektiv-rechtliche Gewährleistung leitet sich aus der subjektiv-rechtlichen Gewährleistung als objektiv-rechtliche Sicherung von (realen) Lebenssachverhalten ab, die ihrerseits wiederum Form und Ergebnis der individualen und intersubjektiven Grundrechtsausübung und Grundrechtsobjektivationen sind."[140]

Dieser Grundgesetzkommentar leitet daraus explizit einen „*Kulturstaat*" ab, der durch folgende Merkmale gekennzeichnet ist:

---

137 Roellecke, Gerd (2001): Karlsruhe hat gesprochen: Mephisto. In: *Frankfurter Allgemeine Zeitung* vom 15.9.2001
138 Leibholz/Rinck (1992) (Randzeichen 1057)
139 BVerfGe 36/321; zit. nach Bischoff (1990) S. 74
140 Maunz/Dürig (1994) S. 100

(1) Garantie und Schutz von Bildung sowie Freiheit, Autonomie und Pluralität von Kunst;

(2) Pflicht des Staates zu kulturpolitischer Neutralität und kulturpolitischer Toleranz sowie Pflicht des Staates zu kultureller Förderung und positiver Pflege von Kunst und Wissenschaft;

(3) gemeinsame Kulturverantwortung von Staat und Gesellschaft (institutionelle Kooperation von gesellschaftlichen und staatlichen Kulturträgern);

(4) Verbot staatlichen „Kunstrichtertums"; „im Gegensatz hierzu ist dem Staate *förderungspolitisch* durchaus das qualitative Werturteil zwischen Kultur und Nichtkultur eröffnet."

(5) „Staatlicher Kulturförderung ist die *sachgerechte Auswahl und Differenzierung* gestattet."[141]

Die Feststellung der objektiv-rechtlichen Gewährleistungsaufgabe des Staates könnte bei extensiver Interpretation allerdings weit reichende Konsequenzen haben: „Da es heute weniger um die Abwehr staatlicher Eingriffe in Kunst und Wissenschaft, sondern um die Abhängigkeit von staatlichen Leistungen oder um den Schutz durch staatliche Organisationsmaßnahmen geht, erhebt sich die Frage, ob aus den beschriebenen objektiv-rechtlichen Gewährleistungen des Art. 5 (3), die auch positive staatliche Leistungen umfassen, entsprechende subjektive Ansprüche fließen, z. B. im Bereich der Kunst Ansprüche auf Theatersubvention."

Diese Konsequenz wird von *Mangoldt/Klein* in ihrem Grundgesetz-Kommentar allerdings verneint, „denn entsprechende Leistungsansprüche sind inhaltlich zu unbestimmt und im Übrigen in unübersehbarer Weise finanzwirksam, so dass sie im Wege der Interpretation aus Grundrechtsbestimmungen, die auch die Gesetzgebung unmittelbar bindend (Art. 1 Abs. 3), nicht abgeleitet werden können. Wieviel Mittel der Wissenschaft und zu welchem Zweck zur Verfügung gestellt werden, bedarf einer *haushaltspolitischen* Entscheidung, die nicht grundrechtlich bestimmt ist (...) Entsprechendes gilt für die Unterstützung künstlerischer Tätigkeit (z. B. Theatersubventionen) durch die öffentliche Hand. Organisatorische Maßnahmen des Staates auf dem Gebiet der in Art. 5 Abs. 3 geschützten Tätigkeiten sollen diese fördern, das gedeihliche Zusammenwirken mehrerer Grundrechtsträger ermöglichen und überhaupt einen institutionellen Rahmen für effektive Tätigkeit schaffen."[142]

Manche Landesverfassungen gehen allerdings bedeutend weiter. So kennzeichnet etwa die Verfassung des Freistaates Bayern in Art. 3 dieses Bundesland explizit als „Kulturstaat"; andere Länder schreiben ausdrücklich die aktive „Pflege" bzw. „Förderung" der Kultur als Aufgabe des Staates in ihren Landesverfassungen fest (z. B. Bremen, Hessen, Nordrhein-Westfalen,

---

141 Scholz, Rupert (1994): Randnotiz Nr. 8 zu Art. 5 Absatz 3 des Grundgesetzes. In: Maunz/Dürig (1994)
142 Mangoldt/Klein (1992) S. 594

Rheinland-Pfalz, Saarland, Schleswig-Holstein): „Das künstlerische und kulturelle Schaffen ist vom Staat zu fördern." Ein Unikum ist das Bundesland Sachsen insofern, als dieses Kultur quasi zur staatlichen Pflichtaufgabe erhebt, wenn es in Art. 1 der sächsischen Verfassung heißt: Der Freistaat Sachsen „ist ein demokratischer, dem Schutz der natürlichen Lebensgrundlagen und der Kultur verpflichteter sozialer Rechtsstaat." Dementsprechend heißt es im Art. 11 [Kultur, Wissenschaft, Sport] recht weit reichend: „Das Land fördert das kulturelle, das künstlerische und wissenschaftliche Schaffen, die sportliche Betätigung sowie den Austausch auf diesen Gebieten."

Neben dem grundsätzlichen Bekenntnis zum Kulturstaat – ohne dass dieser in der Verfassung explizit so benannt ist, wie etwa das Sozial- und Bundesstaatsprinzip in Art. 20 GG – bezeichnet der Staatsrechtslehrer Peter Häberle als ein wesentliches Strukturelement des Kulturverfassungsrechts der Bundesrepublik Deutschland den *kulturellen Trägerpluralismus*. „Die spezifische Offenheit des Kulturverfassungsrechts unserer Republik wird geschaffen durch jenen *kulturellen Trägerpluralismus*, der die kulturellen Grundrechte ergänzt. Die Konkurrenz und Rivalität zwischen den teils staatlichen, teils gesellschaftlich-öffentlichen Kulturträgern (und ihren unterschiedlichen Kulturpolitiken) ist eine Garantie für Offenheit, Kreativität und Lebendigkeit der Kultur. Verfassungsrechtlich handelt es sich bei diesem Pluralismus um eine Form der Gewaltenteilung, teils im engeren ‚staatlichen' Sinne, teils im weiteren ‚gesellschaftlichen' Sinne (...) Auf der Ebene der Unterscheidung von Staat und Gesellschaft formuliert, ist kultureller Trägerpluralismus das Prinzip, das die Kulturverantwortung zwischen Verfassungsstaat und gesellschaftlichen Gruppen aufteilt bzw. verteilt; kulturelle Vielfalt und Freiheit erweist sich dabei als ‚Gemeinschaftsaufgabe' eben dieses Verfassungsstaates und dieser Gesellschaft (...) Auch das *korporative* Kulturverfassungsrecht ist eine unverzichtbare Ergänzung sowohl des staatlichen Trägerpluralismus als auch der Garantie kultureller Grundrechte des Individuums: Kirchen, Religionsgemeinschaften und Wohlfahrtsverbände, auch private Kulturvereine leisten in Sachen Kultur vieles, was weder der Staat noch der einzelne Bürger zu erbringen vermögen."[143]

Ein Garant des *staatlichen* Trägerpluralismus ist Art. 30 GG, der bestimmt, dass die „Ausübung der staatlichen Befugnisse und die Erfüllung der staatlichen Aufgaben Sache der Länder" ist, „soweit dieses Grundgesetz keine andere Regelung trifft oder zulässt." Dies gilt insbesondere für den Bereich der Kultur, in dem das Grundgesetz ausdrücklich keine andere Regelung trifft (Ausnahme: Auswärtige Kulturpolitik; vgl. unten). Diese kulturelle Dezentralisation hat – wie gezeigt – eine lange Tradition in Deutschland. „In Deutschland war Kulturpolitik immer Sache der Einzelstaaten, das heißt der Länder.

---

143 Häberle (1985) S. 26f

Das war so im Kaiserreich seit 1871 und änderte sich auch nicht in der Weimarer Republik."[144]

Diese ausgeprägte Dezentralisation quasi als „Markenzeichen" der deutschen Kulturpolitik steht in starkem Kontrast zu anderen europäischen Ländern, etwa zu Frankreich oder Spanien. Nicht zuletzt hieraus resultiert die Lebendigkeit der deutschen Kulturlandschaft. „Man blicke einmal ganz praktisch auf das, was die deutschen Länder aus ihrer Kulturhoheit an Unterschiedlichem ‚machen'. Sie legitimieren und konturieren sich geradezu aus ihrer Kulturpolitik."[145]

Ein weiterer grundgesetzlicher Garant des *staatlichen* Trägerpluralismus findet sich in Art. 28 (2) GG, dem vor allem für die kommunale Kulturpolitik zentrale Bedeutung zukommt: „Den Gemeinden muss das Recht gewährleistet sein, alle Angelegenheiten der örtlichen Gemeinschaft im Rahmen der Gesetze in eigener Verantwortung zu regeln." Da für den Kulturbereich, wie beschrieben, der angesprochene Rahmen der Gesetze sehr weit ist, ist hier ein besonderes Aufgabenfeld der kommunalen Selbstverwaltung. „Angelegenheiten der örtlichen Gemeinschaft" sind nach Auffassung des Bundesverfassungsgerichtes gerade solche Aufgaben, die in der örtlichen Gemeinschaft wurzeln oder auf die örtliche Gemeinschaft einen spezifischen Bezug haben und von dieser eigenverantwortlich und selbstständig bewältigt werden können. Dies trifft zweifelsohne für sehr viele kulturelle Aufgaben zu. Ihre von Gemeinde zu Gemeinde unterschiedliche Ausprägungen und Profile sind besonders geeignet, „die Einwohner zur eigenverantwortlichen Erfüllung öffentlicher Aufgaben der engeren Heimat zusammenzuschließen mit dem Ziel, das Wohl der Einwohner zu fördern und die geschichtliche und heimatliche Eigenart zu bewahren."[146]

So schreibt der Essener Kulturdezernent und Präsident der *Kulturpolitischen Gesellschaft*, Oliver Scheytt: „Der Wortsinn und der Bedeutungszusammenhang des von Art. 28 Abs. 2 Satz 1 GG verwandten Begriffes ‚örtliche Gemeinschaft' umfasst eine Fülle von Anknüpfungspunkten für die Herleitung kultureller Gestaltungsmacht der Kommunen. Es gibt kaum einen anderen Bereich der Kommunalverwaltung, der einen solchen Bezug zum jeweiligen örtlichen Lebenszusammenhang hat, wie die kommunale Kulturverwaltung. Durch und in kommunaler Kulturarbeit werden Bezüge zur örtlichen Geschichte, zum jeweiligen städtischen und kulturell gestalteten Raum vermittelt. Die gemeindliche Öffentlichkeit kann als eine ‚kulturelle Öffentlichkeit' auch angesichts der Vielfalt und der Widersprüchlichkeiten der Lebensformen zur Gewinnung eines Interessenzusammenhangs beitragen und die Identitätsfindung

---

144 Winters, Peter Jochen (1996): Das Reich war nicht zuständig, half aber, wo es konnte. In: *Frankfurter Allgemeine Zeitung* vom 9.1.1996
145 Häberle (1985) S. 26
146 Pappermann, Ernst (1984): Rahmenbedingungen kommunaler Kulturpolitik. In: Pappermann, Ernst/Peter Michael Mombauer/Joseph-Theodor Blank (Hrsg.): Kulturarbeit in der kommunalen Praxis, Köln S. 9

fördern (...) Zwar bestehen auch beim Bund und bei den Ländern Kompetenzen im Kulturbereich. Aber die Länder, denen – mangels ausgeprägter Zuweisungen von Kompetenzen an den Bund – der überwiegende Teil der Aufgaben im Kulturbereich zugewiesen ist, überlassen ihrerseits weite Felder der Kulturarbeit den Kommunen, enthalten sich insbesondere gesetzlicher Festschreibungen."[147]

Durch die weitgehend fehlende Festschreibung öffnet sich den Gemeinden somit ein großer Handlungsspielraum; so schreibt Pappermann, mit Blick auf die kommunale Kulturpolitik, sie sei „einer der letzten Aufgabenblöcke, die sich bisher der Durchnormierung durch staatliche Spezialgesetze im Wesentlichen noch entziehen konnte. (...) Zwar hat auch hier die Tendenz zur Verrechtlichung zugenommen (Weiterbildungsgesetze, Denkmalschutzgesetze, Künstlersozialversicherungsgesetz), große Bereiche werden jedoch nach wie vor von den Kommunen nach ihren Vorstellungen gestaltet."[148] Allenfalls können aus bestimmten Regelungen in Bundes- und Landesverfassungen sowie der allgemeinen Rechtssprechung entsprechende Rahmenbedingungen konstruiert werden.

Im Gegensatz zu allen gegenteiligen Beteuerungen und wohlklingenden Festreden wird aber kommunale Kulturpolitik nach wie vor vielfach als sog. *freiwillige Aufgabe* (im Gegensatz zu den durch Gesetz festgelegten und durch die Verwaltung unbedingt zu erfüllenden *Pflichtaufgaben*) aufgefasst, deren konkrete Ausgestaltung sich nach den jeweiligen, vor allem finanziellen, Möglichkeiten der einzelnen Körperschaften, vor allem der Kommunen, richtet. Trotz aller „Freiwilligkeit" wird hierbei allerdings häufig übersehen, dass dies keineswegs eine grenzenlose „Verfügbarkeit" des Kulturhaushaltes, festgelegt im kommunalen *Einzelplan 3* („Wissenschaft, Forschung, Kulturpflege"), etwa in Sparzeiten, bedeutet. Denn viele kommunale Kultureinrichtungen (Theater, Orchester, Musikschulen, Museen, Volkshochschulen usw.) sind durch langfristige Verträge gesichert (z. B. durch Theaterverträge bei einer gemeinsamen Trägerschaft von Land und Kommune, durch Personalstellen, durch langfristige Immobilienanmietungen usw.).

Es steht also in den allermeisten Fällen keineswegs in der Beliebigkeit des Finanzdezernenten oder des Gemeinderates, kulturelle Institutionen einfach zu schließen; die finanziellen Folgekosten bleiben aufgrund längerfristig zu erfüllender Verträge meist bestehen. Die kurzfristige Schließung eines Theaters kann so – da Einnahmen fehlen, Verträge (Personalkosten, Mieten usw.) aber zu erfüllen sind – u. U. teurer werden als die Aufrechterhaltung des Spielbetriebes.

Zwar keine verfassungsrechtliche Geltung, wohl aber bundesweite Relevanz haben auch die kulturpolitischen Regelungen, wie sie im Einigungsvertrag

---

147 Scheytt, Oliver (1994): Rechtsgrundlagen der kommunalen Kulturarbeit, Köln (*Schriftenreihe Kulturpraxis und Recht Band 1*) S. 3
148 Pappermann (1984) S. 7

vom 31.8.1990 zwischen der Bundesrepublik Deutschland und der Deutschen Demokratischen Republik in dessen Art. 35 festgelegt wurden. Dort ist zum ersten Mal in einem Gesetzesdokument ausdrücklich vom *Kulturstaat Deutschland* die Rede. Darüber hinaus wird das bis dahin ehern verteidigte kulturelle Föderalismusprinzip erstmals verlassen, wenn es im Abs. 4 heißt: „Die bisher zentral geleiteten kulturellen Einrichtungen gehen in die Trägerschaft der Länder oder Kommunen über, in denen sie gelegen sind. Eine Mitfinanzierung durch den Bund wird in Ausnahmefällen, insbesondere im Land Berlin, nicht ausgeschlossen."

Im sog. *Berlin/Bonn-Gesetz* vom 20. Juni 1991, in dem der Umzug der Regierung von Bonn nach Berlin geregelt wurde, heißt es in § 5 Abs. 2: „Der Bund unterstützt das Land Berlin bei den ihm vom Bund zur Wahrnehmung der gesamtstaatlichen Repräsentation vereinbarungsgemäß übertragenen besonderen Aufgaben." In jüngster Zeit wurden diese Repräsentationsaufgaben seitens des Landes Berlin recht stark auch für den kulturellen Sektor reklamiert mit dem Versuch, den Bund sehr viel stärker als bisher in die Finanzierung der kostspieligen Opern, Theater sowie Museen und Bodendenkmäler miteinzubeziehen. Dieses hat bislang noch nicht in vollem Umfang abzusehende Auswirkungen auf das Tätigkeitsgebiet des seit einigen Jahren existierenden *Staatsministers für kulturelle Angelegenheiten beim Bundeskanzler* (vgl. ausführlich in dem Kapitel „Ebenen und Akteure").

Betreffen die oben aufgeführten Normierungen weitestgehend die kulturelle Innenpolitik der Bundesrepublik Deutschland, so ist für die Auswärtige Kulturpolitik vor allem Art. 32 relevant, der die Auswärtigen Beziehungen regelt. Dort heißt es knapp und bündig: „Die Pflege der Beziehungen zu auswärtigen Staaten ist Sache des Bundes", was auch die Auswärtige Kulturpolitik einschließt, die dementsprechend beim Außenminister ressortiert ist (vgl. ausführlich in dem Kapitel „Ebenen und Akteure").

Kulturpolitisch relevante Einzelgesetze

Die Tätigkeit von Staat und Ländern beschränkt sich allerdings nicht nur auf den allgemeinen juristischen Rahmen, wie er im Grundgesetz und den Landesverfassungen niedergelegt ist. Zunehmend regeln Einzelgesetze auch ganz unterschiedliche kulturelle Gegenstandsbereiche.[149] „Neben der Garantie der Kulturfreiheit als Grundlage jeglicher künstlerischer Tätigkeit hat der Staat auch Rahmenbedingungen geschaffen, die die Tätigkeit des Künstlers und die Vermittlung von Kunstwerken rechtlich und sozial absichern. Hierzu gehören

---

149 Vgl. hierzu umfassend: Fischer, Hermann Josef/Steven A. Reich (1992): Der Künstler und sein Recht. Ein Handbuch für die Praxis, München; Bischoff (1990)

das Urheberrecht mit den Verwertungs- und Leistungsschutzrechten sowie das Künstlersozialversicherungsgesetz."[150]

Das am 13. September 2003 erneuerte *Gesetz zur Regelung des Urheberrechts in der Informationsgesellschaft*[151] beispielsweise schützt die Interessen des Urhebers, also hier vor allem des Künstlers, an seinem Werk und seiner Nutzung. Neben dem Eigentumsrecht bedarf auch die Verwertung einer rechtlichen Normierung, d. h. des sog. *Verwertungsrechtes* (§§ 15ff Urheberrecht).[152] Neben den Rechten aus originären künstlerischen Werken kennt das Urheberrechtsgesetz auch sog. *Leistungsschutzrechte* (§§ 72ff UrhG), das die Leistungen ausübender Künstler, also beispielsweise die Arbeit von Schauspielern, Sängern und Musikern schützt. „Urheberrechte, Verwertungsrechte und Leistungsschutzrechte sichern nicht nur die rechtlichen, sondern auch die sozialen Lebensbedingungen der Künstler. In einer Zeit, in der der mediale Kulturbetrieb immer größere Ausmaße bekommt und die millionenfache Wiedergabe eines Kunstwerks ein Kinderspiel geworden ist, gilt es, nicht nur die Verwerter, sondern auch die Urheber von geistiger und schöpferischer Leistung an den materiellen Vorteilen zu beteiligen."[153]

Unter diesem Gesichtspunkt ist auch das *Künstlersozialversicherungsgesetz (KSVG)* bzw. die Gründung einer Künstlersozialkasse, die am 11.1.1983 per Gesetz in Kraft trat, zu sehen.[154] Es bietet selbstständigen Künstlern und Publizisten sozialen Schutz in der Renten-, Kranken- und Pflegeversicherung. Wie Arbeitnehmer zahlen sie nur eine Hälfte der Versicherungsbeiträge; die andere Beitragshälfte trägt die Künstlersozialkasse. Die hierfür erforderlichen Mittel werden aus einem Zuschuss des Bundes und aus einer Abgabe der Unternehmen finanziert, die künstlerische und publizistische Leistungen verwerten (Künstlersozialabgabe).

Neben diesen Urheberrechts- und Sozialgesetzen hat die Politik in den letzten Jahrzehnten zunehmend auch Einzelbereiche, teilweise nur in bestimmten Bundesländern durch Landesgesetze, geregelt. So ist durch das *Bundesarchivgesetz* vom 6. Januar 1988 der Schutz von Archivgut auf der Bundesebene geregelt; daneben gibt es in den einzelnen Bundesländern spezifische Landesarchivgesetze; der Denkmalschutz ist dagegen ausschließlich auf Landesebene geregelt. Gleiches gilt für die Weiterbildung (hiervon sind

---

150 Heinrichs, Werner (1993): Einführung in das Kulturmanagement, Darmstadt S. 101ff.
151 Gesetz zur Regelung des Urheberrechts in der Informationsgesellschaft vom 10.09.2003 in BGBl Teil I/2003 S. 1774ff; vgl. hierzu: Dreier, Thomas/Gernot Schulze (2004): Urheberrechtsgesetz – Urheberrechtswahrnehmungsgesetz – Kunsturhebergesetz, München
152 Vgl. hierzu ausführlich Bischoff (1990) S. 146ff
153 Heinrichs (1993) S. 102
154 Künstlersozialversicherungsgesetz vom 1. Juli 2001 (2000). Vgl. hierzu: Zacher, Joachim/ Michael Zacher (2000): Soziale Sicherheit für Künstler und Publizisten. Das Handbuch zur Künstlersozialversicherung, Starnberg; Jürgensen, Andri (2002): Ratgeber Künstlersozialversicherung. Vorteile. Voraussetzungen. Verfahren, München; Brandmüller/Zacher/Thielpape (o. J.): Künstlersozialversicherungsgesetz, Kommentar, Loseblattsammlung o. O.

insbesondere die Volkshochschulen sowie die Musik- und Jugendkunstschulen betroffen). Eine gewisse Ausnahme bildet das *Sächsische Kulturräumegesetz*, auf das unten einzugehen sein wird. In allen Fällen geht es um institutionelle Regelungen, die die konkrete Ausgestaltung kultureller Institutionen verbindlich festlegt.

Folgewirkungen nicht-kulturspezifischer Gesetze

Der kulturpolitische Handlungsspielraum wird aber auch durch eine Vielzahl anderer, allgemeiner Gesetze und Verordnungen betroffen, die nicht speziell für den Kulturbereich verabschiedet wurden, aber dennoch weit reichende Folgen haben können. Der ehemalige Stuttgarter Oberbürgermeister Manfred Rommel brachte das Zusammenspiel von verfassungsmäßig garantierten Freiheitsrechten und spezifischen Verordnungen einmal ironisch-drastisch auf die Formel: „Die Freiheit des Theaters endet bei den Bestimmungen der Brandpolizei."

Wenn Kultureinrichtungen in der Rechtsform des Vereins, der GmbH (Gesellschaft mit beschränkter Haftung) oder der GbR (Gesellschaft bürgerlichen Rechts) geführt werden, so gelten selbstverständlich die entsprechenden Rechtsgrundlagen, die ganz allgemein für diese Betriebsformen vorgesehen sind.[155] Gleiches gilt für steuerliche Regelungen, für Fragen der Gemeinnützigkeit usw. Wenn der Bundestag durch ein entsprechendes Gesetz eine Erhöhung der Arbeitnehmer- und Arbeitgeberanteile an der Rentenversicherung beschließt oder wenn eine allgemeine Pflegeversicherung eingeführt wird, so hat dies, wie für alle Unternehmungen mit hohem Personalkostenanteil, auch für personalintensive Kulturbetriebe wie Theater, Orchester, Musikschulen usw. erhebliche finanzielle Auswirkungen, die entweder von den Gemeinden durch Erhöhung der Zuschüsse erbracht oder von den jeweiligen Unternehmungen erwirtschaftet werden müssen.

Auch der sog. „Sponsoringerlass des Bundesfinanzministeriums zur ertragssteuerrechtlichen Behandlung des Sponsoring vom 18.02.1998" oder die Regelung der Besteuerung ausländischer Künstler, die in der Bundesrepublik auftreten oder das sog. „Teilwertabschreibungsverbot" haben nachhaltige Auswirkungen auf den Kulturbetrieb.

Gesetze werden erlassen, um bestimmte Problembereiche abschließend zu regeln und sie so dem „politischen Tagesgeschäft" mit seinen Wandlungen und Schwankungen zu entziehen. Sie dienen ferner häufig dazu, bestimmte Gruppen und ihre als berechtigt anerkannten Interessen zu schützen, so etwa der finanzielle (Urheberrecht, Verwertungsrecht), soziale (Künstlersozialversicherung) oder institutionelle (Archivgesetz) Schutz der Kunst- und Kulturproduzenten

---

155 Vgl. hierzu: Schneidewind, Petra (2004): Die Rechtsform. In: Klein, Armin (2004) Kompendium Kulturmanagement. Handbuch für Studium und Praxis, München S. 159-178

bzw. deren Produkte. Rechtliche Normierungen haben stets zwei Seiten: Zum einen wird – zum Wohl und zum Schutz – der betroffenen Gruppen ein Tatbestand abschließend geregelt und verbindlich festgelegt. Die Erfüllung dieser Gesetze ist einklagbar. Juristische Normierungen tragen somit „ganz wesentlich dazu bei, dass unser höchst differenzierter Kulturbetrieb mit den unterschiedlichen Interessen öffentlicher und privatwirtschaftlicher Kulturarbeit überhaupt funktionieren kann. Ohne diese Rahmenbedingungen würde im Kulturbetrieb sehr bald das Recht des Stärkeren oder des Schnelleren herrschen, was sicherlich unmittelbar zu Lasten der Arbeit der Künstler ginge."[156]

Andererseits entziehen alle juristischen Normierungen die entsprechend geregelten Gegenstandsbereiche dem kulturpolitischen Gestaltungsvermögen und machen sie zu einer Sache der Kulturverwaltung. Werden z. B. Theater, Orchester, Musik- und Volkshochschulen als kommunale Einrichtungen geführt, so unterliegen sie sämtlichen rechtlichen Konditionen und Restriktionen, die für diesen Bereich gelten: Tarifsteigerungen, Beamten- und Angestelltenrecht usw. Die Konsequenzen liegen auf der Hand: Trotz stagnierender oder gar rückläufiger Kulturhaushalte wachsen weiter die finanziellen Aufwendungen dieser Institutionen aufgrund langfristig wirkender rechtlicher Regelungen: durch Tarifabschlüsse, die nicht in der Hand der Kulturpolitiker liegen, durch das Anwachsen der Sozialausgaben, durch Teuerungsraten bei Sachausgaben usw. Damit wird der Handlungsspielraum hinsichtlich der Förderung neuer und innovativer Formen und Inhalte der Kulturarbeit nachhaltig eingeschränkt.

2.4 Finanzielle Ressourcen

Die Verwirklichung kulturpolitischer Ziele ist vor allem auch davon abhängig, welche finanziellen Mittel hierfür zur Verfügung stehen. Dabei richtete sich bis in die jüngste Zeit der Blick nahezu ausschließlich auf die *Institutionen des Staates*, die Kunst und Kultur fördern. „Noch Mitte der 70er Jahre bezogen sich die Diskussionen und Publikationen über Kultur immer nur auf die öffentliche Kultur, also die Kulturangebote und -förderungen des Bundes, der Länder und der Kommunen (...) Dies verwundert kaum, wenn man bedenkt, dass in den 70er Jahren die Definition der Aufgaben und des Selbstverständnisses staatlichen Handelns im Mittelpunkt stand. Für mehrere Jahre war jedes gesellschaftlich relevante Handeln immer zuerst öffentliches, also staatliches Handeln."[157] Mittlerweile hat sich der Blickwinkel allerdings erheblich erweitert und gewinnen der *privatwirtschaftlich-kommerzielle* und der *privatrechtlich-gemeinnützige* Kulturbetrieb mitsamt seiner Wertschöpfung

---

156 Heinrichs (1993) S. 104
157 Heinrichs (1993) S. 21

mehr und mehr an Bedeutung.[158] Da es hier allerdings zunächst um die Rahmenbedingungen von Kulturpolitik geht, konzentrieren sich die folgenden Ausführungen auf die staatlichen bzw. kommunalen Kulturhaushalte.

Der finanzielle Rahmen, wie er vor allen Dingen durch die jeweiligen Kulturhaushalte abgesteckt wird, entscheidet wesentlich darüber, welche Institutionen eingerichtet und aufrechterhalten, welche Initiativen und Projekte unterstützt und gefördert werden können. Die Kulturausgaben des Bundes, der Länder und der einzelnen Gemeinden sind jeweils in sog. Haushaltsplänen für ein Haushaltsjahr (Ausnahme: Doppelhaushalt) festgelegt. Auf kommunaler Ebene sind sie beispielsweise im Einzelplan 3 *Wissenschaft, Forschung, Kulturpflege* zusammengefasst, der wiederum einzelne Unterabschnitte für die verschiedenen kulturellen Aufgabenfelder umfasst. Kulturpolitik setzt finanzielle Rahmenbedingungen durch die Aufstellung und Beschließung entsprechender Haushaltssatzungen. Sie ist hierbei in ihren Entscheidungen allerdings keineswegs frei, sondern durch eine Reihe von Konditionen beschränkt. Diese sind vor allen Dingen:

– die allgemeinen Regeln des öffentlichen Haushaltsrechtes, d. h. der sog. „Kameralistik"[159];

– die allgemeine wirtschafts- und finanzpolitische Situation;

– das „allgemeine (kultur-)politische Klima", das kulturell eher aufgeschlossen, oder – zumeist in Zeiten knapper öffentlicher Mittel – eher zurückhaltend sein kann;

– gesetzliche Vorgaben und eingegangene juristische Selbstbindungen.

Insbesondere die letzte Bedingung wird allzu häufig in ihrer Wirksamkeit falsch eingeschätzt. Jede eingegangene rechtliche Verbindlichkeit (z. B. die Einrichtung von Planstellen, etwa im Kulturamt, die Gründung eines Theaters, Orchesters oder Museums usw.) schafft Tatbestände und Realitäten mit zumeist langwirkenden finanziellen Folgewirkungen und Selbstbindungen. In der kulturpolitischen Diskussion über den Kulturhaushalt sind diese juristisch fixierten Bereiche zumeist der Diskussion entzogen. Wenn z. B. aufgrund der allgemeinen finanziellen Lage eine generelle 20 %ige Kürzung des Kulturhaushaltes vom zuständigen Gemeinderat beschlossen wird (eine sog. „globale Minderausgabe"), so kann dies in der Praxis der Kulturpolitik zweierlei bedeuten:

---

158 Vgl. hierzu ausführlich: Heinrichs, Werner (1997): Kulturpolitik und Kulturfinanzierung. Strategien und Modelle für eine politische Neuorientierung der Kulturfinanzierung, München

159 Klein, Armin (1995a): Der kommunale Kulturhaushalt – Instrument aktiver Kulturgestaltung, Köln (*Schriftenreihe Kulturpraxis und Recht Band 1*); Klein, Armin (1994b): Der kommunale Kulturhaushalt. Teil 1: Der Haushaltsplan der Gemeinde: Steuerungselement für die Wirtschaftsführung der Kommune. In: *Handbuch Kulturmanagement*, Stuttgart, Februar 1994.; Klein, Armin (1996): Der kommunale Kulturhaushalt. Teil 2: Die Bewirtschaftung des kommunalen Kulturhaushalts im Normalfall und in Ausnahmefällen. In: *Handbuch Kulturmanagement*, Stuttgart, August 1996; Klein, Armin (1998a): Grundlagen des öffentlichen Haushaltsrechts I. In: *Handbuch Kultur und Recht*, Düsseldorf; Klein, Armin (1999): Grundlagen des öffentlichen Haushaltsrechts II. In: *Handbuch Kultur und Recht*, Düsseldorf

– Die vertraglich abgesicherten Bereiche (etwa die Bezahlung des Lehrpersonals der Musikschule, des Stadtbibliothekspersonals, der Techniker
und Verwaltungsangestellten des Theaters) sind den Kürzungen entzogen
und die Reduzierung betrifft ausschließlich die nicht vertraglich geregelten
Bereiche (also die sog. wirklich *freiwilligen Leistungen*), welche um
20 % gekürzt werden – dann ist der angestrebte Spareffekt allerdings ein
geringer; oder
– der Kulturhaushalt wird insgesamt um 20 % gekürzt. In diesem Falle müssen die Kürzungen – da die vertraglichen Verbindlichkeiten nicht aufzuheben sind – ausschließlich aus dem *freiwilligen* Bereich erwirtschaftet werden, was dort dann zu 60 oder 70 % Reduktionen führen kann.

Da nur das *Ob*, nicht aber das *Wie* der kulturpolitischen Aktivitäten juristisch
festgelegt ist, sind die finanziellen Aufwendungen für Kulturpolitik von Bundesland zu Bundesland, von Gemeinde zu Gemeinde höchst unterschiedlich.
Sie umfassen, sowohl was die tatsächlichen Kulturausgaben als auch den Anteil am jeweiligen Gesamthaushalt eines Landes oder Kommune betrifft, eine
immense Spannbreite.
Die dafür zuständige Finanzstatistik der Kulturausgaben sieht sich mit
einer ganzen Reihe von Problemen konfrontiert.

(1) Die Schwierigkeiten beginnen bereits mit dem *Kulturbegriff* (vgl. oben),
d. h. der Frage, was denn nun zu den Kulturausgaben gerechnet werden
soll (und vor allem: was nicht). Der *Kulturfinanzbericht 2000* schreibt zu
dieser Schwierigkeit: „Der Begriff ‚Kultur' ist nicht eindeutig definiert.
Daher verwenden auf nationaler Ebene die *Kultusministerkonferenz*, der
Deutsche Städtetag und die *Finanzstatistik* unterschiedliche Abgrenzungen
des Kulturbereichs. Die *UNESCO* und die *Europäische Union* haben davon abweichende Definitionen entwickelt. Die Abgrenzung des Kulturbereichs ist von großer Bedeutung für die absolute Höhe der Kulturausgaben.
So waren 1998 die öffentlichen Kulturausgaben in der *UNESCO*-Abgrenzung mehr als doppelt so hoch wie in der Abgrenzung der Finanzstatistik."[160]
Im *Kulturfinanzbericht 2003* heißt es weiterführend: „Der Kulturbegriff des ersten Kulturfinanzberichts orientierte sich strikt am Kulturbegriff der Haushaltssystematik der Jahresrechnungsstatistik. Dies führte
dazu, dass wesentliche Segmente des Kulturbereichs, beispielsweise die
wissenschaftlichen Bibliotheken und Museen bei den Kulturausgaben
und -einnahmen keine Berücksichtigung fanden, sondern dem so genannten *Kulturnahen Bereich* zugeordnet wurden. Auf der Ebene der Europäischen Union (EU) befassen sich seit einiger Zeit Expertinnen und

---

160 Statistisches Bundesamt (Hrsg.) (2001): Kulturfinanzbericht 2000, Wiesbaden/Stuttgart S. 12

Experten damit, ein regelmäßiges Informationssystem über den Kultursektor aufzubauen. Der von der EU favorisierte Kulturbegriff lehnt sich an die Definition der UNESCO an und ist umfassender als derjenige der deutschen Haushaltssystematik. Da ein Bedarf an zuverlässigen und vergleichbaren Kulturstatistiken innerhalb der EU besteht und dies wiederum ein Mindestmaß an Harmonisierung in den nationalen Herangehensweisen voraussetzt, orientiert sich die in diesem Kulturfinanzbericht gebrauchte Definition des Kultursektors an der Abgrenzung der EU.'[161]

Insgesamt hat die Kulturstatistik in Deutschland nach wie vor erhebliche Schwierigkeiten, ihren Gegenstandsbereich „Kultur" klar und eindeutig abzugrenzen. Michael Söndermann schreibt hierzu: „‚Eine allgemeinverbindliche und durch allgemeinen Konsens getragene Definition von ‚Kultur' gibt es – zumindest, soweit der Begriff im politischen Raum verwendet wird – nicht.' (*Bundesregierung* 2000 S. 2)[162] Mit dieser einfachen Feststellung ist das Kernproblem benannt. Wenn es keine Abstimmung von Bund, Ländern und Gemeinden zur Festlegung dessen gibt, was unter Kultur zu verstehen ist, dann sind folglich auch keine allgemein-verbindlichen Angaben zur Kulturfinanzierung zu erwarten. Allein für die Bundeskulturausgaben lassen sich in der Antwort der Bundesregierung mindestens drei verschiedene Gesamtsummen finden: 1,5 Mrd. DM, 1,7 Mrd. DM und 1,8 Mrd. DM."[163]

(2) Darüber hinaus gibt es, wie Söndermann weiter ausführt, drei für die kulturfinanzpolitische Diskussion wichtige Berichtsstellen, die regelmäßig Daten über die quantitativen Strukturen bzw. Trends der öffentlichen Kulturfinanzierung insgesamt oder in den jeweiligen Teilebenen in Deutschland vorlegen:

– Länderebenen (*Kultusministerkonferenz*): Öffentliche Ausgaben für Kunst und Kulturpflege
– Gemeindeebene (*Deutscher Städtetag)*: Gemeindliche Kulturausgaben
– Bundesebene/Bundeshaushaltsplan (federführend für das Inland ist der *Bundesbeauftragte für Angelegenheiten der Kultur und derMedien* (*BMK*) und für das Ausland das *Auswärtige Amt* (*AA*)): Ausgaben des Bundes zur Förderung von Kunst und Kultur im Inland/Ausland.[164]

Zu den unterschiedlichen Definitionskriterien kommt hinzu, dass alle drei Ebenen über unterschiedlich aktuelle Daten verfügen bzw. diese bereitstellen. So musste Söndermann für das Jahr 2001 in einer Zusammen-

---

161 Statistische Ämter des Bundes und der Länder (2004): Kulturfinanzbericht 2003, Wiesbaden S. 12; ebenso Statistische Ämter des Bundes und der Länder (2008): Kulturfinanzbericht 2008, Wiesbaden S. 11
162 Söndermann, Michael (2001): Zur Lage der öffentlichen Kulturfinanzierung in Deutschland. Ergebnisse aus der Kulturstatistik. In: Institut für Kulturpolitik der Kulturpolitischen Gesellschaft (Hrsg.): Jahrbuch für Kulturpolitik 2000, Essen S. 343
163 Söndermann (2001) S. 344f
164 Söndermann (2001) S. 345

stellung der vorliegenden, aktuellen Daten feststellen, dass die vorliegenden Daten auf den einzelnen Ebenen folgenden Aktualitätsstatus hatten: Bund: Jahr 2000; Länder: Jahr 1996; Gemeinden: 1995.[165]

(3) Gerade die fehlende Aktualität der statistischen Angaben der Städte und Gemeinden, auf deren Ebene die letzten exakten Zahlen aus dem Jahre 1995 datieren, weist auf ein weiteres Problem hin. In früheren Statistiken der Städten und Gemeinden[166] wurden in den Haushaltsübersichten jeweils nur die Kultur*ausgaben* (das sog. „Bruttoprinzip") aufgeführt, nicht aber die Kultur*einnahmen*, geschweige denn eine Saldierung vorgenommen (d. h. der tatsächliche Zuschussbedarf festgestellt). Im Extremfall konnte das bedeuten, dass ein Theater mit dem Ausgabenbedarf von 24 Millionen DM, das 30 % seiner Einnahmen selbst erwirtschaftete, einem Theater mit gleichem Ausgabenbedarf gleichgestellt wurde, das nur einen 9 %igen Deckungsbeitrag leistete.

Der *Kulturfinanzbericht 2003* schreibt zu diesen Schwierigkeiten: „Die Finanzstatistik unterscheidet zwischen verschiedenen Ausgabe*arten* (Personalausgaben, laufender Sachaufwand, Investitionsausgaben) und Ausgabe*abgrenzungen* (unmittelbare Ausgaben, Bruttoausgaben, Nettoausgaben, Grundmittel). Welche Ausgabekategorien den Analysen zu Grunde gelegt werden, hängt von den Zielen der jeweiligen Untersuchung ab. Für die Analyse der öffentlichen Kulturfinanzen eignet sich am besten das so genannte *Grundmittelkonzept*. Die Grundmittel beschreiben adäquat die von den öffentlichen Haushalten für den Kulturbereich zu tragenden finanziellen Lasten. Denn bei den Grundmitteln handelt es sich um die Ausgaben eines Aufgabenbereichs abzüglich der dem jeweiligen Aufgabenbereich zurechenbaren Einnahmen (aus dem öffentlichen und nicht-öffentlichen Bereich). Die Grundmittel zeigen also die aus allgemeinen Haushaltsmitteln (Steuern, Mittel aus dem Finanzausgleich; Kreditmarktmittel und Rücklagen) zu finanzierenden Ausgaben im Kulturbereich."[167]

(4) Zu allen bereits genannten Schwierigkeiten kommt hinzu, dass in den neunziger Jahren viele der bis dahin in öffentlich-rechtlicher Trägerform (also Amt, Abteilung, Regiebetrieb, Eigenbetrieb) geführten Kultureinrichtungen zunehmend *formal* privatisiert, d. h. in den Rechtsformen einer (gemeinnützigen) GmbH, einer öffentlich-rechtlichen Stiftung, eines Verein usw. geführt wurden. In diesem Falle wiesen die Haushalte nur die tatsächlichen Zuschussbedarfe aus, was wiederum zu einer Verzerrung führte. Aus diesem Grunde stellte der *Deutsche Städtetag* 1995

---

165 Söndermann (2001) S. 346
166 Vgl. hierzu ausführlich: Klein, Armin (1998b): Zur Struktur der kommunalen Kulturausgaben von 1975 bis 1995. In: Werner Heinrichs/Armin Klein (Hrsg.): Deutsches Jahrbuch für Kulturmanagement 1997, Baden-Baden S. 175-191; Klein, Armin (1993): Neues Interesse an der Kultur. Die Ausgaben der Gemeinden von 1981 bis 1991. In: *Der Städtetag* 1,1993 S. 4-10
167 Statistische Ämter des Bundes und der Länder (2004) S. 15

seine im Rhythmus von zwei Jahren durchgeführten Veröffentlichungen entsprechender Kulturhaushalte der Städte und Gemeinden 1995 ein, ohne bislang etwas anderes an diese Stelle zu setzen.

Im *Kulturfinanzbericht 2000* heißt es zu diesen Schwierigkeiten u. a., dass es auf Grund der oben geschilderten juristischen Rahmenbedingungen für den Kulturbereich keine einheitliche Bundesstatistik gebe. Allerdings würden verschiedene bundeseinheitliche Bereichsstatistiken (z. B. für die Theater, die Musikschulen, die Bibliotheken usw.) durchgeführt, in denen Daten zu den Kulturfinanzen erhoben werden. Insbesondere liefere die Finanzstatistik detailliertes Datenmaterial, welches für den im Jahr 2000 erstmals vorgelegten Kulturfinanzbericht ausgewertet wurde. Auf Grund fehlender Statistiken gebe der seinerzeitige Bericht allerdings keine Auskunft über das Gesamtvolumen der Kulturproduktion durch öffentliche oder private Einrichtungen, über die Versorgung der einzelnen Regionen mit Kulturdienstleistungen oder über die gesamten Kulturausgaben der Volkswirtschaft. Allerdings würde die Erstellung eines Kulturbudgets angestrebt, in dem für die einzelnen Kulturbereiche die Kulturausgaben nach produzierenden und finanzierenden Bereichen dargestellt werden. Der im Jahre 2000 vorgelegte Kulturfinanzbericht solle daher nur eine erste Etappe auf dem Weg zur monetären Abbildung des Kulturbereichs sein.[168]

Im Jahre 2004 wurde vom *Statistischen Bundesamt* in Wiesbaden der Kulturfinanzbereicht für das Jahr 2003 vorgelegt; er stellt insofern eine „erfreuliche Innovation" dar, als sich „zum ersten Mal Bund, Länder und der Deutsche Städtetag auf eine einheitliche Kulturdefinition verständigt" haben, wie es im Vorwort heißt.[169] Auf Grund der o. a. anderen Einschränkungen sind die folgenden Zahlen allerdings weiterhin mit entsprechenden Einschränkungen zu interpretieren und zu verwenden. Dies wurde fortgeführt mit dem im Jahre 2008 vorgelegten „Kulturfinanzbericht 2008".[170]

168 Statistisches Bundesamt (2001) S. 11
169 Statistische Ämter des Bundes und der Länder (2004) S. 5
170 Statistische Ämter des Bundes und der Länder (2008): Kulturfinanzbericht 2008, Wiesbaden

Abbildung 2: *Kulturausgaben der öffentlichen Haushalte in Deutschland*
in Mrd. Euro[171]

Kulturausgaben der Öffentlichen Haushalte insgesamt			
Jahr	Millionen Euro	Euro je Einwohner	Anteil am BIP in %
1975	1.791,9	29,0	0,34 %
1985	3.597,7	59,0	0,39 %
1995	7.441,2	91,1	0,41 %
1997	7.427,9	90,5	0,40 %
1999	7.894,9	96,2	0,40 %
2000	8.161,9	99,3	0,40 %
2001	8.354,5	101,5	0,40 %
2002	8.231,5 (vorläufiges IST)	99,8	0,39 %
2003	8.193,6 (SOLL)	99,3	0,39 %

Auf der Basis der Zahlen des Jahres 2004 ergibt sich – bei allen Einschränkungen, die oben dargelegt wurden – folgende Ausgabenverteilung[172] zwischen Bund, Ländern und Gemeinden:

Abbildung 3: *Träger der öffentl. Kulturfinanzierung in Deutschland 2007*[173]

Bund	1,22 Mrd. €	14,7 %
Flächenländer	2,72 Mrd. €	32,6 %
Stadtstaaten	0,72 Mrd. €	8,7 %
Gemeinden	3,66 Mrd. €	44,0 %

Die Abbildung 2 zeigt die langfristige Entwicklung der Kulturausgaben in Deutschland seit 1975. Das Ausgangsjahr 1975 kann als Beginn der sog. „Neuen Kulturpolitik" gesehen werden, die zu einer detulich gestiegenen Relevanz von Kunst und Kultur in der Politik führte und lange mit einer entsprechenden Steigerung der öffentlichen Kulturhaushalte einherging . Durch die deutsche Einheit 1989/90 stiegen die Kulturetats erneut sprunghaft, diesmal auf die marke von 8 Milliarden Euro im Jahr 2000 an, was sich erstmals deutlich 1992 zeigte.

Zu der längerfristigen Entwicklung der Kulturausgaben schreibt Michael Söndermann 2008: „Die öffentlichen Ausgaben für Kultur steigen wieder!

---

171 Statistische Ämter des Bundes und der Länder (2004) S. 36
172 Söndermann, Michael (2004): Öffentliche Kulturfinanzierung in Deutschland 2003/2004. Ergebnisse der Kulturstatistik. In: Institut für Kulturpoltiik der Kulturpolitischen Gesellschaft (Hrsg.) (2004): Jahrbuch für Kulturpolitik 2004, Essen S. 361
173 Söndermann, Michael (2008): Öffentliche Kulturfinanzierung in Deutschland 2007. Ergebnisse aus der Kulturstatistik. In: Institut für Kulturpolitik der Kulturpolitischen Gesellschat (Hrsg,.) (2008): Jahrbuch für Kulturpolitik 2008 S. 399

Nach den vorläufigen Daten für die Haushaltsjahre 2006 und 2007 erreichen die Kulturhaushalte in Deutschland im letzten Vergleichsjahr 2007 eine Gesamthöhe von schätzungsweise 8,3 Milliarden Euro. Das entspricht einem vorläufigen Anteil von 0,36 Prozent am Bruttosozialprodukt (...) Wie in den früheren Ausgaben des *Jahrbuches für Kulturpolitik* dargestellt (...) signalisierten sämtliche Jahresdaten zur öffentlichen Kulturfinanzierung stetig eine negative Richtung. Die Kulturhaushalte in Deutschland sanken seit den Jahren 2001/2002 kontinuierlich im Durchschnitt pro Jahr zwischen ein und drei Prozent. Dieser Trend scheint nach Ansicht der Experten im Arbeitskreis *Kulturstatistik e.V. (ARKStat)* nunmehr durchbrochen. Der vermutliche nominale Tiefpunkt der Kulturausgaben in diesem Jahrzehnt könnte im Jahr 2005 erreicht worden sein. So flossen laut Ist-Rechnung der staatlichen Finanzstatistik in 2005 rund 8,04 Milliarden Euro in die Kulturhaushalte von Bund, Ländern ung Gemeinden". Demgegenüber „wird das Kulturhaushaltsjahr 2006 erstmals wieder mit einem absoluten Zuwachs von knapp70 Millionen Euro abschließen. Der Betrag in Höhe von insgesamt 8,11 Milliarden Euro soll nach Schätzungen sogar weiter ansteigen und im Jahre 2007 dann eine Höhe von 8,32 Milliarden erreichen. Wenn die Schätzungen des ARKStat-Expertenkreises zutreffenm, dann wird der Zuwachs nach einem minimalen Anstieg von 0,8 Prozent zwischen 2005 und 2006 um 2,6 Prozent bis zum Jahr 2007 weiter steigen."[174] (Der Kulturfinanzbericht der *Statistischen Ämter des Bundes und der Länder* sieht dies allerdings etwas anders; vgl. untenAbbildungen 5 und 6)

Doch ist das sowieso nur die halbe Wahrheit. Denn nicht nur die öffentlichen Zuwendungen, auch die Preise steigen durch die allgemeine Inflationsrate. Berücksichtigt man diese Zahlen, so ergibt sich ein völlig anderes Bild. „Eliminiert man jedoch die Preisveränderungen näherungsweise in Höhe des für das Bruttoinlangsprodukt errechneten Deflators", schreibt der Kulturfinanzbericht 2008, „so zeigt sich real ein Rückgang bei den öffentlichen Kulturausgaben je Einwohner. 2005 lagen real gesehen die Ausgaben je Einwohner um 0,6 % unter dem Niveau von 1995 und um 8,1 % unter dem Niveau von 2000."[175]

Geht man davon aus, dass im Kulturbereich etwa 85-90 % der Ausgaben Personalausgaben sind, also den tarifvertraglichen Steigerungen unterliegen und auch die (restlichen) Sachkosten der allgemeinen Teuerung, also dem o. a. Preisanstieg unterliegen, so zeigt sich die ganze Dramatik dieses Zusammenhangs: während die allgemeinen Lebenshaltungskosten stetig steigen, sanken die öffentlichen Aufwendungen für Kultur über mehrere Jahre. Dadurch wurde der Handlungsspielraum für kulturelle Innovationen immer enger, da zunächst die tariflich abgesicherten Lohn- und Gehaltskosten bezahlt werden bzw. die sonstigen langfristig abgeschlossenen Verträge erfüllt

---

[174] Söndermann (2008) S. 397
[175] Kulturfinanzbericht 2008 s. 17

werden müssen. Finanzielle Mittel für Innovationen, das Herzstück von Kunst und Kultur, sind unter diesen Bedingungen kaum mehr verfügbar.

Abbildung 4:   Entwicklung der öffentlichen Kulturausgaben für Kultur 1995 nach Bund, Ländern und Gemeinden[176]

Jahr	Insgesamt	Bund	Flächenländer		Stadtstaaten
			alte	*neue*	
1995	7.467,8	966,0	3.976,6	1.552,5	972,7
2000	8.206,4	1010,7	4.557,2	1.694,6	943,9
2005	8.004,2	1018,2	4.638,9	1.499,8	847,3
2006 vorl. IST	7.844,0	992,8	-	-	756,9
2007 Vorl. SOLL	8.148,3	1106,5	-	-	732,8

Abbildung 5:   Entwicklung der öffentlichen Kulturausgaben für Kultur 1995 nach Bund, Ländern und Gemeinden € pro Einwohner

Jahr	Insgesamt	Bund	Flächenländer		Stadtstaaten
			alte	*neue*	
1995	91,4	11,8	64,6	109,3	166,0
2000	99,8	12,3	72,9	121,9	164,0
2005	97,1	12,3	73,3	112,0	146,2
2006 Vorl. IST	95,2	12,1	-	-	130,2
2007 Vorl. SOLL	99,1	13,5	-	-	125,7

Interessant ist ein abschließender Blick auf die Aufgabenbereiche bzw. Sparten, in die die öffentlichen Aufwendungen gehen.

---

[176] Kulturfinanzbericht (2008) S. 20

Abbildung 6: *Kulturausgaben nach Sparten 2005 nach Bund, Ländern und Gemeinden[177]*

Sparte / Aufgabenbereich	Insgesamt In Mio. €	Anteil in %
Theater und Musik	2.936	37 %
Museen und wissenschaftl. Einrichtungen	1.428	18 %
Bibliotheken und wissens. Einrichtungen	1.102	14%
Denkmalpflege und -schutz	409	5 %
Sonstige Kulturförderung	845	11 %
Kulturverwaltung	473	6 %
Kunsthochschulen	421	5 %
Kulturelle Volkshochschulen / Weiterbild.	42	1 %
Künstlersozialkasse	101	1 %
Auslandskultur	284	4 %
Kulturausgaben insgesamt	**8.040**	**100 %**

---

[177] Vgl. hierzu Söndermann (2008) S. 401 und Kulturfinanzbericht (2008) S. 42

3 Ebenen, Akteure und Organisationsstrukturen der Kulturpolitik

Kulturpolitik findet auf den unterschiedlichsten Ebenen und im Zusammenspiel der verschiedensten Akteure statt. Folgende Übersicht kann den Zusammenhang holzschnittartig skizzieren:

Ebene	Staatliches Handeln	Dritter Sektor	Wirtschaft
	Setzt Rahmenbedingungen, ist Träger oder fördert	Wirkt auf staatliches Handeln ein, organisiert Macht	Handelt unter Rahmenbedingungen, verändert diese
Weltebene	(UNESCO)	ASSITEJ ICOM	Random House
Europäische Ebene	Europarat / Europäische Union (Generaldirektion X)	ENCATC	CTL/RTL
Nationale Ebene	Außenminister / Beauftragte(r) der Bundesregierung für Angel. der Kultur	Deutscher Kulturrat Kulturpolitische Gesellschaft	UFA-Filmtheater
Länder- Ebene	Ministerium für Wissenschaft und Kunst	Landesverband Soziokultureller Zentren	
Kommunale Ebene	Gemeinde-/Stadtrat Kulturdezernent	lokaler Vereinsring	örtliches Kino Galerie

Auf der Weltebene gibt es kein gesamtstaatliches Handeln im Sinne einer Weltregierung, die für alle Staaten verbindliche Gesetze erlassen und mit einer entsprechenden Exekutive auch durchsetzen könnte. Gleichwohl gibt es auch im Kultursektor supranationale Zusammenschlüsse, wie beispielsweise die *UNESCO* (*United Nations Educational, Scientific and Cultural Organization*), eine der *UNO* angehörende Sonderorganisation, die die Zusammenarbeit ihrer Mitglieder in Erziehung, Wissenschaft und Kultur fördern soll. Im Bereich der sog. *Non-Governmental-Organizations* (*NGO*'s) bzw. dem sog. Dritten Sektor[178] (also zwischen Staat und Wirtschaft) gibt es weltweite Zusammenschlüsse von Kulturorganisationen, wie z. B. die *ASSITEJ* (*Association internationale du Théatre pour l'Enfance et la Jeunesse*), die die Entwicklung und Verbreitung des Kinder- und Jugendtheaters fördert oder die ICOM im Bereich der Museen. Und es gibt weltweit operierende kommerzielle Kulturbetriebe, wie etwa *Random-House* und *Bertelsmann*.

Alle diese Akteure handeln auf verschiedenen Ebenen (manche auch auf mehreren; so haben die *ASSITEJ* oder der internationale Museumsverband *ICOM* auch ihre nationalen Verbände) und betreiben Kulturpolitik (im weiten Sinne):

– *Staatliches Handeln* setzt durch Gesetze und Normierungen die Rahmenbedingungen, unter denen sich alle Akteure bewegen. Gleichzeitig können staatliche Institutionen selbst als Träger von Kultureinrichtungen (z. B. die Kommune beim Stadttheater, oder das Land bei den Landesmuseen usw.) oder Veranstalter (z. B. *Berliner Festspiele, Ettlinger Schlossfestspiele* usw.) auftreten bzw. durch entsprechende Zuwendungen Einrichtungen und Organisationen Dritter fördern.

– Die *Non-Governmental-Organisationen* des sog. Dritten Sektors organisieren die Macht ihrer Mitglieder (z. B. im *Deutschen Musikrat*, im *Deutschen Kulturrat*, in der *Kulturpolitischen Gesellschaft* usw.) und vertreten deren Interessen gegenüber der Politik. Da sie häufig sehr große Organisationen sind, kommt die staatliche Politik oftmals bei der Formulierung und Durchsetzung ihrer Ziele an diesen Verbänden kaum vorbei.

– Die *Kulturwirtschaft* (also die Filmindustrie, die Tonträgerindustrie, Auktionshäuser, Galerien usw.) schließlich arbeitet unter den gegebenen Rahmenbedingungen (z. B. Steuergesetzen, Wettbewerbsrecht usw.), wirkt aber ihrerseits auf die Ausgestaltung dieser Rahmenbedingungen ein. Dies geschieht z. B. durch entsprechende Lobby-Arbeit bzw. durch das Schaffen von Fakten. Auf diese reagiert die Politik dann wiederum, indem von der Kulturwirtschaft nicht erfüllte Bedürfnisse des Gemeinwohls, die sich als nicht profitabel erweisen, von einer entsprechenden Kulturpolitik kompensiert werden.

Die folgende Darstellung konzentriert sich vor allem auf die Akteure des *staatlichen* Sektors, also die Politik im engeren Sinne (vgl. hierzu das erste Kapitel). Da gerade im Kulturbereich aber auch Verbände und Vereine eine wichtige Rolle innerhalb des kulturpolitischen Diskurses spielen, soll, wo

---

178 Vgl. hierzu ausführlich: Priller, Eckhard/Annette Zimmer/Helmut K. Anheier (1999): Der Dritte Sektor in Deutschland. Entwicklungen, Potentiale, Erwartungen sowie Strachwitz, Rupert Graf (1999): Die Rahmenbedingungen des Dritten Sektors und ihre Reform; beide in: *Aus Politik und Zeitgeschichte*. Beilage zur Wochenzeitung *Das Parlament* vom 26. Februar 1999 (B9/99)

dies möglich ist, auf die wichtigsten von ihnen kurz eingegangen werden. Der Bereich der Kulturwirtschaft muss allerdings ausgeblendet bleiben – nicht zuletzt auch deshalb, weil hier zusammenfassende Darstellungen der verschiedenen Einzelbereiche (etwa auf der Ebene der Bundesländer) noch ausgesprochen rar sind. Dabei setzt die Darstellung zunächst auf der europäischen Ebene ein.

3.1 Die Europäische Ebene

In den letzten Jahren ist der Prozess der europäischen Einigung immer weiter fortgeschritten; dadurch gewinnen Akteure, die auf dieser Ebene handeln und Prozesse, die dort stattfinden, immer größere Bedeutung für die Kulturpolitik der einzelnen Nationalstaaten, also auch für die Bundesrepublik Deutschland.[179] Genauer gesagt: Sowohl juristische Normierungen (vgl. oben) als auch finanzielle Förderprogramme auf der europäischen Ebene beeinflussen die nationalen Kulturpolitiken immer stärker.

Wird über europäische Kulturpolitik gesprochen, so richten sich die Blicke zumeist auf das Handeln der Europäischen Union; dabei wird häufig übersehen, dass es noch einen zweiten Akteur gibt, der bereits sehr viel länger existiert und deutlich mehr Mitglieder umfasst: der Europarat (*Council of Europe/Conseil de l'Europe*).

Kulturpolitik des Europarates

Der *Europarat* (*Council of Europe/Conseil de l'Europe*) wurde 1949 auf einer Zehn-Staaten-Konferenz in London als eine Organisation von Staaten auf europäischer Grundlage gegründet. Seine Ziele waren und sind: (1) der Schutz und die Stärkung der Prinzipien der Demokratie, der Menschenrechte und der Rechtsstaatlichkeit; (2) die Suche nach Lösungen für die großen Probleme der europäischen Gesellschaft wie z. B. Rassismus, Intoleranz, Diskriminierung von Minderheiten, Drogenmissbrauch, Bioethik, soziale Ausgrenzung, Umweltschutz, Korruption und organisierte Kriminalität; (3) Stärkung des Bewusstseins einer europäischen Identität und Förderung des

---

179 Vgl. hierzu: Schwencke, Olaf (2001): Das Europa der Kulturen – Kulturpolitik in Europa, Essen; Rásky, Béla u. a. (1995): Kulturpolitik und Kulturadministration in Europa. 42 Einblicke, Wien (*österreichische kulturdokumentation. internationales archiv für kulturanalysen*); Ellmeier, Andrea/Béla Rásky (1997): Kulturpolitik in Europa – Europäische Kulturpolitik? Von nationalstaatlichen und transnationalen Konzepten, Wien (*österreichische kulturdokumentation. internationales archiv für kulturanalysen*); Generaldirektion Bildung und Kultur (2002): Kulturfinanzierung in Europa, Luxemburg

gegenseitigen Verständnisses zwischen Völkern unterschiedlicher Kulturen usw.

Die Grundidee des Europarates ist – ganz anders als etwa der Europäischen Union – die einer Plattform, um ins Gespräch zu kommen bzw. zu bleiben, und zwar auch und vor allem mit jenen Ländern die (noch) nicht zu einem europäischen Staatenbund gehören. Deshalb ist der *Netzwerkgedanke* die wesentliche Grundlage der Aktivitäten des Council of Europe.

Das zentrale Aufnahmekriterium für den Europarat ist die Unterzeichnung und Einhaltung der *Europäischen Konvention zur Erhaltung der Menschenrechte*; sein Sitz ist in Straßburg. Er umfasst (Stand 2005) 45 Mitgliedsstaaten von Albanien bis Zypern, darunter nahezu alle westeuropäischen, aber auch eine ganze Reihe von osteuropäischen Ländern. Als jüngste Mitglieder kamen im Jahr 2001 Armenien, Aserbaidschan, und im Jahr 2004 Monaco hinzu. Dazu kommen Länder mit Beobachterstatus (Der Heilige Stuhl, Japan, Kanada und die USA) sowie Beitrittskandidaten (wie z. B. aktuell Weißrussland).

Das neue politische Mandat wurde bei der Gipfelkonferenz des Europarats im Oktober 1993 in Wien definiert. Die Staats- und Regierungschefs beschlossen, dass der Europarat Hüter der demokratischen Sicherheit sein soll, die sich auf Menschenrechte, Demokratie und Rechtsstaatlichkeit stützt. Die demokratische Sicherheit ist eine wesentliche Ergänzung der militärischen Sicherheit, da sie Voraussetzung für Stabilität und Frieden in Europa ist. Deshalb verstärkt der Europarat die so genannten „Monitoring-Verfahren" oder Kontrollmechanismen hinsichtlich der Einhaltung der Verpflichtungen, die die Mitgliedsländer mit ihrem Beitritt eingegangen sind.

Der *Europarat*[180] hat folgende Struktur bzw. verfügt über folgende Organe:
- Die *Parlamentarische Versammlung*, bestehend aus von den einzelstaatlichen Parlamenten der Mitgliedsstaaten entsandten Parlamentariern;
- das *Ministerkomitee*, d. h. die Außenminister der Mitgliedsstaaten, welches die wesentliche Entscheidungsinstanz ist;
- der *Kongress der Gemeinden und Regionen Europas* als Sprachrohr der „Demokratie vor Ort";
- der *Generalsekretär*.

Unterstützt wird diese Arbeit durch das *Generalsekretariat* mit rund 1.300 europäischen Beamten, das in den beiden Amtssprachen Englisch und Französisch arbeitet.

Die Kulturpolitik des Europarates basiert vor allem auf der am 19.12.1954 in Paris verabschiedeten *Europäischen Kulturkonvention* (European Cultural Convention), die insgesamt elf Artikel umfasst. Hinsichtlich der Kultur (d. h.

---

180 Vgl. hierzu: Council of Europe / Conseil de l'Europe (2002): Der Europarat. 800 Millionen Europäer, Straßburg

als seine „cultural policy"[181] bzw. als „policy development"; vgl. dazu das Eingangskapitel) formuliert der Europarat als Ziele: die Förderung des Bewusstseins einer europäischen kulturellen Identität und die Entwicklung einer Politik zum Schutz des Kulturerbes (beides mittlerweile auch wichtige Anliegen der *Europäischen Union*; vgl. unten). „Das Kulturprogramm des Europarates zielt ab auf die Bewusstseinsbildung und Entwicklung der facettenreichen europäischen Identität; die Erstellung gemeinsamer Antworten auf die Herausforderungen, die beispielsweise die Globalisierung des Handels und deren mögliche Auswirkungen auf die Kulturpolitik an die Europäische Gesellschaft stellen."[182]

Die wichtigsten Aktivitäten des Europarates auf dem kulturellen Sektor[183] sind:

Analyse der Kulturpolitik einzelner Mitgliedsländer

Seit Mitte der achtziger Jahre analysiert der Europarat die Kulturpolitik einzelner Mitgliedsländer mit folgenden Zielen: (1) um einen Mobilisierungseffekt innerhalb der einzelnen Mitgliedsländer bei den verschiedenen Kulturorganisationen auszulösen, um die vorhandenen Stärken und Schwächen besser kennen zu lernen und ggf. zu verbessern; (2) um dem Europarat Schritt für Schritt eine Gesamtsicht der kulturellen Probleme innerhalb der Mitgliedsstaaten zu ermöglichen; (3) um Informationen über Ziele und Praktiken innerhalb der einzelnen Länder zu erhalten und diese in einen internationalen Vergleich zu bringen. Hierzu hat der Europarat ein Kompendium *Cultural policies in Europe*[184] entwickelt, das aktuell 33 Länder-Profile beinhaltet.

Während in diesem Kompendium die unterschiedlichen Kulturpolitiken der einzelnen europäischen Länder knapp skizziert werden, gehen die für eine ganze Reihe von Ländern vorliegenden *National cultural policy reviews* sehr viel mehr in die Tiefe und entwickeln quasi Selbstbild-Fremdbild-Analysen. In einem ersten Schritt stellen die jeweiligen nationalen Behörden einen Bericht über die Kulturpolitik ihres Landes aus ihrer eigenen Sicht zusammen. In einem zweiten Schritt bestimmt der Europarat dann vier oder fünf Experten von außerhalb des zu untersuchenden Landes, die sich mehrmals in diesem Land treffen und Gespräche und Beratungen mit den einzelnen Einrichtungen führen. Schließlich stellen sie ebenfalls einen Bericht aus ihrer Sicht zusammen. Abschließend werden beide Berichte vom Europarat geprüft und in einem gemeinsamen Seminar mit einer Delegation unter Leitung des jeweiligen nationalen Kulturministers ausgewertet.[185]

---

181 aktuelle Informationen zum Europarat unter www.coe.int
182 Council of Europe / Conseil de'Europe (2002) S. 69
183 aktuelle Informationen unter: www.culture.coe.int
184 Download unter: www.culturalpolicies.net
185 zu bestellen unter: www.publishing@coe.int

Trainingsprogramme

Das 1992 initiierte Trainingsprogramm für Kulturmanager (*Training of Cultural Administrators*) sollte auf das Bedürfnis reagieren, eine neue Generation von Kulturverwaltern auszubilden, die sowohl sensibel sind für die lokalen Bedürfnisse als auch eine europäische Vision haben und darüber hinaus in der Lage sind, die heutigen hohen Berufsstandards des Kulturmanagements zu erfüllen. Das Trainingsprogramm umfasst folgende Aktivitäten:

- Das *Europäische Reisekosten-Unterstützungssystem* zur Förderung der europaweiten Mobilität und des Austausches von Kulturexperten;
- Das *Europäische Diplom in Kulturmanagement* durch die Stiftung Marcel Hicter in Belgien;
- Das Europäische Netzwerk von Kulturmanagement-Ausbildungszentren (*ENCATC*)

ENCATC wurde 1992 in Warschau als Europäisches Netzwerk für Ausbilder im Bereich Kulturmanagement gegründet und umfasst zurzeit (2005) 119 Mitglieder in 33 Ländern. „The *mission* of *ENCATC* is to lead the way in the development of cultural management within the context of great changes in the fields of culture, arts and media."[186] Auf den jährlichen Konferenzen wird sowohl der innereuropäische Austausch der Kulturmanager befördert wie auch der Kontakt mit den Kollegen aus den USA gestärkt.

Kulturpolitik der Europäischen Union

Die *Europäische Union* ist aus der ehemaligen *Europäischen Wirtschaftsgemeinschaft* hervorgegangen. Der Gründungsgedanke der *Europäischen Union* war, ganz anders als beim Europarat, weniger ideeller als vielmehr wirtschaftlicher Art. Im Jahr 1957 unterzeichneten Belgien, Deutschland, Frankreich, Italien, Luxemburg und die Niederlande den Vertrag von Rom und gründeten damit die *Europäische Wirtschaftsgemeinschaft* (*EWG*). In den Folgejahren kamen weitere Länder (z. B. Dänemark, Irland und das vereinigte Königreich, Portugal, Spanien usw.) hinzu. Am 1. Mai 2004 traten erneut zehn Staaten der EU bei; ihre Mitgliederzahl erhöhte sich dadurch auf gegenwärtig 25 Staaten; Beitrittskandidaten sind zurzeit Bulgarien, Rumänien und die Türkei.[187]

---

186 Weitere Informationen unter: www.encatc.org
187 Vgl. hierzu: Europäisches Parlament (2003): Europa 2003. Alles Wissenswerte über die Europäische Union, Berlin; Europäische Kommission (2001): Die Europäische Union: ein ständiger Erweiterungsprozess, Brüssel (Generaldirektion Presse und Kommunikation); Thiele, Carsten Peter (2000): Europa. Werte. Wege. Perspektiven, Berlin (Presse- und Informationsamt der Bundesregierung)

Die Kultur kam erst relativ spät in den Kreis der EU-Politiken. Von einem der Gründungsväter der Europäischen Union, dem französischen Politiker Jean Monnet, wird dazu allerdings der Satz überliefert: „Wenn ich noch einmal anfangen könnte, dann würde ich mit der Kultur beginnen" (obwohl umstritten ist, ob der Satz wirklich von ihm gesagt wurde). Jedenfalls setzte sich erst mit dem *Vertrag von Maastricht* von 1992 (und damit der Schaffung einer politischen Union) die – eigentlich nahe liegende – Erkenntnis durch, dass eine europäische Identität ohne Kultur kaum möglich ist. Bis dahin war kulturelles Handeln auf Ebene der EU vor allem durch Einzelaktivitäten (ohne entsprechende Rechtsgrundlage!) gekennzeichnet, wie z. B. die ersten Treffen der EU-Kulturminister oder die Durchführung des Europäischen Film- und Fernsehjahres 1998 sowie die ersten Förderaktivitäten.

Die Europäische Integration, die traditionell sehr stark vor allem mit wirtschaftlichen und kommerziellen Aktivitäten zusammenhing und -hängt (Ausgangspunkt war ehemals die *Montanunion für Stahl und Kohle*) sollte sich nun auf breiterer Basis vertiefen, die Bürger stärker beteiligen und das Gefühl der Zugehörigkeit zur *Europäischen Union* bei gleichzeitiger Wahrung der Vielfalt nationaler und regionaler Traditionen und Kulturen stärken. Diese Entwicklung hat sich in den Verträgen über die *Europäische Union* (*Vertrag von Maastricht* vom Februar 1992, im *Vertrag von Amsterdam* vom Juni 1997 und schließlich in dem bereits zitierten Artikel 151 des derzeit gültigen *Vertrags von Nizza*) in der ausdrücklichen Einbeziehung der neuen Bereiche Bildung, Jugend und Kultur in die Zuständigkeiten der Gemeinschaft niedergeschlagen; hierauf wird gleich unten ausführlicher eingegangen.

Die Europäische Union hat folgende Organe:

- Das Europäische Parlament[188], das direkt durch die Bürger der Mitgliedsstaaten gewählt wird; seine Rechte sollen in Zukunft sehr viel stärker hin zu einer wirklichen Legislative erweitert werden, vergleichbar den nationalen Parlamenten;
- Der Ministerrat, der jeweils aus einem Vertreter der Regierungen der einzelnen Mitgliedsstaaten besteht (also z. B. Außen-, Verteidigungs-, Innen- oder Kulturminister);
- Die Europäische Kommission[189], die aus Mitgliedern besteht, die von den Regierungen der Mitgliedsstaaten entsandt werden; die europäischen Kommissare betreuen die jeweiligen Ressorts (Generaldirektionen) und sind somit den Ministern auf der nationalen Ebene vergleichbar. Die Kultur ist in der Generaldirektion X (Bildung und Kultur) angesiedelt; der derzeit zuständige Kommissar ist Jan Figel aus der Tschechischen Republik.

---

188 www.Europarl.de
189 www.Europa.eu.int

– Der Europäische Gerichtshof; dieser kann von den Mitgliedsstaaten sowie von den sonstigen nationalen und juristischen Personen angerufen werden.

Die Entwicklungen, die das tägliche Leben der Menschen verändern, spielen sich immer mehr auf internationaler Ebene ab, während Demokratie weiterhin hauptsächlich eine nationale Angelegenheit ist. Die Europäische Union begreift sich selbst als eine Antwort auf die Herausforderung, die Notwendigkeit internationaler Abstimmung mit nationalen und lokalen Präferenzen zu vereinbaren. Diese Problematik bleibt nicht auf Europa beschränkt, sondern erhält im 21. Jahrhundert zunehmend globale Bedeutung.

Doch obwohl die Notwendigkeit einer europäischen Koordinierung gerade in Zeiten der inneren oder äußeren Not, wie etwa bei Naturkatastrophen, Hungersnöten, humanitären Krisen und illegaler Zuwanderung, überdeutlich hervortritt, herrscht in der *EU* selbst leider immer noch ein unübersehbarer Mangel an Demokratie. Zwar sind *EU*-Vorschriften in vielen Bereichen von Gesellschaft und Wirtschaft Teil des täglichen Lebens, doch können die meisten Menschen die komplexen Entscheidungsprozesse nicht nachvollziehen. Es ist deshalb sicherlich von entscheidender Bedeutung, dass die demokratische Zukunft Europas auf der Einbeziehung und dem Zugehörigkeitsgefühl der Bürger aufbaut.

Diese Bürger haben natürlich einen starken Bezug zu ihrer jeweiligen nationalen politischen Kultur, ihrem Bildungssystem und ihrer Lebensart. Gleichzeitig hängt die wirtschaftliche und soziale Zukunft allenthalben von Wissen, Qualifikation und Kreativität ab. Bildung und Kultur sind daher Schlüsselfaktoren für die Gewährleistung von Europas Wohlstand und Werten und für die Entwicklung einer europäischen Identität, die nationale, regionale und lokale Zugehörigkeitsempfindungen ergänzt.[190]

Bildung und Kultur im weiteren Sinne sind nicht nur tief in nationalen Identitäten verwurzelt, sondern auch wichtige Vektoren der Globalisierung, von der grundlegenden Bildungsebene bis hin zur täglichen Realität im Supermarkt, im Kino und beim samstäglichen Fußballspiel. Wenn auch Geschichte und Sprachen ererbte Grenzen für die allgemeine Identifikation mit Europa darstellen können, so ist in der modernen Gesellschaft das Gefühl der persönlichen Identität immer individueller und vielschichtiger geworden und tritt an die Stelle der bisherigen geografischen Anhänglichkeit.

Die Tätigkeit der Gemeinschaft umfasst gemäß Art. 3 des *EG*-Vertrages „einen Beitrag zu einer qualitativ hoch stehenden allgemeinen und berufli-

---

190 Vgl. dazu Entschließung des Rates vom 21. Januar 2002 über die Bedeutung der Kultur im Europäischen Aufbauwerk (im Amtsblatt der Europäischen Gemeinschaften C 32/02 vom 5.2.2002); die Entschließung des Rates vom 25. Juni 2002 über einen neuen Arbeitsplan für die Europäische Zusammenarbeit im Kulturbereich (im Amtsblatt der Europäischen Gemeinschaften C 162/03 vom 6.7.2002)

chen Bildung sowie zur Entfaltung des Kulturlebens in den Mitgliedstaaten". Für den Bereich der Kultur wird dies – es wurde bereits im zweiten Kapitel darauf hingewiesen – in Artikel 151 festgelegt, der drei Hauptziele hat:

(1) einen Beitrag zu leisten zur Entfaltung der Kulturen der Mitgliedsstaaten unter Wahrung ihrer nationalen und regionalen Vielfalt;
(2) das Europäische Erbe zu bewahren und zu schützen;
(3) den kulturellen Austausch und die künstlerische und literarischen Produktion zu unterstützen.

Die aktuellen kulturpolitischen Aufgaben der Europäischen Union sind nach dem eigenen Selbstverständnis der *Generaldirektion Bildung und Kultur* durch drei Schwerpunkte gekennzeichnet:

– *Aufbau eines Europas des Wissens*, d. h. es gilt einen europäischen Raum für lebenslange Bildung und Ausbildung zu schaffen, der bis 2010 weltweit vorbildlich ist und der dazu beitragen soll, die Europäische Union zur wettbewerbsfähigsten und dynamischsten Wirtschaft der Welt zu machen, die zu nachhaltigem Wachstum bei quantitativer und qualitativer Verbesserung der Beschäftigung und größerer sozialer Kohäsion fähig ist.

– *Entwicklung eines europäischen Kulturraums*; hierbei geht es um die Erhaltung und Wertschätzung der kulturellen Vielfalt Europas in ihren unterschiedlichen Formen, insbesondere durch Maßnahmen zur Unterstützung der Wettbewerbsfähigkeit der europäischen Industrie im audiovisuellen Sektor und durch Förderung der sprachlichen Vielfalt und des Erlernens von Sprachen.

– *Einbeziehung der Bürger in das Europäische Einigungswerk*, d. h. im Sinne des neuen Regierens sollen Formen der aktiven Beteiligung der Bürger, insbesondere der Jugendlichen, am Zukunftsprojekt Europa gefördert und so zur Entwicklung des Verständnisses und des gegenseitigen Vertrauens sowie zum Geist der Toleranz in einer für den Rest der Welt offenen Union beigetragen werden.[191]

Durch den Artikel 151 im Abkommen von Amsterdam hatte sich die Europäische Kommission erstmals auch die rechtliche Grundlage geschaffen, tatsächlich aktiv fördernd Kulturpolitik durch entsprechende Förderprogramme zu unterstützen. Konkret wurden diese Ziele im Zeitraum 1996 – 1999 durch die Auflegung von drei Kulturprogrammen befördert:

– *Kaleidoscope* (1996 – 1999), das zum Ziel hatte, die künstlerische und kulturelle Kreativität und Zusammenarbeit in einer europäischen Dimension zu fördern;

---

191 www.Europa.eu.int./comm/dgs/education_culture/newprog/index_de.html

- *Ariane* (1997 – 1999) als Unterstützung auf dem Sektor Buch und Lese-
kultur, inklusive Übersetzertätigkeit;
- *Raphael* (1997 – 1999), das darauf zielte, die Denkmalschutzpolitik der
einzelnen Mitgliedsländer zu unterstützen.

Seit dem Jahr 2000 wurden die verschiedenen Förderprogramme auf Ge-
meinschaftsebene im ersten Rahmenprogramm zur Kulturförderung für die
Jahre 2000 – 2006 zusammengefasst und integriert, dem Programm *Kultur
2000*, dessen Rechtsgrundlagen Artikel 151 des EG-Vertrages sowie der
Beschluss 508/2000/EG des Europäischen Parlaments und des Rates vom
14. Februar 2000 über das Programm *Kultur 2000*[192] bilden. Es hatte eine
Laufzeit von fünf Jahren (2000 – 2006) und sollte zur Entwicklung eines den
Europäern gemeinsamen Kulturraums beitragen, der sowohl durch ein gemeinsames Erbe als auch durch kulturelle und künstlerische Vielfalt gekennzeichnet
ist. Das Programm förderte die grenzüberschreitende Zusammenarbeit zwischen
den Kulturschaffenden, den Kulturakteuren und den Kulturinstitutionen der
Mitgliedstaaten.

Im Dezember 2006 wurde das neue Kulturprogramm verabschiedet, dessen Rechtsgrundlage Artikel 151 des EG-Vertrages sowie der Beschluss
1855/2006/EG des Europäischen Parlaments und des Rates vom 12. Dezember 2006 über das Programm „Kultur 2007 – 2013" (Amtsblatt der Europäischen Union L 372 vom 27. Dezember 2006) bilden. Es hat eine Laufzeit von
sieben Jahren (2007 – 2013). Es soll zur Entwicklung eines den Europäern
gemeinsamen Kulturraums beitragen, der sowohl durch ein gemeinsames Erbe als auch durch kulturelle und künstlerische Vielfalt gekennzeichnet ist.
Hauptprioritäten in der aktuellen Programmlaufzeit sind:
- *Förderung der transnationalen Mobilität von Kulturschaffenden;*
- *Förderung der transnationalen Zirkulation von Kunstwerken, kulturellen
und künstlerischen Produkten;*
- *Förderung des interkulturellen Dialogs.*

Die Haushaltsmittel für das Kulturprogramm belaufen sich in der Förderperiode 2007 – 2013 auf insgesamt 400 Mio. € (vgl. 2000 – 2006 insgesamt
236,5 Mio. €) und werden auf folgende Aktionsbereiche verteilt:

(1) Kooperationsprojekte zwischen europäischen kulturellen Organisationen
  Knapp 80% der Haushaltsmittel stellt die Europäische Kommission für
  Projekte bereit, die im Rahmen von Kooperationen verschiedener kultureller Akteure umgesetzt werden. Unterschieden wird zwischen *mehrjährigen Kooperationen* und *kleineren Kooperationsmaßnahmen.* Diese Unterscheidung wird bedingt durch die Dauer, die Anzahl der Partner und
  der Höhe des Zuschusses für die eingereichten Projektvorschläge. An

---

192 Amtsblatt der Europäischen Gemeinschaften L 63 vom 10.3.2000

mehrjährigen Kooperationen müssen mindestes sechs Partner aus mindestes sechs teilnehmenden Staaten über eine Dauer von drei bis fünf Jahren mitwirken. Der Zuschuss der Europäischen Kommission beläuft sich auf 200.000 € bis max. 500.000 €. Bei mindestens drei Partnern aus mindestes drei teilnehmenden Staaten besteht die Möglichkeit zur Begründung einer *kleineren Kooperationsmaßnahme*. Die Beteiligten erhalten bei einer Projektdauer von max. zwei Jahren zwischen 50.000 € und 200.000 €.

(2) Betriebskostenzuschüsse für kulturelle Organisationen, die auf europäischer Ebene aktiv sind.
Ca. 10 % der Haushaltsmittel werden in Form von Betriebskostenzuschüssen auf Antrag solchen kulturellen Organisationen zugewiesen, deren kulturellen Aktivitäten entweder von allgemeinem europäischem Interesse sind oder einschlägige Relevanz für die Kulturpolitik der Europäischen Union aufweisen. Solche Organisationen sind u. a. das *European Forum for Arts and Heritage* (EFAH), das *Informal European Theatre Meeting* (IETM) oder der *European Writers' Congress* (EWC).

(3) Analysen, Studien und Informationsarbeiten im Bereich von Kulturkooperationen und kulturpolitischen Entwicklungen.
Mit etwa 5 % erhält dieser Aktionsbereich den geringsten Anteil an den Haushaltsmitteln für das Kulturprogramm in der Förderperiode 2007 – 2013. Zu jeweils 50 % werden hieraus die nationalen Cultural Contact Points finanziert, die wesentliche Informationsarbeit zur Kulturförderung der Europäischen Union leisten. Die verbleibenden 50 % werden in Deutschland aus Mitteln des Beauftragten der Bundesregierung für Kultur und Medien bereitgestellt. Träger des Cultural Contact Point Germany ist die Kulturpolitische Gesellschaft e.V. in Zusammenarbeit mit dem Deutschen Kulturrat e.V. Mit der abzüglich der Förderung der Cultural Contact Points verbleibenden Summe werden Maßnahmen in Form von Analysen, Studien und Informationsarbeiten gefördert, welche langfristig die kulturelle Zusammenarbeit über nationale Grenzen hinweg vereinfachen sollen. Des Weiteren können Projekte eingereicht werden, die den Bekanntheitsgrad und die Wirkung kultureller Kooperationen auf europäischer Ebene verstärken.

Prinzipiell gilt, dass kulturelle Einrichtungen und Organisationen aus Ländern teilnehmen können, die einen finanziellen Beitrag zum Kulturhaushalt der Europäischen Union leisten. Gegenwärtig sind dies die 27 Mitgliedstaaten, die EWR/EFTA-Länder Island, Liechtenstein und Norwegen und die assoziierten Staaten Kroatien, Türkei, Mazedonien und Serbien, die mittels eines Assoziierungsabkommens von der Europäischen Union zu einem finanziellen Beitrag verpflichtet wurden und im Gegenzug die Berechtigung zur

Teilnahme am Kulturprogramm erhalten haben. Die verbleibenden nicht teilnehmenden Staaten können weder als Kooperationspartner auftreten noch finanziell von den Fördermitteln profitieren. Für sie besteht lediglich die Möglichkeit der Einbeziehung als zusätzliche Partner. In dieser Eigenschaft haben sie weder Rechte noch Verpflichtungen.

Das Programm wird von der Europäischen Kommission (Generaldirektion Bildung und Kultur) durchgeführt. Sie wird dabei von einem Ausschuss aus Vertretern der Mitgliedsstaaten unter dem Vorsitze der Kommission unterstützt. Anhand des Beschlusses veröffentlicht die Kommission im Amtsblatt der Europäischen Union jährlich Aufrufe zur Einreichung von Anträgen. Die Kommission wählt die besten Projekte unter Berücksichtigung der Stellungnahme einer Sachverständigengruppe und des Programmausschusses aus. Die Cultural Contact Points der einzelnen Mitgliedsstaaten nehmen wichtige Aufgaben bei der Vermittlung der Informationen an die Bürger wahr. Folgende Kontaktadressen sind maßgeblich:
- Europäische Kommission / Generaldirektion Bildung und Kultur
  http://www.ec.europa.eu/culture/eac/index_en.html
- Cultural Contact Point Germany
  http://www.ccp-deutschland.de
- Kulturpolitische Gesellschaft e.V. in Kooperation mit der österreichischen Kulturdokumentation
  http://www.europa-foerdert-kultur.info

Zwei weitere Programme, die den engen Bereich der Kultur überschreiten, gleichwohl zu ihm in Beziehung stehen, sollen zumindest angesprochen werden:
- Die *Bildungsprogramme*, allen voran *Lebenslanges Lernen*, das sich wiederum untergliedert in die sektoralen Programme *Comenius* (Schulbildung), *Erasmus* (Hochschulbildung) und *Grundvig* (Erwachsenenbildung und andere Bildungswege) sowie in die horizontalen Programme *Querschnittsprogramm* und *Aktion Jean Monnet*. Hinzu kommen die spezifischen Programme *Jugend in Aktion* und *Tempus IV*.
- Das Medienprogramm *Media 2007*.

In diesem Zusammenhang erwähnenswert sind darüber hinaus die regional-politischen Aktivitäten der Europäischen Union: In der Kulturpolitik der Europäischen Union zeichnet sich seit einigen Jahren eine vermehrt strukturpolitische Ausrichtung ab. Die so genannten *Strukturfonds* dienen dabei als Finanzierungsinstrumente. Strukturfonds wurden erstmals in den 1950er Jahren mit dem Ziel begründet, die strukturschwachen Regionen Europas zu stärken und langfristig die strukturellen Unterschiede zwischen den verschiedenen Regionen aufzuheben. Die Anzahl und Ausrichtung der einzelnen Strukturfonds hat sich über die Jahrzehnte hinweg verändert, doch gelten sie bis heute als die wichtigsten Finanzierungsinstrumente der Europäischen Union.

Kultur wird im Rahmen der europäischen Regionalpolitik vermehrt als Standortfaktor begriffen, während sie im Kontext des Kulturprogramms vor allem als konstitutiver Bestandteil einer europäischen Identität verstanden wird. In Konsequenz werden aus den Strukturfonds solche kulturellen Projekte gefördert, die eine Region aus strukturpolitischer Sicht nachweislich aufwerten. So wurde beispielsweise der Ausbau der Zeche Zollverein in Essen zum Standort für Design- und Kulturwirtschaft ebenso mit Mittel aus den Strukturfonds gefördert wie die kulturtouristische Erschließung des Wikingerkulturdenkmals Dankwerk in Schleswig-Holstein, das als UNESCO Weltkulturerbe anerkannt werden soll.

Die spezifischen Fördermöglichkeiten für kulturelle Projekte aus Mitteln der Strukturfonds variieren in Deutschland von Bundesland zu Bundesland. Die Förderkriterien werden auf Landesebene für die einzelnen Strukturfonds in den so genannten *operationellen Programmen* festgelegt und sind auf die Zielsetzungen der europäischen Regionalpolitik ausgerichtet. Für Deutschland sind vor allem die Strukturfonds *EFRE (Europäischer Fonds für regionale Entwicklung)* und *ESF (Europäischer Sozialfonds)* relevant. In der aktuellen Förderlaufzeit 2007 – 2013 stehen Deutschland 26,3 Mrd. € für strukturpolitische Maßnahmen zur Verfügung. Das Budget für alle Mitgliedsstaaten der Europäischen Union beläuft sich im genannten Zeitraum auf insgesamt 347,41 Mrd. € (vgl. 400 Mio. € „Kultur 2007 – 2013"!).

3.2 Die Kulturpolitik des Bundes

Die Bundesregierung ist in zwei Dimensionen kulturpolitisch aktiv: zum einen in der sog. *Auswärtigen Kulturpolitik*, die – (unbestritten auf Grund der eindeutigen Formulierung in Art. 32) – eine zentrale Aufgabe der Bundesregierung ist. Weniger unumstritten entwickelte sich (unter starker Kritik bzw. Protest der Bundesländer, die jeweils für sich die Kulturhoheit beanspruchen) in den letzten zehn bis fünfzehn Jahren allerdings auch verstärkt eine Kulturpolitik des Bundes im Inneren. Über Jahrzehnte war seit der Gründung der Bundesrepublik die „Innen-Kulturpolitik" des Bundes weitgehend beim *Bundesministeriums des Innern* angesiedelt. Seit 1998/99, der ersten Regierung Schröder/Fischer, gibt es erstmals in der Geschichte der Bundesrepublik Deutschland einen – zunächst so genannten – *Beauftragten der Bundesregierung für Angelegenheiten der Kultur und der Medien* im Bundeskanzleramt, dann im Februar 1999 in den *Staatsminister beim Bundeskanzler für Angele-*

genheiten der Kultur und der Medien umgewandelt wurde.[193] Daher lässt sich tatsächlich von einer „Kulturpolitik des Bundes"[194] sprechen.

Auswärtige Kulturpolitik

Art. 32/1 GG bestimmt eindeutig: „Die Pflege der Beziehungen zu auswärtigen Staaten ist Sache des Bundes." Dies betrifft auch und vor allem die Auswärtige Kulturpolitik. Das Auswärtige Amt schreibt unmissverständlich: „Die Auswärtige Kultur- und Bildungspolitik ist integraler Bestandteil der deutschen Außenpolitik. Ihre politischen Leitlinien formuliert das Auswärtige Amt."[195]

Dabei zeichnet sich die deutsche Auswärtige Kulturpolitik durch ein hohes Maß an Kontinuität aus: „Um die Auswärtige Kultur- und Bildungspolitik auf einen knappen Begriff zu bringen, bietet sich die Formel ‚Kontinuität im Wandel' an. Wesentliche inhaltliche Merkmale haben auch über 30 Jahre nach der intensiven Debatten zwischen Bundesregierung und Deutschem Bundestag Mitte der siebziger Jahre Bestand"[196], schreibt das Auswärtige Amt in einer einschlägigen Publikation im Jahre 2002.

Die Auswärtige Kulturpolitik[197] beruht – bei allen notwendigen Veränderungen und Präzisierungen, die die jeweils amtierenden Außenminister als ihre Handschrift deutlich machen – auf folgenden Grundzügen, die bereits 1976/77 durch eine entsprechende Enquête-Kommission erarbeitet und von der Bundesregierung beschlossen wurden:

- Übergreifende Aufgabe und ständiges Ziel der Auswärtigen Kulturpolitik ist die ‚Legitimation der Bundesrepublik Deutschland als Kulturnation in einer sich wandelnden Welt'.
- Auswärtige Kulturpolitik ist an den Zielen der Außenpolitik orientiert. Daher muss sie das politische Zusammenwachsen Europas im kulturellen Bereich unterstützen, der Friedenssicherung dienen und einen Beitrag zum Interessenausgleich zwischen Industrie- und Entwicklungsländern leisten. Auswärtige Kulturpolitik versteht sich nicht mehr allein als einseitiger ‚Kulturexport' von Sprache, Wissenschaft, Kultur oder Kunst, sondern orientiert sich zunehmend auch an dem Grundsatz kultureller Wechselbeziehungen und partnerschaftlicher Zusammenarbeit (‚Zweibahnstraße'), der gegenseitigen Bereicherung nationaler Kulturtraditionen.

---

193 text.bundesregierung.de
194 Straßl, Karl-Gerhard (2001): Kulturpolitik des Bundes, München
195 Vgl. auf der AA-Homepage www.auswaertiges-amt.de die Ausführungen zur Auswärtigen Kulturpolitik
196 Auswärtiges Amt (2002): Auswärtige Kultur- und Bildungspolitik heute, Bonn;
197 Vgl. hierzu auch: Schmidt, Helmut u. a. (Hrsg.) (1996): Wozu deutsche Auswärtige Kulturpolitik?, Stuttgart

– Für die Auswärtige Kulturpolitik gilt ein erweiterter Kulturbegriff, der alle geistigen Werte erfasst. Hierzu gehören kulturelle und gesellschaftliche Beziehungen, wissenschaftliche und technische Kooperation und auch die Bildungshilfe für Entwicklungsländer.
– Dem Ziel, das Ansehen der Bundesrepublik Deutschland in der Welt durch die Darstellung ihres kulturellen Lebens, auch ihrer kulturellen Leistungen zu mehren und um Sympathie für unser Land zu werben, dient die Vermittlung eines ausgewogenen, wirklichkeitsnahen, auch selbstkritischen Bildes vom Leben und Denken in unserem Land, auch aus der Vergangenheit.[198]

Im Rahmen dieser grundsätzlichen Kontinuität setzen die einzelnen Bundesregierungen ihre Schwerpunkte, so z. B. Außenminister Fischer in seiner *Konzeption 2000* über die zukünftige Strategie der Auswärtigen Kultur- und Bildungspolitik vom Juli 2000. Gegenwärtig setzt das Auswärtige Amt folgende Schwerpunkte:

– Seit 2002 besteht das Sonderprogramm „Europäisch-islamischer Kulturdialog". Es fördert durch Austausch und Begegnung das Verständnis zwischen westlicher und islamischer Welt.
– Um die Vertiefung und Erweiterung der Europäischen Union voranzubringen, investiert die Auswärtige Kultur- und Bildungspolitik einen großen Teil ihrer Mittel im Europa der 25
– Die Förderung von Austausch und internationaler Zusammenarbeit im Hochschulwesen soll den Bildungsstandort Deutschland stärken.
– Ein besonderes Anliegen der Auswärtigen Kultur- und Bundespolitik ist es, die Wettbewerbsfähigkeit deutscher Auslandsschulen zu sichern.
– Darüber hinaus bleibt die Förderung der deutschen Sprache im Ausland Kernbestand der Auswärtigen Kulturpolitik.[199]

Es ist ein wesentliches organisatorisches Merkmal der Auslandskulturarbeit der Bundesrepublik Deutschland, dass sie – ganz anders als in Großbritannien, Frankreich oder den USA – kaum direkt vom Außenministerium/Auswärtigem Amt selbst, sondern zum ganz überwiegenden Teil von sog. *Mittlerorganisationen* getragen wird, die privatrechtlich organisiert sind (als eingetragener Verein, als Stiftung oder als GmbH) und die mit Mitteln des Bundeshaushalts Aufgaben der Auslandskulturarbeit in eigener Verantwortung durchführen. Diese Struktur stellt sicher, dass die von ihnen ins Ausland

---

198 Abteilung für Auswärtige Kulturpolitik des Auswärtigen Amts (Hrsg.) (1993): Auswärtige Kulturpolitik, 1990-1992, Bonn S. 7f; vgl. auch www.deutsche-kultur-international.de
199 Vgl. hierzu Auswärtiges Amt: Jahresbericht 2003; Auswärtiges Amt: 8. Bericht der Bundesregierung zur Auswärtigen Kulturpolitik; Auswärtiges Amt: „Konzeption 2000" über die zukünftige Strategie der Auswärtigen Kultur- und Bildungspolitik; alle: www.auswaertiges-amt.de

vermittelte Kultur nicht als staatlich verordnet auftritt;[200] auf diese Mittlerorganisationen wird gleich näher einzugehen sein.

Andererseits bedeutet diese eigenverantwortliche Durchführung von Aufgaben der Auswärtigen Kulturpolitik jedoch auch, dass die Zweigstellen des *Goethe-Instituts* – *Inter Nationes* (die Fusion der bis dahin eigenständig agierenden Organisationen wurde 2001 vollzogen)[201] im Ausland und die Außenstellen (Regionalbüros) des *Deutschen Akademischen Austauschdienstes* (*DAAD*) nicht Teil der diplomatischen und berufskonsularischen Vertretungen der Bundesrepublik Deutschland im jeweiligen Gastland sind. Dies ergibt sich auch aus dem Wiener Übereinkommen über diplomatische Beziehungen. Somit stehen weder den Instituten noch ihren angestellten Mitarbeitern im Ausland diplomatische Vorrechte und Befreiungen zu. Grundsätzlich gelten infolgedessen für die deutschen kulturellen Einrichtungen im Ausland und ihren Mitarbeitern die Einreise-, Aufenthalts-, Arbeitserlaubnis-, Zoll- und Steuerbestimmungen des jeweiligen Gastlandes.

Dies führt aber in vielen Ländern zu Schwierigkeiten, die die Tätigkeit der Kulturfachkräfte in Mitleidenschaft ziehen. Beispielsweise entstehen häufig Probleme bei der Verlängerung von Aufenthaltsgenehmigungen oder bei der Einfuhr von Umzugsgut. Damit die deutschen Kulturmittler im Ausland ihre Tätigkeit möglichst reibungslos, effektiv, sicher und frei von Beeinträchtigungen ausüben können, ist das Auswärtige Amt bemüht, das rechtliche Umfeld ihres Einsatzes zu verbessern. Dies geschieht u. a. durch bilaterale Statusvereinbarungen in Form von Regierungsabkommen, die entweder in den Kulturabkommen oder in speziellen Abkommen über die Errichtung und Tätigkeit von Kulturinstituten oder aber in speziellen Statusvereinbarungen getroffen werden. Letztlich dienen diese Regelungen dazu, die Rahmenbedingungen der vom Auswärtigen Amt finanzierten deutschen Auswärtigen Kulturpolitik möglichst optimal zu gestalten.

Aufgabe der *Abteilung Kultur und Kommunikation* im Auswärtigen Amt ist die Planung, die Koordination und Steuerung der deutschen Auswärtigen Kultur- und Bildungspolitik, der Kommunikations- und Medienpolitik sowie der politischen Öffentlichkeitsarbeit. Kultur und Kommunikation sind nach dem Selbstverständnis des AA Kernelemente glaubwürdiger und nachhaltiger deutscher Außenpolitik und erreichen Köpfe und Herzen der Menschen unmittelbar. Sie sollen, so die Zielsetzung, Menschen in aller Welt

– mit Deutschland, seiner Kultur, Wissenschaft und Gesellschaft in Kontakt bringen und sie für Dialog und Austausch gewinnen;

---

200 Schulz, Andrea (2000): Parastaatliche Verwaltungsträger im Verfassungs- und Völkerrecht. Dargestellt am Beispiel des Goethe-Instituts unter besonderer Berücksichtigung des Staatsorganisationsrechts, der Grundrechte und der Staatenimmunität, Berlin (*Hamburger Studien zum Europäischen und Internationalen Recht; HEIR* 23)

201 Vgl. zur historischen Entwicklung auch: Murnau, Manila, Minsk. 50 Jahre Goethe-Institut (2001), München

- die Identität Deutschlands und seiner Gesellschaft sichtbar und erlebbar machen;
- Verständnis für europäische Werte wecken und damit ein Grundverständnis schaffen, auf dem Außenpolitik aufbaut;
- deutsche Außenpolitik überzeugend und kohärent nahe bringen, Deutschlands Engagement zur Lösung globaler Herausforderungen verdeutlichen, und um Unterstützung für deutsche Positionen werben.[202]

Auf diesem Weg soll die Anziehungskraft Deutschlands mit attraktiven und glaubwürdigen Kultur- und Bildungs-, Informations- und Dialogangeboten verstärkt werden, die die Zivilgesellschaften – insbesondere den Kultur-, Wissenschafts- und Medienbereich – und die interessierte Öffentlichkeit aktiv einbeziehen. Die dadurch entstehenden Netzwerke sind das wichtigste Kapital der Kultur- und Kommunikationspolitik. Sie sollen weltweit die besten Köpfe mit Deutschland in Verbindung bringen und sie als Partner gewinnen. Das nutzt Deutschlands Gesellschaft, Wirtschaft und Politik und leistet einen wesentlichen Beitrag zu seiner Zukunftsfähigkeit.

Angesichts der Vielgestaltigkeit der Aufgaben, Ziele und Herausforderungen handeln im Rahmen der Kultur- und Kommunikationspolitik viele Akteure. Vor allem sind es die traditionellen Partner- und Mittlerorganisationen, die – gemeinsam mit Auswärtigem Amt und Auslandsvertretungen, aber inhaltlich weitgehend frei – ihre Programme gestalten. Zu diesen Organisationen zählen z.b. Goethe-Institut, DAAD, Alexander von Humboldt-Stiftung, Ifa, Deutsche Welle und Deutsches Archäologisches Institut sowie die Zentralstelle für das Auslandsschulwesen. Hinzu treten zunehmend private Akteure wie Stiftungen oder Vereine, die bei verschiedenen Projekten mit dem Auswärtigen Amt zusammenarbeiten.

Die *Abteilung 6 für Kultur- und Kommunikation* in der Zentrale umfasst folgende Beauftragte und Referate (vgl. Organisationsplan des Auswärtigen Amtes, Stand 3.2.2009):

- 6-B-1: Beauftragter für Deutsch als Fremdsprache und Abteilungsmanagement Referate 600, 601, 610 und 612
- 6-B-2: Beauftragter für Kommunikation und Referate 603, 613-615, 620, 621 (nur Nordamerika) und 622
- 6-B-3: Beauftragter für außenwissenschaftspolitik und Referate 602, 611, 621 (außer Nordamerika), 623 und 624
- 6-zbV: Sonderbeauftragte für den Dialog zwischen den Kulturen.

---

202 Auswärtiges Amt, Abteilung für Kultur und Kommunikation: Wo die Musik spielt. Kultur und Kommunikation in der deutschen Außenpolitik, Berlin 2009

Hinzu kommen folgende Referate:

- *600*: Strategie und Planung der Auswärtigen Kulturpolitik; Kommunikation und Deutschlandbild im Ausland; 600-8: Internationaler Kulturgüterschutz, Rückführung von kriegsbedingt verbrachten Kulturgütern
- *601*: Budgetplanung-, Steuerung und Evaluation; 601-8: Besucherprogramme, Themenreisen, Vortragsprogramme, Internationales Jornalistenprogramm
- *602*: Multilaterale Kultur- und Medienprogramme, Kulturprogramme; 600-9: Multilaterale Kultur- und Medienbeziehungen
- *603*: Kultur- und Kreativwirtschaft, Kulturstiftungen; 600-9: öffentlich-private Partnerschaften; Kultursponsoring
- *604*: Interkultureller Dialog, Dialog mit der islamischen Welt, Auslandskulturarbeit der Religionsgemeinschaften
- *610*: Goethe-Institute, Deutsch als Fremdsprache, deutsch-ausländische Kulturgesellschaften; 610-9: Deutsch als Fremdsprache
- *611*: Wissenschaft und Hochschulen, DAI
- *612*: Deutsche Auslandsschulen, Jugend, Sport
- *613*: Institut für Auslandsbeziehungen, Audiovisuelle Produkte (Ausland), Deutsche Welle, Mediendialoge, Medienpolitik; Druckerzeugnisse und entsprechende Online-Versionen
- *614*: PÖA Inland; eurpapolitische Kommunikation; Koordinierung öffentlichkeitswirksamer Maßnahmen
- *615*: Internetredaktion; Internetseiten der Auslandsvertretungen, Deutschland-Zentren, KAA-net und Internetredaktion
- *620*: Kultur- und Medienbeziehungen Eurpa, Türkei; 620-9: Büro 1 Frankreich
- *621*: Kultur- und Medienbeziehungen Nordamerika, Lateinamerika, Afrika (außer Nordafrika)
- *622*: Kultur- und Medienbeziehungen Russland, Zentralasien, GUS
- *623*: Kultur- und Medienbeziehungen Asien (außer GUS, Afghanistan, Iran), Australien, Pazifik
- *624*: Kultur- und Medienbeziehungen Nordafrika, Nah- und Mittelost, Afghanistan, Iran

Der Haushalt des Auswärtigen Amtes betrug im Jahr 2008 ca. 2,8 Mrd. Euro; dies entspricht einem Anteil von etwa 1 %. Des Bundeshaushaltes. Knapp ein Viertel des AA-Haushaltes wird für die Auswärtige Kultur- und Bildungspolitik mit ihren Mittlerorganisationen eingesetzt. Die übrigen Mittel für Auswärtige Kulturarbeit sind in den Einzelplänen des *Bundeskanzleramtes* (*Beauftragte[r] der Bundesregierung für Angelegenheiten der Kultur und der Medien*; vgl. hierzu unten) sowie des *Presse- und Informationsamt der Bundesregierung*, des *Bundesinnenministeriums*, des *Bundesministeriums für Familie, Senioren, Frauen und Jugend*, des *Bundesministeriums für wirt-*

schaftliche Zusammenarbeit und Entwicklung sowie des *Bundesministeriums für Bildung und Forschung* veranschlagt. Dadurch sind die Kompetenzen der Auswärtigen Kulturpolitik, trotz der eindeutigen Regelung in Art. 32, erheblich zersplittert. Dazu schreibt das Auswärtige Amt: „*Die Deutsch-Russische Historikerkommission*, die Betreuung der deutschen Minderheiten im Ausland liegt schwerpunktmäßig beim *Bundesministerium des Innern*, deren Sprach- und Medienförderung beim Auswärtigen Amt, die Kulturarbeit der Vertriebenenverbände beim *Beauftragten der Bundesregierung für Angelegenheiten der Kultur und der Medien* (...) Diese Zuständigkeitsverteilung ist meist traditionell vorgegeben und hat sich in der Praxis in der Regel bewährt. Sie ist hier nur kurz dargestellt, um Handlungsrahmen und -beschränkungen der Auswärtigen Kultur- und Bildungspolitik des Auswärtigen Amts zu verdeutlichen. Das Auswärtige Amt bemüht sich im Übrigen nachhaltig um eine Koordinierung all dieser auslandsbezogenen Aktivitäten. Insbesondere die gut funktionierende Zusammenarbeit mit der Kultusministerkonferenz der Länder ist hierfür wichtig.“[203]

Der Kulturhaushalt fließt vornehmlich in die allgemeine Auslandskulturarbeit, die für die Öffentlichkeit durch konkrete Projekte erfahrbar wird, ferner in das deutsche Auslandsschulwesen sowie in den Neu- und Umbau von Kulturinstituten und Schulen. Aus dem Kulturhaushalt fördert das Auswärtige Amt zudem die kulturellen Mittlerorganisationen wie beispielsweise das *Goethe-Institut*, den *Deutschen Akademischen Austauschdienst* und das *Institut für Auslandsbeziehungen*.

Wie bereits oben kurz angesprochen, ist ein wesentliches Merkmal der deutschen Auswärtigen Kulturpolitik, dass sie über sog. Mittlerorganisationen durchgeführt wird, d. h. im Prinzip – trotz der oben angesprochenen Tätigkeit der Mitarbeiter der Auslandsvertretungen – „staatsfern" organisiert ist. Die wichtigsten Mittlerorganisationen der Auswärtigen Kultur- und Bildungspolitik sind die Folgenden:

- Das *Goethe-Institut* erfüllt mit mehr als 120 Einrichtungen weltweit drei zentrale Aufgaben (1) Durchführung von Kulturprogrammen, (2) Förderung der Kenntnis der deutschen Sprache und (3) Vermittlung eines umfassenden Deutschlandbildes.[204]
- Der *Deutsche Akademische Austauschdienst (DAAD)* ist die größte Förderorganisation für die internationale Hochschulzusammenarbeit. Er fördert jährlich ca. 45.000 deutsche und ausländische Studierende, Graduierte, Wissenschaftler, Künstler, und Administratoren durch Stipendien.[205]
- Die *Alexander von Humboldt-Stiftung* widmet sich dem Austausch hoch qualifizierter Wissenschaftler. Sie vergibt Stipendien und Forschungs-

---

203 Auswärtiges Amt (2002) S. 8
204 www.goethe.de
205 www.daad.de

preise an Deutsche und Ausländer; damit stärkt sie den Forschungsstandort Deutschland.[206]

- Das *Institut für Auslandsbeziehungen (ifa)* organisiert weltweit Ausstellungstourneen bekannter deutscher Künstler, veranstaltet internationale Symposien und unterhält eine Fachbibliothek und ein Informationszentrum zur Auswärtigen Kultur- und Bildungspolitik.[207]
- Das *Haus der Kulturen der Welt* in Berlin präsentiert vor allem Ausstellungen, Theater- und Musikgastspiele sowie Lesungen aus Entwicklungsländern, um das Verständnis für deren Kulturen zu fördern.[208]
- Die *Deutsche UNESCO-Kommission* ist das Bindeglied zwischen Deutschland und der UNESCO. Sie berät Bundesregierung und Länder und koordiniert die Umsetzung des UNESCO-Programmes in Deutschland, z. B. zur Weltkulturerbekonvention.[209]

Kulturpolitik des Bundes im Innern

Die Kompetenz des Bundes für die Auswärtige Kulturpolitik ist aufgrund der dargestellten Rechtslage in Art. 32/1 GG unbestritten. Gleiches galt – zumindest für einige Jahrzehnte – im umgekehrten Sinne hinsichtlich der fehlenden Zuständigkeit des Bundes für die Kulturpolitik im Innern. Trotz einer im Prinzip eindeutigen Verfassungslage (vgl. Art. 30 GG *Länderhoheit* und Art. 28 GG *Kommunale Selbstverwaltung*) hat in Deutschland der Bund in den letzten beiden Jahrzehnten de facto zunehmend Einfluss auf die Kulturpolitik genommen.[210] Da die Akteure der Bundes*innen*kulturpolitik nicht im Grundgesetz verankert sind, sondern sich historisch entwickelt haben, werden sie im Folgenden nicht *systematisch*, sondern weitgehend ihrer Entstehungsgeschichte folgend dargestellt.

Die Stiftung preußischer Kulturbegriff

Die älteste Stiftung unter maßgeblicher Beteiligung des Bundes ist die *Stiftung Preußischer Kulturbesitz*. Nach dem zweiten Weltkrieg und der Auflösung Preußens im Jahre 1947 waren die Sammlungen des preußischen Staates zum Teil zerstört, verschleppt oder zerstreut. Im östlichen Teil Deutschlands wurden die bestehenden Häuser, insbesondere die der Museumsinsel und die Staatsbibliothek unter den Linden, provisorisch wieder hergestellt und genutzt. In

---

206 www.humboldt-foundation.de
207 www.ifa.de
208 www.hkw.de
209 www.unesco.de
210 Einen sehr guten Überblick über die staatlichen Akteure der Kulturpolitik gibt: Zimmermann, Olaf /Gabriele Schulz (Hrsg.) (2000b): Handbuch Kulturverwaltung, Bonn/Berlin

Westdeutschland übernahmen vorübergehend einige Länder treuhänderisch die Verantwortung für die Bestände. 1957 wurde dann schließlich gemeinsam von Bund und Ländern die *Stiftung Preußischer Kulturbesitz* gegründet.[211]

Maßgebliche Rechtsgrundlagen für die Arbeit der Stiftung sind (1) das Gesetz zur Errichtung einer Stiftung „Preußischer Kulturbesitz" und zur Übertragung von Vermögenswerten des ehemaligen Landes Preußen auf die Stiftung vom 25. Juli 1957 (in der Fassung vom 28. Juni 1990); (2) Satzung der Stiftung „Preußischer Kulturbesitz" vom 6.9.1961 in der Fassung der zweiten Änderungsverordnung vom 28.1.1993) sowie schließlich (3) das Abkommen über die gemeinsame Finanzierung der Stiftung Preußischer Kulturbesitz vom 28.1.1997.

Das Stiftungsgesetz regelt, dass das Eigentum und die sonstigen Vermögensrechte des ehemaligen Landes Preußen, die sich auf Gegenstände erstrecken, welche bis zum 9. Mai 1945 im Amtsbereich des Reichs- und Preußischen Ministers für Wissenschaft, Erziehung und Volksbildung oder im Amtsbereich des Preußischen Ministerpräsidenten verwaltet wurden, auf die rechtsfähige Stiftung des öffentlichen Rechts mit Sitz in Berlin übergehen, soweit es sich um Kulturgüter wie Archiv-, Bibliotheks-, Museumsbestände und sonstige Kunstsammlungen oder wissenschaftliche Sammlungen einschließlich Inventar handelt bzw. um die Grundstücke zur Unterbringung dieser Kulturgüter.

Zu den unter dem Dach der Stiftung vereinten Sammlungen und Institute gehören:

- die *Staatlichen Museen zu Berlin*[212] mit insgesamt 17 Sammlungen, die zum Teil Weltgeltung haben sowie das *Institut für Museumskunde*;
- die *Staatsbibliothek*[213], 1661 gegründet, ist mit einem Bestand von ca. 9,2 Millionen Bänden und Druckschriften eine der größten Universalbibliotheken Deutschlands;
- das *Staatliche Institut für Musikforschung* mit dem *Musikinstrumente-Museum*; letzteres wurde 1888 durch den preußischen Staat mit ca. 3.000 Objekten begründet, die die Entwicklung der europäischen Musik vom 16. bis zum 20. Jahrhundert aufzeigen;
- das *Ibero-Amerikanische Institut*, 1930 gegründet, das die Aufgabe hat, Wissenschaft und Forschung über Lateinamerika, Portugal und Spanien zu fördern und kulturelle Beziehungen mit diesen Ländern zu pflegen;
- das *Geheime Staatsarchiv*, das umfangreiche Archivalien der preußischen Geschichte und eine Dienstbibliothek verwaltet und aufgrund sei-

---

211 Lehmann, Klaus-Dieter (2002): Die Stiftung Preußischer Kulturbesitz als Beispiel kooperativen Föderalismus In: Institut für Kulturpolitik der Kulturpolitischen Gesellschaft (Hrsg.) (2002): Jahrbuch für Kulturpolitik 2001, Essen S. 203-208
212 www.smb.spk-berlin.de
213 www.sbb.spk-berlin.de

ner historischen Entwicklung auch für die zentralen Instanzen des ehemaligen Brandenburg-Preußens zuständig ist;

Die Stiftung hat den Zweck, die ihr übertragenen preußischen Kulturgüter „für das deutsche Volk zu bewahren, zu pflegen und zu ergänzen, unter Beachtung der Tradition den sinnvollen Zusammenhang der Sammlungen zu erhalten und eine Auswertung dieses Kulturgutes für die Interessen der Allgemeinheit in Wissenschaft und Bildung und für den Kulturaustausch zwischen den Völkern zu gewährleisten." (§ 3 Stiftungsgesetz)

Organe der Stiftung sind (1) der *Stiftungsrat*, dem die Leitung der Stiftung obliegt und der aus Vertretern des Bundes und der Länder besteht; (2) der *Präsident*, der die Beschlüsse des Stiftungsrates auszuführen und die laufenden Angelegenheiten der Stiftung wahrzunehmen hat sowie (3) der *Beirat*, der den Stiftungsrat und den Präsidenten berät. In der Satzung ist die genaue Stimmverteilung festgelegt; demnach verfügt der Bund über hundertzwanzig, die Länder über achtzig Stimmen, deren Verteilung (entsprechend ihren Finanzierungsanteilen) genau geregelt ist (vgl. § 2 der Satzung).

Das *Finanzierungsabkommen* schließlich regelt die Verteilung zwischen dem Bund (75 %) und den einzelnen Bundesländern (25 %). Im Haushalt 2009, der 251.158.000 Euro Gesamtausgaben vorsieht, sind 100.020.000 Euro als Anteil des Bundes ausgewiesen, die Länder steuern 33.340.000 Euro bei. Darüber hinaus gewährt der Bund einen Sonderzuschuss von 843.000 für den Hamburger Bahnhof – Museum für Gegenwart. Auch in den kommenden Jahren wird die weitere Sanierung der im Krieg zerstörten Museumsinsel im Herzen Berlins einen wesentlichen Schwerpunkt der Arbeit der *SPK* darstellen. Die bisherige Planung sah einen Sanierungszeitraum von 20 Jahren vor, ein Zeitraum, der von der Bundesregierung allerdings nicht akzeptiert wurde. Die Bundesregierung will die *SPK* hierbei verstärkt unterstützen. Für 2009 stellt der Bund 91.218.000 Euro zur Verfügung.rAllerdings werden zusätzliche private Mittel und europäische Fördergelder erwartet.

Die Kulturstiftung der Länder

In seiner Regierungserklärung vom 18. Januar 1973 brachte der damalige Bundeskanzler Willy Brandt erstmals die Idee einer Deutschen Nationalstiftung – und damit eines verstärkten gesamtstaatlichen Engagements für die Kultur auf Bundesebene – ins öffentliche Gespräch; 1976 wurde dieser Gedanke noch einmal von Bundeskanzler Helmut Schmidt bekräftigt. Als 1978 die Gefahr bestand, dass zahlreiche Kunstwerke von nationaler Bedeutung der Sammlung des jüdischen Kaufmanns Baron von Hirsch, der 1933 wegen der Nationalsozialisten von Frankfurt nach Basel emigrierte, auf einer Londoner Versteigerung in alle Winde verstreut würden, wurde dies nur durch das persönliche Engagement des Frankfurter Bankiers Hermann J. Abs verhindert. Er koordinierte damals erfolgreich Bund, Länder und Museen und machte damit die Notwendigkeit einer unbürokratisch handelnden, Länder übergreifenden Einrichtung besonders augenfällig.

1984 beschlossen daher die Bundesländer die Errichtung der *Kulturstiftung der Länder*, an der durch ein sog. Mitwirkungsabkommen auch die Bundesregierung beteiligt sein sollte (vertreten neuerdings durch den *Beauftragte der Bundesregierung für Angelegenheiten der Kultur und der Medien*, bis dahin durch das *Bundesministerium des Innern*). Nach der Wiedervereinigung traten dann im Oktober 1991 die neuen Bundesländer der Kulturstiftung bei.

Die Gründungsgeschichte seit 1973 bezeichnete ein Kommentator als den Inbegriff eines „in den folgenden vierzehn leidvollen Jahren grandiosen kompetenzpolitischen Machtgerangels zwischen Länderchefs und Bund um die Kulturhoheit (...) Am Ende stand das ‚bestzerfledderte kulturelle Projekt in der Geschichte der Bundesrepublik', die am 1. Januar 1988 als rechtsfähige Stiftung des bürgerlichen Rechts mit Sitz in Berlin durch Abkommen der Bundesländer ‚zur Förderung und Bewahrung von Kunst und Kultur nationalen Ranges' gegründete *Länderstiftung*."[214] Bis heute, so scheint es aufgrund der jüngsten Entwicklungen, ist dieses Kompetenzgerangel nicht geringer, sondern eher noch stärker geworden, agieren doch mittlerweile – neben den „traditionellen" Stiftungen *Preußischer Kulturbesitz* und *Weimarer Klassik* – mittlerweile zwei Stiftungen, bei denen der Bund maßgeblich beteiligt ist.

Die *Kulturstiftung der Länder*[215] wurde am 4. Juni 1987 von den Ländern der (alten) Bundesrepublik Deutschland durch das *Abkommen zur Errichtung der Kulturstiftung der Länder* gegründet und nahm am 1. April 1988 ihre Arbeit auf.[216] Ausdrücklich heißt es in diesem Länderabkommen: „Die Bundesrepublik Deutschland (Bund) kann nach Maßgabe eines mit den Ländern zu schließenden Abkommens an der Stiftung mitwirken".[217] Mit gleichem Datum wurde ein *Abkommen über die Mitwirkung des Bundes an der Kulturstiftung der Länder* geschlossen.[218] In diesem Abkommen ist detailliert geregelt, welche Vorhaben in die Förderung einbezogen werden (vgl. unten).

Die *Kulturstiftung der Länder* ist eine rechtsfähige *Stiftung des bürgerlichen Rechts* mit Sitz in Berlin. Rechtsgrundlage ist die *Satzung* der Stiftung. Als Stiftungszweck ist dort festgeschrieben „die Förderung und Bewahrung von Kunst und Kultur nationalen Ranges"; hierzu zählen insbesondere (1) die

214 Bischoff (1990) S. 74
215 www.kulturstiftung.de
216 Vgl. hierzu Welck, Karin von (2002): Die Kulturstiftung der Länder. Ein Beispiel für kooperativen Föderalismus. In: Institut für Kulturpolitik der Kulturpolitischen Gesellschaft (Hrsg.) (2002): Jahrbuch für Kulturpolitik 2001, Essen S. 209-214
217 Abkommen zur Errichtung der Kulturstiftung der Länder vom 4. Juni 1987, in der Fassung vom 25. Oktober 1991
218 Abkommen über die Mitwirkung des Bundes an der Kulturstiftung der Länder vom 4. Juni 1987, in der Fassung vom 25. November 1993

Förderung des Erwerbs für die deutsche Kultur besonders wichtiger und bewahrungswürdiger Zeugnisse, vor allem, wenn deren Abwanderung ins Ausland verhindert werden soll oder wenn sie aus dem Ausland zurückerworben werden soll; (2) die Förderung von und die Mitwirkung bei Vorhaben der Dokumentation und Präsentation deutscher Kunst und Kultur; (3) die Förderung zeitgenössischer Formen und Entwicklungen von besonderer Bedeutung auf dem Gebiet von Kunst und Kultur; (4) die Förderung von überregional und international bedeutsamen Kunst- und Kulturvorhaben (§ 2 Satzung der KSL). Die Kulturstiftung der Länder fördert hierbei sowohl Einzelprojekte (z. B. im Ausstellungsbereich) wie auch Institutionen (vgl. hierzu das vierte Kapitel).

Organe der Kulturstiftung sind (1) der *Stiftungsrat*, der aus jeweils einem Mitglied der Landesregierungen der an der Stiftung beteiligten Ländern besteht; soweit für Entscheidungen des Stiftungsrates eine erweiterte Zusammensetzung vorgesehen ist, gehören dem Stiftungsrat drei Mitglieder der Bundesregierung mit Stimmrecht an; (2) der *Vorstand*, der aus dem/der Generalsekretär/-in und deren oder dessen Stellvertreterin besteht und der/die die laufenden Geschäfte führt und Beschlüsse des Stiftungsrates vorbereitet und ausführt; und schließlich (3) das *Kuratorium*, das den Stiftungsrat berät.

Übergeordnetes Ziel ist es, Kunst und Kultur von nationalem Rang finanziell zu fördern. Die Stiftung greift immer dann ein, wenn Museen, Archive und Bibliotheken Ankäufe aus ihren Etats allein nicht tätigen können. So wird verhindert, dass Werke, die für die „nationale Identität" stehen, ins Ausland abwandern. Über 150 Kunstwerke im Wert von mehr als 230 Millionen Euro hat die Stiftung bisher mitfinanziert, darunter der Quedlingburger Domschatz, Arbeiten von Joseph Beuys und Handschriften von Ludwig van Beethoven.

Darüber hinaus werden entsprechend § 1 Abs. 1 des Bund-Länder-Abkommens vom 4. Juni 1987 in die Förderung durch den Bund über die Stiftung einbezogen: die Musikförderung, die Förderung der Bildenden Kunst und der Museen einschließlich Kunstfonds, Ausstellungen, *Berufsverband Bildender Künstler, Deutscher Werkbund, Deutscher Museumsbund*; die Förderung der Literatur und des Theaters einschließlich *Deutscher Literaturfonds*; aus der Filmförderung die *Filmfestspiele Mannheim* und *Oberhausen*; Denkmalschutz; Internationale Veranstaltungen und Projekte von bundesweiter Bedeutung im Inland in den Bereichen Kunst und Kultur.

Die Mittel der Stiftung wurden in der Vergangenheit aus drei Quellen gespeist. Die Länder brachten in der Gründungsphase bis zu 15 Millionen DM für die Durchführung laufender Aufgaben sowie die Ansammlung von Stiftungsvermögen auf. Der Bund finanzierte die von ihm in die Stiftung eingebrachten Vorhaben (im Jahr 2000 ebenfalls 15 Millionen DM), „darf" aber der Stiftung weitere Mittel zuwenden. Schließlich soll sich die Stiftung um einmalige und laufende Zuwendungen Dritter bemühen. Der Bund beteiligte sich gemäß dem Mitwirkungsabkommen von 1987 an der Kulturstiftung der

Länder, indem er ihr rund 30 kulturelle Einrichtungen und Projekte zur Förderung übertrug. Er kündigte sein Mitwirken zum Ende des Jahres 2005, nachdem die Fusion der Kulturstiftung der Länder und der Kulturstiftung des Bundes nicht zustande kam. Mit dem Rückzug des Bundes aus der Kulturstiftung der Länder endete die Förderung von kunst- und kulturhistorischen Ausstellungen von überregionaler und internationaler Relevanz durch die Kulturstiftung der Länder.

Das kulturpolitische Engagement des Bundes in den achtziger Jahren

Die Gründung der *Kulturstiftung der Länder* bildete indes keineswegs den Endpunkt des oben zitierten „kompetenzpolitischen Machtgerangels zwischen Länderchefs und Bund um die Kulturhoheit". In den letzten Jahren waren weitere wichtige Stationen in diesen Auseinandersetzungen die Einrichtung eines *Beauftragten der Bundesregierung für Angelegenheiten der Kultur und der Medien* beim Bundeskanzler (Kulturstaatsminister/BKM), die Gründung einer *Kulturstiftung des Bundes* sowie die brennenden Fragen der Hauptstadtkulturförderung in Berlin.

Bei der Gründung der *Kulturstiftung der Länder* wurde seinerzeit von Seiten der Ländern noch sehr sorgsam darauf geachtet, dass dem Bund allenfalls Mitwirkungsrechte an der Kulturpolitik zugestanden wurden, die ansonsten aber unter die ausschließliche Länderhoheit (bzw. die der Gemeinden) fiel. So heißt es in der Antwort auf zwei *Große Anfragen* an die Bundesregierung von 1984 ausdrücklich: „Das Grundgesetz hat die Kulturhoheit grundsätzlich den Ländern zugewiesen, nicht dem Bund. Folgerichtig hat auch jedes Bundesland einen Kultusminister, in der Bundesregierung gibt es ihn nicht. Vielmehr wird die Verantwortung für jene kulturellen Aufgaben, die das Grundgesetz ungeachtet seines föderalen Prinzips dem Bund zuweist, von mehreren Bundesministern geteilt."

Diese Zuständigkeiten werden in der Antwort der Bundesregierung im Einzelnen aufgelistet: „Die Bundesregierung bekennt sich zu der grundsätzlichen Zuständigkeit der Länder für Kunst und Kultur. Diese Zuständigkeit ist ein integrativer Bestandteil unserer Staatsordnung und Basis für die besondere Vielfalt, die unserer nationalen Kultur ihr unverwechselbares Gepräge gibt. Die Förderung von Kunst und Kultur ist demnach in erster Linie eine Aufgabe der Länder und Gemeinden. Im Rahmen seiner Verantwortung für den Gesamtstaat leistet aber auch der Bund seinen Beitrag in diesem Bereich. Grundlage hierfür sind zunächst vom Grundgesetz dem Bund ausdrücklich zugewiesene Gesetzgebungszuständigkeiten etwa für die Auswärtigen Angelegenheiten, den Schutz deutschen Kulturgutes gegen Abwanderung in das Ausland, die Angelegenheiten der Flüchtlinge und Vertriebenen, die allgemeinen Rechtsverhältnisse der Presse und des Films. Hinzu kommen Gesetzgebungszuständigkeiten für die Regelung von rechtlichen und sozialen

Rahmenbedingungen, unter denen Kunst und Künstler sich entwickeln, wie für das Urheber- und Verlagsrecht, das Arbeitsrecht, das Recht der Sozialversicherung und das Steuerrecht. Hier obliegt dem Bund kulturpolitische Verantwortung zur mittelbaren Förderung der Kultur, der er sich zu stellen hat. Eine weitere Aufgabe des Bundes liegt nach Auffassung der Bundesregierung aber auch in dem Beitrag, den er zur Förderung künstlerisch und kulturell besonders bedeutsamer Einrichtungen, Veranstaltungen oder sonstiger Aktivitäten, in denen Rang und Würde des Gesamtstaates oder der Nation zum Ausdruck kommen, leistet."[219]

Trotz dieser offiziell bekundeten Zurückhaltung setzten vor allem unter dem damaligen Bundeskanzler Kohl verstärkt Bemühungen ein, die Rolle des Bundes in der Kulturpolitik sehr viel stärker als bisher zu pointieren. Hierzu zählen zum einen die vom Bundeskanzler direkt initiierten Neugründungen von Museen und Ausstellungshallen, wie das 1994 *gegründete Haus der Geschichte der Bundesrepublik Deutschland* in Bonn, das 1987 gegründete *Deutsche Historische Museum* in Berlin und die 1992 *eröffnete Kunst- und Ausstellungshalle der Bundesrepublik Deutschland* in Bonn.

Neben diesem faktischen Handeln, das schrittweise seine normative Kraft entfaltete, wurden mit Unterstützung des Bundes zum anderen auf der wissenschaftlichen Ebene die Möglichkeiten eruiert, wie der Bund sich kulturpolitisch stärker engagieren könnte und wie dies ggf. zu legitimieren sei. 1989 forderten die beiden Kulturforscher Karla Fohrbeck und Andreas Wiesand (bezeichnender Weise in der *Schriftenreihe des Bundeskanzleramtes!*) unter dem Titel *Von der Industriegesellschaft zur Kulturgesellschaft* aus der europäischen Entwicklung spezifische „Konsequenzen" zu ziehen – d. h. „kulturpolitische Aktivitäten auf Bundesebene" zu entfalten – und sprachen ganz offen von „‚Kulturkompetenzen' des Bundes" (seinerzeit allerdings noch mit Anführungszeichen).

In ihrem Beitrag finden sich bereits die meisten Schlagworte, die im folgenden Jahrzehnt die Diskussion bestimmen sollten: „Neuorientierung der Kulturförderung", „Kulturelle Außenpolitik oder grenzüberschreitende Kulturbeziehungen", „Die Bundeshauptstadt – Kunstmetropole oder Spiegel kultureller Vielfalt und Zentrum kulturpolitischer Reflexion".[220] Sowohl das faktische Handeln wie die theoretischen Überlegungen „zeigen deutlich, dass der Bund in zunehmendem Maße daran interessiert ist, sich eigene Zuständigkeiten für Kulturpolitik zu sichern."[221]

Kaum ahnen konnten die beiden Autoren indes eine Entwicklung, die in ganz besonderem Maße den Bund in seinen kulturpolitischen Anstrengungen

219 Was tut der Bund für die Kultur. Antwort auf zwei Große Anfragen, Bonn 1984 (Presse- und Informationsamt der Bundesregierung. Reihe: Berichte und Dokumentationen) S. 13f
220 Fohrbeck, Karla/Andreas Wiesand (1989): Von der Industriegesellschaft zur Kulturgesellschaft? Kulturpolitische Entwicklungen in der Bundesrepublik Deutschland, München
221 Heinrichs/Klein (1994) S. 93

herausfordern würde: die deutsche Vereinigung in den Jahren 1989/90. In diesem Zusammenhang entstanden durch die Umstellung einer ehedem zentralistisch geförderten und gesteuerten Kulturpolitik in der DDR auf die noch nicht existierenden bzw. neu zu gründenden Bundesländer gewaltige Finanzierungs-, aber auch Steuerungsprobleme. „Die mit der deutschen Einheit verwirklichten Veränderungen im politischen, rechtlichen und wirtschaftlichen Bereich haben auch die kulturellen Einrichtungen nachhaltig geprägt. Die wichtigste organisatorische Weichenstellung war die Abkehr vom Zentralismus und der Neuaufbau eines föderativen Systems. Dies hat generell zu einer Überführung der Kultureinrichtungen in die Verantwortung der Länder und der Kommunen geführt. In Ausnahmefällen erfolgte eine Privatisierung. Dabei sehen sich die neuen Länder in der Verpflichtung, einerseits die kulturelle Eigenständigkeit der Kommunen zu fördern und andererseits wenig entwickelte Kulturräume besonders zu unterstützen."[222]

Basierend auf dem Art. 35 des *Einigungsvertrages* (Erhalt der kulturellen Substanz) wurden alleine von 1991 bis 1993 folgende Programme aufgelegt:

– *Substanzerhaltungsprogramm* (Umfang 1.477 Millionen DM); dabei wurden folgende Schwerpunkte gesetzt: Einrichtungen bzw. Vorhaben von europäischem und nationalem Rang; Theater, Museen, Orchester, Bibliotheken, die überwiegend für ihre Region von Bedeutung sind; in der Vergangenheit begonnene, wiederkehrende bedeutsame Veranstaltungen; kulturelle Filmförderung; Mahn- und Gedenkstätten.

– *Infrastrukturprogramm* (Umfang 722 Millionen DM); es diente dazu, kulturelle Einrichtungen und Veranstaltungen in den Gemeinden, Städten und Landkreisen in ihrer Substanz zu stabilisieren, strukturell zu modernisieren und regionale Benachteiligungen auszugleichen.

– *Denkmalschutzprogramm* (Umfang 187 Millionen DM); dieses umfasste Sicherungsmaßnahmen (Schutz vor Witterungsschäden, Sicherung wertvoller historischer Bauten gegen Einbruch und Diebstahl); Erfassung und Bestandsaufnahme der unter Denkmalschutz stehenden oder zu stellenden Objekte; Bereitstellung von Fortbildungshilfen für die Denkmalpflege; Restaurierung von unbeweglichen Kulturdenkmälern.

– *Kultureinrichtungen Berlin* (Umfang 214 Millionen DM)

– *Kirchenbauförderung* (Umfang 160 Millionen DM)

– *Projektmittel kulturelle Einheit* (Umfang 25 Millionen DM)

– *Künstlerförderung/Kulturfonds* (Umfang 21 Millionen DM)

Fasst man diese Mittel zusammen, so zeigt sich, dass der Bund alleine in den Jahren 1991 bis 1993 rund 2,8 Mrd. DM an Fördermittel in den kulturellen Umbau in den neuen Bundesländern transferiert hat. Im Jahre 1994 wurden

---

222 5 Jahre Kulturförderung für die neuen Länder. Ein Bericht zur Kulturförderung des Bundesministeriums des Innern, Bonn, 1996 S. 4

aus Mitteln des Vermögens der ehemaligen Parteien und Massenorganisationen der DDR für Investitionen im Kulturbereich 250 Millionen DM zur Verfügung gestellt. Außer dieser einigungsbedingten Bundeshilfe von rd. 3 Mrd. DM „Übergangsfinanzierung Kultur" wurden zusätzlich kulturelle Einrichtungen auch in den neuen Bundesländern in die normale Kulturförderung („Förderung gesamtstaatlich bedeutsamer Kultureinrichtungen") einbezogen. Hierzu zählten beispielsweise in Berlin die *Staatsoper Unter den Linden*, das *Deutsche Theater* mit Kammerspielen, das *Schauspielhaus*, die *Komische Oper*, das *Berliner Ensemble*, die *Einrichtungen der Stiftung Preußischer Kulturbesitz*, die *Stiftung Weimarer Klassik*, die *Stiftung Bauhaus in Dessau*, die Kultureinrichtungen der Sorben, der einzigen deutschen Minderheit im Osten Deutschlands usw.

Recht bald stellte sich allerdings heraus, dass sich die sog. „Übergangsfinanzierung Kultur" kaum auf die vorgesehenen vier Jahre beschränken ließ, weil der Um- bzw. Wiederaufbau der neuen Länder keineswegs so reibungslos verlief, wie dies ursprünglich angenommen worden war. Es wurde deutlich, dass der Bund auch weiterhin gefordert sein würde.

Das ließ manchen Kommentator die bis dahin so erfolgreiche Kulturhoheit der Länder bereits ganz grundsätzlich in Frage stellen. So schrieb 1993 etwa Horst Köpcke in der *Frankfurter Rundschau*: „Wenn es pragmatisch nicht weiter möglich ist, muss eben die Verfassung daraufhin durchgesehen werden, wie dem Bund das Recht und die Pflicht zugewiesen werden könnten, die kulturpolitischen Verpflichtungen zu erfüllen, die er im Einigungsvertrag übernommen hat. Etwa durch einen entsprechenden Zusatz in den Artikeln 91a und 91b im Abschnitt Gemeinschaftsaufgaben. Man erwidere nicht, dies dauere zu lange. Einer der Gründe für die Politikverdrossenheit ist der, dass alle Änderungen unendlich schwerfällig vonstatten gehen. Das müsste sich ändern lassen."[223] Dabei wurde (und wird auch heute noch) übersehen, dass zur Lösung eines zeitlich eher befristeten Problems die gesamte verfassungsrechtliche Architektur aufs Spiel gesetzt würde – ein Schritt, den man sich in seinen Konsequenzen sehr gut überlegen sollte.

Auf einer völlig anderen Ebene und mit völlig anderen Argumenten wurde ebenfalls der Ruf nach einem deutschen Kulturminister laut. Im Zuge der europäischen Einigung wurden und werden vermehrt auch kulturpolitische Fragen, insbesondere im Medienbereich, auf europäischer Ebene diskutiert und entschieden (vgl. oben). Deutschland war dort – im Unterschied zu anderen europäischen Ländern – nicht mit einem nationalen Kulturminister vertreten. Der seinerzeitige französische Kulturminister Jack Lang schilderte im Mai 1998 die Situation ironisch: „Elf zu eins, hier elf deutsche Ministerpräsidenten und Kultusminister, dort ein einziger Kulturminister: Manchmal hätte ich mir etwas verloren vorkommen können, so auch in jener Nacht vom 2. auf

223 Köpcke, Horst (1993): Pflichten des Kulturstaates. Versagt der Bund in den neuen Ländern? In: *Frankfurter Rundschau* vom 28.12.1993

den 3. Oktober 1990. Es ging um die fristgerechte Unterzeichnung der Rahmenvereinbarung für den deutsch-französischen Kulturkanal *Arte*, bevor mit dem Mitternachtsschlag aus den elf Ministern sechzehn wurden, was die Sache noch komplizierter gemacht hätte."

Und mit Blick auf den europäischen Einigungsprozess vermisst er einen „Bundeskulturminister" und fährt fort: „Ein deutscher Bundesminister für Kultur würde meiner Ansicht nach manches erleichtern, für Deutschland selbst wie auch für seine Partner (...) Im Zeitalter des großräumigen Verkehrs und der deregulierten Kommunikation genügt aber das stolze Selbstbewusstsein bayerischer, rheinländischer oder norddeutscher Eigenheit nicht mehr gegenüber dem Standard einer weltweiten Massenkultur. Die europäischen Partner hätten von einer etwas klarer vertretenen deutschen Kulturposition in der Welt nichts zu fürchten, im Gegenteil. Die *Goethe-Institute* leisten bewundernswerte Arbeit. Ein Bundeskulturminister könnte aber einer ‚vision nationale', die es über die Unterschiede der Bundesländer hinaus doch geben muss, ein Gesicht und eine Stimme verleihen."[224]

Der / die Staatsminister/-in beim Bundeskanzler für Angelegenheiten der Kultur und der Medien

Mit dem Amtsantritt der rot-grünen Regierung unter dem Bundeskanzler Gerhard Schröder vollendete sich 1998 somit auf dem kulturpolitischen Sektor eine Entwicklung, die bereits seit den achtziger Jahren unübersehbar war: dass nämlich der Bund zunehmend eine stärkere Rolle in der Kulturpolitik spielen würde. Zwar gibt es auch bis heute noch keinen Bundeskulturminister bzw. kein entsprechendes Ministerium; gleichwohl hat der Bundeskanzler sehr bald nach Übernahme der Regierung mit einem Organisationserlass vom 27.11.1998 die Position eines *Beauftragten der Bundesregierung für Angelegenheiten der Kultur und der Medien* im Bundeskanzleramt geschaffen, die dann im Februar 1999 in den *Staatsminister beim Bundeskanzler für Angelegenheiten der Kultur und der Medien* umgewandelt wurde.[225]

Erklärtes Ziel von Bundeskanzler Schröder war es nach dem Regierungswechsel 1998, der Kultur- und Medienpolitik in Deutschland einen höheren Stellenwert zu geben. Die 1999 neu geschaffene Position eines *Staatsministers beim Bundeskanzler für Angelegenheiten der Kultur und der Medien* (*BKM*), zunächst besetzt mit dem Journalisten und Verleger Michael Naumann, dann dem ehemaligen Münchner Kulturreferenten und Philosophieprofessor Julian Nida-Rümelin, anschließend mit der ehemaligen Hamburger Kultursenatorin Christina Weiss und seit 2005 mit Bernd Neumann, be-

---

224 Lang, Jack (1998): Bitte etwas lauter. Europa vermisst einen Bundeskulturminister. In: *Frankfurter Allgemeine Zeitung* vom 19.5.1998
225 text.bundesregierung.de

schäftigt sich daher mit jenen kultur- und medienpolitischen Aufgaben, für die der Bund allein oder gemeinsam mit anderen zuständig ist. Die Institution ist eine oberste Bundesbehörde, die unmittelbar dem Bundeskanzler untersteht. Im ersten Dienstsitz Bonn, der Außenstelle in Berlin sowie dem Ministerbüro im Bundeskanzleramt arbeiten insgesamt rund 190 Mitarbeiter.

Dem Staatsminister wurden folgende Aufgaben aus dem Zuständigkeitsbereich anderer Ministerien übertragen:

(1) die Zuständigkeit für Kultur und Medien (außer Kirchen und Religionsgemeinschaften) aus dem Geschäftsbereich des Bundesministeriums des Innern. Eingeschlossen ist die Zuständigkeit für die Pflege des Kulturguts für Vertriebene und Flüchtlinge (§ 96 Bundesvertriebenengesetz) sowie die kulturelle Betreuung für heimatlose Ausländer und fremde Volksgruppen und die Gedenkstätten;

(2) die Zuständigkeit für Medien- und Filmwirtschaft und für das Verlagswesen aus dem Geschäftsbereich des Bundesministeriums für Wirtschaft und Technologie;

(3) die Zuständigkeit für die Hauptstadtkulturförderung in Berlin; kulturelle Angelegenheiten mit Blick auf die Region der Bundesstadt Bonn aus dem Geschäftsbereich des Bundesministeriums für Verkehr, Bau- und Wohnungswesen;

(4) die Zuständigkeit für Medienpolitik aus dem Geschäftsbereich des Bundesministeriums für Bildung und Forschung.

(5) Außerdem sind dem Beauftragten das *Bundesarchiv* und das *Bundesinstitut für ostdeutsche Kultur und Geschichte* nachgeordnet.

Andere Kompetenzen verblieben allerdings – zumindest bislang noch – in den bisherigen Ministerien.

– Das *Auswärtige Amt* ist nach wie vor federführend für Fragen der Auswärtigen Kulturpolitik (vgl. oben).

– Das *Bundesministerium des Inneren* ist nach wie vor zuständig für die Bewahrung und den Schutz des kulturellen Erbes, etwa Schutz und Erhaltung herausragender Kulturdenkmäler sowie Schutz von Kulturgut im Rahmen der Zivilverteidigung nach der Haager Konvention.

– Das *Bundesministerium für Bildung und Wissenschaft* kümmert sich u. a. um die Ausbildung der künstlerischen Berufe, fördert Modellversuche zur kulturellen Bildung und regt den kulturwissenschaftlichen und -politischen Erfahrungsaustausch an.

Neben diesen Ministerien sind allerdings noch weitere Bundesministerien, zumindest indirekt, mit Aufgaben der Kulturpolitik befasst:

- Das *Bundesarbeitsministerium* beschäftigt sich u. a. mit Fragen der sozialen und beruflichen Sicherung (Erste Künstler-Enquete, Zuständigkeit für Künstlersozialversicherungsgesetz);
- Das *Bundesministerium für Justiz* wirkt bei der juristischen Festschreibung wichtiger Rahmenbedingungen der Kulturpolitik mit (Urheberrechtsfragen, Stiftungsrecht).
- Das *Bundesministerium für Jugend, Familie, Frauen und Gesundheit* betätigt sich in der kulturellen Jugendbildung.
- Das *Bundesfinanzministerium* entwickelt im Steuerrecht fördernde oder behindernde Gesetze für privates Mäzenatentum durch entsprechende Regelungen.

Das Aufgabengebiet des/der *Beauftragten der Bundesregierung für Kultur und Medien* ist weit gefächert: Es reicht von der Förderung national bedeutender kultureller Einrichtungen und Projekte über die Schaffung günstiger Rahmenbedingungen für Kunst und Kultur bis hin zur Verbesserung des Jugendschutzes in den elektronischen Medien. Darüber hinaus gilt es, nicht nur den öffentlichen Diskurs über Kunst und Kultur zu fördern, Impulse zu geben und Interessen zu vertreten, sondern auch ein kulturfreundliches Klima zu schaffen und den interkulturellen Dialog zu beleben.

Dabei kann der/die Beauftragte einerseits direkt ordnungspolitisch tätig werden. So ist es in den letzten beiden Legislaturperioden gelungen, eine Reihe wichtiger Neuerungen gesetzlich zu verankern, wie zum Beispiel die Novelle des Urheberrechts, die Reform des Stiftungs- und Spendenrechts, die Reform der Besteuerung ausländischer Künstlerinnen und Künstler, die Novelle des Künstlersozialversicherungsgesetzes oder die Bewahrung der Buchpreisbindung. Andererseits prüft er/sie Gesetzesvorhaben regelmäßig darauf, dass sie keine negativen Auswirkungen auf den Kulturbereich zur Folge haben. Gerade in letzter Zeit hat sich gezeigt, wie wichtig die Kulturverträglichkeitsprüfung ist. So konnte nicht zuletzt durch den Nachweis ihrer nachteiligen Wirkung auf den Kulturbereich die zeitweilig vorgesehene Änderung des Körperschaftssteuergesetzes, das die Absetzbarkeit von Firmenspenden für gemeinnützige Zwecke regelt, ebenso verhindert werden wie die Erhöhung der Mehrwertsteuer für Kunstgegenstände und der Abbau von Steuererleichterungen für private Denkmaleigentümer.

Ein Schwerpunkt der Arbeit des/der Beauftragten liegt in der dauerhaften, gezielten Förderung so genannter „gesamtstaatlich bedeutsamer" Kultureinrichtungen; für ihren Erhalt und ihre Modernisierung setzt der Bund erhebliche Mittel ein. Mit jährlich insgesamt fast 75 Millionen Euro unterstützt der Bund eine Vielzahl so genannter „kultureller Leuchttürme"; zu ihnen gehören u. a. die *Stiftung Preußischer Kulturbesitz*, die *Stiftung Weimarer Klassik und*

Kunstsammlungen sowie das *Bauhaus Dessau*. Weitere Institutionen mit gesamtstaatlicher Bedeutung werden auf der Grundlage des Programms „Investitionen für nationale Kultureinrichtungen in Ostdeutschland" gefördert. Für dieses neu aufgelegte Programm stellt die Bundesregierung jährlich rund 6 Millionen Euro zur Verfügung (z. B. für das *Grassimuseum* in Leipzig, das *Bachhaus* in Eisenach und die *Staatlichen Museen* in Schwerin.) Ein Verzeichnis der „kulturellen Leuchttürme" wurde im Jahr 2000 im Auftrag des Beauftragten erarbeitet und in einem sog. „Blaubuch" niedergelegt; Ende 2005 soll eine komplett überarbeitete Fassung vorliegen. Als Interessenvereinigung der im „Blaubuch" verzeichneten Einrichtungen wurde 2002 die *Konferenz Nationaler Kultureinrichtungen* gegründet. Hauptziel der Konferenz ist es, die Bedeutung der einzelnen Häuser und Sammlungen nachhaltig im Bewusstsein der Öffentlichkeit und der Politik zu verankern und sich für den Erhalt des kulturellen Erbes nicht nur in den neuen Bundesländern einzusetzen.

Der Haushalt des *BKM* sieht für das Haushaltsjahr 2009 rund 1.128 Millionen Euro. Darin enthalten sind folgende Bereiche:

– Kulturstiftungen (*Stiftung Preußischer Kulturbesitz*; *Stiftung Preußische Schlösser und Gärten Berlin-Brandenburg*; *Kulturstiftung der Länder* (vgl. oben) und *Kulturstiftung des Bundes* (vgl. unten); *Stiftung Weimarer Klassik und Kunstsammlungen Weimar* mit insgesamt rund 271 Millionen Euro
– Museen (*Deutsches Historisches Museum*, Berlin; *Kunst- und Ausstellungshalle der BRD* in Bonn und *Haus der Geschichte*, Bonn) mit rund 58,2 Millionen Euro
– die *Deutsche Bibliothek* in Leipzig / Frankfurt am Main mit rund 60,7 Millionen Euro
– Archive (*Bundesarchiv*, Koblenz [vgl. unten] und *Bach Archiv*, Leipzig) mit rund 55,4 Millionen Euro
– Festspiele (*Ruhrfestspiele*, Bad Hersfeld) mit rund 0,6 Millionen Euro
– Denkmalpflege und Sicherung von Kulturgut mit rund 21 Millionen Euro
– die Förderung kultureller Maßnahmen gem. § 96 Bundesvertriebenengesetz (darunter das *Bundesinstitut für Kultur und Geschichte der Deutschen im östlichen Europa*, Oldenburg [vgl. unten]) mit insgesamt rund 15,5 Millionen Euro
– Internationale kulturelle Aufgaben im Inland (darunter *Internationale Musikfestspiele in Dresden* und *Internationales Denkmalkommitee ICOMOS*, Kulturhauptstadt Essen 2010) mit insgesamt rund 7,22 Millionen Euro
– Förderung von Künstlern (darunter *Villa Massimo*, Rom; *Studienzentrum Venedig*; *Villa Romana*, Florenz) mit rund 2,8 Millionen Euro
– Musik (darunter *Bayreuther Festspiele*) mit ca. 18,3 Millionen Euro
– Film mit rund 87,2 Millionen Euro

- Sprache und Literatur (darunter *Deutscher Übersetzerfonds*; *Deutsche Schillergesellschaft*, Marbach) mit insgesamt 6,9 Millionen Euro
- Bildende Kunst mit rund 0,5 Millionen Euro
- Förderung von Kunst und Kultur in der Bundeshauptstadt Berlin und in der Bundesstadt Bonn rund 72,3 Millionen Euro
- Geschichtsbewusstsein (u. a. *Gedenkstätte Buchenwald, Topographie des Terrors*) mit insgesamt 68,6 Millionen Euro
- Medien (darunter *Deutsche Welle*) mit 281,7 Millionen Euro
- Sonstige Kulturförderungsmaßnahmen (darunter Investitionen für nationale Kultureinrichtungen in Ostdeutschland) mit 9,334 Millionen Euro[226]

Ihre organisatorische Umsetzung findet die Kulturpolitik des Bundes in der *Abteilung K Kultur und Medien* im Bundeskanzleramt. Diese gliedert sich in vier Gruppen mit entsprechenden Referaten (Stand Frühjahr 2004):

- *Gruppe K1*: Grundsatzfragen der Kulturpolitik, Rechtliche Rahmenbedingungen der Kultur, zentrale Angelegenheiten;
- *Gruppe K 2*: Kunst- und Kulturförderung; Schwerpunktförderung Neue Länder;
- *Gruppe K 3*: Medien; Internationale Angelegenheiten im Kultur- und Medienbereich;
- *Gruppe K 4*: Pflege des Geschichtsbewusstseins; Archiv und Bibliothekswesen; Förderung deutscher Kultur und Geschichte im östlichen Europa.[227]

Dem *BKM* unterstehen direkt das *Bundesarchiv* und das *Bundesinstitut für Kultur und Geschichte der Deutschen im östlichen Europa* als nachgeordnete Behörden.

Das Bundesarchiv

Das *Bundesarchiv*[228] übernimmt Unterlagen, die bei zentralen Stellen des Deutschen Bundes (1815-1866), des Deutschen Reiches (1867/71-1945), der Besatzungszonen (1945-1949), der Deutschen Demokratischen Republik (1949-1990) und der Bundesrepublik Deutschland (seit 1949) entstanden sind. Aufgabe des Bundesarchivs ist es, über den dauernden Wert der Unterlagen zu entscheiden, sie zu ordnen und sachgerecht zu erschließen sowie auf Dauer zu sichern. Außerdem wird das Archivgut in wissenschaftlichen Quel-

---

226 Vgl. hierzu www.bundesregierung.de
227 Vgl. hierzu im Detail: Organigramm Bundeskanzleramt/Beauftragter der Bundesregierung für Angelegenheiten der Kultur und der Medien, www.bundesregierung.de
228 www.bundesarchiv.de

leneditionen und Ausstellungen verwertet. Aus dem Archivgut werden Auskünfte erteilt. Es wird nach Maßgabe des Bundesarchivgesetzes jedermann zur Einsichtnahme und Auswertung zur Verfügung gestellt.

Das Bundesarchiv sammelt auch schriftliche Nachlässe von bedeutenden Personen, Unterlagen von Parteien, Verbänden und Vereinen mit überregionaler Bedeutung sowie publizistische Quellen. Das Bundesarchiv nimmt zugleich die Aufgaben des zentralen deutschen Filmarchivs wahr.

Das Bundesinstitut für Kultur und Geschichte der Deutschen im östlichen Europa

Das im Januar 1989 in Oldenburg errichtete *Bundesinstitut für Kultur und Geschichte der Deutschen im östlichen Europa*[229] (bis zum 31.12.2000 *Bundesinstitut für ostdeutsche Kultur und Geschichte* genannt) befasst sich mit einem Raum, der geographisch von der Ostsee bis zur Adria reicht. Ein Schwerpunkt der Arbeit des Instituts liegt auf den historischen preußischen Ostprovinzen – Schlesien, Ostbrandenburg, Hinterpommern, Ost- und Westpreußen –, also jenen Gegenden, die im Verlauf der Geschichte eine wechselnde Identität besaßen, weil sie über lange Zeit von Germanen oder Slawen beziehungsweise von Deutschen, Polen oder anderen Völkern Ostmitteleuropas bewohnt wurden, sowie auf weiteren Siedlungsgebieten von Deutschen in Nordost- und Südosteuropa (wie dem Baltikum, den böhmischen Ländern, Siebenbürgen oder dem Banat), wo Deutsche eine Minderheit unter einer Bevölkerung anderer Nationalität(en) darstellten.

In den Publikationen des Bundesinstituts stehen Regionen, Zeiten und Themen im Vordergrund, die für die Geschichte und Kultur der Deutschen im östlichen Europa relevant sind. Dies gilt für landesgeschichtliche Forschungen über einzelne Regionen ebenso wie für die Behandlung von Minderheitenfragen, für komparatistische Untersuchungen ebenso wie für kulturgeschichtliche Detailforschungen. Dabei soll aber keineswegs eine Einheitlichkeit der Deutschen in Ostmitteleuropa suggeriert werden, die es in politischer, wirtschaftlicher, kultureller oder sozialer Hinsicht nicht gegeben hat.

Deutscher Bundestag/Ausschuss für Kultur und Medien

Ebenso bedeutsam wie die Schaffung des Amtes des *Beauftragten der Bundesregierung für Angelegenheiten der Kultur und der Medien* ist die parlamentarische Kontrolle desselben durch den wieder eingerichteten *Ausschuss für Kultur und Medien* des *Deutscher Bundestages*. Zu Beginn der 14. Wahlperiode

---

229 www.uni-oldenburg.de

(1998) wurde dieser Ausschuss[230] neu eingesetzt. Sein Aufgabengebiet umfasst neben dem Zuständigkeitsbereich des *Beauftragten der Bundesregierung für Angelegenheiten der Kultur und der Medien* federführend auch den Bereich der Auswärtigen Kulturpolitik, die im Auswärtigen Amt angesiedelt ist. Der Ausschuss befasst sich in erster Linie mit Kulturbelangen, die von nationaler Bedeutung sind, da die Kulturpolitik nach der Zuständigkeitsverteilung zwischen Bund und Ländern grundsätzlich Angelegenheit der Länder ist.

Die Themen, mit denen sich der Ausschuss bislang beschäftigt hat, sind unter anderem: das nationale Holocaust-Mahnmal in Berlin; die Gedenkstätten und die Erinnerungskultur; die Kulturförderung in den neuen Ländern; die Hauptstadtkulturförderung; die Neuordnung des Stiftungsrechts; die Buchpreisbindung; die Filmförderung; die Arbeit der *Deutschen Welle*; die Novellierung des Urhebervertragsrechts und die Auswärtige Kulturpolitik.

Auf der Tagesordnung des Ausschusses stehen auch Gespräche mit Vertretern von Institutionen, die im Zuständigkeitsbereich des Ausschusses tätig sind. Dazu zählen z. B. das *Goethe-Institut Inter Nationes* oder die Stiftung Preußischer Kulturbesitz. Zudem hat der Ausschuss die Arbeit der *Expertenkommission Historische Mitte*, die Empfehlungen zur Zukunft des Schlossplatzes in Berlin geben soll, intensiv begleitet. Ein weiteres wichtiges Thema, mit dem sich der Ausschuss nicht erst seit den Ereignissen des 11. Septembers 2001 befasst, ist der Dialog der Kulturen.

Im April 2000 hat der Ausschuss einen *Unterausschuss Neue Medien* eingesetzt, der sich als ausschussübergreifendes Gremium insbesondere mit den Chancen und Risiken der modernen Kommunikations- und Informationsgesellschaft auseinandersetzt.

Enquete-Kommission „Kultur in Deutschland"

Am 1.7.2003 beschloss der Deutsche Bundestag auf gemeinsamen Antrag der Fraktionen SPD, CDU/CSU, Bündnis 90/DIE GRÜNEN und FDP die Einsetzung einer Enquete-Kommission „Kultur in Deutschland". Sie soll u. a. „zeigen, was ‚Kultur in Deutschland' heute ausmacht und worin der zu schützende und weiter zu entfaltende Reichtum unserer Kultur besteht (...) Verbesserte Rahmenbedingungen für eine nachhaltige Entwicklung von Kunst und Kultur kann der Bund nur schaffen, wenn entsprechend aktuelles Basismaterial verfügbar ist. Die letzte umfassende Analyse liegt 28 Jahre zurück (...) Eine neue Bestandsaufnahme soll der Enquete-Kommission ermöglichen, Empfehlungen zum Schutz und zur Ausgestaltung unserer Kulturlandschaft sowie zur weiteren Verbesserung der Situation der Kulturschaffenden zu erarbeiten; soweit Bedarf besteht, sind Vorschläge für gesetzgeberisches oder

---

230 www.bundestag.de

administratives Handeln des Bundes vorzulegen."[231] Die Kommission legte im Herbst 2005 in folge der vorzeitigen Auflösung des Deutschen bundestages ihre Ergebnisse und Handlungsempfehlungen in einem Zwischenbericht vor. Amm 11.12.2007 legte die vom deutschen Bundestag in seiner 16. Wahlperiode erneut eingesetzte Enquete-Kommission einen insgesamt über 500 Seiten starken Bericht[232] vor, der in einer Bundestagsdebatte vom 13.12.2007[233] diskutiert wurde.

Der *Bundesrat* schließlich, also dasjenige Bundesorgan, durch das die einzelnen Bundesländer bei der Gesetzgebung und Verwaltung des Bundes mitwirken, hat ebenfalls einen *Ausschuss für Kulturfragen*, in dem die aus Sicht der Länder für sie relevanten bzw. in ihren Aufgabenbereich fallenden Kulturfragen erörtert werden.[234]

Die Kulturpolitik des Bundes im Inneren schlägt sich neben den bereits genannten bzw. erläuterten Einrichtungen des Staatsministeriums und des Bundestagsausschusses neuerdings vor allem in der Tätigkeit der im Jahre 2002 gegründeten *Kulturstiftung des Bundes* nieder.

Die Kulturstiftung des Bundes

Die *Kulturstiftung des Bundes*[235] mit Sitz in Halle wurde nach heftigen Auseinandersetzungen mit den Ländern durch die Zustimmung des Bundeskabinetts am 23. Januar 2002 zum Bericht des Kulturstaatsministers Nida-Rümelin über die Errichtung dieser Kulturstiftung als eine Stiftung des bürgerlichen Rechts gegründet.[236] Mit der Überreichung der stiftungsrechtlichen Genehmigungsurkunde durch den damaligen Ministerpräsident von Sachsen-Anhalt, Reinhard Höppner, an den seinerzeitigen Staatsminister für Kultur, Nida-Rümelin am 29. Januar 2002 am Sitz der Stiftung in Halle an der Saale wurde der abschließende Gründungsakt vollzogen. Am 21. März 2002 hat die Stiftung mit der konstituierenden Sitzung des Stiftungsrates und einem Festakt die Arbeit aufgenommen.

Die Bundesregierung wollte mit der *Kulturstiftung des Bundes* nach eigenem Bekunden ein Zeichen im Sinne eines „kooperativen Kulturföderalismus" setzen und damit die besondere Verantwortung insbesondere gegenüber den ostdeutschen Ländern bekräftigen. Dem Beschluss vorausgegangen war

231 Antrag Enquete-Kommission „Kultur in Deutschland"(2003)
232 Deutscher Bundestag: Schlussbericht der Enquete-Kommission „Kultur in Deutschland" (Drucksache 16/7000) vom 11.12.2007
233 Deutscher Kulturrat: Debatte zum Abschlussbericht der Enquete-Kommission „Kultur in Deutschland" des Deutschen Bundestages vom 13.12.2007
234 www.bundesrat.de
235 www.kulturstiftung-des-bundes.de
236 Stettner, Rupert (2002): Der verkaufte Verfassungsstaat: zur Kompetenzabgrenzung zwischen Bund und Ländern bei der Kulturförderung unter besonderer Berücksichtigung der Kulturstiftung des Bundes. In: *Zeitschrift für Gesetzgebung* 17, 2002, 4 S. 315-334

eine Einigung zwischen Bundeskanzler Schröder und den Ministerpräsidenten der Länder im Dezember 2001. Die Ministerpräsidenten hatten zunächst aus Sorge um den Kulturföderalismus Vorbehalte gegen die Stiftung geäußert. In der Ministerpräsidentenkonferenz wurde deshalb vereinbart, die Maßnahmen der Kulturförderung nach den verschiedenen Zuständigkeiten zu entflechten.

Die *Kulturstiftung des Bundes* fördert Kunst und Kultur innerhalb der Zuständigkeit des Bundes. Gegründet wurde die Stiftung in einer privatrechtlichen Rechtsform; dadurch sollte ein späteres Zusammengehen mit der *Kulturstiftung der Länder* (vgl. oben), die ebenfalls privatrechtlich organisiert ist, ermöglicht werden. Die Stiftungssatzung enthält zudem Regelungen, die eine Fusion erleichtern (vgl. § 2). Eine geplante Fusion scheiterte jedoch im Jahr 2003. Als Konsequenz aus dem Scheitern der Verhandlungen zur Zusammenführung der *Kulturstiftung des Bundes* und der *Kulturstiftung der Länder* will sich der Bund in Zukunft auf „seine" Stiftung konzentrieren und hat das Abkommen über die Mitwirkung an der *Kulturstiftung der Länder* gekündigt.

Zweck der *Kulturstiftung des Bundes* ist nach § 2 ihrer Satzung die Förderung von Kunst und Kultur im Rahmen der Zuständigkeit des Bundes; ein Schwerpunkt soll dabei die Förderung innovativer Programme und Projekte im internationalen Kontext sein. Die Stiftung soll dabei ein eigenständiges Förderprofil entwickeln. Ihre Leistungen werden in der Regel als Projektförderung gewährt; institutionelle Förderungen von Einrichtungen sind grundsätzlich ausgeschlossen (vgl. hierzu auch das vierte Kapitel). Für die *Kulturstiftung des Bundes* sind seit dem Jahr 2004 jährlich rund 38,3 Millionen Euro im Bundeshaushalt veranschlagt.

Organe der Stiftung sind (1) der *Stiftungsrat*, (2) der *Vorstand* und (3) der *Stiftungsbeirat*. (1) Der Stiftungsrat besteht aus vierzehn Mitgliedern, nämlich dem/der *Beauftragten der Bundesregierung für die Angelegenheiten der Kultur und der Medien* sowie je einem Vertreter des *Auswärtigen Amtes* und des *Bundesministeriums der Finanzen*; drei vom *Bundestag* entsandten Vertretern, zwei Vertretern der Länder, die von der *Ständigen Konferenz der Kultusminister der Länder* (vgl. unten) entsandt werden; zwei Vertretern der Kommunen; dem oder der Vorsitzenden des Stiftungsrates der *Kulturstiftung der Länder* sowie schließlich drei Persönlichkeiten aus dem Bereich von Kunst und Kultur, die von der Bundesregierung berufen werden. (2) Der Vorstand, bestehend aus einem Künstlerischen Leiter und einem Verwaltungsdirektor wird vom Stiftungsrat auf die Dauer von fünf Jahren bestellt, wobei eine erneute Berufung zulässig ist. (3) Der Stiftungsbeirat schließlich besteht aus Persönlichkeiten, die in den unterschiedlichen Sparten der Kunst und des Kulturlebens tätig sind und werden ebenfalls auf fünf Jahre bestellt. Hierfür wurden vom Stiftungsrat Vertreterinnen und Vertreter verschiedener großer Kulturverbände und -institutionen berufen. Darüber hinaus kann die Stiftung sog. Fachbeiräte einrichten, die den Stiftungsrat beraten.

Die Kulturstiftung des Bundes nimmt ihren Förderauftrag auf zwei verschiedenen Ebenen wahr, d. h. unter ihrem Dach finden sich zwei parallel wirkende, aber organisatorisch getrennte Förderbereiche. Im Bereich der *Allgemeinen Förderung* unterstützt sie auf Antrag nach bestimmten Fördergrundsätzen Initiativen und Projekte aus Kunst und Kultur; über die eingehenden Anträge entscheidet in regelmäßigen Abständen eine unabhängige Fachjury. Im Sinne einer *Schwerpunktförderung* entwickelt die Kulturstiftung zweitens selbst spezielle thematische bzw. regionale Programme. Innerhalb der Programmbereiche (z. B. „Kunst und Stadt", „Kulturelle Aspekte der deutschen Einigung", „Regionaler Schwerpunkt Mittel- und Osteuropa", „Kulturelle Herausforderung des 11. September 2001") entstehen verschiedene Projekte, die ein breites Spektrum kulturpolitischer Handlungs- und Förderinstrumente entfalten. Tätig wird die Kulturstiftung z. B. durch die Beauftragung von Kuratoren, die Initiierung von Veranstaltungen, die Unterstützung von Publikationen oder die Vergabe von Stipendien. Diese speziellen Förderprogramme und die in ihrem Rahmen zu initiierenden Projekte werden dem Stiftungsrat vom Vorstand empfohlen. Zu diesen Initiativprojekten gehören u. a. das „Projekt Migration", „Albert Einstein und das Jahrhundert der Physik", Veranstaltungen zum „Schiller-Gedenkjahr" sowie die „Edition Videokunst in Deutschland" und das „büro kopernikus" zur Förderung der deutsch-polnischen Kulturbegegnungen.

Zusammenfassung: Kulturpolitik des Bundes

Bei allen jahrzehntelangen Diskussionen über Föderalismus und Bundeskompetenz in Sachen Kultur scheint mittlerweile doch eine gewisse Einigkeit bei den im Bundestag vertretenen Parteien zu herrschen, dass eine Bundeskompetenz in Sachen Kultur Sinn macht. So kam der Deutsche Kulturrat in der bereits oben zitierten Befragung 2002 zu folgenden Positionen hinsichtlich der Verankerung der Kulturpolitik auf bundespolitischer Ebene bzw. der Kulturförderung des Bundes.

„Übereinstimmend wird von den im *Deutschen Bundestag* vertretenen Parteien die Position vertreten, dass sich die Funktion eines *Beauftragten der Bundesregierung für Angelegenheiten der Kultur und der Medien* bewährt hat und auch die Einrichtung des *Ausschusses für Kultur und Medien* im *Deutschen Bundestag* wird als wichtig und sinnvoll erachtet. Die *CDU/CSU* verweist zwar darauf, dass nicht erst mit der Einrichtung des Staatsministers für Kultur und Medien der Bund in der Kulturpolitik aktiv ist und in der Amtszeit von Bundeskanzler Kohl sich die Kulturförderungsausgaben des Bundes verdreifacht haben, sie lässt aber keine Zweifel daran, dass auch im Falle ihrer Regierungsübernahme eine solche Funktion wieder geschaffen wird. *Bündnis 90/Die Grünen* gehen noch einen Schritt weiter. Sie fordern die Einrichtung eines Bundeskulturministeriums, damit die Arbeit des Staatsministers noch effektiver fortgeführt werden kann. Die *FDP* fordert eine horizontale Aufgabenbündelung der kulturpolitischen Aufgaben des Bundes beim

Staatsminister für Kultur und Medien und bezieht darin auch die Mittlerorganisationen der Auswärtigen Kulturpolitik ein. Ebenso sieht die *SPD* Diskussionsbedarf hinsichtlich der Zuständigkeit des Staatsministers für Kultur und Medien für die Auswärtige Kulturpolitik, für die kulturelle Bildung sowie die politische Bildung. Die *PDS* will sich für eine Aufwertung des Ausschusses für Kultur und Medien im nächsten deutschen Bundestag einsetzen."[237]

3.3 Die Kulturpolitik der Länder

„Der Reichtum des kulturellen Lebens in Deutschland beruht auf seiner föderalen Prägung. Die Länder stehen dafür ein, dass dieser Zusammenhang von Kultur, Kulturpolitik und Föderalismus gewahrt bleibt", schrieb vor einigen Jahren der langjährige rheinland-pfälzische, dann thüringische Ministerpräsident Bernhard Vogel.[238]

In der Tat: nach Art. 20 GG ist die Bundesrepublik Deutschland „ein demokratischer und sozialer *Bundes*staat". Das föderale Prinzip besagt, dass die Staatsgewalt nach innen vorrangig in den Händen der Teilstaaten, d. h. den einzelnen Bundesländern, zu liegen hat. Art. 30 unterstreicht dies noch einmal, wenn es dort ausdrücklich heißt: „Die Ausübung der staatlichen Befugnisse und die Erfüllung der staatlichen Aufgaben ist Sache der *Länder*, soweit dieses Grundgesetz keine andere Regelung trifft oder zulässt." Diese Gesetzgebungskompetenzen des Bundes, die den Kulturbereich im engeren Sinne betreffen bzw. berühren können, sind im Grundgesetz genau aufgelistet.[239]

Das kulturelle Selbstverständnis bzw. die Kulturpolitik der einzelnen Bundesländer sind – wie sich dies bereits schon in sehr unterschiedlichen Formulierungen in den jeweiligen Landesverfassungen ausdrückt – sehr stark von den jeweiligen länderspezifischen Traditionen geprägt, wie folgende Beispiele zeigen.[240] So heißt es z. B. in den einzelnen Landesverfassungen:

---

237 Zimmermann/Schulz (2002) S. 2
238 Vogel, Bernhard (2002): Kulturpolitik – Aufgabe und Verantwortung der Länder in Deutschland und Europa. In: Institut für Kulturpolitik der Kulturpolitischen Gesellschaft (Hrsg.) (2002): Jahrbuch für Kulturpolitik 2001, Essen S. 57 bis 62
239 Vgl. hierzu Rübsaamen, Dieter (2002): Verfassungsrechtliche Aspekte des Kulturföderalismus. Anmerkungen zum verfassungsrechtlichen Kulturauftrag der Länder, zum Bund-Länder-Zusammenwirken sowie zur Konzeption einer Bund-Länder-Kulturstiftung. In: Institut für Kulturpolitik der Kulturpolitischen Gesellschaft (Hrsg.) (2002): Jahrbuch für Kulturpolitik 2001, Essen S. 153 bis 182
240 Verfassungen der deutschen Bundesländer. Gesetze über die Landesverfassungsgerichte (1995) München (Beck-Texte im dtv)

- Verfassung des Freistaates Bayern Art. 3: „Bayern ist ein Rechts-, Kultur- und Sozialstaat."
- Landesverfassung der Freien Hansestadt Bremen Art. 11/1 und 2: „Die Kunst, die Wissenschaft und ihre Lehre sind frei. Der Staat gewährt ihnen Schutz und nimmt an ihrer Pflege teil."
- Verfassung des Landes Hessen Art. 10: „Niemand darf in seinem wissenschaftlichen oder künstlerischen Schaffen und in der Verbreitung seiner Werke gehindert werden."
- Verfassung für das Land Nordrhein-Westfalen Art. 18/1: „Kultur, Kunst und Wissenschaft sind durch Land und Gemeinden zu fördern."
- Verfassung für Rheinland-Pfalz Art. 40/1: „Das künstlerische und kulturelle Schaffen ist vom Staat zu fördern."
- Verfassung des Saarlandes Art 34/1: „Kulturelles Schaffen genießt die Förderung des Staates."
- Verfassung des Landes Schleswig-Holstein Art. 7/1: „Der Staat fördert und schützt Kunst und Wissenschaft, Forschung und Lehre."

Eine Sonderstellung nimmt der Freistaat Sachsen ein. Hier bestimmt bereits Art. 1 der Verfassung des Freistaates Sachsen: „Der Freistaat Sachsen ist ein Land der Bundesrepublik Deutschland. Er ist ein demokratischer, dem Schutz der natürlichen Lebensgrundlagen und *der Kultur verpflichteter* sozialer Rechtsstaat." Und in Art. 11 heißt es: „(1) Das Land fördert das kulturelle, das künstlerische und wissenschaftliche Schaffen, die sportliche Betätigung sowie den Austausch auf diesen Gebieten. (2) Die Teilnahme an der Kultur in ihrer Vielfalt und am Sport ist dem gesamten Volk zu ermöglichen. Zu diesem Zweck werden öffentlich zugängliche Museen, Bibliotheken, Archive, Gedenkstätten, Theater, Sportstätten, musikalische und weitere kulturelle Einrichtungen sowie allgemein zugängliche Universitäten, Hochschulen, Schulen und andere Bildungseinrichtungen unterhalten. (3) Denkmale und andere Kulturgüter stehen unter dem Schutz und der Pflege des Landes. Für ihr Verbleiben in Sachsen setzt sich das Land ein."

Diese hervorgehobene Bedeutung der Kultur in der Landesverfassung ist die Grundlage für das auf Länderebene einmalige sog. *Gesetz über die Kulturräume in Sachsen (Sächsisches Kulturraumgesetz-SächsKRG)* vom 20. Januar 1994, das am 17. Dezember 1993 vom Sächsischen Landtag „in seltener Einmütigkeit"[241] verabschiedet wurde.

In § 2 des *SächsKRG* heißt es zur Zielsetzung des Gesetzes: „(1) Im Freistaat Sachsen ist die Kulturpflege eine Pflichtaufgabe der Gemeinden und Landkreise. (2) Der Kulturraum unterstützt die Träger kommunaler Kultur

---

241 Vogt, Matthias Theodor (1993): Kinder, schafft Neues! Eine Einführung in das SächsKRG. In: Kulturräume in Sachsen. Eine Dokumentation. Mit dem Rechtsgutachten von Fritz Ossenbühl und einer photographischen Annäherung von Bertram Kober. Herausgegeben von Matthias Theodor Vogt, Leipzig

bei ihren Aufgaben von regionaler Bedeutung, insbesondere bei deren Finanzierung und Koordinierung. (3) Der Kulturraum verwaltet seine Angelegenheiten im Rahmen der Gesetze in eigener Verantwortung (...)".[242]

Damit wird Kulturförderung „zum ersten Mal im deutschen Rechtskreis als kommunale Pflichtaufgabe festgeschrieben. Damit wird erreicht, dass die Erfüllung kultureller Aufgaben haushaltsrechtlich den gleichen Rang genießt wie andere Felder der kommunalen Daseinsvorsorge. Die Erhebung der kommunalen Kulturpflege zur Pflichtaufgabe soll es den Kommunen ermöglichen, den Aspekt der sozialen Daseinsvorsorge auch auf gemeindlicher und kreislicher Ebene angemessen zu berücksichtigen (...). Die Umwidmung der Kulturpflege von einer freiwilligen Selbstverwaltungsaufgabe zu einer pflichtigen Selbstverwaltungsaufgabe wurde von den sächsischen Kommunen mit der Erwartung verknüpft, dass ihnen gemäß Art. 85, Abs. 2 SV, ein entsprechender finanzieller Ausgleich zulasten der Kasse des Freistaates geschaffen wird."[243]

„Zur Erhaltung und Förderung kultureller Einrichtungen und Maßnahmen" werden nach § 1 des *SächsKRG* „ländliche Kulturräume als Zweckverbände gebildet." Die fast schon revolutionär zu nennende Idee, die dahinter steht, beschreibt einer der Hauptinitiatoren dieses Gesetzes, Matthias Theodor Vogt: „Bei Wasser und Abwasser, Müll und Strom hat sich die Erkenntnis längst durchgesetzt, dass die Grenzen der politischen Gebietskörperschaften nicht hinreichen, um die Daseinsvorsorge der Bevölkerung zu sichern. Zweckverbände sind das übliche Mittel, um den Kreis der Benutzer mit dem Kreis der Lastenträger zur Deckung zu bringen. Anders in der Kultur. Große Museen, Theater und Orchester, seit neuestem auch regional bedeutsame soziokulturelle Zentren, ziehen Besucher und Gäste der jeweiligen Region an. Ihre Lasten obliegen jedoch in der Regel einer einzigen Stadt oder einem einzigen Kreis (...). Ebenso wie ein Abwasserzweckverband Umlagen erhebt, so ist der Kulturraum berechtigt, als regionalen Kulturlastenausgleich eine Kulturumlage zu erheben, mit der die Deckungslücke zwischen dem Zuschuss des Rechtsträgers einerseits und den Zuweisungen aus dem interregionalen Kulturlastenausgleich andererseits, also den Mitteln des Freistaates und des kommunalen Finanzausgleichs, ausgeglichen wird."[244]

Da dieses Gesetz in der Kulturfinanzierung und -förderung völlig neuen Boden betrat, war es von vornherein zeitlich befristet, d. h. es trat am 1. August 1994 in Kraft und sollte ursprünglich am 31. Juli 2004 außer Kraft treten. Allerdings wurde auf der 2. Kulturraumkonferenz am 7. November 2001 in Dresden in einem breiten, parteiübergreifenden Konsens beschlossen, das *SächsKRG* in ein zeitlich unbefristetes Gesetz überzuleiten.[245]

---

242 *SächsKRG* vom 20. Januar 1994, veröffentlicht im SächsGVBl. S. 175
243 Vogt (1993) S. 24
244 Vogt (1993) S. 24
245 Vgl. hierzu: Knoblich, Tobias (2002): Das Gesetz über die Kulturräume in Sachsen. In: Institut für Kulturpolitik der Kulturpolitischen Gesellschaft (Hrsg.) (2002): Jahrbuch für Kulturpolitik 2001, Essen S. 233-242

Eine Besonderheit der bayrischen Landesverfassung[246] dagegen sind die sog. *Bezirke*. Die Verfassung der bayerischen Bezirke als Selbstverwaltungskörperschaften ist in der *Bezirksordnung für den Freistaat Bayern* in der Fassung vom 5.12.1973 festgelegt. Die Bezirke sind nach § 1 BezO Gebietskörperschaften mit dem Recht, überörtliche Angelegenheiten, die über die Zuständigkeit oder das Leistungsvermögen der Landkreise und kreisfreien Städte hinausgehen und deren Bedeutung über das Gebiet des Bezirks nicht hinausgeht, im Rahmen der Gesetze zu ordnen und zu verwalten.[247] Dies betrifft auch kulturpolitische Fragen.[248] Die Konflikte um die Finanzierung der kommunalen Kulturpolitik,[249] die in Sachsen durch das Kulturraumgesetz geregelt werden sollen, „beschäftigen in den letzten Jahren auch vermehrt die bayerischen *Bezirke*. Da ihre Finanzierung sich aus Zuweisungen der Kommunen sowie Zuschüssen des Landes speisen, werden sie wegen ihres eigenen Ressourcenverbrauches immer wieder öffentlich angegriffen. Vor allem in Städten und Gemeinden rührt sich gegenwärtig der Unmut, und es wird die Frage gestellt, ob man sich diese demokratische Körperschaft überhaupt noch leisten sollte."[250]

In den letzten Jahren hat Nordrhein-Westfalen eine neue Initiative gestartet, um das Verhältnis von Landes- und kommunaler Kulturpolitik neu zu gestalten. Hierzu wurde Nordrhein-Westfalen in zehn *Kulturregionen* aufgeteilt.[251] „Seit einigen Jahren hat Nordrhein-Westfalen die Bedeutung der Vernetzung von landes-, regional- und kommunalpolitischen Aktivitäten erkannt. Durch die Zusammenarbeit des Ministeriums für Städtebau und Wohnen, Kultur und Sport mit den zehn Koordinierungsstellen der zehn Regionen NRWs soll deren Kulturprofil gestärkt werden. Die Koordinierungsstellen nehmen dabei eine Vermittlerfunktion zwischen Land und Kommunen ein und sollen so die Einbindung regionaler Interessen gewährleisten. Sie koordinieren die kommunalen Kulturangebote und führen mögliche Projekt-

---

246 Zum Selbstverständnis der bayrischen Kulturpolitik vgl.: Zehetmair, Hans (2001): Kultur bewegt. Kulturpolitik für Bayern, München

247 Landeszentrale für politische Bildungsarbeit Berlin (1976): Deutsche kommunale Verfassungssysteme, Berlin

248 Verband der Bayerischen Bezirke (Hrsg.) (1996): Regionale Kulturpflege auf dem Weg in das neue Jahrhundert. Verbandsversammlung des kommunalen Spitzenverbandes der Bayerischen Bezirke in Würzburg 1996, München

249 Vgl. hierzu: Bayerisches Staatsministerium für Wissenschaft, Forschung und Kunst (2003): Kulturstaat Bayern. Finanzierung und Förderung von Kunst und Kultur in Bayern, München

250 Röbke, Thomas/Bernd Wagner (1997): Regionale Kulturpolitik. Übersicht über Diskussionen und Literatur. In: Röbke, Thomas/Bernd Wagner (1997): Regionale Kulturpolitik. Kommentierte Auswahlbibliographie, Bonn (Institut für Kulturpolitik der Kulturpolitischen Gesellschaft, Materialien, Heft 2) S. 15

251 Vgl. hierzu etwa: Kommunalverband Ruhrgebiet (Hrsg.) (1997): Regionale Kulturpolitik für das Ruhrgebiet. Materialien. Dokumente, Essen

partner zusammen. Gefördert werden in den Regionen vornehmlich solche Projekte, die den spezifischen Charakter der Region berücksichtigen."[252] Unter dem Stichwort „Kultur in den Regionen" (vgl. hierzu auch unten) werden hier neben regionalem Kulturmanagement und regionalen Kulturentwicklungskonzepten vor allem genannt „die mögliche Finanzierung der Theater und Orchester über das *Gemeindefinanzierungsgesetz*. Darüber hinaus wird auf die Sicherung der Qualität der kulturellen Grundversorgung und die verstärkte Förderung der Museumslandschaft verwiesen. Im Gegensatz zu Bayern und Sachsen sucht man in Nordrhein-Westfalen den Weg der Freiwilligkeit zu gehen und mit Hilfe von Moderationen diskursive Trägerkreise in den Regionen einzurichten, die den politischen Prozess beraten, aber keine eigene Entscheidungskompetenz innehaben. Dadurch soll einerseits der bürgerschaftliche, ‚freiwillige' Charakter regionaler Kulturarbeit betont werden, andererseits aber der Vorteil einer regionalen Verortung im Sinne subsidiärer und zivilgesellschaftlich orientierter Kulturpolitik bewahrt werden. Die relative Schwäche der regionalen Gremien wird dabei bewusst in Kauf genommen. Ein Mehr an inhaltlicher Kompetenz soll ein Weniger an Machtkompetenz durch überzeugende Regionalkonzepte wettmachen."[253]

Das zuständige Ministerium schreibt hierzu: „Das Motto der Regionalen Kulturpolitik sind die 4 K's: Kommunikation, Kooperation, Koordination und Konsensfindung. Damit soll nicht nur die Zusammenarbeit zwischen Land und Kommune erleichtert werden, sondern auch das Gefühl der Zusammengehörigkeit gestärkt werden. Auch innerhalb der Bevölkerung spielt die Identifikation mit der Region und dem Land eine wichtige Rolle. Deshalb setzt das Land auf die Förderung regionaltypischer Kultur und auf die Vernetzung der verschiedenen Landesteile. Hiervon verspricht man sich die Stärkung eines Wir-Gefühls in NRW und Synergieeffekte für die Landeskultur."[254]

Allgemeine Zielsetzungen waren dabei:

– Profilierung der Regionen nach innen (Stärkung, Attraktivität und Identitätsbildung) und nach außen (Stellung innerhalb Europas);
– Initiierung und Intensivierung der Kommunikation und Kooperation zwischen den Kulturakteuren der Region wie auch dem Land;
– Sicherung und Entwicklung (auch mit Hilfe des Landes) der vorhandenen Ressourcen und Strukturen;
– Integration der Kultur in andere Bereiche;
– Förderung der Projekte zur Umsetzung der in der Region erarbeiteten Konzepte.

---

252 www.msks.nrw.de/kultur/regionale_kupo.htm
253 Röbke/Wagner (1997) S. 15
254 www.msks.nrw.de/kultur/regionale_kupo.htm

Förderungswürdige Projekte sind vor allem solche, die dienen

- der Verbesserung kultureller Strukturen;
- der Sicherung der kulturellen Grundversorgung (auf alle Sparten bezogen) durch Kooperation, Koordination, Vernetzung usw.;
- der Verbesserung des regionalen Informationsaustauschs und der Vernetzung;
- der Verbesserung des Zugangs zu Kulturereignissen und zu Kultureinrichtungen;
- kulturellen Qualifizierungsmaßnahmen;
- der Schaffung der Zusammenarbeit von Kultur und Wirtschaft in der Region und der Vernetzung mit anderen Bereichen;
- der Erhaltung von Kulturgut;
- der Realisierung von Highlights als Mittel der Profilierung;
- der Neueinrichtung von Kultureinrichtungen.[255]

Bereits diese Beispiele haben gezeigt, dass sich die Länderkulturpolitik ganz unterschiedlich gestaltet. Dies ist keineswegs eine aktuelle Entwicklung, sondern liegt tief in der kulturellen bzw. geschichtlichen Tradition der jeweiligen Bundesländer verankert. Das *Statistische Bundesamt* schreibt dazu in seinem *Kulturfinanzbericht 2003*: „Die föderale Struktur Deutschlands ist ein Garant für die enorme Vielfalt und Breite des Angebots. Dabei dient die Kulturförderung den Ländern als ein wichtiges Instrument der Selbstdarstellung. Für Kulturpolitiker, Kulturschaffende und die interessierte Öffentlichkeit ist von besonderer Bedeutung, welchen Stellenwert die einzelnen Länder dem Kulturbereich zumessen. Die Kulturausgaben der Länder betrugen im Jahr 2001 insgesamt 7,32 Mrd. Euro, davon entfielen 3,72 Mrd. Euro auf die Gemeindeebene. Von den Gesamtausgaben der Länder in 2001 entfielen 4,75 Mrd. Euro auf die alten Flächenländer, 1,66 Mrd. Euro auf die neuen Länder und 900,7 Millionen Euro auf die Stadtstaaten. Bis 2003 gingen die Kulturausgaben der Länder und Gemeinden aller Voraussicht nach um 1,8 % auf 7,18 Mrd. Euro zurück (...) Die Kulturausgaben in den Ländern sind sowohl absolut als auch relativ gesehen sehr unterschiedlich. In absoluten Beträgen lagen die Ausgaben für kulturelle Belange in Nordrhein-Westfalen am höchsten (1,36 Mrd. Euro), gefolgt von Bayern (1,10 Mrd. Euro) und Baden-Württemberg (922 Millionen Euro) und in Bremen (84,1 Millionen Euro) sowie im Saarland (69,8 Millionen Euro) am geringsten."[256]

Da die einzelnen Bundesländer allerdings sowohl von ihrer Größe als auch Einwohnerstärke sehr unterschiedlich sind, sagen diese Zahlen zunächst

255 Ministerium für Arbeit, Soziales und Stadtentwicklung, Kultur und Sport des Landes Nordrhein-Westfalen (Hrsg.) (1999): Blickwechsel. Forum Regionale Kulturpolitik, Düsseldorf; www.nrw.de
256 Statistische Ämter des Bundes und der Länder (2004) S. 25

nur wenig. „Im Unterschied zur Darstellung der absoluten Höhe der Kulturausgaben, die aufgrund der unterschiedlichen Größe und Struktur der Bundesländer für einen Vergleich wenig ertragreich ist, ermöglichen Kennzahlen aussagekräftigere Vergleiche. Je Einwohner wendeten die Länder (einschließlich Gemeinden) im Jahr 2005 im Durchschnitt 84,7 Euro auf. In Relation zur Einwohnerzahl waren die Kulturausgaben in Sachsen (1554,4 Euro) Bremen (147,1 Euro) und Berlin (145,9 Euro) am höchsten, im Saarland (50,1 Euro), Schleswig-Holstein (53,6 Euro) und Rheinland-Pfalz (54,7 Euro) am geringsten."[257]

Tabelle 1:   *Öffentliche Grundmittel für Kultur und kulturnahe[258] Bereiche 2005 nach Bundesländern[259] in Millionen Euro*

Bundesland	Millionen EUR insgesamt	Euro pro Einwohner	Anteil am Bruttoinlandsprodukt in %	Anteil in % am Gesamthaushalt
Baden-Württemberg	898,0	83,7	0,28	2,09
Bayern	983,8	79,0	0,25	2,00
Berlin	498,3	146,9	0,63	2,34
Brandenburg	190,7	74,4	0,39	1,67
Bremen	97,5	147,1	0,40	2,49
Hamburg	251,5	144,6	0,31	2,66
Hessen	515,9	84,7	0,25	1,98
Mecklenburg-Vorpommern	147,2	85,9	0,46	1,89
Niedersachsen	464,0	58,0	0,24	1,49
Nordrhein-Westfalen	1350,8	74,8	0,28	1,73
Rheinland-Pfalz	221,9	54,7	0,23	1,43
Saarland	52,8	50,1	0,19	1,22
Sachsen	665,5	155,4	0,78	3,71
Sachsen-Anhalt	260,2	104,8	0,55	2,34
Schleswig-Holstein	151,6	53,6	0,22	1,40
Thüringen	236,2	100,7	0,53	2,42
Länder insgesamt	**6.986,0**	**84,7**	**0,31**	**1,99**

Die oben angesprochenen Traditionen prägen aber nicht nur die inhaltlichen Förderschwerpunkte, sondern sie bestimmen von Bundesland zu Bundesland

---

257 Statistische Ämter des Bundes und der Länder (2008) S. 23
258 Hierzu zählen Kunsthochschulen, Volkshochschulen, Wissenschaftliche Bibliotheken, Archive, Wissenschaftliche Museen, Kirchliche Angelegenheiten; vgl. Statistisches Bundesamt (2001) S. 77
259 Statistische Ämter des Bundes und der Länder (2008) S. 23

das *Verhältnis von Landes- zu kommunaler Förderung* (der sog. „Kommunalisierungsgrad"). Die einzelnen Bundesländer fördern auf ganz unterschiedliche
Weise den Kultursektor. Sie unterhalten eine Vielzahl eigener Kultureinrichtungen, sie unterstützen die Gemeinden durch entsprechende Zuweisungen
und / oder nehmen Transferzahlungen an andere Bereiche, meist freie Träger,
vor. Im Mittel entfallen von den Grundmitteln, die auf Länderebene für Kul-
turzwecke bereitgestellt werden, 49,1 % auf die Landesebene und 50,9 % auf
die Gemeindeebene.

Der *Kommunalisierungsgrad der Kulturausgaben* ist jedoch in den einzelnen Flächenländern sehr unterschiedlich. In Nordrhein-Westfalen tragen
die Kommunen 81,8 % und die Landesebene entsprechend nur 19,2 % aller
Kulturausgaben. Dies ist im Vergleich zu allen anderen Ländern der höchste
Kommunalisierungsgrad. Auch in Hessen (61,2 %), Baden-Württemberg
(57,6 %) und Sachsen-Anhalt (56,7 %) liegt der Anteil, den die Kommunen
beisteuern, überdurchschnittlich hoch. Gegenläufig sieht es in Sachsen und
im Saarland aus. Dort trug die staatliche Ebene den überwiegendsten Teil der
Kulturausgaben und die Gemeinden stellten lediglich 44,1 % bzw. 28,3 % der
Grundmittel zur Verfügung.[260]

Tabelle 2:   *„Kommunalisierungsgrad" der öffentlichen Ausgaben für
Kultur nach Ländern in 2005(ohne Stadtstaaten)*[261]

Bundesland	Ausgaben Gemeinden in %	Ausgaben Land
Baden-Württemberg	57,6 %	898,9
Bayern	52,7 %	983,8
Brandenburg	55,7 %	190,7
Hessen	61,2 %	515,9
Mecklenburg-Vorpommern	52,3 %	147,2
Niedersachsen	52,8 %	464,0
Nordrhein-Westfalen	81,8 %	1350,8
Rheinland-Pfalz	54,6 %	221,9
Saarland	28,3 %	52,8
Sachsen	44,1 %	665,5
Sachsen-Anhalt	56,7 %	260,2
Schleswig-Holstein	50,6 %	151,6
Thüringen	44,0 %	236,2
Durchschnitt	**52,1 %**	**6.986,0**

260 Statistische Ämter des Bundes und der Länder (2008) S. 28
261 Statistische Ämter des Bundes und der Länder (2008) S. 28

Bis in die siebziger Jahre war die Kulturarbeit der Länder in aller Regel als Abteilung des sog. Kultusministeriums organisiert; Hauptaufgabe dieses Ministeriums war damals allerdings die Zuständigkeit für die Schulen und die Hochschulen. Zunehmend lösten sich seither die Bereiche Wissenschaft und Kunst vom Schulwesen und beide wurden jeweils in eigenständigen Ministerien ressortiert, auf der einen Seite *Kultusministerien* (die im Wesentlichen für die Schulen zuständig sind), auf der anderen Seite Ministerien für Wissenschaft und Kunst. Dies ist allerdings von Bundesland zu Bundesland unterschiedlich geregelt und fällt in die sog. „Organisationsgewalt" der jeweiligen Landesregierung, kraft derer die Landesregierung oder ein einzelner Minister „alle diejenigen organisatorischen und Verfahrensregelungen zu treffen haben, die zur Wahrnehmung ihrer Aufgaben erforderlich sind."[262]

Diese „Verfahrensregelungen" hängen in hohem Maße von der jeweiligen Aufgabenstellung des Ministeriums ab; aus diesen Strukturen und Verfahrensregelungen (die sich in sog. „Organigrammen" niederschlagen) lassen sich bereits eine Reihe von Informationen über die Schwerpunktsetzungen und die Ausgestaltung der Arbeitsbereiche gewinnen, wie die folgenden Beispiele zeigen.

Das *Ministerium für Wissenschaft und Kunst* des Landes Baden-Württemberg (Stand März 2005) wird geleitet von einem Minister, dem ein Staatssekretär und ein Ministerialdirektor zugeordnet sind. Die Aufgaben des Hauses werden in fünf Fachabteilungen erledigt:

- *Abteilung 1*: Finanzen, Personal, Recht, Controlling, Bauangelegenheiten und Organisation
- *Abteilung 2*: Fortentwicklung des Hochschulwesens, Recht, Studium, soziale Betreuung der Studierendeng
- *Abteilung 3*: Forschung, Technologietransfer, E-Science, Internationales
- *Abteilung 4*: Hochschulen und Klinika
- *Abteilung 5*: Kunst

Der Abteilung 5, die sich im engeren Sinne der Kulturpolitik widmet, steht ein Abteilungsleiter vor; sie ist in folgende Referate gegliedert:

- *Referat 51*: Grundsatzangelegenheiten, Theater, Festspiele und Orchester
- *Referat 52*: Museen, Bildende Kunst
- *Referat 53*: Kunst- und Musikhochschulen, Musik, Nachwuchsförderung, Literatur, Soziokultur, internationaler Kulturaustausch, Archive

Ihrer eigenen Tradition verpflichtet und ihrem jeweiligen Selbstverständnis entsprechend, gestaltet jedes der sechzehn Bundesländer seine Kulturpolitik

---

262 Hesse, Konrad (1975): Grundzüge des Verfassungsrechts der Bundesrepublik Deutschland, Karlsruhe S. 259

nach jeweils eigenen Schwerpunkten. So heißt es in der im Jahre 2000 veröffentlichten Publikation „Kunstpolitik in Baden Württemberg. Bilanz und Ausblick 2000-2010" über die „Grundsätze der baden-württembergischen Kunstpolitik" u. a.:

- „Das Land hat im Bereich der Kunstförderung in Jahrzehnten grundsätzlich bewährte Förderstrukturen und Instrumente entwickelt. Die Leitlinien der Kunstpolitik sind: Liberalität, Pluralität, Subsidiarität und Dezentralität. Sie haben unverändert Gültigkeit.
- Das verfassungsrechtlich verbürgte Prinzip der Freiheit ist oberster Grundsatz der baden-württembergischen Kunstpolitik. Die Gewährleistung der Kunstfreiheit muss der Kern allen kunstpolitischen Handelns bleiben. Der Staat enthält sich damit jeder inhaltlichen Einflussnahme auf die Kunst und ihre Ausübung.
- In der baden-württembergischen Kunstpolitik kommt als Gegenpol der Freiheit aber auch der Eigenverantwortlichkeit der Künstler und Kunstvermittler eine hohe Bedeutung zu. Dies hat zur Konsequenz, dass aus dem Grundsatz der Liberalität nicht die Verpflichtung zur staatlichen Finanzierung jeglicher Art von Kunst abgeleitet werden kann (...)
- Eine Vielfalt von Kunstformen und Kunstrichtungen kann nur in einem freiheitlichen Rahmen gedeihen. Kunstpolitik muss auf der Grundlage des Prinzips der Freiheit alle Erscheinungsformen der Kunst zulassen; sie muss auf der Grundlage des Prinzips der Pluralität die Vielfalt der Erscheinungsformen aber auch ermöglichen. Gerade auch für Ungeliebtes und Provozierendes kann deshalb eine staatliche Förderung gerechtfertigt oder sogar erforderlich sein.
- Pluralität beschreibt aber auch die Notwendigkeit, dass einzelne Spitzenleistungen ebenso wie die Breite des Engagements gefördert werden. Das Publikum soll Auswahlmöglichkeiten haben und es soll selbst entscheiden, was es sehen und hören will und was nicht.
- Subsidiarität meint Hilfe zur Selbsthilfe. Der Staat darf im Gefüge der gesamten öffentlichen Hand nicht den Ehrgeiz haben, alles selbst bestreiten zu wollen. Damit wäre er auch überfordert (...)
- Alle Bürger unseres Landes sollen am kulturellen Angebot teilhaben können. Die öffentliche Förderung darf sich deshalb nicht auf die großen Zentren beschränken, sondern muss Kunst und Kultur in den Regionen ermöglichen. Gerade für ein Flächenland wie Baden-Württemberg ist dieser Aspekt der Dezentralität besonders wichtig."[263]

---

263 Ministerium für Wissenschaft, Forschung und Kunst Baden-Württemberg (2000): Kunstpolitik in Baden-Württemberg. Bilanz und Ausblick 2000-2010, Stuttgart S. 7f

So verfolgt jedes Bundesland seine entsprechende Kulturpolitik, indem es – innerhalb des allgemein verbindlichen, verfassungsrechtlich gesetzten Rahmens – seine jeweils eigenen Schwerpunkte setzt.

Die bedeutsamste gemeinsame Einrichtung der Bundesländer für kulturpolitische Fragen ist die Ständige Konferenz der Kultusminister in der Bundesrepublik Deutschland (Kultusministerkonferenz).

Die Ständige Konferenz der Kultusminister der Länder in der Bundesrepublik Deutschland

Die *Ständige Konferenz der Kultusminister der Länder in der Bundesrepublik Deutschland* (Kurzform: Kultusministerkonferenz)[264] wurde im Jahr 1948, also noch vor der Konstituierung der Bundesrepublik Deutschland, gegründet. Sie ging aus einer *Konferenz der deutschen Erziehungsminister* hervor, die am 19. / 20. Februar 1948 unter Teilnahme von Vertretern aus allen damaligen Besatzungszonen nach Ende des 2. Weltkrieges in Stuttgart stattfand. Nachdem den Ministern aus der sowjetischen Zone eine weitere Teilnahme von ihrer Besatzungsmacht nicht erlaubt wurde, vereinbarten die Kultusminister der Länder der drei westlichen Besatzungszonen noch im gleichen Jahr, dass ihre Konferenz zu einer ständigen Einrichtung werden sollte. Sie konstituierten sich als *Ständige Konferenz der Kultusminister der Länder* und errichteten für ihre Zusammenarbeit ein ständiges Sekretariat. In der KMK herrscht das Einstimmigkeitsprinzip.

Ihre Mitglieder sind die für Bildung und Erziehung, Hochschulen und Forschung sowie kulturelle Angelegenheiten zuständigen Minister bzw. Senatoren der Länder. Neben den klassischen Koordinierungsbereichen Schule und Hochschule ist Kunst und Kulturpflege ein gleichrangiger dritter Schwerpunkt der Arbeit der Kultusministerkonferenz. Gemäß ihrer Geschäftsordnung behandelt die Kultusministerkonferenz „Angelegenheiten der Kulturpolitik von überregionaler Bedeutung mit dem Ziel einer gemeinsamen Meinungs- und Willensbildung und der Vertretung gemeinsamer Anliegen". Länderübergreifender Koordinierungsbedarf stellt sich bei Kunst und Kultur zwar nicht mit gleicher Häufigkeit ein wie in den anderen Bereichen. Im Zuge der deutschen Einheit hat aber gerade in der jüngeren Vergangenheit die gemeinsame Anstrengung der Länder zur Sicherung des Kulturerbes in Ostdeutschland und im Zusammenhang damit auch die Frage des Bund-Länder-Verhältnisses in der Kulturförderung einen Beratungsschwerpunkt gebildet. Daneben wirken die Länder in der Kultusministerkonferenz durch die gemeinsame Förderung überregionaler Kultureinrichtungen – wie etwa der Kulturstiftung der Länder – zusammen und haben immer wieder auch gemeinsam zu einzelnen Kulturbereichen Stellung genommen.

---

264 www.kultusministerkonferenz.de

Schließlich ist die Kultusministerkonferenz dasjenige Organ, mittels dessen die Länder gemeinsame Interessen im Kulturbereich auch zusammen mit der Bundesregierung und den kommunalen Spitzenverbänden vertreten. Ein Beispiel dafür aus dem Jahre 1999 ist die *Erklärung der Bundesregierung, der Länder und der kommunalen Spitzenverbände zur Auffindung und Rückgabe NS-verfolgungsbedingt entzogenen Kulturgutes insbesondere aus jüdischem Besitz.*

Zur Bewältigung ihrer Aufgaben hat die *KMK* Ausschüsse gebildet. Im Unterschied zu den Ausschüssen, die sich mit der Vergleichbarkeit und der Anerkennung von Bildungsabschlüssen befassen, geht es im Kulturausschuss weniger um ein einheitliches Vorgehen der Länder als vielmehr um die Diskussion von Problemlagen in den Ländern und die Erstellung von Empfehlungen. Diese Empfehlungen erstrecken sich sowohl auf Fragen der Finanzierung von öffentlichen Kultureinrichtungen als auch auf Rahmenempfehlungen für die Ausbildung, z. B. von Schauspielern und Bühnentänzern.[265]

Regionale Kulturpolitik

Seit einiger Zeit, nicht zuletzt im Zusammenhang mit dem Voranschreiten der europäischen Einigung, aber auch der Wiederentdeckung und positiven Bewertung des Begriffes „Heimat", ist eine *Renaissance der Region* unübersehbar. „Regionale Kulturpolitik ist ein neuer Bereich von Kulturpolitik." Es zeigt sich immer deutlicher, „dass der regionale Bereich politischen Handelns in Zukunft mehr Gewicht erhalten muss und erhalten wird, weil die traditionellen Arenen politischen Handelns, sei es auf kommunaler, sei es auf Landes-, Bundes- oder Europaebene strukturelle Lücken aufweisen. Bezugspunkte der Diskussion über regionale Kulturpolitik sind zum einen die bestehenden Ansätze regionaler Kulturpolitik sowie zum anderen die kulturellen und kulturpolitisch relevanten Aspekte in den vielfältigen Regionaldiskursen. Hierzu gehören aber auch die sehr unterschiedlichen und vielgestaltigen Verständnisse von Region, Regionalismus und Regionalpolitik."[266]

Die Idee der Regionalpolitik bzw. der regionalen Kulturpolitik erfuhr einen enormen Bedeutungszuwachs sowohl auf der europäischen Ebene als auch innerhalb der einzelnen europäischen Staaten selbst. „Bis Mitte der 80er Jahre konzentrierte sich die europäische Integration auf die Ebene der Nationalstaaten. Erst mit der zunehmenden Bedeutung der Regionen in der politischen, ökonomischen und gesellschaftlichen Entwicklung in den Staaten der Europäischen Gemeinschaft wurde die europäische Einigung auch zunehmend unter regionalen Gesichtspunkten betrachtet. Das ‚Europa der Regionen' trat schrittweise an die Stelle des ‚Europa der Vaterländer'. Ausgehend von der ‚Regio-

---

265 Zimmermann/Schulz (2001) S. 12
266 Röbke/Wagner (1997) S. 7

nalcharta' des *Europaparlaments* bis zu den regionalspezifischen Neuerungen des *Maastricht-Vertrags* haben regionale Gesichtspunkte in der *EG* beziehungsweise der *EU* zunehmend an Bedeutung gewonnen. In den Diskussionen und Erläuterungen des *Europarates* war dieser Gesichtspunkt sehr früh aufgegriffen worden, etwa in der Erklärung von Bordeaux (1978)."[267] In der kulturpolitischen Praxis kommt es im Rahmen eines „Europas der Regionen"[268] verstärkt zu grenzübergreifenden Kulturkooperationen (z. B. die *Ars Baltica* mit Schleswig-Holstein und den anderen Ostseeanrainern als Partnern, die *ARGE Alp* mit Bayern und seinen Nachbarn bzw. die *ARGE Alpen-Adria* mit Bayern und seiner erweiterten Nachbarschaft, die sog. *Euregios*, etwa der Raum *Saar-Lor-Lux* mit Saarland, Frankreich und Luxemburg, die *Pamina* mit der Südpfalz und Nordelsass, die *Euregio* im Länderdreieck Sachsen, Tschechien und Polen oder die *Euregio Rhein-Maas* mit Stadt und Kreis Aachen, Limburg und östlicher Wallonie.

Aber auch innerhalb der einzelnen europäischen Länder, hier der Bundesrepublik Deutschland, erfährt der Regionalismus und entsprechend regionale Kulturpolitik in den 80er und 90er Jahren des 20. Jahrhunderts verstärktes Interesse.[269] Dies betrifft sowohl die Entstehung eines spezifischen Regionalbewusstseins (z. B. die *Kulturregion Stuttgart*, die *Technologieregion Karlsruhe* usw.) als auch die verstärkte kulturelle Kooperation innerhalb der einzelnen Bundesländer (z. B. die *Kultursekretariate* in Nordrhein-Westfalen, das *Schleswig-Holstein-Musik-Festival, Kultursommer Rheinland-Pfalz, Mittelhessischer Kultursommer*). Somit schiebt sich zwischen die Länderebene und die kommunale Ebene eine Zwischenebene, die in der Verfassung so nicht vorgesehen ist.

Der Begriff der Region zeichnet sich allerdings durch eine erhebliche Unschärfe aus. Schon vor mehr als zehn Jahren fragte Lothar Baier: „Was hat es mit dem Begriff der *Region* auf sich, dessen Bedeutungsgehalt sich innerhalb weniger Jahre derart wandeln kann, dass hinter der regionalen Parole heute eine bunte Versammlung von folkloristischen Heimatschützern, erfolgreichen High-Tech-Unternehmern, dem Ethnopluralismus verschriebenen Neuen Rechten, Europamanagern, mitteleuropäischen Separatisten, grünen Anhängern der Recycling-Wirtschaft und enttäuschten Internationalisten steht?"[270]

---

267 Röbke/Wagner (1997) S. 28; vgl. ausführlich: Dörnhöfer, Martin (1995): Regionen Europas – Versuch einer rechtlichen Einordnung, Würzburg (Diss.); Pintarits, Sylvia (1996): Macht, Demokratie und Regionen in Europa. Analyse und Szenarien der Integration und Desintegration, Marburg

268 Vgl. hierzu Duwe, Kurt (Hrsg.) (1987): Regionalismus in Europa. Beiträge über kulturelle und sozio-ökonomische Hintergründe des politischen Regionalismus, Frankfurt/M.; Esterbauer, Fried/Peter Pernthaler (Hrsg.) (1991): Europäischer Regionalismus am Wendepunkt. Bilanz und Ausblick, Wien

269 Vgl. ausführlich: Schuster, Franz (Hrsg.) (1989): Region und Kultur, Fachtagung der *Konrad-Adenauer-Stiftung*, St. Augustin (*Institut für Kommunalwissenschaften*)

270 Baier, Lothar (1991): Abschied vom Regionalismus. In: *Freibeuter*. Vierteljahresschrift für Kultur und Politik, Band 49 S. 14

Wenn heute über Region gesprochen wird, so lassen sich grob klassifizierend vier zentrale Ebenen bestimmen:[271]

(1) *Region als Wirtschaftsraum.* Dabei kann unterschieden werden zwischen traditionellen Wirtschaftsräumen, wie das Ruhrgebiet oder die Rhein-Main-Region, neu geschaffenen Wirtschaftsräumen um einzelne expandierende Zentren oder um erneuerte, alte Industrieregionen und internationale Megaregionen, die grenzübergreifend die Peripherien oder Wirtschaftszentren einzelner Länder verbinden, wie die Hanse (Schleswig-Holstein, nördliches Polen, Baltikum, südliches Schweden) oder die ‚Technologiebanane' (Baden-Württemberg, Lombardei, Rhonetal, Katalonien).

(2) *Region als politischer Begriff mit oder ohne rechtlichen Charakter.* Hier reicht die Spannbreite von separatistischen Bewegungen und Autonomiebestrebungen über Gebiete grenzüberschreitender Zusammenarbeit, wie etwa die Saar-Lor-Lux-Region oder die Euroregionen, bis zur Verankerung von Rechten für regionale Gebietskörperschaften auf nationaler und internationaler Ebene, so zum Beispiel für den ‚Ausschuss der Regionen' auf der *EU*-Ebene oder den Föderalismus als Staatsprinzip.

(3) *Region als verwaltungsrechtliche und verwaltungsorganisatorische Gliederung.* Hierunter fallen Gebiete mit Mittel-Behörden zwischen Kommune und Land (Landschaftsverbände, Bezirke) ebenso wie neu zu schaffende Strukturen, die darauf reagieren, dass der alte dreistufige Verwaltungsaufbau Bund-Land-Kommune nicht mehr funktioniert, wie zum Beispiel Umlandverbände oder Regionalämter. Hierzu gehören auch die Ansätze der Neuregelung des Kernland-Umland-Verhältnisses einschließlich der Reform des kommunalen Finanzausgleiches sowie Regionen als Raumordnungs- und Strukturplanungskategorie.

(4) *Region als Kulturraum.* Auch hier gibt es vielfältige Möglichkeiten, die durch einen solchen Begriff bezeichnet werden, wie beispielsweise Gegenden mit gemeinsamer Geschichte, Tradition, und Sprache beziehungsweise Mundart, Räume mit selbst- oder fremdzugeschriebenen Mentalitäten und Lebensformen, Zusammenschlüsse interkommunal tätiger Kulturträger etc. Dabei ist die Region als Kulturraum häufig Grundlage der anderen Regionenverständnisse. Vor allem Region als politische Kategorie basiert auf kulturellen Gemeinsamkeiten, oder der Verweis auf die Kulturregion dient zur Begründung einer politischen Region. Dies trifft in eingeschränktem Maße auf die verwaltungstechnischen Gliederungen und die Wirtschaftsräume zu, die oft im Nachhinein „kulturalisiert" werden.

---

271 vgl. Röbke/Wagner (1997) S. 9

Im Rahmen dieser Regionen lassen sich – neben den dargestellten, mehr oder weniger institutionalisierten Regelungen etwa in Sachsen, Bayern oder Nordrhein-Westfalen – weitere Formen der regionalen Kulturarbeit feststellen:

- jährlich befristete regionale Zusammenschlüsse/Kulturprogramme wie etwa die nord-, süd- und mittelhessischen Kultursommer;[272]
- längerfristige Zusammenschlüsse zur kulturellen Zusammenarbeit um eine Großstadt, wie etwa die *Kulturregion Stuttgart*, mit thematisch koordinierten kulturellen Veranstaltungen, die von den Gemeinden des Großraumes gemeinsam finanziert und getragen werden;
- lockere Städtebünde für gemeinsame kulturelle Projekte, wie etwa die Zusammenarbeit zwischen Nürnberg/Erlangen/Fürth und Schwabach.[273]

Für diese kulturpolitische Zusammenarbeit der Regionen sprechen vor allem ressourcenbündelnde, image- und wirtschaftsfördernde und nicht zuletzt identitätsstiftende Argumente. Dabei sollte allerdings eines nicht übersehen werden: Ein sinnvoller und gerechter Ausgleich zwischen tatsächlicher Nutzung kultureller Einrichtungen einerseits und der finanziellen Belastung andererseits (gerade in Ballungsräumen, die sog. „Speckgürtel-Diskussion") ist eine wichtige Aufgabe der Kulturpolitik, wie sie bisher nur im oben beschriebenen *SächsKRG* angegangen wurde. Auf freiwilliger Basis wird diese regionale Kooperation allerdings seit mehr als zwanzig Jahren erfolgreich in den beiden *Kultursekretariaten* des Landes Nordrhein-Westfalen durchgeführt.[274]

3.4 Kommunale Kulturpolitik

Kulturpolitik war und ist in Deutschland ganz wesentlich kommunale Kulturpolitik. So schrieb der *Deutsche Städtetag* schon vor Jahrzehnten voller Selbstbewusstsein: „Kulturpolitik ist in der Bundesrepublik Deutschland in erster Linie Kommunalpolitik. Sie ist es unbeschadet der den Ländern zugesprochenen Kulturhoheit, unbeschadet wichtiger kulturpolitischer Initiativen des Bundes, unbeschadet der zunehmenden Aktivitäten großer gesellschaftlicher Organisationen."[275]

---

272 vgl. hierzu: Hessische KulturGesellschaft mbH (1995): Erste Konferenz der Hessischen Kultursommer. Eine Dokumentation, Wiesbaden
273 Röbke/Wagner (1997) S. 16
274 Vgl. hierzu auch Klein, Armin (1994a): Regionales Kulturmanagement. Nicht-institutionalisierte kulturelle Zusammenarbeit in der Region. In: Handbuch KulturManagement A 2.3
275 Kultur in den Städten. Eine Bestandsaufnahme (1979). Bearbeitet von Kreißig, Gerald, Heidemarie Tressler und Jochen von Uslar, Köln S. 7

Dieses deutsche Spezifikum betont auch Heinrichs in seinem *Kommunalen Kulturmanagement*: „Kultur im Sinne eines organisierten öffentlichen Angebots zeigt sich in Deutschland ganz wesentlich als Kultur in den Städten und Dörfern. Anders als in Frankreich, Italien oder Großbritannien, wo man große Kultureinrichtungen wie beispielsweise den Louvre, die Uffizien oder das British Museum kennt, die kaum dem Sitzort allein zugerechnet werden können, findet man in Deutschland solche nationalen Kulturangebote kaum. Typisches Kennzeichen des deutschen Kulturangebots ist die einzigartige Vielfalt von Theatern, Bibliotheken, Museen und Konzerthäusern mittlerer und kleinerer Größe, die sich allesamt dadurch auszeichnen, dass sie in hohem Maße mit ihrem Sitzort verbunden sind. Die Stadt ist der natürliche Bezugsrahmen dieses Kulturangebotes, nicht das Bundesland oder gar die Bundesrepublik."[276]

Die verfassungsrechtliche Basis dieser starken Stellung der Kommunen findet sich in Art. 28/2 GG: „Den Gemeinden muss das Recht gewährleistet sein, alle Angelegenheiten der örtlichen Gemeinschaft im Rahmen der Gesetze in eigener Verantwortung zu regeln. Auch die Gemeindeverbände haben im Rahmen ihres gesetzlichen Aufgabenbereichs nach Maßgabe der Gesetze das Recht der Selbstverwaltung. Die Gewährleistung der Selbstverwaltung umfasst auch die Grundlagen der finanziellen Eigenverantwortung." Diese *Selbstverwaltungsgarantie* des Grundgesetzes ist seit über einem halben Jahrhundert die solide Grundlage für die kommunale Kulturpolitik.[277]

Der ehemalige Kulturreferent des *Deutschen Städtetages*, Bernd Meyer, schreibt hierzu: „Kommunale Selbstverwaltung ist nicht deswegen unverzichtbar, weil sie im Grundgesetz verankert ist, sondern sie wurde im Grundgesetz verankert, weil es die kommunale Ebene ist, wo zunächst und zuallererst menschliche Gemeinschaft gestaltet wird, in der sich der einzelne wieder finden kann. Es ist die örtliche Gemeinschaft, die dem einzelnen Halt und damit Identität gibt. Und dieser gestaltet wiederum gemeinsam mit anderen die Individualität und Identität dieser Gemeinschaft. Die Kultur in ihren unterschiedlichsten Ausprägungen, von der alltagsnahen bis zur Festkultur, spielt dabei eine wichtige Rolle. Sie formt die Identität des einzelnen und ermöglicht wiederum seine Identifikation mit der Gemeinschaft, mit der ihn Tradition und Geschichte, aber auch die Gegenwart verbinden."[278]

---

276 Heinrichs, Werner (1999b): Kommunales Kulturmanagement. Rahmenbedingungen, Praxisfelder, Managementmethoden, Baden-Baden S. 12
277 Die Förderung von Kunst und Kultur in den Kommunen. Kommunikationsformen, Willensbildung, Verfahrensweisen (2001), Wolfenbüttel (*Bundesakademie Wolfenbüttel*)
278 Meyer, Bernd (1995): Einführung. In: Deutscher Städtetag (1995) S. 240; als Monographien zum Thema vgl. etwa: Krauss, Marita (1987): Nachkriegskultur in München. Münchner städtische Kulturpolitik 1945-1954, München; Hansert, Andreas (1992): Bürgerkultur und Kulturpolitik in Frankfurt am Main. Eine historisch-soziologische Rekonstruktion, Frankfurt/M.; Roloff-Momin, Ulrich (1997): Zuletzt: Kultur, Berlin

Folgende Aufgaben sind von den Gemeinden wahrzunehmen:

- *Selbstverwaltungsaufgaben*; diese werden von den Gemeinden selbstständig wahrgenommen, der Staat übt dabei lediglich die Rechtsaufsicht aus. Dabei sind zu unterscheiden:
  - *Freiwillige Aufgaben*; deren Übernahme und Erfüllung sind der Gemeinde im Rahmen ihrer Leistungsfähigkeit freigestellt;
  - *Pflichtaufgaben*; zu ihrer Erfüllung ist die Gemeinde gesetzlich verpflichtet, wobei es ihr überlassen ist, in welcher Form sie diese Aufgaben erfüllt.
- *Auftragsangelegenheiten*; diese Aufgaben haben die Gemeinden für den Staat zu erledigen, weshalb sie auch „Pflichtaufgaben nach Weisung" genannt werden. Der Staat beaufsichtigt sie hierbei rechtlich, fachlich und nach Gesichtspunkten der Zweckmäßigkeit. Die Auszahlung von Sozialhilfe ist ein Beispiel für eine solche Pflichtaufgabe nach Weisung, da ein entsprechendes Bundesgesetz die Angelegenheit umfassend regelt.

Prüft man die juristischen Normierungen auf Bundes-, Landes- und Gemeindeebene, so „kann festgehalten werden, dass sich aus einer Reihe von Vorschriften in der Summe doch eine relativ sichere Rechtsposition zugunsten einer kommunalen Kulturarbeit ergibt. Auch wenn die Gesetzgeber an keiner Stelle ausdrücklich von einer *Pflichtaufgabe* im Rahmen der kommunalen Kulturarbeit sprechen, ergibt sich doch aus

- der Allzuständigkeit der Kommunen auch für die Kultur,
- der Zurückhaltung der Länder und des Bundes in kulturellen Angelegenheiten der örtlichen Gemeinschaft und
- der Herausnahme der Kultur aus dem Subsidiaritätsprinzip,

dass Kulturpflege und -förderung eine grundlegende Aufgabe der Kommunen im Sinne einer umfangreichen Daseinsvorsorge ist. Diese Meinung ist zwischenzeitlich in allen Verfassungskommentaren und in Gerichtsentscheidungen gängige Rechtsauffassung. Allerdings ist aus dieser prinzipiellen Verpflichtung für die Kulturarbeit nicht ablesbar, in welcher Form und in welchem Umfang eine kommunale Kulturförderung betrieben werden sollte."[279]
Neben den jeweiligen politischen Zielsetzungen (vgl. hierzu das nächste Kapitel) hängt dies vor allem von den finanziellen Möglichkeiten der jeweiligen Gemeinde ab. Je nachdem, in welchem Bundesland die Gemeinde liegt, in der der Kulturpolitiker politisch aktiv wird, gestalten sich die rechtlichen Rahmenbedingungen und somit die kulturpolitischen Handlungsspielräume durchaus unterschiedlich.[280]

---

279 Heinrichs (1999b) S. 71
280 Scheytt (1994)

Wer sind nun die Akteure im kommunalpolitischen Handlungsgeschehen? Zunächst ist die *„politische" Ebene* bzw. die *Ebene der kommunalen Selbstverwaltung* zu sehen:

- Der *Gemeinderat*/die *Stadtverordnetenversammlung* ist das Hauptorgan der Gemeinde, dem als politische Vertretung der Bürgerschaft die politische Führung der Gemeinde zukommt. Der Gemeinderat ist zuständig für alle wichtigen und grundsätzlichen Angelegenheiten der Gemeinde und damit auch für die Grundsätze der Verwaltung.[281]
- Der *Kulturausschuss* wird vom Gemeinderat gebildet, wobei zu unterscheiden ist zwischen *beratenden* und *beschließenden* Ausschüssen; während beschließenden Ausschüssen ausschließlich Mitglieder des Gemeinderates angehören, können beratenden Ausschüssen durchaus auch sog. sachkundige Bürger angehören, die nicht Mitglieder des Gemeinderates sind.

Zweitens gibt es zur Durchführung der kulturpolitisch getroffenen Entscheidungen *Organe der Verwaltung*. Dies sind:

- Der *Kulturdezernent*; er ist der politische Wahlbeamte in einer Kommune, der politisch für die dem Kulturdezernat unterstehenden Ämter zuständig ist. Hierbei handelt es sich in der Regel um das Kulturamt mit seinen einzelnen Abteilungen sowie die verschiedenen kulturellen Einrichtungen. Als Wahlbeamter ist der Kulturdezernent Beigeordneter und führt neben seiner Amtsbezeichnung als Kulturdezernent bisweilen auch den Titel Bürgermeister (z. B. in Baden-Württemberg) oder Kulturreferent (in Bayern).
- An der Spitze eines Kulturamtes steht der *Kulturamtsleiter*, von dem wegen der besonderen Aufgabenstellung im Kulturbereich eine hohe Sensibilität im Umgang mit Personen und Problemen des Kulturbereichs erwartet werden. Neben soliden Verwaltungskenntnissen ist auch ein hohes Maß an spezifischer Sachkenntnis notwendig. Viele Kommunen fordern deshalb für die Leitung des Kulturamtes ein spezielles Fachstudium (Geistes- bzw. Kulturwissenschaften und/oder Kulturmanagement). Der Kulturamtsleiter trägt häufig die Bezeichnung *Kulturreferent*, kann aber gleichwohl Leiter des Kulturamtes sein. (Nur in Bayern trägt der Kulturdezernent den Titel Kulturreferent).

Je nach Gemeindegröße bzw. lokaler Besonderheiten kann die Kulturverwaltung unterschiedlich organisiert sein: als eigenständiges *Amt* oder als *Abtei-*

---

281 Heinrichs (1999b) S. 79

lung innerhalb eines Amtes, meist in Kombination mit dem Schul- und Sportamt.[282]

Es wurde bereits darauf hingewiesen, dass die finanzielle Situation eine wichtige Rahmenbedingung dafür ist, wie sich Kulturpolitik vor Ort entfalten kann. Leider liegen für die Gemeinden in ihrer Gesamtheit entsprechend differenzierte Daten nur bis einschließlich 1995 vor; gleichwohl geben diese Zahlen doch einige interessante Aufschlüsse über die kommunale Kulturpolitik des letzten Vierteljahrhunderts.[283]

Die Kulturausgaben stiegen von 1975 bis 1995 kontinuierlich; die Entwicklung erhielt zwar 1983 eine kleine „Delle", als die Zuwachsrate gegenüber dem gemessenen Vorjahr 1981 nur 1,49 % betrug, um dann allerdings um so kräftiger im gemessenen Folgejahr 1985 auf 13,64 % anzusteigen. Einen wirklichen „Knick" erfuhr diese Entwicklungslinie erstmals 1995, als die Kulturausgaben insgesamt real um rund 83 Millionen DM, prozentual um -1,22 % gegenüber 1993 sanken.

Tabelle 3:   Kulturausgaben der Gemeinden insgesamt von 1975 – 1995 in Tsd. DM

Jahr	Kultur- ausgaben Insgesamt	prozentualer Zuwachs	Anteil der Kultur- ausgaben am Gesamt- haushalt	Kultur- ausgaben pro Einwohner in DM	prozentualer Zuwachs
1975	2.079.548	= 100 %	nicht erhoben	64,32 DM	= 100 %
1977	2.442.784	+ 17,46 %	nicht erhoben	75,58 DM	+ 17,5 %
1979	3.089.981	+ 26,49 %	nicht erhoben	96,00 DM	+ 27,0 %
1981	3.818.496	+ 23,57 %	3,8 %	117,10 DM	+ 21,9 %
1983	3.875.716	+ 1,49 %	3,9 %	120,06 DM	+ 2,5 %
1985	4.404.687	+ 13,64 %	4,0 %	138,04 DM	+ 14,9 %
1987	5.103.283	+ 15,86 %	4,2 %	159,08 DM	+ 15,2 %
1989	5.607.073	+ 9,87 %	4,2 %	168,96 DM	+ 6,2 %
1991	6.376.077	+ 13,71 %	4,2 %	189,88 DM	+ 12,38 %
1993	6.792.599	+ 6,53 %	4,0 %	196,37 DM	+ 3,4 %
1995	6.709.374	- 1,22 %	3,8 %	191,66 DM	- 2,4 %

Die in Spalte 3 der obigen Tabelle dargestellten Zuwachsraten sind alleingenommen allerdings noch nicht sehr aussagekräftig, da in diesen Jahren die öffentlichen Haushalte insgesamt in großem Umfang anwuchsen. Interessant

---

282 Vgl. hierzu ausführlich Bandelow, Volker (1997): Organisationsprobleme kommunaler Kulturverwaltung, Bochum (Diss.); KGSt (1979): Verwaltungsorganisation der Gemeinden. Aufgabengliederungsplan, Verwaltungsgliederungsplan, Köln
283 Vgl. hierzu ausführlich: Klein, Armin (1998b) S. 175-191

ist deshalb ein Blick auf den Anteil der Kulturausgaben insgesamt am Gesamthaushalt der Gemeinden. Die Zahlen in der vierten Spalte lassen deutlich werden, dass die Kulturausgaben ihren Anteil am kommunalen Gesamthaushalt seit 1981 (in den Vorjahren wird diese Zahl nicht in den Statistiken ausgewiesen) von 3,8 % auf 4,2 % (bis 1991) steigern konnten; 1995 schrumpften sie wieder auf ihren Anteil von 1981 – einer Phase, die auch im heutigen Rückblick keineswegs im Verdacht steht, bereits den Untergang des Kulturstaates eingeläutet zu haben.

Konnten 1993 die kommunalen Kulturausgaben – trotz bereits massiver tatsächlicher bzw. für die nahe Zukunft absehbarer Finanzprobleme der Gemeinden (wie z. B. die Kosten der Deutschen Einheit, lang anhaltende Rezession und hohe Arbeitslosigkeit sowie damit verbunden sinkende Einnahmen bei gleichzeitig zunehmender Aufgabenübertragung an die Gemeinden usw.) – noch einmal um insgesamt 416 Millionen (= 6,5 %) gesteigert werden, so ist für das Jahr 1995 erstmals ein tatsächlicher Rückgang zu beobachten.

Diese für 1995 festzustellenden Zahlen sind vor allem deshalb alarmierend, da Kunst- und Kultureinrichtungen in aller Regel ausgesprochen personalintensiv sind. Die im Rahmen der von den Tarifpartnern mehr oder weniger unabhängig vereinbarten Einkommensverbesserungen für die – in öffentlichen Kultureinrichtungen mehr oder weniger unkündbaren – Mitarbeiterinnen und Mitarbeiter müssen quasi automatisch als jährliche Kostensteigerungen in die kommunalen Kulturhaushalte eingeplant werden. (Als nur bedingt „unabhängig" sind diese Steigerungen vor allem deshalb anzusehen, da die kommunalen Arbeitgeber in den Tarifkommissionen für den öffentlichen Dienst natürlich ebenfalls vertreten sind und hier Lohnsteigerungen etwa für die angestellten Lehrer in den Musikschulen und Volkshochschulen, in der Theaterverwaltung, in den Stadtbibliotheken usw. mitbeschließen, die sie später – laut klagend – in ihren jeweiligen kommunalen Kulturhaushalten berücksichtigen müssen). Bei insgesamt sinkenden Kulturausgaben können diese Tarifsteigerungen nun nicht mehr – wie bis 1993 möglich – aus weit über den jeweiligen Inflationsraten liegenden Zuwächsen aufgefangen werden, sondern müssen an anderer Stelle erwirtschaftet werden.[284]

Im Jahr 2001 wurden von allen Gemeinden und Gemeindeverbänden insgesamt 3,72 Mrd. Euro für den Kultursektor aufgebracht. Dabei betrugen die laufenden Ausgaben, also die Personal- und Sachausgaben, 3,09 Mrd. Euro; das Ausgabenniveau von 2001 wurde mit 3,7 Mrd. Euro ausweislich der Haushaltsansatzzahlen auch im Jahr 2003 erreicht. Im Vergleich zum Jahr 1995 stiegen die Ausgaben der Kommunen mit einem Zuwachs von 17,4 % im Durchschnitt stärker an, als die der Landesebene. Allerdings verlief diese Entwicklung in den einzelnen Bundesländern sehr unterschiedlich. In den

---

284 Vgl. hierzu Rau, Thomas (1994): Betriebswirtschaftslehre für Städte und Gemeinden, München; Reichard, Christoph (1987): Betriebswirtschaftslehre der öffentlichen Verwaltung, Berlin/New York

Gemeinden der alten Flächenländer gab es mit durchschnittlich 21,8 % deutliche Zuwächse, in den neuen Ländern entwickelten sich die Ausgaben (3,2 %) vergleichsweise gering. Während es in diesem Zeitraum in den Gemeinden des Saarlands (33,2 %), Baden-Württembergs (32,2 %), Bayerns (27,3 %) und Nordrhein-Westfalens (21,1 %) hohe Zuwächse gab, waren die Entwicklungen in den Kommunen Brandenburgs (-3,1 %), Mecklenburg-Vorpommerns (-7,0 %) und Sachsen-Anhalts (-7,4 %) rückläufig.

Rund ein Fünftel (20,4 %) bzw. 631,6 Millionen Euro des gesamten laufenden Ausgabevolumens der Gemeinden entfiel in 2001 auf die neun Städte (ohne Stadtstaaten) mit über 500.000 Einwohnerinnen und Einwohnern. Weitere 25,4 % (784,4 Millionen Euro) stellten die Großstädte von 200.000 bis 500.000 Einwohnern bereit. In der Gemeindegrößenklasse von 100.000 bis 200.000 Einwohnern wurden 396,6 Millionen Euro für Kultur ausgegeben. Die Gemeinden von 20.000 bis 100.000 Einwohner hatten laufende Ausgaben von 684,8 Millionen Euro.

Pro Einwohner wandten die Kommunen für laufende Zwecke (also ohne investive Maßnahmen) im Kulturbereich 2001 insgesamt 40,3 Euro auf. Gegenüber den beiden Vorjahren war dies ein leichter Zuwachs. In 2000 lagen die pro Kopf geleisteten laufenden Ausgaben bei 39,5 Euro, in 1999 betrugen sie 37,8 Euro. Berücksichtigt man auch die Investitionsausgaben, dann beliefen sich die Ausgaben je Einwohner in den Flächenländern 2001 auf insgesamt 45,2 Euro.

Den Löwenanteil des laufenden Kulturbudgets aller Städte über 20.000 Einwohner banden die Theater und Orchester. In der Größenklasse über 500.000 Einwohner betrug der Anteil der Theaterausgaben 57,5 %; bei den Großstädten zwischen 200.000 und 500.000 Einwohnern waren es sogar 64,8 % des gesamten laufenden Kulturbudgets und in der Gruppe der Städte zwischen 20.000 und 100.000 Einwohnern immerhin noch 40,3 %. Kleinere Gemeinden gaben den größten Anteil der laufenden Kulturausgaben für die Bibliotheken aus. Bei den Städten mit 10.000 bis 20.000 waren dies 35,4 %; in der Gemeindegrößenklasse 3.000 bis 10.000 Einwohner sogar 41,8 %. Der Anteil, der für die Museen aufgebracht wurde, belief sich mit geringen Schwankungen über alle Größenklassen hinweg auf durchschnittlich 18,8 %.[285]

Nicht zuletzt wegen finanziellen Schwierigkeiten sahen sich die Gemeinden seit Beginn der neunziger Jahre einem enormen Reformdruck ausgesetzt. Dabei ging und geht es verstärkt um eine Erhöhung der „Produktivität öffentlicher Dienstleistungen"[286] bzw. ganz explizit um „Wirkungsvolle Strukturen

---

285 Statistische Ämter des Bundes und der Länder (2004) S. 37f
286 So der Titel eines Symposiums der Bertelsmann-Stiftung von 1995; vgl. hierzu Naschold, Frieder/Marga Pröhl (Hrsg.) (1995): Produktivität öffentlicher Dienstleistungen. Dokumentation zum Symposium, Gütersloh

im Kulturbereich".[287] Die Problemlage beschrieb der Wuppertaler Oberstadt-direktor Joachim Cornelius plastisch: „Unsere heutigen Organisations- und Entscheidungsstrukturen sind nach dem 2. Weltkrieg entstanden und fußten damals weitgehend auf Rekonstruktionen weit älterer Verwaltungsorganisationen. Sie wurden in der Zwischenzeit durch Ausfächerung, durch Gesetzgebung und durch Rechtsprechung immer weiter kompliziert, aber nicht grundsätzlich auf Funktionsfähigkeit überprüft. Anpassungs- und Veränderungsnotwendigkeiten wurden in der Regel über eine Justierung der bürokratischen Aufbauorganisation oder aber mittels der Einführung von Datentechnik abgearbeitet. Eine systematische Optimierung des unmittelbaren Leistungs- und Wertschöpfungsprozesses einschließlich der hierzu notwendigen Lernprozesse auf der Ebene der einzelnen Mitarbeiter und der betreffenden Organisationseinheiten fand nicht statt."[288]

Gerade für den Kulturbereich machte sich diese Problematik besonders schmerzhaft bemerkbar, da die Kulturarbeit öffentlich getragener Kulturbetriebe wie Theater, Museen und Ausstellungshallen, Musikschulen, aber auch Festivals und Festspiele seit den achtziger Jahren in eine zunehmende Konkurrenz mit privaten Anbietern geriet. Prinzipien, die einstmals für die staatliche Ordnungsverwaltung entwickelt wurden und die dort ihren Sinn und ihre Berechtigung haben mochten, taugen zunehmend weniger für den Dienstleistungssektor, in dem sich auch das öffentliche Kulturangebot positionieren muss. „Kulturverwaltung stellte schon immer einen Grenzfall öffentlicher Verwaltung dar, nach Selbstverständnis und Handlungsweise war sie schon immer ‚die etwas andere Verwaltung'", schreibt der Verwaltungswissenschaftler Hermann Hill.[289]

So kann es kaum verwundern, dass in dem Reform- und Neuorganisationsprozess, der in den neunziger Jahren in den deutschen kommunalen Verwaltungen begann, der Kulturbereich eine Pionierrolle übernahm.[290] Unter dem Oberbegriff der *Dezentralen Ressourcenverantwortung* werden seit Beginn der neunziger Jahre aus der Kritik an der herkömmlichen öffentlichen Finanzführung, der sog. Kameralistik, und in Anlehnung an Erfahrungen aus dem niederländischen Kommunalbereich (*Tilburger Modell*) verschiedene Elemente eines neuen Steuerungsmodells für die öffentlichen Haushalte, insbesondere in den Kommunen, entwickelt und in der Praxis erprobt. Kerngedanke dieses neuen Steuerungsmodells ist seine prinzipielle „Output-Orientierung", (d. h.

---

287 So der Titel eines mehrjährigen Projektes der Bertelsmann-Stiftung, als deren Resultat eine Vielzahl von Publikationen zu den einzelnen kommunalen Kultureinrichtungen unter diesem gemeinsamen Titel entstanden
288 Cornelius, Joachim (1994): Wie radikal muss der Umbau unserer Verwaltungen sein? Vortrag von Oberstadtdirektor Dr. Joachim Cornelius, Wuppertal in der *KGSt* am 9.12.1994
289 Hill, Hermann (1997): Geld und Geist – ein ungleiches Paar? In: Hill, Hermann/Iris Magdowski (Hrsg.) (1997): Neue Wege für Kultureinrichtungen, Stuttgart S. 23
290 Richter, Reinhard u. a. (Hrsg.) (1995): „Unternehmen Kultur". Neue Strukturen und Steuerungsformen in der Kulturverwaltung, Essen

die Orientierung an der Leitfrage: welche Leistungen werden erwartet?) – in deutlichem Gegensatz zur herkömmlichen kameralistischen „Input-Orientierung" (d. h. welche Ressourcen stehen zur Verfügung?)

Ziele dieses neuen Steuerungsmodells sind (1) die Entwicklung der Verwaltung zu einem modernen Dienstleistungsunternehmen, (2) die verstärkte Orientierung am Bedarf der Bürger, (3) die Verbesserung der Arbeitssituation der Menschen in der öffentlichen Verwaltung sowie schließlich (4) die Konzentration der Politik auf die wesentlichen, d. h. die strategischen Führungsaufgaben.[291] Grundlegend ist dabei der Gedanke, die bisherige Trennung von Fachverantwortung (die bislang bei den einzelnen Fachämtern liegt) und Ressourcenverantwortung (d. h. die Verfügung über die finanziellen und personellen Ressourcen, die bislang noch bei den sog. Querschnittsämtern wie Kämmerei, Personal- und Organisationsamt ressortiert) aufzuheben und die Fachämter mit weit reichender Verfügungsgewalt und Verantwortung für die sie betreffenden Ressourcen auszustatten.

Wesentliche Elemente des neuen Steuerungsmodelles sind (1) die Steuerung über Ziele (Management by objectives*), (2) die Neugestaltung des Verhältnisses von Politik (entscheidet über das *WAS*) und Verwaltung (entscheidet über das *WIE*; Kontraktmanagement), (3) die vorrangige Produktorientierung, (4) der Aufbau unternehmensähnlicher Organisationsstrukturen („Konzern Stadt"), (5) eine weit reichende Wettbewerbsorientierung („make or buy"), (6) die Einführung einer Kosten-/Leistungsrechnung, (7) die Entwicklung aussagekräftiger Steuerungsdaten sowie eines effektiven Informationssystems und eines entsprechenden Controllingsystems, (8) ein leistungsorientiertes Personalmanagement sowie schließlich (9) die Budgetierung.

Das Budget ist die Geldmenge, die einem Fachbereich in einem Kontraktjahr zur Verfügung steht, um die im Kontrakt vereinbarten Leistungen (sowohl in der vereinbarten Menge als auch Qualität) zu produzieren. Die Budgetverantwortlichen in den jeweiligen Fachämtern entscheiden – anders als in der herkömmlichen Rechnungsführung der Kameralistik – somit selbst, wie sie die Finanzmittel ihres jeweiligen Budgets einsetzen, um am effizientesten und wirtschaftlichsten das jeweils vereinbarte Leistungsziel zu erreichen. In der angestrebten Idealform sollen nicht nur Sachkosten, sondern vor allem auch die Personalkosten sowie die Kosten für die Gebäudeunterhaltung in die jeweilige Fachverantwortung abgegeben werden.

Eine weitere Möglichkeit, die traditionellen Beschränkungen der öffentlichen Administration zu überwinden, liegt im Wechsel der Rechtsform, der sog. *Privatisierung*. Dabei handelt es sich um die Umwandlung einer *öffentlich*-rechtlichen Rechtsform (*Amt, Regiebetrieb, Eigenbetrieb, Anstalt öffentlichen Rechts, öffentlich-rechtliche Stiftung*) in eine *privat*-rechtliche (z. B. [gemeinnützige] *Gesellschaft mit beschränkter Haftung, Verein, Aktiengesell-*

---

291 Bandemer, Stephan von u. a. (Hrsg.) (1998): Handbuch zur Verwaltungsreform, Opladen

schaft, Gesellschaft bürgerlichen Rechts usw.)[292] – und nicht, wie oft fälschlich behauptet, in eine „Kommerzialisierung". Zu unterscheiden ist dabei zwischen der *formellen Privatisierung* (wenn beispielsweise eine ehedem kommunale Volkshochschule künftig als Volkshochschule *e. V.* geführt wird, für die die öffentliche Hand aber weiterhin die Verluste übernimmt) und der *materiellen Privatisierung* (d. h. der Überführung eines öffentlich-rechtlichen Betriebs in einen privatrechtlichen Betrieb *mit* Gewinnorientierung. Der materiell privatisierte Betrieb muss sich allerdings vollständig aus eigenen Erträgen und nicht mehr aus Zuwendungen und Zuschüssen finanzieren).[293]

3.5 Nichtstaatliche Akteure der Kulturpolitik

Wie bereits eingangs dieses Kapitels dargestellt wurde, wird Politik auf den unterschiedlichen Ebenen nicht nur von staatlichem bzw. kommunalem Handeln bestimmt, sondern es spielen der sog. Dritte Sektor bzw. dessen Akteure wie Parteien, Gewerkschaften, Kirchen, Vereine und vor allem die Verbände eine wichtige Rolle. Verfassungsrechtliche Grundlage hierfür ist die sog. *Vereinigungsfreiheit*, wie sie in Art. 9/1 GG geregelt ist, wo es heißt: „Alle Deutsche haben das Recht, Vereine und Gesellschaften zu bilden" und Art. 9/3 GG: „Das Recht, zur Wahrung und Förderung der Arbeits- und Wirtschaftsbedingungen Vereinigungen zu bilden, ist für jedermann und für alle Berufe gewährleistet". Hierauf wird gleich näher einzugehen sein.

Parteien

Eine spezifische Form der politischen Vereinigung bilden die *Parteien*, die quasi eine Brücke zwischen dem gesellschaftlichen und dem staatlichen Bereich bilden. Erstmalig in einer deutschen Verfassung regelt das Bonner *Grundgesetz* die Tätigkeit der Parteien im Art. 21 GG: „Die Parteien wirken bei der politischen Willensbildung des Volkes mit. Ihre Gründung ist frei. Ihre innere Ordnung muss demokratischen Grundsätzen entsprechen." Das Gesetz über die politischen Parteien (*Parteiengesetz*) hebt in seinem § 1 die besondere Rolle der Parteien noch stärker hervor: „Die Parteien sind ein verfassungsrechtlich notwendiger Bestandteil der freiheitlichen demokratischen Grund-

---

292 Meyer, Bernd u. a. (1996): Neue Rechtsformen für Kultureinrichtungen, Köln (*Reihe C Deutscher Städtetag-Beiträge zur Bildungs- und Kulturpolitik*, Heft 22); Küppers, Hans-Georg/Thomas Konietzka (1995): Betriebsformen für die kommunale Kulturarbeit, Köln
293 Heinrichs, Werner (1995): Privatisierung öffentlicher Kulturbetriebe aus kulturpolitischer Sicht. In: Heinze, Thomas (Hrsg.) (1995): Kultur und Wirtschaft. Perspektiven gemeinsamer Innovation, Opladen

ordnung. Sie erfüllen mit ihrer freien, dauernden Mitwirkung an der politischen Willensbildung des Volkes eine ihnen nach dem Grundgesetz obliegende und von ihm verbürgte öffentliche Aufgabe".

Weiter werden die Aufgaben der Parteien in Abs. 2 präzisiert: „Die Parteien wirken an der Bildung des politischen Willens des Volkes auf allen Gebieten des öffentlichen Lebens mit, indem sie insbesondere

– auf die Gestaltung der öffentlichen Meinung Einfluss nehmen,
– die politische Bildung anregen und vertiefen,
– die aktive Teilnahme der Bürger am politischen Leben fördern,
– zur Übernahme öffentlicher Verantwortung befähigte Bürger heranbilden,
– sich durch Aufstellung von Bewerbern an den Wahlen in Bund, Ländern und Gemeinden beteiligen,
– auf die politische Entwicklung in Parlament und Regierung Einfluss nehmen,
– die von ihnen erarbeiteten politischen Ziele in den Prozess der staatlichen Willensbildung einführen und
– für eine ständige lebendige Verbindung zwischen dem Volk und den Staatsorganen sorgen."[294]

Den Parteien wird also nicht nur das Recht eingeräumt, sondern ausdrücklich die Aufgabe zugesprochen, „auf allen Gebieten des öffentlichen Lebens" willensbildend zu wirken. Hiervon ist auch der Kulturbereich betroffen. So haben alle Parteien in den letzten Jahrzehnten immer wieder spezifische kulturpolitische Programme entwickelt, in denen sie ihre jeweiligen Positionen zu kulturpolitischen Fragen niederlegen. Über die jeweiligen Mandatsträger in den Fraktionen der Parlamente, in den Gemeinderäten bzw. über ihre jeweiligen Kulturdezernenten und Kulturreferenten wirken sie so am kulturpolitischen Willensbildungsprozess mit.

Daneben spielen auch die sog. parteinahen Stiftungen (wie z. B. *die Friedrich-Ebert-Stiftung*, die *Konrad-Adenauer-Stiftung*, die *Friedrich Naumann-Stiftung*, die *Heinrich-Böll-Stiftung* usw.) eine Rolle in der Kulturarbeit.

Verbände

Wie bereits zitiert, gewährt Art. 9/3 GG das Recht, zur Wahrung und Förderung der Arbeits- und Wirtschaftsbedingungen Vereinigungen zu bilden; dieses Recht ist ausdrücklich „für jedermann und für alle Berufe gewährleistet". Es

---

294 Vgl. hierzu ausführlich: Klein, Armin (1979): Parteien und Wahlen in der Kommunalpolitik. In: Gabriel, Oscar W. (Hrsg.) (1979): Kommunalpolitik im Wandel der Gesellschaft. Eine Einführung in Probleme der politischen Willensbildung in der Gemeinde, Königstein

wird durch die Gründung spezifischer Verbände realisiert. Allgemein bezeichnet man als Verbände die Vereinigung von Personen oder Personengesamtheiten zur Verfolgung gemeinsamer Zwecke. Neben nicht-rechtsfähigen gibt es rechtsfähige Verbände, die als juristische Personen selbst Träger von Rechten und Pflichten sind. Sie können privatrechtliche Zusammenschlüsse (AG, Vereine usw.) oder öffentlich-rechtliche Körperschaften (Wasser- und Bodenverbände, Sozialversicherungsträger u. ä.) sein, wobei ihre Willensbildung entsprechend ihren Satzungen erfolgt.

Insbesondere die Bundesrepublik Deutschland zeichnet sich durch ein ausgesprochen starkes Verbändewesen aus, wofür immer wieder der Begriff des „Verbändestaates" gebraucht wird. So zeichnet sich das deutsche Verbändewesen durch seine ausgeprägte Dichte und Differenziertheit aus. Allein 1.538 (Spitzen-)Verbände waren 1996 beim *Deutschen Bundestag* akkreditiert, was einer Zunahme um 140 % seit 1974 entspricht. Neben der fachlichen Differenziertheit sind die geringe Kompetivität und der hohe Zentralisierungsgrad der Verbände hervorzuheben. Die Mehrzahl der Verbände ist für ihre Organisationsdomäne alleine zuständig und auf regionaler bzw. Fachebene mit anderen Verbänden zusammengeschlossen. „Die Dach- und Spitzenverbände unterhalten Kontakte zum Gesetzgeber und zu den Ressorts der Ministerialverwaltung. Lobbytätigkeit, Anhörungsverfahren der Bundestagsfraktionen und -ausschüsse, Fachbeiräte der Ministerien sowie institutionelle Beteiligungsrechte von der Raumplanung bis zu den Rundfunkräten machen den sichtbaren Wirkungsraum der Verbände aus. Ebenso relevant ist der Informationsaustausch zwischen Verbänden und Ministerien bzw. Behörden. Bei der Ausarbeitung staatlicher Maßnahmen und deren Implementierung kommen regelmäßig die Expertise verbandlicher Experten und deren Kontakte zu Mitgliedern der Öffentlichkeit zur Geltung."[295]

Was hier über die Verbände und ihr Wirken in der Bundesrepublik Deutschland ganz allgemein formuliert ist, trifft ebenso auch auf den Kulturbereich[296] zu. Denn zur adäquaten Artikulation ihrer jeweiligen Interessen haben sich die verschiedenen Akteure des kulturellen Lebens in Verbänden zusammengeschlossen. Diese Verbände, die z. T. auf regionaler, Landes- und Bundesebene organisiert sind und teilweise ausschließlich auf der Bundesebene arbeiten, dienen zur internen Meinungsbildung und vertreten die Interessen ihrer Mitglieder gegenüber dem Gesetzgeber und anderen Verbänden.[297] Einige der wichtigsten Verbände seien hier kurz skizziert.

---

295 Wiesenthal (1998) S. 336
296 Einen guten Überblick geben Zimmermann, Olaf/Gabriele Schulz (Hrsg.) (2000a): Verbändealmanach 2001/2002, Bonn/Berlin
297 Zimmermann, Olaf/Gabriele Schulz (1999): Wo beginnt, wo endet Kulturpolitik? – Zur Idee des Wer ist was in der Kulturpolitik. In Zimmermann, Olaf/Gabriele Schulz (Hrsg.) (1999): Wer ist was in der Kulturpolitik – Handbuch des Deutschen Kulturrates, Berlin S. 15ff

Der Kulturausschuss des Deutschen Städtetages

Der *Deutsche Städtetag* ist der größte kommunale Spitzenverband in Deutschland.[298] Er vertritt die Interessen aller kreisfreien und der meisten kreisangehörigen Städte. In ihm haben sich über 5.700 Städte und Gemeinden mit insgesamt 51 Millionen Einwohnern zusammengeschlossen.

In den letzten mehr als fünf Jahrzehnten bestimmten vor allem die Mitglieder des *Kulturausschusses des Deutschen Städtetages* durch ihre zahlreichen Stellungnahmen, Kongresse und Publikationen ganz maßgeblich die kommunale Kulturpolitik in der Bundesrepublik Deutschland.[299] „,Im Kulturausschuss des Städtetages, da findet die eigentliche kulturpolitische Diskussion statt', sagte Peter Nestler lächelnd, als er in den 70er Jahren Kulturdezernent in Köln und Mitglied im Kulturausschuss wurde (...) Neben dem Kulturausschuss gab es allenfalls die ‚Loccumer Gespräche' und seit 1976 die *Kulturpolitische Gesellschaft*, in deren Diskussionen Ausschnitte der neuen Stadtkulturpolitik behandelt wurden. Die Empfehlungen des Kulturausschusses waren deshalb nahezu die einzige Fachlektüre zu den Themen der städtischen Kulturpolitik. Erst langsam gesellten sich einzelne Fachpublikationen dazu (...) Erst in den 60er und 70er Jahren wurde mehr daraus, setzte Kulturpolitik neue Qualifikationen voraus, wurde Kulturverwaltung zur Spezialverwaltung. Der Prozess der Qualifizierung spiegelte sich zum Teil in den Diskussionen des Kulturausschusses wider, zum Teil ist er davon bewegt worden."[300]

Diese Diskussionen fanden auf vielbeachteten Kongressen statt, wie z. B. dem im Jahre 1971 in München unter dem Motto *Rettet unsere Städte jetzt* veranstalteten und dem vor allem einer neuen Kulturpolitik Bahn brechenden von 1973 *Wege zur menschlichen Stadt*[301] in Dortmund. Hinzu kamen zahlreiche *Bestandsaufnahmen*[302], *Arbeitshilfen*[303] und *Hinweise und Materialien*[304], die den Kulturverwaltern vor Ort in den Kommunen bei der Gestaltung der Kulturpolitik helfen sollten. Da der *Deutsche Städtetag* mit seinen inhaltlichen Stellungnahmen ganz wesentlich den kulturpolitischen Diskurs und dementsprechend die kulturpolitische Zielsetzung mitbestimmte, wird auf die einzelnen Veröffentlichungen im vierten Kapitel ausführlicher eingegangen.

---

298 www.staedtetag.de
299 Vgl. hierzu ausführlich: Fünf Jahrzehnte kommunale Kulturpolitik (1992), Köln (Reihe C, *Deutscher Städtetag-Beiträge* zur Bildungs- und Kulturpolitik, Heft 20)
300 Plagemann, Volker: Beitrag. In: Fünf Jahrzehnte kommunale Kulturpolitik (1992) S. 17
301 Wege zur menschlichen Stadt. Vorträge, Aussprachen und Ergebnisse der 17. Hauptversammlung des *Deutschen Städtetages* vom 2. bis 4. Mai 1973 in Dortmund (1973), Stuttgart
302 Vgl. z. B.: Deutscher Städtetag (1979)
303 Vgl. z. B.: Deutscher Städtetag (1986): Stadt und Kultur. Arbeitshilfen des Deutschen Städtetages zur städtischen Kulturpolitik, Stuttgart
304 Vgl. z. B.: Deutscher Städtetag (1987): Kultur vor Ort. Hinweise und Materialien zur Förderung der offenen Kulturarbeit in den Städten, Stuttgart

Im Jahre 2004 setzte der *Deutsche Städtetag* insofern ein in der Folge verheerendes Zeichen, als er im Zuge allgemeiner Sparmaßnahmen die Position eines eigenständigen Kulturdezernenten nicht wiederbesetzte, sondern dessen Aufgaben in ein anderes Ressort übertrug. Damit entfiel nicht nur auf der Verbandsebene ein wichtiger Akteur, der immer wieder die kulturpolitischen Interessen der Städte und Gemeinden artikulierte, sondern diese Entscheidung hatte für manche Gemeinde oder Stadt die fatale Signalwirkung, dass man auf das Amt des Kulturdezernenten in finanziell schwierigen Zeiten durchaus auch verzichten und dieses zur allgemeinen Disposition stellen könnte.

Der Deutsche Kulturrat

Der *Deutsche Kulturrat*[305] wurde 1981 als politisch unabhängige Arbeitsgemeinschaft kultur- und medienpolitischer Organisationen und Institutionen von bundesweiter Bedeutung gegründet. Damals wurde formuliert, der Kulturrat solle ein „Dachverband der Dachverbände" werden. Zwei Jahre später war er der anerkannte Dachverband der Bundeskulturverbände. 1995 wurde die Arbeitsgemeinschaft in die feste und handlungsfähigere Struktur eines gemeinnützigen Vereins überführt.

Sein langjähriger Geschäftsführer, Olaf Zimmermann, schrieb zu diesem Gründungsvorgang: „Zweihundert Bundesverbände des kulturellen Lebens haben sich dem *Deutschen Kulturrat*, dem Spitzenverband der Bundeskulturverbände, angeschlossen. Der *Deutsche Kulturrat* vertritt die spartenübergreifenden gemeinsamen Interessen seiner Mitglieder gegenüber den gemeinsamen Einrichtungen der Länder, dem Bund und der Europäischen Union. Wie bereits die Vielzahl der Partner des kulturellen Lebens zeigt, sind die Interessen nicht immer gleich. Die Interessenvertreter der Künstler und Künstlerinnen sowie auf der anderen Seite die Interessenvertreter der Kulturwirtschaft sind nicht in allen Fragen einer Meinung, sondern vertreten teilweise entgegengesetzte Positionen. Aus der Vielzahl der Interessen die gemeinsamen herauszufiltern, nach einem Konsens zu suchen und diesen Kompromiss gegenüber den Ausschüssen des *Deutschen Bundestags*, der Bundesregierung, den gemeinsamen Einrichtungen der Länder, der Öffentlichkeit und anderen Verbänden des Dritten Sektors zu vertreten, ist Aufgabe des Deutschen Kulturrates. Der *Deutsche Kulturrat* ist demnach wie andere Spitzenverbände ein klassischer Lobbyverband. Seine Besonderheit besteht darin, dass anders als beispielsweise bei der Bundesvereinigung der Arbeitgeberverbände oder beim deutschen Gewerkschaftsbund nicht die Interessen einer

---

305 www.kulturrat.de

Seite – Arbeitgeber oder Arbeitnehmer – vertreten werden, sondern die gesamte Vielschichtigkeit des kulturellen Lebens."[306]

Mitglieder innerhalb des *Deutschen Kulturrates* sind wiederum die Spitzenverbände der einzelnen Sparten, die ihrerseits Verbände repräsentieren; im Einzelnen sind dies:

- *Deutscher Musikrat* (91 Mitgliedsorganisationen)
- *Rat für Darstellende Kunst* (26 Mitgliedsorganisationen)
- *Deutsche Literaturkonferenz* (23 Mitgliedsorganisationen)
- *Kunstrat* (24 Mitgliedsorganisationen)
- *Rat für Baukultur* (8 Mitgliedsorganisationen)
- *Sektion Design* (8 Mitgliedsorganisationen)
- *Sektion Film/Audiovision* (4 Mitgliedsorganisationen)
- *Rat für Soziokultur* (13 Mitgliedsorganisationen)

Jede dieser selbstständigen Sektionen ist im Sprecherrat und in der Delegiertenversammlung des *Deutschen Kulturrats e. V.*, dem jährlich tagenden Plenum, vertreten. Aus dem Kreis des Sprecherrates wird alle zwei Jahre der Vorstand des Sprecherrates gewählt. Eine Geschäftsstelle koordiniert die Arbeit des *Deutschen Kulturrats* und setzt die Beschlüsse des Vorstandes, des Plenums und des Sprecherrates um. Sie unterhält Kontakte zur Politik und Verwaltung und entwickelt Vorhaben und Projekte. Die Expertinnen und Experten in den Fachausschüssen des Deutschen Kulturrats erarbeiten Empfehlungen und Stellungnahmen, die kultur- und medienpolitische Problemfelder benennen und Handlungsperspektiven aufzeigen. Der *Deutsche Kulturrat* gibt zur besseren Publikation seiner Positionen die Zeitung *politik und kultur* heraus.

Der *Deutsche Kulturrat* versteht sich somit als Ansprechpartner von Politik und Verwaltung des Bundes, der Länder und der Europäischen Union in allen die einzelnen Sparten übergreifenden kulturpolitischen Angelegenheiten. Ziel des *Deutschen Kulturrats* ist es, bundesweit spartenübergreifende Fragen in die kulturpolitische Diskussion auf allen Ebenen einzubringen. Hierzu wurden „kulturpolitische Positionen" erarbeitet.

Daneben beeinflusst vor allen Dingen ein Verein seit fast dreißig Jahren ganz nachhaltig die Kulturpolitik, die 1976 in Hamburg gegründete *Kulturpolitische Gesellschaft*.

---

306 Zimmermann/Schulz (1999) S. 15ff

Die Kulturpolitische Gesellschaft

Die *Kulturpolitische Gesellschaft e. V.*[307] ist ein bundesweiter Zusammenschluss kulturpolitisch interessierter und engagierter Menschen aus den Bereichen Kulturarbeit, Kunst, Politik, Wissenschaft, Publizistik und Kulturverwaltung. Zusammen mit dem *Deutschen Kulturrat e. V.* betreibt der Verband seit 1998 im Bonner *Haus der Kultur* den *Cultural Contact Point* (*CCP*). Er hat die Aufgabe, die kulturpolitischen Entwicklungen und Förderkonzepte auf Europäischer Ebene zu verfolgen und darüber die Kulturverbände in Deutschland auf dem Laufenden zu halten.

Die *KupoGe* wurde 1976 gegründet und hat ihren Sitz nach Stationen in Bonn, Köln und Hagen seit 1996 wiederum in Bonn. Gründung und Aufbau der Vereinigung waren seinerzeit durch das Motiv bestimmt, das reformpolitische Engagement der 70er Jahre (Stichwort: „Mehr Demokratie wagen") auch im Kulturbereich zur Geltung zu bringen. Dafür standen damals die Namen Hermann Glaser, Hilmar Hoffmann, Olaf Schwencke, Alfons Spielhoff u. a., die auch die Initiatoren der *Kulturpolitischen Gesellschaft* waren. Für die verbandspolitische Gründerinitiative war überdies eine strukturelle Schwäche des Kulturbereichs ausschlaggebend: Aufgrund der föderalistischen Struktur der Kompetenzverteilung und der Spartensystematik gab es keinen übergreifenden Erfahrungsaustausch und kaum programmatische Debatten, die der Kulturpolitik insgesamt hätten Profil geben können. Diesem Manko sollte mit der Bildung eines unabhängigen Forums als neutrale Ebene neben den Interessensphären von Kulturpolitik, -verwaltung und -szene begegnet werden.

Die *Kulturpolitische Gesellschaft* ist daher kein bloß berufsständischer Interessenverband und auch an keine Partei, Kirche oder Gewerkschaft gebunden. Ihre Mitglieder verstehen sich als kulturpolitische Arbeitsgemeinschaft, die sich in den alten und neuen Bundesländern für eine zeitgemäße und demokratische Kulturpolitik engagiert, damit Kunst und Kultur die ihr angemessene Förderung in der Gesellschaft erfahren können. Seit mehr als zwanzig Jahren setzt sie sich ein für die Entwicklung kultureller Chancengleichheit sowie für neue Formen und Orte der kulturellen (Selbst-)Darstellung und Begegnung, damit eine möglichst plurale Trägerstruktur kunstschaffender und -vermittelnder Einrichtungen entstehen und gesichert werden kann. Die *Kulturpolitische Gesellschaft* begreift sich insofern auch als eine Innovationsagentur für neue kulturpolitische Programme und Konzepte, Trägerschaftsstrukturen und Finanzierungsmodelle. Das zeigt sich nicht zuletzt in ihrem Engagement im Rahmen der regionalen Kulturpolitik wie auch bei der kommunalen Kulturverwaltungsreform.

---

307 www.kupoge.de; vgl. hierzu ausführlich auch: Sievers, Norbert (1988): Neue Kulturpolitik. Programmatik und Verbandseinfluss am Beispiel der Kulturpolitischen Gesellschaft, Hagen (Dokumentation 32 der *Kulturpolitischen Gesellschaft*)

Das Spektrum der Verbandsaktivitäten ist sehr vielfältig. Dennoch lassen sich folgende Schwerpunkte herausheben:

(1) Die Intensivierung der kulturpolitischen Diskussion. Die von ihr veranstalteten Expertengespräche, Hearings, Kolloquien etc. zu kulturpolitischen, kulturwissenschaftlichen und -praktischen Fragestellungen dienen der Weiterbildung, dem Erfahrungsaustausch und dem Meinungsstreit der kulturpolitischen Akteure. Sie vermitteln handlungsrelevante Informationen und sind somit ein Fokus für die kulturpolitische Fachöffentlichkeit in der Bundesrepublik Deutschland. Von 1976-1997 hat die KupoGe nahezu 200 Tagungen (mit-)veranstaltet, an denen ca. 25.000 Akteure und Multiplikatoren teilgenommen haben.

(2) Die publizistische Vermittlung von Informationen und Meinungen. Schwerpunkt der publizistischen Tätigkeit ist die Herausgabe der Zeitschrift für Kulturpolitik (*Kulturpolitische Mitteilungen*). Sie ist das zentrale Informations- und Diskussionsorgan für kulturpolitische Fragen im engeren Sinne und in dieser Form einzigartig in Deutschland. Die Zeitschrift erscheint vierteljährlich in einem Umfang von ca. 80 Seiten und einer Auflage von 3.000 Exemplaren und erreicht die wichtigsten Multiplikatoren im kulturpolitischen Bereich. Weiterhin gibt die KupoGe drei Schriftenreihen heraus: die *Dokumentationen,* die *edition umbruch* und die *Materialien*. In den *Dokumentationen* werden in der Regel Referate und Diskussionsergebnisse der Fachtagungen verarbeitet und der Öffentlichkeit zugänglich gemacht. Die *edition umbruch* wurde 1993 ins Leben gerufen, um das Spektrum der Veröffentlichungen zu erweitern, indem thematisch stärker auf Einzelaspekte der Kulturpolitik eingegangen wird.

(3) Die Erarbeitung von wissenschaftlichen Expertisen, Bestandsaufnahmen und Forschungsaufträgen. Ein immer stärkeres Gewicht in der Tätigkeit der KupoGe erhält seit einigen Jahren der Projektbereich. Im Auftrag öffentlicher Institutionen werden Bestandsaufnahmen, Literaturzusammenstellungen, Recherchen, Umfragen, Konzeptentwicklungen und Qualifizierungsmaßnahmen erarbeitet. Aufgrund der wachsenden Bedeutung dieses Bereiches hat der Verband dazu ein *Institut für Kulturpolitik* gegründet, dessen Aufgaben die zukunftsbezogene kulturpolitische Forschung und Politikberatung ist. Das Institut gibt seit 2001 das *Jahrbuch für Kulturpolitik* heraus.

Arbeitgeberverbände und Gewerkschaften

Im obigen Zusammenhang wurden bereits zwei ganz spezifische Vereinigungen zur Wahrung und Förderung der Arbeits- und Wirtschaftsbedingungen angesprochen: die *Gewerkschaften* auf der einen, die verschiedenen *Arbeit-*

167

geberverbände auf der anderen Seite. Einerseits engagieren sie sich als Spitzenverbände ganz direkt für die Wahrung der spezifischen Arbeitnehmerinteressen (wie z. B. in der *Deutschen Bühnengenossenschaft*, in der *Orchestervereinigung*, in der *Deutschen Angestelltengewerkschaft DAG* bzw. in der Dienstleistungsgewerkschaft *VERDI*) bzw. als Arbeitgeberverbände (wie z. B. im *Deutschen Bühnenverein*). Darüber hinaus beteiligen sie sich am kulturpolitischen Leben der Bundesrepublik, sei es, dass diese Verbände eigene Kulturarbeitskreise (z. B. *Kulturarbeitskreis des DGB* bzw. *Kulturkreis im Bundesverband der Deutschen Industrie*[308]) gründen, sei es, dass sie über verbandsnahe Stiftungen (z. B. die Hans-Böckler Stiftung der Gewerkschaften) Kulturarbeit betreiben.

Stiftungen

Stiftungen („foundations") spielen vor allem im amerikanischen Raum eine herausragende Rolle in der Kulturpolitik. In Deutschland wird man sich ihrer spezifischen Rolle gerade für Kultur und Kulturpolitik erst allmählich bewusst. „Stiftungen gehören zu den ältesten Instrumenten bürgerschaftlichen Handelns, die wir in der Geschichte kennen. Seit Jahrtausenden tun Menschen das, was wir heute stiften nennen. Sie geben für einen Zweck, den sie für wichtig halten, Vermögen hin und bestimmen, dass es auf Dauer nur für diesen Zweck verwendet werden darf."[309]

Die Stiftung ist eine rechtliche Institutionsform, bei der ein privates oder öffentliches Vermögen für einen vom Stifter bestimmten Zweck gebunden wird, um eine klar definierte Aufgabe aus den Erträgen dieses Stiftungsvermögens zu finanzieren. Solche Stiftungen können zum einen öffentlich-rechtlicher Art sein; eine sehr große Stiftung dieses Typus ist im Kulturbereich beispielsweise die 1957 eingerichtete *Stiftung Preußischer Kulturbesitz* (vgl. oben).

Sehr viel häufiger und vor allem typischer sind indes privatrechtliche Stiftungen, wobei hier unterschieden werden kann in Stiftungen, die ausschließlich dem Unterhalt bestimmter Einrichtungen dienen und so genannten

---

308 Vgl. hierzu ausführlich u. a.: Grasskamp, Walter/Wolfgang Ulrich (2001): Mäzene, Stifter und Sponsoren. 50 Jahre Kulturpolitik der deutschen Wirtschaft im BDI, Stuttgart; Aktionskreis Kultur im Bundesverband der Deutschen Industrie (2003): Handbuch Wirtschaft und Kultur: Formen und Fakten unternehmerischer Kulturförderung, Berlin; Görsch, Markus (2000): Komplementäre Kulturfinanzierung: das Zusammenwirken von staatlichen und privaten Zuwendungen bei der Finanzierung von Kunst und Kultur, Leipzig; Grosz, Andreas (1999): Die Kultur-AG: neue Allianzen zwichen Wirtschaft und Kultur, München; Hoffmann, Hilmar (Hrsg.) (2001): Kultur und Wirtschaft: knappe Kassen – neue Allianzen, Köln

309 Strachwitz, Rupert Graf (1994): Stiftungen – nutzen, führen und errichten: ein Handbuch, Frankfurt/M./New York S. 9

operativen Stiftungen, die für eine Kulturförderung Dritter zur Verfügung stehen (z. B. Stiftungen der Banken und Sparkassen, Kulturstiftungen einzelner Bundesländer, die *Siemens-Kulturstiftung* usw.).[310]

Vereine

Deutschland ist sicherlich ein Land der Vereine, d. h. es gibt Tausende von Heimat-, Trachten-, Gesangs-, Musik- und sonstigen Kulturvereinen bis hinunter in die kleinste Gemeinde. Die verfassungsmäßige Grundlage, sich verbandsmäßig zu organisieren, findet sich, wie oben angesprochen, explizit in Art. 9 GG, wonach alle Deutschen das Recht haben, Vereine und Gesellschaften zu bilden. Diese Vereinsfreiheit findet ihre Grenzen nach Art. 9 Abs. 2 GG bei solchen Vereinigungen, deren Zweck, Tätigkeit oder Organisation gegen ein Strafgesetz verstößt oder sich gegen die verfassungsmäßige Ordnung in Deutschland bzw. den Grundsatz der Völkerverständigung richtet.

Die Schwierigkeit bei der Analyse des Vereinswesens besteht zunächst darin, die Privatinitiative des Bürgers von der staatlichen Organisationsbefugnis zu trennen. Die ,Vereine', in denen ausschließlich der Einzelne das Gestaltungsrecht besitzt, entstehen durch den Zusammenschluss mehrerer natürlicher Personen auf der Basis eines Vertrages (z. B. Gesellschaftsvertrag, Gründungsakt bei Vereinen). Allen diesen Zusammenschlüssen ist eigen, dass die vielen Personen keine feste Bindung untereinander besitzen, im Rechtsleben nicht gesondert auftreten, aber ein gemeinsames Ziel haben und sich zur Erreichung desselben zu einer überindividuellen Organisation zusammengeschlossen haben. Und diese Organisation ist nach dem Willen der Gründungsmitglieder in sehr vielen Fällen ein selbstständiger Rechtsträger, ein selbstständiges Rechtssubjekt, eine sog. juristische Person. Als solche kann sie selbstständig am Rechtsleben teilnehmen, Prozesse führen, Rechte und Vermögen erwerben etc.[311]

Vereine spielen im Kulturleben der Städte und Gemeinden, aber auch regional und sogar auf nationaler Ebene so eine wichtige Rolle, weil sich in ihnen das kulturelle, aber auch kulturpolitische Engagement der Bürgerinnen

---

310 Vgl. hierzu ausführlich: Heinrichs (1997), S. 174-205; Beauftragter der Bundesregierung für Angelegenheiten der Kultur und der Medien (2002): Kulturstiftungen: ein Handbuch für die Praxis, Berlin; Bellezza, Enrico/Michael Kilian (2001): Der Staat als Stifter – Stiftungen als ,public private Partnerships' im Kulturbereich, Gütersloh; Bundesverband Deutscher Stiftungen (2001a): Stiftungen als Träger von Kultureinrichtungen: Dokumentation der 4. Tagung des Arbeitskreises Kunst- und Kulturstiftungen, Berlin; Bundesverband Deutscher Stiftungen (2001b): Stiftungen sichern Qualität: Dokumentation der 3. Tagung des Arbeitskreises Kunst- und Kulturstiftungen, Berlin

311 Friedrich, Walther J. (1994): Vereine und Gesellschaften, München S. 23

und Bürger wieder findet.[312] D. h., der Staat kann über die Vereine das kulturelle Leben in einer Stadt oder Gemeinde fördern (vgl. zu den Instrumenten Kapitel Fünf), ohne selbst direkt aktiv zu werden. Es ist natürlich unmöglich, hier einen Überblick über die kulturelle Vereinslandschaft in der Bundesrepublik Deutschland zu geben.[313]

Hochschulen und Kirchen

Der Vollständigkeit halber seien noch die Hochschulen und die Kirchen erwähnt, die nicht nur am kulturellen Leben beteiligt sind, sondern über Stellungnahmen, Expertisen usw. auch Akteure im kulturpolitischen Prozess sind.

Aus dem Zusammenspiel aller dieser Akteure auf den unterschiedlichsten Ebenen des Staats- und Gesellschaftsaufbaus ergibt sich das Geflecht der Kulturpolitik.

---

312 Vgl. hierzu ausführlich: Zimmer, Annette (1996): Vereine – Basiselemente der Demokratie, Opladen; Deutscher Kulturrrat (Hrsg.) (1996): Ehrenamt in der Kultur. Stand und Perspektiven ehrenamtlicher Arbeit im Kulturbereich, Bonn; Wagner, Bernd (2003): Engagiert für Kultur: Beispiele ehrenamtlicher Arbeit im Kulturbereich, Essen; Kersting, Norbert (2002): Ehre oder Amt? Qualifizierung bürgerschaftlichen Engagements im Kulturbereich, Opladen; Wagner, Bernd (Hrsg.) (2000): Ehrenamt, Freiwilligenarbeit und bürgerschaftliches Engagmeent in der Kultur, Bonn

313 Hilfreich ist hier, neben den bereits angesprochenen Publikationen des Deutschen Kulturrats, das Buch: Kroll, Jens M. (1998): Presse-Taschenbuch Kunst, Architektur, Design, 1998/1999, Seefeld

4 Kulturtheoretischer Diskurs und kulturpolitische Ziele

Weil – wie im dritten Kapitel ausführlich dargestellt – die juristischen Rahmenbedingungen einen weiten inhaltlichen Gestaltungsspielraum lassen (die Rechtslage spricht nur vom *ob*, nicht aber vom *wie* praktischer Kulturpolitik), kommt in diesem Politikbereich der *inhaltlichen* Diskussion so große Bedeutung zu. Das bedeutet: über das *wie*, d. h. die angestrebten Ziele der Kulturpolitik – also die *policy* (vgl. hierzu das erste Kapitel), muss immer wieder neu diskutiert werden. Die relative Offenheit dieses (kultur-)politischen Diskurses hängt nicht zuletzt damit zusammen, dass in diesen Prozess eine Vielzahl von Gruppierungen und Akteuren eingebunden sind. Es sind also – wie oben dargestellt – keineswegs nur die direkten staatlichen oder kommunalen Gremien (Parlamente, Gemeinderäte, Ausschüsse usw.), die zur kulturpolitischen Zielfindung beitragen. Ebenso formulieren die Künstler und Kulturschaffenden selbst, ihre entsprechenden Verbände ihre Zielvorstellungen, ebenso aber auch Theoretiker aus den Kulturwissenschaften normative Konzepte.

Diese Diskussionen finden ihren Niederschlag in entsprechenden Publikationen, in Parteiprogrammen, in öffentlichen Stellungnahmen von Verbänden usw., bevor sie dann in praktische Kulturpolitik einfließen. Als Beispiel für die Umsetzung solcher Ziele können beispielsweise die Antworten der im Deutschen Bundestag vertretenen Parteien auf die sog. *Wahlprüfsteine des Deutschen Kulturrates* vor der Bundestagswahl 2002 gelesen werden. Auf die sehr differenzierten Fragen des zentralen Verbandes der Kunst- und Kulturschaffenden in der Bundesrepublik geben die Parteien teilweise ebenso detailliert Auskunft über ihre jeweiligen Positionen.[314] (Auf einige der Ausführungen wird im fünften Kapitel im Zusammenhang mit den *Instrumenten der Kulturpolitik* eingegangen)

Zu dem Zusammenspiel der unterschiedlichen Kräfte, Ideen, Vorstellungen, Konzepte und Interessen schreibt der Geschäftsführer des *Deutschen Kulturrates*, Olaf Zimmermann: „Kulturpolitik zu gestalten, bedeutet heute in erster Linie, in dem komplexen Geflecht der verschiedenen Partner die unterschiedlichen, z. T. entgegengesetzten Anliegen der verschiedenen Bereiche

---

314 Die Wahlprüfsteine des Deutschen Kulturrates und die Antworten der Bundestagsparteien. in: Zimmermann, Olaf/Gabriele Schulz (2002): Herausforderung Kulturpolitik. Die Antworten der Parteien – Ein Überblick. In: *politik und kultur.* Zeitung des Deutschen Kulturrates, Sonderausgabe Wahlprüfsteine 2002

des kulturellen Lebens zu verdeutlichen und auf eine Verbesserung der Rahmenbedingungen für Kunst und Kultur hinzuwirken."[315] Unter diesem Aspekt kann es kaum verwundern, dass in den zurückliegenden gut fünfzig Jahren in den einzelnen Phasen durchaus unterschiedliche inhaltliche Schwerpunkte gesetzt wurden.

Praktische Kulturpolitik und kulturpolitische Programme stehen in einem engen Verhältnis zu theoretischen Reflexionen über Kunst und Kultur und ihrer Funktion in einer sich wandelnden Gesellschaft. Viele Elemente, Motive und Gedankengänge, die von Philosophen, Kultur- und Gesellschaftswissenschaftlern entwickelt wurden und werden, fließen immer wieder in die kulturpolitische Diskussion ein und beeinflussen so die praktische Politik in der einen oder anderen Richtung. Max Fuchs, Vorsitzender des *Deutschen Kulturrates*, schreibt hierzu: „Man sollte in der Kulturpolitik die Erkenntnisse, die etwa die Gesellschaftswissenschaften und die Soziologie über Genese, Rolle und Funktion der Künste erarbeitet haben, bewusst zur Kenntnis nehmen. Dazu gehört insbesondere die Analyse der unterschiedlichen gesellschaftlichen Trägergruppen einzelner Kunstbereiche und Kunsteinrichtungen. Dazu gehört auch, den oft verwendeten Topos des Eigenwertes von Kunst und Kunstautonomie sorgsam zu reflektieren und präziser darzustellen, was er jeweils bedeutet hat und in Zukunft bedeuten kann (...) Man kann auf anthropologischer Ebene die Erkenntnisse über die menschliche Notwendigkeit einer künstlerischen (produktiven und rezeptiven) Praxis nutzen. Man sollte sich zusätzlich darüber informieren, ob und wie die heutige (und zukünftige) Gesellschaft Systeme der Selbstreflexion und Beobachtung benötigt und inwieweit das Kunstsystem sich hier einordnen lässt."[316]

Das Wirksamwerden dieser theoretischen Überlegungen steht dabei in enger Beziehung zu den gesellschaftlichen Möglichkeiten (etwa Bildungsstand, Einkommensverhältnis, frei verfügbare Zeit usw.) und zu allgemeinen Bewusstseinslagen, die sich diesen Gedanken eher öffnen oder verschließen. Dadurch kommt es im Verhältnis von kulturtheoretischen Diskursen und praktischer Umsetzung immer wieder zu „Ungleichzeitigkeiten", d. h. manche Theorien sind u. U. bereits fertig ausformuliert, ohne dass die Zeit reif wäre für ihre praktische Umsetzung. Erst wenn die tatsächlichen Entwicklungen auch wirklich so verlaufen, wie von Theoretikern prognostiziert, öffnet sich die aktuelle kulturpolitische Diskussion diesen Überlegungen.

Umgekehrt kann unter bestimmten gesellschaftlichen Voraussetzungen auch an Theorien angeknüpft werden, die in einem ganz anderen Stadium der gesellschaftlichen Entwicklung formuliert wurden, wenn sie nur eine bestimmte, von der Gesellschaft aktuell geforderte Funktion erfüllen. Drittens ist es durchaus möglich, dass sich kulturpolitische Ansätze verschiedener

---

315 Zimmermann, Olaf/Gabriele Schulz (2001): Strukturen der Kulturpolitik in der Bundesrepublik Deutschland. In: *Handbuch KulturManagement*, Mai 2001 (Lieferung A 1.8). S. 3
316 Fuchs, Max (2005): Kulturpolitik im Aufbruch? In: *politik und kultur*, 02, 2005 S. 2

Phasen überlagern, weil ihre Vertreter in unterschiedlichen Jahrzehnten sozialisiert wurden und diese kulturelle Sozialisation, wie Albrecht Göschel[317] überzeugend nachgewiesen hat, mehr oder weniger ein Leben lang prägt. Da der rechtliche Rahmen gerade im Bereich der Kulturpolitik recht flexibel ist, kommt der inhaltlichen Prägung kultureller Einstellungen leitender Mitarbeiter in kommunalen Kulturämtern besondere Bedeutung zu, wie Patrick Glogner[318] in einer groß angelegten Untersuchung gezeigt hat. Somit kann es kaum verwundern, dass verschiedene inhaltliche kulturpolitische Orientierungen nebeneinander bestehen und quasi um die „Interpretationshoheit" ringen (der italienische Philosoph Antonio Gramsci sprach in diesem Zusammenhang vom Kampf um die *kulturelle Hegemonie*).

Die inhaltlichen Ziele selbst können wieder ganz unterschiedlich ausgerichtet sein.

- Eher *ästhetisch-inhaltliche Zielsetzungen* zielen darauf ab, dass es Aufgabe staatlichen Handels ist, Rahmenbedingungen zu schaffen, in denen Kunst und Kultur sich (in jeder Hinsicht) frei (d. h. frei auch von irgendwelchen sog. sozialen oder ökonomischen Sekundärnutzen) entfalten können sollen. Hier stehen Kunst und Kultur per se im Vordergrund aller Bemühungen. „Dem ‚Wahren, Schönen, Guten' dienen – unter dieses Motto stellte der deutsche Idealismus die Kultur. Und was sich an Kulturpolitik deutscher Duodezfürsten und später unter Bürger-Herrschaft vollzog, hatte der Erfüllung dieses hehren Ziels zu dienen: den harten und für die vielen dreckigen Alltag – ihn galt es über Zeugnisse und Exponate des Schönen in Dichtung, Musik, Malerei, Bildhauerei und Architektur vergessen zu machen."[319]
- Eher *bildungspolitisch ausgerichtete Zielsetzungen* verstehen „Kultur als Teil der individuellen Bildung"[320]. Dies gilt vor allem für solche Kulturangebote, die man unter dem Oberbegriff *Kulturelle Bildung* zusammenfassen kann (Bibliotheken, Volkshochschulen, Musik- und Jugendkunstschulen, kultur- und naturhistorische Museen).[321] Kultur wird in der Kulturpolitik aber nicht nur im Kontext von Schule und Erziehung gesehen, sondern auch als eine Form der Emanzipation verstanden. Allerdings wird darunter eine Emanzipation im Allgemeinen entworfen,

---

317 Göschel (1991) S. 5
318 Glogner, Patrick (2005): Kulturelle Einstellungen leitender Mitarbeiter kommunaler Kulturverwaltungen. Empirisch-kultursoziologische Untersuchungen, Wiesbaden (erscheint Herbst 2005)
319 Schwencke, Olaf (1988): Kulturpolitik ist Gesellschaftspolitik. In: Schwencke, Olaf/Norbert Sievers (Hrsg.): Kulturpolitik ist Gesellschaftspolitik. Gedenkschrift für Alfons Spielhoff, Hagen S. 1
320 Vgl. zum Folgenden insbesondere Heinrichs (1999b) S. 22ff
321 Vgl. beispielsweise Zacharias, Wolfgang (2001): Kultur und Bildung. Kunst und Leben. Zwischen Sinn und Sinnlichkeit, Essen

also eine Befreiung von jeder Art von Bevormundung. Dies hat in Deutschland durchaus eine lange Tradition. Erinnert sei in diesem Zusammenhang noch einmal an die im zweiten Kapitel zitierten Sätze von Wilhelm Meister: „Du siehst wohl, dass das alles für mich nur auf dem Theater zu finden ist, und dass ich mich in diesem einzigen Elemente nach Wunsch rühren und ausbilden kann. Auf den Brettern erscheint der gebildete Mensch so gut persönlich in seinem Glanz, als in den obern Klassen."

– Im Verständnis explizit *gesellschaftspolitisch orientierter Zielsetzungen* entfaltet sich Kultur immer nur in einem gesellschaftlichen Kontext. Ohne Gesellschaft ist Kultur nicht vorstellbar und von daher ist es auch angebracht, Kultur stets im Kontext mit gesellschaftspolitischen Zielen zu sehen.[322] Dies können z. B. jugend- oder sozialpolitische Ziele (z. B. *Kultur für alle*) sein, aber auch emanzipatorische oder ökologische. So schreibt einer der Protagonisten der sog. *Neuen Kulturpolitik* in der Gedenkschrift für Alfons Spielhoff (mit dem bezeichnenden Titel: „Kulturpolitik ist Gesellschaftspolitik"): „Die herkömmliche Kulturpolitik jedenfalls hat die wachsende Zerstörung der ökologischen und kulturellen Lebenswelt nicht verhindern können; sie hat auch dem Krieg-als-Ernstfall-Denken keineswegs vehement entgegengewirkt. Widerstandspotenziale erwachsen in der Alltagswelt: wo anders als hier werden die gesellschaftlichen Defizite erfahrbar und entstehen politische Widerstände? (...) Was wir eine ‚neue Kulturpolitik‘ nennen, meint im Kern schon das korrespondierende Gegenüber, das kreative Verhältnis von Gesellschaft und Frieden. Hierin lässt sich evident machen, was der ‚großen‘ Realpolitik offensichtlich noch unmöglich ist. Die Chance wächst, dass sich an der Basis der sog. kleinen Leute die Priorität von der Politik wiederherstellen lässt – weil die Friedensfrage von allen begriffen wird."[323] Der Fächer der thematischen Möglichkeiten ist breit, allerdings steigt mit der Breite auch die Gefahr, sich vom eigentlichen Kern von Kunst und Kultur zu entfernen und die Kultur damit nur noch für gesellschaftspolitische Zwecke zu instrumentalisieren.

– In den späten achtziger Jahren wurden erstmals auch *ökonomische Ziele* im kulturpolitischen Diskurs formuliert.[324] „Jedes kulturelle Handeln hat auch wirtschaftliche Auswirkungen, sei es, dass dadurch Arbeitsplätze geschaffen werden, sei es, dass dadurch Einkommen erwirtschaftet werden. Doch neben diesen unmittelbar nachvollziehbaren Zusammenhängen

---

322 Vgl. hierzu etwa Fuchs, Max (1998): Kulturpolitik als gesellschaftliche Aufgabe. Eine Einführung in Theorie, Geschichte, Praxis, Wiesbaden
323 Schwencke (1988) S. 7
324 Vgl. Krieger, Georg (1996) Ökonomie und Kunst. Wechselseitige Beziehungen und regionale Aspekte, Berlin; Pommerehne, Werner W./Bruno S. Frey (1993): Musen und Märkte. Ansätze einer Ökonomik der Kunst, München; aktuell: Hoffmann, Hilmar (2001

bestehen auch indirekte ökonomische Effekte. So trägt beispielsweise eine kulturelle Belebung in der Stadt zur Aufwertung eines Standortes bei, was indirekt Auswirkungen auf die Standortsicherung von Wirtschaftsunternehmen, auf deren Personalmanagement und auf das Unternehmensmarketing haben kann. Doch diese Effekte muss man nicht zwangsläufig nur im Nachhinein konstatieren, man kann sie auch gezielt in den kulturpolitischen Entscheidungsprozess einbringen. Das ist etwa dann der Fall, wenn Kultur als Teil des Stadtmarketings gesehen wird, also als Bestandteil eines Konzeptes, das die Gegebenheiten und Aktivitäten in einer Stadt mit Blick auf die Bindungen nach innen und die Wirkungen auf Dritte koordiniert. In diesem Zusammenhang ist auch eine Verbindung von Kultur und Tourismus festzuhalten, wie sie vor allem im Rahmen des Städtetourismus als auch des Erholungstourismus im ländlichen Raum gesehen wird."[325]

Alle diese Ziele wurden und werden immer wieder in den kulturpolitischen Diskursen artikuliert. Manchmal werden sie als in Gegensatz stehend gesehen (oder gebracht), manchmal kommt es zur Deckung bzw. Überschneidung von Zielen. Im Folgenden werden nun einige Diskurse skizzenhaft dargestellt, die im letzten halben Jahrhundert ganz wesentlich die Kulturpolitik in der Bundesrepublik Deutschland beeinflusst haben.

4.1 Affirmative Kulturtheorie

Ein Beispiel für den oben angesprochenen Fall – dass nämlich unter bestimmten gesellschaftlichen Voraussetzungen an Theorien angeknüpft werden kann, die in einem ganz anderen Stadium der gesellschaftlichen Entwicklung formuliert wurden, wenn sie nur eine bestimmte, von der Gesellschaft aktuell geforderte Funktion erfüllen – bildet der kulturtheoretische Diskurs der unmittelbaren Nachkriegszeit. Seinerzeit wurde nach dem totalen Zusammenbruch von 1945 mehr oder weniger unvermittelt an den Kulturbegriff der Goethezeit bzw. der Weimarer Klassik, also jenem „Wahren, Schönen, Guten", angeknüpft und dieser zur Grundlage der neugegründeten Republik gemacht – ohne jede kritische Reflexion der mittlerweile erreichten Positionen der Moderne der Weimarer Republik von 1919 bis 1933 und ohne Aufarbeitung des Rückfalls in die zivilisatorische Barbarei der darauf folgenden Jahre von 1933 bis 1945.

---

325 Heinrichs (1999b) S. 23

Hermann Glaser[326] schreibt hierzu sarkastisch: „Die Rückkehr des Volkes der Richter und Henker zu dem der Dichter und Denker vollzog sich rasch und reibungslos. Affirmative Kultur fühlte sich durch die Ästhetisierung der Barbarei nicht desavouiert, sondern weiterhin in der Lage, einer zerschlagenen Nation kulturelles Selbstvertrauen zu vermitteln. Die Melancholie, die Trauerarbeit beinhaltet hätte, wurde dadurch gebremst – und das hieß auch verdrängt."

In der Zeit des unmittelbaren Wiederaufbaus, mit all ihren materiellen Nöten und Entbehrungen, hätten die eigentlich notwendige *Melancholie* und *Trauerarbeit* (beides Begriffe aus der Psychoanalyse und dort auf das Individuum bezogen) kollektiv durchgeführt eine weitgehende Lähmung der Kräfte des Wiederaufbaus zur Folge gehabt. Mit dieser Grundhaltung hätte sich das völlig zerstörte Land indes nicht aufbauen lassen. Also wurde die unmittelbare Vergangenheit – mit bestimmten Ausnahmen – *verdrängt* (ebenfalls ein Begriff der Psychoanalyse). Erst in den 60er Jahren schien die Zeit für die individuell wie gesamtgesellschaftlich so notwendige Trauerarbeit unter dem Stichwort der *Vergangenheitsbewältigung* reif. Ein sozialpsychologischer Bestseller der 60er Jahre trug daher den bezeichnenden Titel: *Die Unfähigkeit zu trauern*. In diesem Buch rief der Psychologe Alexander Mitscherlich seine Landsleute zu der so notwendig gewordenen Trauerarbeit auf.

„In der ersten Phase der Trümmerjahre wurde freilich die kulturelle Aufgabe oft mehr (...) im Geiste des 19. Jahrhunderts (wie er noch im Bürgertum der Weimarer Republik verinnerlicht gewesen war) als in einem solchen moderner Urbanität verstanden."[327] So wurde in der direkten Nachkriegszeit recht unvermittelt und unmittelbar an jenen *affirmativen Kulturbegriff*, wie Herbert Marcuse ihn bereits in den dreißiger Jahren skizziert und vor allem kritisiert hatte, angeknüpft (vgl. hierzu das erste Kapitel). Kulturpolitik stand so bis weit in die 60er Jahre im Schatten der *Bildungspolitik*, die in Anlehnung an die Ideale der deutschen Klassik eine Wiederkehr der Barbarei verhindern sollte.

Kulturwissenschaftliche bzw. -theoretische Konzepte gewinnen kulturpolitische Relevanz erst dann, wenn sie sich in offiziellen Programmen und Verlautbarungen niederschlagen, die ihrerseits das Selbstverständnis von Kulturpolitikern artikulieren und als Handlungsorientierungen im kulturpolitischen Alltagsgeschehen dienen. Jener affirmative Kulturbegriff, wie ihn Marcuse Ende der dreißiger Jahre kritisiert hatte, findet sich recht ungebrochen in den *Leitsätzen zur kommunalen Kulturarbeit* vom 18./19.1.1952 des *Deutschen Städtetages*, den sog. *Stuttgarter Richtlinien*, wenn es dort u. a. heißt: „Die deutschen Städte, in ihrem Willen, für die Wohlfahrt ihrer Bürger zu wirken, in langer Geschichte Hüter und *Pfleger* deutscher Kultur, fühlen

---

326 Glaser (1985) S. 21
327 Glaser (1985) S. 19

sich verpflichtet, trotz und gerade wegen der materiellen Nöte unserer Zeit ihrer Kulturaufgabe treu zu bleiben. Sie sind dazu umso mehr berufen, als durch die Veränderung der sozialen Verhältnisse bisher kulturtragende Kräfte in den Hintergrund getreten oder untergegangen sind. Die *Pflege* der Kultur ist für die Städte eine wichtige und dringliche Aufgabe sowohl um der kulturellen Werte willen, die es zu *pflegen* gilt, und der in dieser *Pflege* sich zeigenden geistigen Haltung als auch wegen der Bedeutung, die dieser *Pflege* für das Gemeinschaftsleben zukommt."[328]

Mit großer Penetranz wird immer wieder auf den Begriff der *Pflege* rekurriert. „Pflegen" kann man sinnvollerweise aber nur etwas, dessen Wert man sich unhinterfragt bewusst ist und den es unbedingt zu erhalten, nicht aber kritisch zu hinterfragen gilt. Zweifelsohne waren dies – nach einer tief greifenden „Werteerschütterung" während des Nationalsozialismus – jene Werte der Weimarer Klassik. Das die fünfziger und sechziger Jahre bestimmende Konzept der Kulturpolitik wird daher *Kulturpflege* genannt – ein Begriff übrigens, der sich nach wie vor zur Bezeichnung des entsprechenden Haushaltsplans im kommunalen Bereich findet.

Dieses Anknüpfen an einen affirmativen Kulturbegriff, wie er in der deutschen Klassik im 18. Jahrhundert entwickelt wurde, hatte zwei weit reichende Konsequenzen. Erstens fand kaum eine Auseinandersetzung mit der unmittelbaren Vergangenheit statt und wurde keine – eigentlich dringend notwendige – Aufarbeitung der Rolle der Kultur im Nationalsozialismus geleistet.[329] Zweitens wurde aber auch nicht an die Kulturproduktion und -politik der Weimarer Republik angeknüpft oder diese gar produktiv weiterentwickelt. „Städtische Kulturpolitik war ja bis in die späten 60er Jahre wenig mehr gewesen als die Verwaltung der größeren Kultureinrichtungen, die sich in Residenzstädten aus einer fürstlichen Tradition entwickelt hatten, und denen die bürgerlichen Städte ähnliches an die Seite stellen wollten, sowie die Verwaltung der Volksbildungseinrichtungen aus der Weimarer Zeit."[330]

---

328 Leitsätze zur kommunalen Kulturarbeit (Stuttgarter Richtlinien) (1971). In: Städtische Kulturpolitik. Empfehlungen, Richtlinien und Hinweise des Deutschen Städtetages zur Praxis städtischer Kulturpolitik 1946-1970. Neue Schriften des Deutschen Städtetages, Köln. (Hervorhebung A. K.)
329 Die mehrbändige Dokumentation von Joseph Wulf zur Kunst- und Kulturpolitik im Dritten Reich im Rowohlt-Taschenbuch-Verlag erschien bezeichnenderweise erstmals 1966
330 Plagemann, Volker (1992): S. 17

4.2 Soziokultur und kulturelle Demokratie

Die verdrängte Vergangenheit meldete sich allerdings mit Macht nach Abschluss der Wiederaufbauphase Mitte der sechziger Jahre zu Wort und mündete in die „Kulturrevolution" von 1968/69. Seit Mitte der sechziger Jahre öffneten sich Kulturproduktion, -theorie und -politik nun sowohl der Vergangenheitsbewältigung als auch der Konfrontation mit der aktuellen gesellschaftlichen Wirklichkeit, wobei vor allem die theoretischen, ästhetischen und gesellschaftspolitischen Schriften und Entwürfe der sog. *Frankfurter Schule* (Adorno, Horkheimer, Marcuse, Benjamin, Habermas u. a.), des traditionellen Marxismus (Marx, Engels, Bloch, Lukacs u. v. a.) in seinen verschiedensten Spielarten (bis hin zum Leninismus und Maoismus) und der Psychoanalyse (Freud, Reich, Adler, Jung, aber auch jüngere Autoren wie Mitscherlich, Richter u. v. a.) eine zentrale Rolle spielten. Diese theoretische Neuorientierung hatte weit reichende Konsequenzen.

Insbesondere das Kapitel über die von Adorno und Horkheimer so genannte und am Beispiel der USA kritisierte *Kulturindustrie* in der bereits 1944 geschriebenen, in den frühen sechziger Jahren als sog. Raubdruck kursierenden und 1969 nach heftigen Protesten der beiden Autoren endlich vom Fischer-Verlag wieder aufgelegten *Dialektik der Aufklärung*, übte einen nachhaltigen Einfluss auf eine ganze Generation von Kulturpolitikern aus.

Dort heißt es u. a.: „Schon heute werden von der Kulturindustrie die Kunstwerke, wie politische Losungen, entsprechend aufgemacht, zu reduzierten Preisen einem widerstrebenden Publikum eingeflößt, ihr Genuss wird dem Volke zugänglich wie Parks. Aber die Auflösung ihres genuinen Warencharakters bedeutet nicht, dass sie im Leben einer freien Gesellschaft aufgehoben wären, sondern dass nun auch der letzte Schutz gegen ihre Erniedrigung zu Kulturgütern gefallen ist. Die Abschaffung des Bildungsprivilegs durch Ausverkauf leitet die Massen nicht in die Bereiche, die man ihnen ehedem vorenthielt, sondern dient, unter den bestehenden gesellschaftlichen Bedingungen, gerade dem Zerfall der Bildung, dem Fortschritt der barbarischen Beziehungslosigkeit."[331] Dieses kurze Zitat mit seiner ganzen kruden Mischung von massenverachtendendem Elitismus einerseits und Befreiungsrhetorik andererseits enthält eine Vielzahl von Begriffen und Topoi, die die seinerzeitige gesellschaftlichen und ästhetischen Diskussionen bestimmten.

Zunächst rückte jetzt erstmals in der Geschichte der noch jungen Bundesrepublik die soziale und politische Komponente des Kulturbegriffes in

---

331 Horkheimer, Max/Theodor W. Adorno (1969): Dialektik der Aufklärung. Philosophische Fragmente, Frankfurt/M. S. 169

den Vordergrund. Zwar wurde die Kritik des *affirmativen Kulturbegriffes* von Herbert Marcuse bereits 1939 im amerikanischen Exil entwickelt; in breitem Umfang wurde diese Kritik allerdings erst ab Mitte der sechziger Jahre von den Intellektuellen in Deutschland rezipiert. Ebenso wurden die Schriften von Norbert Elias (vgl. hierzu das erste Kapitel), ebenfalls in den dreißiger Jahren verfasst, wieder entdeckt.

Aus der Kritik dieses affirmativen bzw. „engen" (weil weitestgehend auf den Bereich der Kunst fixierten) Kulturbegriffes ergab sich zweitens eine „Öffnung" desselben. Endlich wurden die Erkenntnisse der amerikanischen[332] und britischen[333] *Kulturanthropologie*, des französischen *Strukturalismus*,[334] vor allem die bahnbrechenden Arbeiten des Pariser Kulturanthropologen Claude Levy-Strauss sowie der *Semiotik*[335], also der Zeichentheorie, für die deutsche Kulturtheorie fruchtbar gemacht. Doris Gau etwa definiert den „weiten" Kulturbegriff so: „Unter dem ‚erweiterten' Kulturbegriff wird all das gefasst, wie der Mensch lebt und arbeitet, wie er wohnt, seine körperlichen und geistigen Fähigkeiten entwickeln kann, welche Kunst ihm zugänglich ist und welche er sich selbst schafft, wie er seine freie Zeit verbringt und wie er seine Beziehungen zu anderen Menschen gestalten kann."[336]

Mit der Adaption des „weiten" Kulturbegriffs, wie ihn die amerikanische Kulturanthropologie zugrunde legte (vgl. hierzu das erste Kapitel) rückte drittens verstärkt die gesellschaftliche Wirklichkeit der Bundesrepublik ins Blickfeld kulturtheoretischer Diskussionen. So war etwa die städtebauliche Streitschrift *Die Unwirtlichkeit unserer Städte. Anstiftung zum Unfrieden* von Alexander Mitscherlich[337] von 1965 ein wesentlicher Impuls für den Kongress des *Deutschen Städtetages* unter dem Motto *Rettet unsere Städte jetzt* und der damit verbundenen Neuorientierung der kommunalen Kulturpolitik im Sinne einer umfassenden Gesellschaftspolitik.

---

332 Vgl. hierzu: Linton, Ralph (1974): Gesellschaft, Kultur und Individuum. Interdisziplinäre sozialwissenschaftliche Grundbegriffe, Frankfurt/M.; zusammenfassend: Greverus, Ina-Maria (1978): Kultur und Alltagswelt. Eine Einführung in Fragen der Kulturanthropologie, München

333 Malinowski, Bronislaw (1975): Eine wissenschaftliche Theorie der Kultur und andere Aufsätze, Frankfurt/M.

334 Zusammenfassend: Schiwy, Günther (1969): Der französische Strukturalismus. Mode. Methode. Ideologie, Frankfurt/M.; ders. (1973): Neue Aspekte des Strukturalismus, München; Oppitz, Michael (1975): Notwendige Beziehungen,. Abriss der strukturalen Anthropologie, Frankfurt/M.

335 Eco, Umberto (1972): Einführung in die Zeichentheorie, München; ders. (1977): Zeichen. Einführung in einen Begriff und seine Geschichte, Frankfurt/M.; und schließlich: ders. (1973): Das offene Kunstwerk, Frankfurt/M.

336 Gau, Doris (1990): Kultur als Politik. Eine Analyse der Entscheidungsprämissen und des Entscheidungsverhaltens in der kommunalen Kulturpolitik, München, S. 18f

337 Mitscherlich, Alexander (1965): Die Unwirtlichkeit unserer Städte. Anstiftung zum Unfrieden, Frankfurt/M.

Viertens kam es im Zuge der Aufarbeitung der Vergangenheit[338] zu einem intensiveren Interesse für die Kultur der Weimarer Republik, die bis dahin nahezu in Vergessenheit geraten war. Insbesondere die Phänomene der *Massenkultur*, denen gegenüber sich der affirmative Kulturbegriff ablehnend gehalten hatte, rückten nun – in Kombination mit der aus den USA und England übernommenen Pop-Kultur – in den Mittelpunkt des Interesses (Visuelle Kommunikation). Damit einher ging eine wachsende Aufmerksamkeit für die politische Dimension der Kultur, nicht zuletzt im Sinne der Agitationswirkung für die teilweise radikalen politischen Ziele.

Durch die Politisierung des Kulturbegriffes kam es schließlich fünftens zu einer Renaissance des materialistischen bzw. marxistischen Kulturbegriffes, der in der Weimarer Republik eine große Rolle gespielt hatte, in der Zeit des Kalten Krieges aber ebenfalls verdrängt worden war. Insbesondere die Theaterstücke Bertold Brechts und die theoretischen Schriften von Walter Benjamin und Georg Lukacs wurden wieder-entdeckt.

Diese hier nur in wenigen Strichen skizzierte Entwicklung der kulturtheoretischen Diskussion lässt sich auch als der Versuch kennzeichnen, die bis dahin wirksame, typisch deutsche Trennung von Kultur und Zivilisation, von Kunst und Alltag aufzuheben; „ein phantastisches und faszinierendes Erneuerungsprogramm für Kultur"[339] begann wie Werner Heinrichs schreibt. Die Folge davon war eine Fülle kulturtheoretischer Erörterungen. Allein in einem einzigen Jahr, 1974, erschienen die für die Kulturpolitik so wichtigen Veröffentlichungen *Perspektiven kommunaler Kulturpolitik* (Hilmar Hoffmann), *Die Wiedergewinnung des Ästhetischen. Perspektiven und Modelle einer neuen Soziokultur* (Hermann Glaser/Karl-Heinz Stahl) und *Plädoyers für eine neue Kulturpolitik* (Olaf Schwencke u. a.).[340]

Angetrieben von diesen kulturtheoretischen Erörterungen und Entwürfen, die sich vor allem auf kulturwissenschaftliche Erkenntnisse und Überlegungen bezogen, kam es seit Mitte der siebziger Jahre zu einer Neuorientierung der kulturpolitischen Programmatik, die sich – in klarer Abgrenzung zum bis dahin leitenden Konzept der *Kulturpflege* – unter dem Stichwort *Kulturarbeit* ausdrücklich als *Neue Kulturpolitik* begriff.[341] Während sich diese „Pflege" nahezu ausschließlich auf den Bestand und den Erhalt der traditionellen Kultureinrichtungen richtete und Neues, Zeitgenössisches kaum beachtete oder

---

338 Mitscherlich, Alexander/Margarete Mitscherlich (1967): Die Unfähigkeit zu trauern. Grundlagen kollektiven Verhaltens, München
339 Heinrichs (1997) S. 31
340 Hoffmann, Hilmar (Hrsg.) (1974): Perspektiven kommunaler Kulturpolitik, Frankfurt/M.; Glaser, Hermann/Karl-Heinz Stahl (1974): Die Wiedergewinnung des Ästhetischen. Perspektiven und Modelle einer neuen Soziokultur, Berlin; Schwencke, Olaf/Klaus H. Revermann/
Alfons Spielhoff (Hrsg.) (1974): Plädoyers für eine neue Kulturpolitik, München
341 Vgl. hierzu Sievers (1988); im Rückblick: Röbke, Thomas (Hrsg.) (1993): Zwanzig Jahre Neue Kulturpolitik. Erklärung und Dokumente 1972-1992, Essen; Wagner, Bernd (1993): Zwanzig Jahre Neue Kulturpolitik. Eine Bibliographie, Essen

gar förderte, bedeutete (Kultur-)*Arbeit* nun vor allem *Veränderung* – durchaus in ihrer euphemistischen Bedeutung (wie etwa beim frühen Marx) als die Anverwandlung der *Natur* durch Arbeit zur *Kultur* des Menschen. So schreibt einer der wichtigsten Theoretiker der Neuen Kulturpolitik, Hermann Glaser: „Eine wichtige Aufgabe der Kulturpolitik und Kulturvermittlung von heute muss es sein, Kultur in ihrem nichtaffirmativen Sinne zu vermitteln. Kultur muss so artikuliert, angeboten und dargeboten werden, dass der Aufnehmende nicht von vornherein in eine ‚Weihestunde des Geistes‘ versetzt wird, sondern Kultur nicht zuletzt aufgrund der ‚Syntax‘, ‚Semantik‘ und ‚Pragmatik‘ von ‚Kulturwerbung‘ als alltägliche Angelegenheit begreift (...) Nicht-affirmative Kultur ist eine Kultur, die das Bewusstsein des Menschen aus seinem gesellschaftlichen Sein, wenn auch nicht allein aus ihm (erklärt), also nicht mit ‚freischwebender‘ Seelenschönheit sich begnügt (...) Nicht-affirmative Kultur bedeutet demokratische, demokratisierte Kultur."[342]

Dem *affirmativen Kulturbegriff* wird von Glaser/Stahl offensiv der Begriff der *Soziokultur* entgegengesetzt. (Begriff und Konzept unterscheiden sich bei Glaser/Stahl allerdings deutlich von den Konnotationen, die diese in den achtziger und neunziger Jahren annahmen; auf diese Entwicklung wird unten eingegangen).

Treffender ließe sich nach Glaser/Stahl daher von *Sozialkultur* sprechen: „Ideale Zielvorstellung ist in der Tat eine Soziokultur, welche die Trennung zwischen der ‚reinen‘ Welt des Geistes und den Niederungen der Realität (eben der politischen und sozialen Verhältnisse) durchbricht, um auf diese Weise die deutsch-bürgerliche Mentalität in eine staatsbürgerliche umzuwandeln, welche die Integration von Kultur in den gesellschaftlichen Gesamtraum bejaht. Soziokultur will, so betrachtet, nicht die Minderung des Ästhetischen, sie will vielmehr die Wege zur Kultur jedem erschließen, eben das Bürgerrecht auf Kultur verwirklichen (...) Im Hinblick auf die heute vorherrschende Bewusstseinslage wird man konstatieren müssen, dass nach wie vor der Irrtum deutscher Bürgerlichkeit, ein unpolitischer Kulturmensch sein zu können, vorherrscht. Man sollte dieses Faktum nicht allein auf ein eventuell tiefsitzendes Ressentiment gegenüber der Politik zurückführen, sondern auch auf die Tatsache, dass es bis heute nicht gelungen ist, Modelle von Soziokultur so überzeugend ‚anzubieten‘, dass sie das Bewusstsein entsprechend zu verändern vermögen. Manche Kräfte, die eine Politisierung der Kultur anstreben, verwechseln dies mit Agitation und erreichen damit genau das Gegenteil. Der Lernprozess findet nicht statt, die deutsche Bürgerlichkeit fühlt sich im Gegenteil in ihrem Irrtum bestätigt: dass eben der unpolitische Kulturmensch letztlich doch der eigentliche Kulturmensch sei.

Doch Soziokultur heißt weder Agitation noch Ideologisierung. Soziokultur ist der Versuch, vorrangig, neben anderen Aspekten, Kunst als Kommunikationsmedium zu begreifen – als eine und zwar sehr gewichtige Möglichkeit,

---

342 Glaser/Stahl (1983) S. 38ff

die plurale (und damit auch in vielfältige Einzelinteressen, Interessenkonflikte, Verständigungsbarrieren zerklüftete) Gesellschaft auf der ‚kommunikativen Ebene' zusammenzubringen."[343] Diese kulturtheoretischen Diskussionen und Erörterungen waren eingebettet in einen gesamtpolitischen Entwurf, der eine Reform der Industriegesellschaft („Mehr Demokratie wagen", wie Willy Brandt in seiner ersten Regierungserklärung forderte) anstrebte und ihren Reichtum, vor allem auch den kulturellen, möglichst vielen Bürgern zugänglich machen wollte. So sprach bereits der *Deutsche Städtetag* 1973 auf seiner 17. Hauptversammlung in Dortmund unter dem Motto *Wege zur menschlichen Stadt* davon, dass „im demokratischen Staatswesen (...) *Kultur für alle* als kommunale Gemeinschaftsaufgabe ständig neu zu definieren"[344] sei. Mit der Forderung nach einer „Kultur für alle" war nun ein Begriff gefunden, der die Kulturpolitik der siebziger und achtziger Jahre prägen sollte.

Hilmar Hoffmann brachte diesen Ansatz 1979 dann in seinem kulturpolitischen Bestseller „Kultur für alle" auf die schon klassische Formulierung: „Jeder Bürger muss grundsätzlich in die Lage versetzt werden, Angebote in allen Sparten und mit allen Spezialisierungsgraden wahrzunehmen, und zwar mit (einem) zeitlichen Aufwand und einer finanziellen Beteiligung, die so bemessen sein muss, dass keine einkommensspezifischen Schranken aufgerichtet werden (...) So verstandene Kultur ist zum einen natürlich für alle da, weil grundsätzlich alle durch ihre Arbeit zu ihrer Verwirklichung beitragen und die Teilhabe an der Kultur eine Form sinnvollen Konsums gesellschaftlichen Reichtums ist. Zum anderen ist Kultur für alle da, weil sie für den gesamtgesellschaftlichen Diskussions- und Entwicklungsprozess von großer Bedeutung ist."[345]

Das Konzept der Demokratisierung der Kultur entfaltet sich somit von Anbeginn an in zwei Dimensionen. Steht bei dem Aspekt der *Kultur für alle* die *Vermittlungs*leistung im Vordergrund, so betont der Aspekt der *Kultur von allen* vor allem die *Entwicklungs*leistung, d. h. den Prozess der Kulturgestaltung durch (möglichst) alle.[346] Unter dem Aspekt der *Vermittlungsleistung* wurden folgende strategische Optionen entwickelt:

– *Dezentralisierung des Angebots*, d. h. infrastrukturelle Dezentralisierung, (z. B. durch die Einrichtung von Stadtteilkinos und -bibliotheken); die räumliche Differenzierung der angebotenen Kulturprogramme (z. B. durch die Durchführung von Stadtteilkulturwochen, Stadtteilfesten und -projekten etc.). Die intendierte Wirkungsabsicht war der Abbau von

---

343 Glaser/Stahl (1983) S. 36
344 Deutscher Städtetag (1973): Wege zur menschlichen Stadt. Vorträge, Aussprachen und Ergebnisse der 17. Hauptversammlung des deutschen Städtetages vom 2. bis 4. Mai 1973 in Dortmund, Köln S. 98
345 Hoffmann (1981) S. 29f
346 Vgl. hierzu: Sievers (1994) S. 26

Schwellenängsten und Zugangsbarrieren durch leichtere Erreichbarkeit und Platzierung der Angebote in die vertraute Alltagswelt der jeweiligen Adressaten.

- *Pädagogische Vermittlungshilfen*, vor allem durch die Entwicklung von Konzepten zur institutionenorientierten (Kultur-)Pädagogik, z. B. die Entwicklung von Konzepten der Museumspädagogik, Theaterpädagogik und auch durch soziale Bibliotheksarbeit. Die Wirkungsabsicht war die Erleichterung des Zugangs zu den Einrichtungen, der Aufbau von Informations- und Orientierungshilfen, die Animation und Motivation zu Mitmachaktionen; die Vermittlung von Hintergrundwissen und ‚Entauratisierungen'.
- *Flexible Infrastruktur/Zielgruppenorientierung* insbesondere durch mobile Kulturarbeit (z. B. Spielbusse, fahrende Bibliotheken, rollende Mediatheken etc.); die Entwicklung zielgruppenspezifischer Angebote, z. B. für Kinder, Jugendliche, Senioren, ausländische Mitbürger etc. mit der Wirkungsabsicht einer leichteren Zugangsmöglichkeit bzw. Erreichbarkeit und einer größeren Bedürfnisorientierung durch direkte Ansprache.
- *Thematische Differenzierung der Angebotsstruktur* durch die Erweiterung und thematische Neuorientierung des Angebots (z. B. Jazz- und Rockkonzerte, Straßentheater, Pantomime, Tanz etc.) mit der Wirkungsabsicht der Berücksichtigung neuer kultureller Ausdrucksformen und Bedürfnisse.

Unter dem Aspekt der *Entwicklungsleistung* wurden folgende strategische Optionen entwickelt:

- *Monetäre Anreize* durch die Differenzierung der Förderungsarten (institutionell, projektbezogen, durch Betriebskostenzuschüsse etc.); die Unterstützung durch geldwerte Leistungen (z. B. Übernahme von Portokosten, kostenlose Bereitstellung von Räumen usw.) mit der Wirkungsabsicht einer Anschub- oder Anreizfinanzierung.
- *Infrastrukturelle Maßnahmen* durch die Förderung infrastruktureller Rahmenbedingungen (z. B. Soziokulturelle Zentren, Jugendkunstschulen, Kulturläden, Kulturwerkstätten, Kreativhäuser; Bereitstellung von Technikpools, Bühnen u. ä.). Wirkungsabsicht: infrastrukturelle Hilfe zur Selbsthilfe.
- *Kulturelle Bildung / Kulturpädagogik* insbesondere durch neue Formen der Stadtteilkulturarbeit; durch kulturpädagogische Projektarbeit, durch neue Ansätze ästhetischer Erziehung und kultureller Bildung; durch Beratung, Animation und Begleitung mit der Wirkungsabsicht einer weiteren Befähigung und Unterstützung durch kulturelle Kompetenz und Eigeninitiative.
- *Konzertierung und Koordination* durch Programmkonferenzen, Kulturentwicklungsplanung, Partizipation an kulturpolitischen Entscheidungs-

prozessen in Kunst- und Kulturbeiräten. Die Wirkungsabsicht hier: gemeinsame Zieldiskussionen, die Abstimmung der Förderungsansprüche, sowie Konsens und Akzeptanzproduktion.

Dadurch, dass die Neue Kulturpolitik die Reform und Demokratisierung der Kultur anstrebte, indem sie deren Errungenschaften und Güter möglichst *allen* zugänglich machen wollte und will, war und ist sie allerdings auf die Industriegesellschaft und deren Wachstumsdynamik fixiert. Die seit Mitte der siebziger Jahre ständig und überproportional (im Vergleich zu anderen Politikfeldern) wachsenden kommunalen Kulturausgaben unterstützten diesen Trend. Es wurde somit weniger darüber reflektiert (und entsprechend gehandelt!), welche von den vorhandenen Kultureinrichtungen und -veranstaltungen auch in Zukunft wünschens- und erhaltenswert sein könnten und sollten, sondern „das Neue" entstand in aller Regel *zusätzlich*, finanziert durch die weit überproportional wachsenden öffentlichen Kulturausgaben. So traten *neben* das Stadttheater die freien Theatergruppen, *neben* das klassische Musikangebot das öffentlich geförderte Popmusikangebot, *neben* das Bürgerhaus das soziokulturelle Zentrum usw. „Soziokultur war zu einer ergänzenden Alternative geworden, nicht aber – wie ursprünglich geplant – zu einer ersetzenden Alternative."[347]

Kulturpolitik definierte sich in dieser Phase also nicht über ein entsprechend schmerzhaftes *entweder-oder*, sondern als additives *und* – ein Umstand, der den Handlungsspielraum in den neunziger Jahren des letzten Jahrhunderts und im ersten Jahrzehnt des neuen angesichts drastischer Sparzwänge erheblich einengte und einengt. Nicht entwickelt wurde in all den Jahren der Neuen Kulturpolitik eine „Kultur des Aufhörens", d. h. die kritische Hinterfragung überlebter kultureller Einrichtungen.[348]

Diese Diskussionen wurden – neben aller Aufbruchstimmung und allen damit verbundenen Interessen – wohl auch deshalb vermieden, weil Kultur nun auf einmal zu einem (Wunder-)Mittel wurde, Probleme, die an anderer Stelle, etwa im Wirtschaftsleben oder in der Gesellschaft erzeugt worden waren, zu lösen. So wurden auf der Hauptversammlung des *Deutschen Städtetages* 1973 mit dem bezeichnenden Titel *Wege zur menschlichen Stadt* – der dem Hilferuf *Rettet unsere Städte jetzt* von 1971 folgte – ausdrücklich *Bildung und Kultur als Element der Stadtentwicklung* begriffen.

U. a. heißt es dort: „In allen Industrieländern stehen die Städte heute vor den gleichen schwierigen Problemen. Der rasche ökonomische und technische Strukturwandel hat tiefgreifende Einwirkungen auf die soziale und städtebauliche Struktur und einen Verlust an Umwelt- und Wohnqualität zur Folge.

---

347 Heinrichs (1997) S. 33
348 Vgl. kritisch: Klein, Armin (1995b): Kultur für alle – für wen und wozu. Neuere soziologische Befunde. In: Heinze, Thomas (Hrsg.) (1995): Kultur und Wirtschaft. Perspektiven gemeinsamer Innovation, Opladen S. 183-200

Die Stadt droht ihre menschlichen Züge und damit die Eigenschaften zu verlieren, die sie einst anziehend und begehrt gemacht haben. Angesichts dieser
Gefährdung ist eine Gegensteuerung gerade durch die Stadt notwendig und
möglich. Das einseitige Überwiegen der Belange des Wirtschaftssystems bei
der bisherigen Stadtentwicklung ist dahingehend zu korrigieren, dass eine
gestaltete Stadtumgebung geschaffen wird, in der Arbeit, Wohnen und Freizeit
wieder miteinander verbunden werden. Die moderne Stadt ist nicht unverein-
bar mit einer persönlichen Umwelt, die die soziale, geistige und kulturelle
Entfaltung des Menschen ermöglicht.

Diese *Verbindung von ökonomischen und kulturellen Zielen* lässt sich nur
erreichen, wenn Bildung und Kultur zu einem unverzichtbaren Element der
Stadtentwicklung werden. Dabei ist das Angebot an Kultur und Erholung mit
dem Angebot an Bildung eng zu verknüpfen. Es ist ein systemübergreifendes
Bildungskonzept zu entwickeln, das nicht nur Schulen und Volkshochschulen,
sondern alle Bildungs- und Kultureinrichtungen zu erfassen hat, in denen gebildet und ausgebildet wird. Notwendig sind interdisziplinäre Verflechtungen
und fachübergreifende Strukturen. Es sind Kristallisationspunkte eines vielfältigen sozialen Beziehungsgeflechts von Bildung, Kultur, Geselligkeit,
Sport, Erholung und Versorgung in der Stadt zu schaffen. Vom Grad der Erfüllung dieses kulturellen und bildungspolitischen Auftrags wird sich der
Grad der Urbanität einer Stadt ablesen lassen.

Voraussetzung für die Entfaltung des Menschen in der Stadt ist die
Schaffung einer Umgebung, die durch Proportion und Grundstruktur die
Phantasie anregt und gleichzeitig die Identifikation der Bewohner mit ihrer
Stadt gewährleistet. Es geht um die Gestaltung eines Stadtraumes, der die Po-
larität des menschlichen Lebens zwischen privater und öffentlicher Sphäre
berücksichtigt. Die Stadt muss als ein Ort begriffen und konzipiert werden,
der Sozialisation, Kommunikation und Kreativität ermöglicht."[349]

Ein zentrales Element der sog. Neuen Kulturpolitik war dabei – es wurde
bereits darauf hingewiesen – das Konzept der *Soziokultur*. Der Begriff der
Soziokultur entfaltete in den siebziger Jahren eine ganz eigene kulturpolitische
Dynamik und entwickelte sich rasch zu einem Sammelbegriff für neue Ansätze in der Kulturpolitik und Kulturarbeit überhaupt, allerdings zu Lasten
seiner Präzision. Sinnvollerweise sollten deshalb drei Bedeutungsvarianten
bzw. Verwendungszusammenhänge des Begriffes unterschieden werden:

(1) Als *Kulturbegriff* meint Soziokultur die Erweiterung des tradierten Kul-
turverständnisses, das sich nicht nur auf ästhetische Produktions- und
Vermittlungsformen beschränkt, sondern Kultur – je nach kulturtheoreti-
schem Standpunkt – als Lebensweise, als Ferment, als Subsystem, als
Medium oder als Methode des gesellschaftlichen Prozesses verstanden
wissen will. Dies ist die ursprüngliche Konzeption, wie sie etwa von

---

349 Deutscher Städtetag (1973) S. 97

Glaser/Stahl entwickelt wurde. (Nach der Deutschen Einheit 1989 erlebte die Soziokultur eine weitere Begriffsvariierung, da das Kulturverständnis der fünf neuen Bundesländer aufgrund der historischen Entwicklung und der zugrunde liegenden marxistischen Philosophie in der DDR von jeher sehr stark von einem *Alltagskulturverständnis* geprägt war, das nun in diesen Begriff einfloss.)

(2) Als *Kulturpolitikbegriff* bezeichnet Soziokultur zunächst eine spezifische Programmatik, die sich nicht allein auf Kunstpflege und Kulturförderung bezieht, sondern aktiv Einfluss nehmen will auf kulturelle Entwicklungsprozesse mit dem Ziel der Demokratisierung der Gesellschaft durch Kultur. Dieser Konzeption liegt ein Politikbegriff zugrunde, der nicht nur das politisch-administrative System als Akteur kennt, sondern (potenziell) alle gesellschaftlichen Gruppierungen (vgl. hierzu das erste Kapitel).

(3) Als *Kulturpraxisbegriff* verweist Soziokultur vor allem auf die Konzepte und Anwendungsbeispiele konkreter Kulturarbeit, die sich an den im Kulturpolitikbegriff entwickelten Zielsetzungen orientiert. Diese Initiativen können entweder öffentlich organisiert, finanziert bzw. unterstützt sein oder durch das private Engagement freier Kulturgruppen getragen sein und beziehen sich auf alle Sparten der Kunst sowie auf neue Formen ästhetisch-kreativen und sozialkulturellen Wirkens.[350]

Der Begriff der Soziokultur entfaltete seine volle Wirkung vor allem in der dritten Wortbedeutung, d. h. als *Kulturpraxisbegriff* und wurde in seiner Durchsetzungsphase rasch zu einem Synonym bzw. zu einem positiv besetzten Nachfolgebegriff für die bis dahin eher abwertend konnotierten Begriffe einer *Subkultur* bzw. *Alternativkultur*. Dieser Kulturpraxisbegriff knüpfte dabei sowohl an gesellschaftliche Strömungen (die sog. *Neuen sozialen Bewegungen*, z. B. Ökologie-, Friedens-, Antiatomkraft-, Frauen-, Schwulen-, Lesbenbewegung etc.) als an ein politischen Element (die Partei der *Grünen*, die seit den siebziger Jahren mehr und mehr in Stadtparlamenten, Landtagen und schließlich auch im Bundestag vertreten waren und die in der kommunalen und auch Landeskulturpolitik zu starken Fürsprechern insbesondere der Soziokultur bzw. der Freien Kulturarbeit wurden) an.

Zum Kernbereich der Soziokultur gehören die sog. *soziokulturellen Zentren*. Sie arbeiten in bunter Vielfalt in zahlreichen Städten und Gemeinden, allerdings mit erheblichen Unterschieden als Kultur- und Kommunikationszentren, Bürgerhäuser, Stadtteilzentren oder Kulturläden. Die Bandbreite ihrer

---

350 Sievers, Norbert/Bernd Wagner (Hrsg.) (1992): Bestandsaufnahme Soziokultur. Beiträge, Analysen, Konzepte. Dokumentation des gleichnamigen Forschungsprojektes der Kulturpolitischen Gesellschaft im Auftrag des Bundesministeriums des Innern, Stuttgart/Berlin/Köln; Husmann, Udo/Thomas Steinert (1993): Soziokulturelle Zentren. Rahmenbedingungen und Grundfunktionen, Berufsfeld und Qualifikationsvoraussetzungen, Essen

Arbeit und Angebote reicht von der kulturellen Bildung, der Erwachsenenbildung, der Sozialarbeit, der psychosozialen und politischen Arbeit, der Projektarbeit bis hin zur Veranstaltungstätigkeit in allen Kunstsparten. Gleichzeitig sind sie Ort für Information und Kommunikation, Gastronomie, Raumanbieter für verschiedene gesellschaftliche Gruppen, politisches und soziales Lernfeld, Kooperationspartner und Meinungsträger, Abrechnungs- und Verwaltungsträger für Protagonisten der freien Kulturarbeit wie z. B. freie Theatergruppen, Rock- und Popmusikgruppen usw.

Trotz dieser Vielfalt weisen soziokulturelle Zentren nach der Satzung ihres 1979 gegründeten Bundesverbandes folgende gemeinsame Merkmale auf:

(1) ihre vorrangige Basis- und Nutzerorientierung;
(2) die angestrebte Integration verschiedener Altersgruppen, sozialer Schichten und Nationalitäten;
(3) ihre Offenheit und Transparenz;
(4) die verschiedenen Formen sozialer politischer Arbeit sowie demokratischer Kultur (d. h. Initiierung sozialer, politischer und kultureller Lernprozesse);
(5) die Betonung des demokratischen und humanistischen Gehalts von Kultur und Widerstand gegen faschistische und menschenverachtende Bestrebungen;
(6) ihre demokratische Entscheidungsstrukturen sowie schließlich ihre
(7) nicht-kommerzielle Ausrichtung.[351]

Die Periode der sog. *Neuen Kulturpolitik* bildete zweifelsohne eine der kulturpolitisch anregendsten und lebhaftesten Phasen der bundesrepublikanischen Kulturpolitik und ist mittlerweile ihrerseits bereits „Geschichte" geworden.[352] Sie erweiterte und ergänzte die seit den fünfziger Jahren vorhandene bzw. wiederaufgebaute kulturelle Infrastruktur enorm. Grundlegende Konzepte, entstandene Institutionen und Praxismodelle der Neuen Kulturpolitik bestimmen auch nach dreißig Jahren – trotz gewandelter Rahmenbedingungen und gesellschaftspolitischer Herausforderungen – nach wie vor den kulturpolitischen Alltag der Städte und Gemeinden und die Mentalitäten der kulturpolitischen Akteure. Ohne Zweifel trug die „Neue Kulturpolitik" erheblich zur Demokratisierung, zur Modernisierung und vor allem zur Ästhetisie-

351 Spiekermann, Gert (1998): Soziokulturelle Zentren und Initiativen in der Bundesrepublik Deutschland. In: Verband Deutscher Städtestatistiker (Hrsg.): Städte in Zahlen/Heft 8. Ein Strukturbericht zum Thema Kultur und Bildung, Oberhausen S. 215-239; Spiekermann, Gert (1994): Soziokulturelle Zentren in der Bundesrepublik Deutschland. Daten – Befunde – Analysen. In: Bundesvereinigung soziokultureller Zentren e. V. (Hrsg.): Netzwerk Soziokultur, Essen
352 Sievers, Norbert/Bernd Wagner (Hrsg.) (1994): Blick zurück nach vorn. 20 Jahre Neue Kulturpolitik, Essen

rung und damit zur Entwicklung einer „Erlebnisgesellschaft" bei, wie sie sich vor allem in den neunziger Jahren ausprägte. Im Rückblick aus den ersten Jahren des neuen Jahrtausends fehlt es allerdings auch nicht an kritischer (Selbst-)Reflektion.[353]

So schrieb Heinrichs bereits Ende der neunziger Jahre: „Das Ergebnis war ein in seiner Qualität und Vielfalt geradezu traumhaftes Angebot für den Bürger, das aber als Kulturbetrieb – durchaus im betriebswirtschaftlichen Verständnis – immer weniger überzeugen konnte. Die Nachfrage der Bürger nach Kultur wurde bald überlagert durch das Angebot der Kulturpolitiker und Kulturmacher. Statt nachfrageorientiert angelegt zu sein, zeigte sich der öffentliche Kulturbetrieb nun angebotsorientiert. Nicht die Frage ‚Welche Kultur wollen unsere Bürger?' stand im Mittelpunkt, sondern allein das Ziel ‚Welches Angebot ist für den Bürger die richtige Kultur?' Die Folge waren hervorragend und überzeugend begründete Angebote, über deren Nutzung durch die Bürger man sich aber nur wenig Rechenschaft ablegte."[354] Und es dauerte bis in das Jahr 2005, bis die Protagonisten der neuen Kulturpolitik, die *Kulturpolitische Gesellschaft*, auf ihrem Berliner Kongress „Das Publikum" entdeckte.

4.3 Kulturpolitik der Postmoderne

Wie oben bereits erwähnt wurde, war der reformerisch-zukunftsorientierte, gesellschaftspolitisch motivierte Entwurf einer Soziokultur von Anfang an positiv auf die Entwicklung und die Wachstumschancen der Industriegesellschaft bezogen. Parallel zu diesem eher zukunftsorientierten Entwurf veränderten sich aber in den siebziger und vor allem in den achtziger Jahren die allgemeinen politischen und wirtschaftlichen Rahmenbedingungen in den Städten und wurden in den Sozialwissenschaften bzw. der Philosophie zunehmend Theorien entwickelt, die ein eher offeneres bzw. sogar düsteres Zukunftsbild der Gesellschaft malten.

Mitte der achtziger Jahre sprachen die beiden Stadtsoziologen Hartmut Häußermann und Walter Siebel explizit von einer *neuen Urbanität* im Rahmen von Schrumpfungsprozessen und beschrieben den grundlegenden Wandel: „Seit Beginn der Industrialisierung sind unsere Städte gewachsen. Zwar gab es für manche Städte mehr, für andere weniger Wachstum, aber die großen Städte waren doch die Zentren der gesellschaftlichen Dynamik. Die Zahl der Menschen, die in ihnen lebte, explodierte förmlich, die Landbevölkerung drängte auf die städtischen Arbeitsmärkte, die Städte dehnten sich aus zu riesi-

---

353 Vgl. hierzu: Göschel, Albrecht u. a. (1995): Die befragte Reform. Neue Kulturpolitik in Ost und West, Berlin (Difu-Beiträge zur Stadtforschung)
354 Heinrichs (1997) S. 32

gen Agglomerationen. Und im Zuge dieser Prozesse wurden die Städte saniert, umgebaut, reformiert und vor allem erweitert, kurz: seit über 150 Jahren ist Stadtentwicklung identisch mit Wachstum. Dies hat sich grundlegend gewandelt. Seit über einem Jahrzehnt wachsen die Städte nicht mehr, ihre Einwohnerzahlen gehen zurück, die Arbeitslosigkeit nimmt zu, Fabrikhallen stehen leer, ebenso die neuesten Sozialwohnungen, die städtische Brache wird zum gewohnten Anblick, Schulen und Schwimmbäder werden geschlossen, sogar die Immobilienpreise fallen, und all dies sind nur schwache Indizien für das, was sich ab dem Jahr 2000, wenn die Bevölkerung der Bundesrepublik massiv zurückgehen wird, in den großen Städten abspielen könnte."[355]

Ebenfalls Mitte der achtziger Jahre konstatierte der Sozialphilosoph Jürgen Habermas[356] sowohl eine „Krise des Wohlfahrtsstaates"[357] als auch eine „Erschöpfung der utopischen Energien": „Heute sieht es so aus, als seien die utopischen Energien aufgezehrt, als hätten sie sich vom geschichtlichen Denken zurückgezogen. Der Horizont der Zukunft hat sich zusammengezogen und den Zeitgeist wie die Politik gründlich verändert. Die Zukunft ist negativ besetzt; an der Schwelle zum 21. Jahrhundert zeichnet sich das Schreckenspanorama der weltweiten Gefährdung allgemeiner Lebensinteressen ab: die Spirale des Wettrüstens, die unkontrollierte Verbreitung von Kernwaffen, die strukturelle Verarmung der Entwicklungsländer, Arbeitslosigkeit und wachsende soziale Ungleichgewichte in den entwickelten Ländern, Probleme der Umweltbelastung, katastrophennah operierende Großtechnologien geben die Stichworte, die über die Massenmedien ins öffentliche Bewusstsein eingedrungen sind."[358]

Bald war in der kulturell-theoretischen und soziologischen Diskussion von der *postindustriellen* (Alain Tourraine) bzw. der *nachindustriellen Gesellschaft* (Daniel Bell) die Rede. Der philosophische Diskurs erweiterte den soziologischen Befund um den Begriff der *Postmoderne* und konstatierte ein *Unbehagen in der Modernität* (Peter Berger). Tatsächlich schien eine historisch-gesellschaftliche Epoche der Menschheitsgeschichte, die Moderne, ihrem Ende entgegenzugehen. „Die Veränderungen von der industriellen zur postindustriellen Dienstleistungs- und postmodernen Aktivitäts-Gesellschaft, die ökonomische Umstellung von Globalkonzepten auf Strategien der Diversifizierung, die Strukturveränderungen der Kommunikation infolge der neuen Technologien, das neue wissenschaftliche Interesse an nicht-deterministischen Prozessen, an Strukturen der Selbstorganisation, an Chaos und fraktaler Dimension, die philosophische Verabschiedung des rigorosen Rationalismus

355 Häußermann, Hartmut/Walter Siebel (1987): Neue Urbanität, Frankfurt/M.
356 Habermas, Jürgen (1985): Die Neue Unübersichtlichkeit. Kleine Politische Schriften, Frankfurt/M. S. 143
357 Die Konsequenzen für die Kulturpolitik wurden mehr als zehn Jahre später u. a. reflektiert in: Wagner Bernd/Annette Zimmer (Hrsg.) (1997): Krise des Wohlfahrtsstaates – Zukunft der Kulturpolitik, Essen
358 Habermas (1985), S.143

und Szientizismus, und der Übergang zu einer Vielfalt konkurrierender Paradigmen, all das sind Prozesse, die gewichtige Verschiebungen gegenüber Positionen der Moderne anzeigen."[359]

Die Gründungsideen der Moderne, deren gemeinsames, vorwärtstreibendes Motiv die Freisetzung der Vernunft (Rationalismus) und Subjektivität (das Individuum in seiner unverwechselbaren Einmaligkeit und Würde) war, wurden in der westlichen Welt im Wesentlichen im späten 18. Jahrhundert formuliert. Sie erlangten ihre praktische Gestalt in der englischen Industrialisierung und der klassischen politischen Ökonomie, in der Französischen Revolution sowie in der Philosophie des Deutschen Idealismus. Es handelt sich dabei um „einen Komplex miteinander zusammenhängender struktureller, kultureller, psychischer und physischer Veränderungen, der sich in den letzten Jahrhunderten herauskristallisiert und damit die Welt, in der wir augenblicklich leben, geformt hat und immer noch in eine bestimmte Richtung lenkt."[360]

Max Weber beschrieb diesen Vorgang Anfang des zwanzigsten Jahrhunderts plastisch (und vorwiegend optimistisch) als die *Rationalisierung aller Lebensbereiche*: durch menschliche Vernunft, durch *Ratio* gestaltet der Mensch seinen Umgang mit der Natur, mit anderen Menschen, mit sich selbst, d. h. seine eigene Lebensplanung. An die Stelle alter, traditioneller Überzeugungen und Gewissheiten wie Religion, Mythos, Glaube und Aberglaube trat in der beginnenden Moderne die menschliche Ratio, die alles nach vernünftigen Gesichtspunkten neu ordnete. Dies gilt für nahezu alle Lebensbereiche: die Ausdifferenzierung eines umfassenden Wissenschaftssystems (zunächst der Natur-, dann der Human- und Geisteswissenschaften), die rationale Gestaltung von Politik, Rechtssystem und Ordnung der Gesellschaft sowie die Organisation der Arbeit.[361]

Neben der Vernunft wurde die rationale Ordnung der Arbeit zum wesentlichen Motor der Entwicklung der modernen Industriegesellschaft. Durch Arbeit eignet sich der Mensch die Natur an, macht sie sich „untertan" bzw. „vermenschlicht die Natur", wie Marx sagte. Moderne Industriegesellschaften waren (und sind noch immer) *Arbeitsgesellschaften*. Egal, ob kapitalistisch oder sozialistisch bzw. kommunistisch organisiert und ideologisch gerechtfertigt: der Faktor Arbeit spielt die zentrale Rolle. Dies gilt nicht nur für den Bereich der Produktion, der zunehmend rationalisiert, d. h. nach vernünftigen Prinzipien organisiert wurde, sondern auch hinsichtlich der durch die Arbeit vermittelten Wertstruktur. Gesellschaftlicher Zusammenhalt, „Arbeit" und „Wertestruktur" stehen demnach in einem engen Bedingungsverhältnis, wie Max Weber nicht zuletzt in seinem grundlegenden Werk zum

---

359 Welsch, Wolfgang (1988): Unsere postmoderne Moderne, Weinheim, S.11
360 van der Loo, Hans/Willem van Reijen (1992): Modernisierung. Projekt und Paradox, München, S. 11
361 vor allem: Weber, Max (1956): Wirtschaft und Gesellschaft. Grundriss der verstehenden Soziologie, Tübingen

Einfluss der calvinistischen Ethik auf die Entwicklung des „Geistes" des modernen Kapitalismus aufgezeigt hat.[362]

Bereits Ende der fünfziger Jahre hatte die Philosophin Hannah Arendt die Frage aufgeworfen, was die Gesellschaft eigentlich mache, wenn ihr die Arbeit ausgehe, als sie prophetisch schrieb: „Die Neuzeit hat im siebzehnten Jahrhundert damit begonnen, theoretisch die Arbeit zu verherrlichen, und sie hat zu Beginn unseres Jahrhunderts damit geendet, die Gesellschaft im Ganzen in eine Arbeitsgesellschaft zu verwandeln. Die Erfüllung des uralten Traums trifft wie in der Erfüllung von Märchenwünschen auf eine Konstellation, in der der erträumte Segen sich als Fluch auswirkt. Denn es ist ja eine Arbeitsgesellschaft, die von den Fesseln der Arbeit befreit werden soll, und diese Gesellschaft kennt kaum noch vom Hörensagen die höheren und sinnvolleren Tätigkeiten, um deretwillen die Befreiung sich lohnen würde (...) Was uns bevorsteht, ist die Aussicht auf *eine Arbeitsgesellschaft, der die Arbeit ausgegangen ist*, also die einzige Tätigkeit, auf die sie sich noch versteht. Was könnte verhängnisvoller sein?"[363]

In den siebziger Jahren kam es zu einer nachhaltigen Erschütterung dieses grundlegenden gesellschaftlichen Entwurfes der arbeitsgesellschaftlich geprägten Moderne und des ihr inhärenten Fortschrittsglaubens. Im Zusammenhang mit einem umfassenden Modernisierungsschub insbesondere durch die modernen Informationstechnologien (elektronische Datenverarbeitung, neue Steuerungsformen und Automatisierungsprozesse, Internet, Neue Medien usw.) in den hoch entwickelten, westlichen Industriegesellschaften und Wohlfahrtsstaaten brachen in den unterschiedlichen gesellschaftlichen, politischen, wissenschaftlichen und privaten Zusammenhängen tief greifende Auseinandersetzungen über den zukünftigen Gang der gesellschaftlichen Entwicklung aus. Die auf dem Glauben an ein unendliches Wachstum beruhende Modernisierungsdynamik sah sich 1972 auf einmal (und in diesem Ausmaß historisch erstmals) durch den Bericht des sog. *Club of Rome* mit den natürlichen (Meadows) bzw. mit den sozialen (Hirsch) „Grenzen des Wachstums" konfrontiert.

Im Gefolge dieser Erschütterung zeigten sich Symptome wie Wissenschafts-, Technik- und Fortschrittsfeindlichkeit, Massenarbeitslosigkeit, Zukunftsangst, Politikverdrossenheit, Rollenkonflikte vom engsten Bereich der Familie bis hin zu allen gesellschaftlichen Bereichen. Vor allem die Wissenschaft und ihre Umsetzung in technische Anwendungen, die bis dahin unkritisierte „Gottheiten" der Moderne waren, gerieten zunehmend ins Kreuzfeuer der Kritik. Der Anspruch des Rationalismus, die Welt vernünftig zu organisieren, wurde durch die tagtäglichen „unvernünftigen" Ergebnisse („Tschernobyl"-Schock, Futtermittel-Verseuchungen, Nahrungsmittel-Skandale usw.)

---

362 Weber, Max (1905): Die protestantische Ethik und der ‚Geist' des Kapitalismus, Tübingen
363 Arendt, Hannah (1985): Vita Activa oder Vom tätigen Leben, München S. 11; Hervorhebung AK

in der Lebenswelt widerlegt. Auch die Arbeitsgesellschaft selbst stieß in ihrem Kern an ihre Grenzen. Ihr Anspruch, allen, die nur wollten, wirklich Arbeit zu geben, wurde durch dauernde Massenarbeitslosigkeit auf hohem und ständig steigendem Niveau nachhaltig Hohn gestraft.

Allmählich setzte sich auf breiter Front die Erkenntnis durch, „dass wir Augenzeugen – Subjekt und Objekt – eines Bruches innerhalb der Moderne sind, die sich aus den Konturen der klassischen Industriegesellschaft herauslöst und eine neue Gestalt (...) ausprägt. (...) Die Industriegesellschaft, verstanden als ein lebensweltliches Modell, bei dem die Geschlechterrollen, Kleinfamilien, Klassen ineinander verschachtelt sind, verabschiedet sich bei laufendem, ja mehr noch durch den laufenden Motor der Industriedynamik. Die gleiche Produktionsweise, das gleiche politische System, die gleiche Modernisierungsdynamik erzeugen ein anderes lebensweltliches Gesicht von Gesellschaft."[364]

Das völlig Neue an dem zu beobachtenden Umbruch war, dass die über die letzten Jahrhunderte mehr oder weniger unhinterfragten Rahmenbedingungen der Moderne, die gleichsam den Status scheinbar ewiger Wahrheiten hatten, nun selbst von einem umfassenden Auflösungsprozess erfasst wurden. „Modernisierung wurde bislang immer in Abgrenzung gedacht zur Welt der Überlieferungen, als Befreiung aus den Zwängen der unbändigen Natur. Was geschieht, wenn die Industriegesellschaft sich selbst zur ‚Tradition' wird? Wenn ihre eigenen Notwendigkeiten, Funktionsprinzipien, Grundbegriffe mit derselben Rücksichtslosigkeit und Eigendynamik zersetzt, aufgelöst, entzaubert werden, wie die Möchte-gern-Ewigkeiten früherer Epochen?"[365]

Der Soziologe Ulrich Beck[366] kennzeichnet diese beiden unterschiedlichen Kontexte als *Modernisierung der Tradition* und *Modernisierung der Industriegesellschaft* bzw. als *einfache* und *reflexive Modernisierung*. Einfache Modernisierung meint hierbei die „Modernisierung der Tradition", reflexive Modernisierung bezieht sich auf die „Rationalisierung der Rationalisierung", d. h. in diesem Falle wendet die Moderne ihre eigenen Methoden, die sich in der Auseinandersetzung mit der Tradition gebildet haben, auf sich selbst an: sie entzaubert sich selbst!

Diese Entzauberung beschränkt sich dabei keineswegs auf die Ebene der theoretischen Reflexion, sondern betrifft den Kern der Lebenswelt. „In den Entwurf der Industriegesellschaft sind auf vielfältige Weise – etwa in der Schematik von ‚Klassen', ‚Kleinfamilie', ‚Berufsarbeit', in dem Verständnis von ‚Wissenschaft', ‚Fortschritt', ‚Demokratie' – Bauelemente einer industriell-immanenten Traditionalität eingelassen, deren Grundlagen in der Reflexivität von Modernisierungen brüchig, aufgehoben werden (...) Heute, an der

---

364 Beck, Ulrich (1986): Risikogesellschaft. Auf dem Weg in eine andere Moderne, Frankfurt/M. S. 13ff
365 Beck, Ulrich (1991): Politik in der Risikogesellschaft, Frankfurt/M. S. 180
366 Beck (1986) S. 14

Wende ins 21. Jahrhundert, hat Modernisierung ihr Gegenteil aufgezehrt, verloren und trifft nun auf sich selbst in ihren industriegesellschaftlichen Prämissen und Funktionsprinzipien. Modernisierung im Erfahrungshorizont der Vormoderne wird verdrängt von Modernisierung im Selbstbezug (...) Modernisierung in den Bahnen der Industriegesellschaft wird ersetzt durch eine Modernisierung der Prämissen der Industriegesellschaft, die in keinem der bis heute gebräuchlichen theoretischen Regie- und politischen Rezeptbücher des 19. Jahrhunderts vorgesehen war."[367]

Im Sinne der *Modernisierung im Selbstbezug* wird der Modernisierungsprozess „„reflexiv', sich selbst zum Thema und Problem."[368] Als Reaktion hierauf lassen sich gegenwärtig die unterschiedlichsten „Suchbewegungen" individueller und gesellschaftlicher Art, Alternativkulturen, aufblühende Fundamentalismen, neue Religiosität in Sekten und Esoterik usw. konstatieren.

Jürgen Habermas[369] prägte hierfür Mitte der achtziger Jahre das Stichwort der *Neuen Unübersichtlichkeit* und konstatierte, „dass die Neue Unübersichtlichkeit zu einer Situation gehört, in der eine immer noch von der arbeitsgesellschaftlichen Utopie zehrende Sozialstaatsprogrammatik die Kraft verliert, künftige Möglichkeiten eines kollektiv besseren und weniger gefährdeten Lebens zu erschließen" – wie dies über ein Jahrhundert lang etwa die Utopie des Sozialismus verhieß. Wenn die These von der nachlassenden Kraft der arbeitsgesellschaftlichen Utopie zutrifft (und die gesellschaftliche Realität scheint hierfür zu sprechen), dann stellt sich drängend die Frage, was an ihre Stelle treten kann.

Hier öffnet sich nun ein breiter Raum für kulturtheoretische Überlegungen und kulturpolitisches Handeln. In den Worten von Habermas: „Unübersichtlichkeit ist indessen auch eine Funktion der Handlungsbereitschaft, die sich eine Gesellschaft zutraut. Es geht um das Vertrauen der westlichen Kultur in sich selbst."[370] Angesichts dieser Situation zeigen sich drei kulturtheoretische Antworten, die sich teilweise auch bereits in kulturpolitischen Programmen niederschlagen.

Gegenmoderne und Fundamentalismus sind angesichts der konstatierten Unübersichtlichkeit und „Frag-Würdigkeit" der gegenwärtigen Situation die rigideste Antwort auf die Herausforderung der reflexiven Modernisierung. Sie bedeuten die Rückkehr zu – scheinbar – sicheren Fundamenten, etwa der „Nation" oder der „Religion". „Reflexive Modernisierung hebt Grenzen – von Klassen, Branchen, Nationen, Kontinenten, Familien, Geschlechterrollen – auf. Gegenmodernisierung behauptet, zieht, schafft befestigt alte Grenzen neu (...) Deswegen werden die Zäune renoviert und neue Flaggen aufgezogen, erstrahlt für viele die Zaunhaftigkeit des Denkens und Handelns in ver-

---

367 Beck (1986) S. 14, 19
368 Beck (1986) S. 26
369 Habermas (1985) S. 147
370 Habermas (1985) S. 143

führerischem Glanz (...) Moderne meint Frage, Entscheidung, Rechenhaftig-
keit, Kalkulierbarkeit; Gegenmoderne meint: Fraglosigkeit, Entscheidungslo-
sigkeit, Unkalkulierbarkeit."[371]

Ulrich Beck bezeichnet die Gegenmoderne als „Nachtseite der Moderne"
und definiert sie als „hergestellte, herstellbare Fraglosigkeit. Genauer: Tilgung,
Entsorgung der Frage, in die Moderne zerfällt. Die Gegenmoderne absorbiert,
verteufelt, fegt die Fragen vom Tisch, die die Moderne aufwirft, auftischt,
auffrischt."[372] „Für die Gegenmoderne sind alle Grundbegriffe, die die Moderne demontiert, demaskiert, delegitimiert heilig: selbstverständlich ‚Tradition‘, ihre ‚Pflege‘, sprich: Erfindung, Inszenierung, aber vor allem auch Natur,
Religion, Nation, das Eigene und das Fremde, Wir-Die-Identitäten."[373]

Das Phänomen eines „neuen Kulturnationalismus" zeigt sich in vielen
Industrienationen. „Die Anzeichen dafür mehren sich, dass die neurechte
Strategie der Errichtung ‚kultureller Hegemonie‘ – die Besetzung und Um-
wertung der Leitbegriffe öffentlicher Diskurse im Sinne rechtskonservativer
Ziele – vorankommt (...) Mit dem wachsenden Bedürfnis nach einer solchen
Art von ‚Denken‘, das sich unmittelbar an die ‚Ewigkeit‘ anschließt, ist in
Zukunft zu rechnen. Beunruhigend an der Neuen Rechten ist nicht in erster
Linie das, was an ihr manifest ‚rechts‘ ist im Sinne einer bloßen Neuauflage
alter Ideologien, sondern das, was an ihr nicht ausschließlich ‚rechts‘ ist. Das
Aufkommen von Erscheinungen wie der Neuen Rechten kann nicht isoliert
von einem weltweiten fundamentalistischen Aufstand gegen die Moderne betrachtet werden."[374] Besonders unter dem Zeichen eines militanten Islamismus
gewinnt diese Spielart des Fundamentalismus seit dem 11. September 2001
ihre erschreckende Aktualität.[375] Eine der Kernfragen des 21. Jahrhunderts
wird zweifelsohne sein, wie „die Kultur" und „die Politik" auf diese fundamentalistischen Herausforderungen reagieren.

Zwei andere theoretische Konzepte entwickelten sich ebenfalls in diesen
Jahren, die auf die Verunsicherung zum einen kompensierend *(Kultur als
Kompensation* von Modernisierungsproblemen), zum anderen eher spiele-
risch umgingen und umgehen *(Postmoderne Kulturpolitik)*.

Sind in der Theorie und Praxis des gegenmodernen Fundamentalismus
„Modernisierung" und „Zivilisation" eindeutig negativ besetzt, so wertet die
Theorie der *kulturellen Kompensation* diese Begriffe durchaus positiv.

---

371 Beck, Ulrich (1993): Die Erfindung des Politischen. Zu einer Theorie reflexiver Moderni-
     sierung, Frankfurt/M. S. 100
372 Beck (1993) S. 101f
373 Beck (1993) S. 107
374 Herzinger, Richard (1993): Der neue Kulturnationalismus. In: Die Zeit vom 20.8.1993
375 Vgl. hierzu: Meyer, Thomas (1989): Fundamentalismus. Aufstand gegen die Moderne,
     Reinbek bei Hamburg; Gellner, Ernest (1995): Nationalismus und Moderne, Hamburg;
     ders. (1992): Der Islam als Gesellschaftsordnung, München; Huntington, Samuel P. (1996):
     Kampf der Kulturen. Die Neugestaltung der Weltpolitik des 21. Jahrhunderts, Mün-
     chen/Wien; Harrison, Lawrence E./Samuel P. Huntington (2000): Streit um Werte. Wie
     Kulturen den Fortschritt prägen, Hamburg/Wien

Gleichwohl verschließt sie nicht die Augen vor der „Modernisierungsproblematik", hofft aber, diese durch entsprechende Kompensationsmaßnahmen beheben zu können. „Modernisierungen verlaufen ganz allgemein so, dass sie zugleich Defizite und Kompensationen erzeugen", stellt etwa der Philosoph Odo Marquard[376] fest.

Die Basis des in seiner Geschichte so erfolgreichen (naturwissenschaftlichen) Rationalismus liegt, so Marquard, in der intersubjektiven Überprüfbarkeit des *Experimentes*. Dies ist allerdings an entsprechende Voraussetzungen gebunden. „Wer überprüfbar experimentieren will, muss die Experimentatoren austauschbar machen." Dies geschieht in den modernen Naturwissenschaften durch den methodischen Verzicht auf die je besonderen Lebenswelten des jeweiligen Experimentators. Ein physikalisches Experiment beispielsweise muss gemäß der Versuchsbeschreibung von jedermann durchgeführt werden können, der sich an die entsprechende Anleitung hält. „Die modernen Wissenschaften wurden exakt, d. h. zu experimentellen Wissenschaften durch Neutralisierung jener lebensweltlichen Traditionen, in denen ihre Wissenschaftler stehen, also durch methodischen Verzicht auf ihre geschichtlichen Herkunftswelten."[377]

Modernisierungen beruhen somit in der, zumindest teilweisen, Ersetzung der *Herkunftswelten* durch experimentell geprüfte, jederzeit und an jedem Ort unter bestimmten vorhersagbaren Bedingungen erneut überprüfbaren und technisch herstellbaren *Sachwelten*. Dieser Vorgang beschleunigt sich im Zuge fortschreitender Modernisierung. „Immer weniger von dem, was Herkunft war, scheint Zukunft bleiben zu können; die geschichtlichen Herkunftswelten geraten zunehmend in die Gefahr der Veraltung. Das aber wäre – unkompensiert – ein menschlich unaushaltbarer Verlust, weil zunehmend der Bedarf des Menschen nicht mehr gedeckt wäre, in einer farbigen, vertrauten und sinnvollen Welt zu leben."[378]

Dieser Gedankengang, zunächst in der Philosophie entwickelt, findet sich ähnlich in dem Bericht der von der baden-württembergischen Landesregierung berufenen Kommission *Zukunftsperspektiven gesellschaftlicher Entwicklungen* von 1982. Ein zentraler Punkt dieses Berichtes, der eine wichtige Grundlage für die seinerzeitige baden-württembergische Kulturpolitik unter Lothar Späth bildete, ist der rasche technologische Wandel und seine Konsequenzen für die *Alltagskultur*: „Die Zukunft, in der wir uns als einer veränderten Lebenswelt einzurichten haben werden, rückt näher, als jemals zuvor eine veränderte, verändernde Zukunft uns nahe war. Zugleich nimmt die Prognostizierbarkeit der näher rückenden, gegenwartsverändernden Zukunft ab (...) Damit nimmt die Unbekanntheit der Zukunft zu, und zugleich wird

---

376 Marquard, Odo (1987): Über die Unvermeidlichkeit der Geisteswissenschaften. In: Odo Marquard: Apologie des Zufälligen. Philosophische Studien, Stuttgart S. 360
377 Marquard (1987) S. 103f
378 Marquard (1987) S. 104

der Abstand geringer, der uns von der unbekannten Zukunft noch trennt (...) Diese Folgen lassen sich als Schwund der Zukunftsgewissheit kennzeichnen (...) Gemeint ist schlicht, dass der Blick in die Zukunft an Klarsicht verliert. Damit wird aber die Zukunft geeigneter, als Raum der Einbildung von Ängsten zu dienen. Um so mehr ist, kompensatorisch, gerade die technische Zivilisation auf Zuversicht und Vertrauen im Verhältnis zur Zukunft angewiesen."[379]

Weiter heißt es: „Die Fälle und Situationen nehmen zu, wo wir uns auf die Funktionstüchtigkeit zivilisatorischer Lebenselemente und auf die Kompetenz der fachlich jeweils zuständigen Zivilisationsgenossen verlassen müssen. Durch Vertrauen kompensieren wir die wachsende Inkongruenz von Sachabhängigkeit und individueller Sachkompetenz." Mit dem Begriff der *Kompensation* ist das Stichwort für die wachsende Bedeutung der Kultur im Zuge einer sich rasant beschleunigenden Modernisierung, die hier prinzipiell bejaht wird, gegeben. Großzügig staatlich geförderte „Kultur" (durchaus im Sinne sowohl von „Kunstproduktion" als auch „aktiver Kulturpolitik") soll die notwendige Orientierungsleistung in einer sich immer rascher wandelnden und damit notwendigerweise immer fremder werdenden Alltagswelt erbringen. Kultur soll die somit lebensweltlichen Sinn- und Orientierungsverluste „kompensieren".

So schreibt der Philosoph Marquard: „Die Geisteswissenschaften helfen den Traditionen, damit die Menschen die Modernisierungen aushalten können (...) Dafür brauchen sie die Kunst der Wiedervertrautmachung fremd gewordener Herkunftswelten. Das ist die hermeneutische Kunst, die Interpretation: durch sie sucht man in der Regel für das Fremdgewordene einen vertrauten Kram, in den es passt; und dieser Kram ist fast immer eine Geschichte. Denn die Menschen: das sind ihre Geschichten. Geschichten aber muss man erzählen. Das tun die Geisteswissenschaften; sie kompensieren Modernisierungsschäden, indem sie erzählen."[380]

Was Marquard hier für die Geisteswissenschaften definiert, kann dem Ansatz der Kompensationstheorie folgend übertragen für Kunst- und Kulturproduktion allgemein gelten. Sie sollen die lebensweltlichen Verluste der rasch voranschreitenden Modernisierung auffangen und kompensieren. In diesem gesellschaftspolitisch-philosophischen Konzept spielen daher Kunst und Kultur eine ganz herausragende Rolle, oder, um es in der saloppen Art von Lothar Späth zu sagen: „High Tech" braucht „High Culture".

Die Kompensationstheorie hatte ihre durchaus nachweisbaren Auswirkungen auf die Kulturpolitik in einzelnen Bundesländern, auch wenn dieser Zusammenhang von den Akteuren nicht immer bewusst gemacht wurde, ihnen selbst vielleicht auch gar nicht unmittelbar bewusst war. Am 20. Oktober

---

379 ZKP (1982): Bericht der Kommission Zukunftsperspektiven gesellschaftlicher Entwicklungen, erstellt im Auftrag der Landesregierung von Baden-Württemberg, Stuttgart S. 27
380 Marquard (1987) S. 105

1989 legte der Koordinator für die Kunstförderung des Landes Baden-Württemberg, Hannes Rettich, die *Kunstkonzeption des Landes Baden-Württemberg* vor, die der damalige Ministerpräsident Lothar Späth am 13. Dezember 1989 im Rahmen einer Regierungserklärung in den Landtag von Baden-Württemberg einbrachte.

Im Vorwort der *Kunstkonzeption* heißt es u. a. „Der Kulturbegriff hat in den letzten Jahrzehnten eine tief greifende Änderung erfahren. War Kultur Jahrhunderte lang ein dem Alltag geradezu entgegengesetztes, stark elitär geprägtes Interessen- und Tätigkeitsgebiet für wenige, so ist sie heute ohne Zweifel ein integraler Bestandteil aller Lebensbereiche. Kunst und Kultur haben den elfenbeinernen Turm verlassen, sie sind zu einer sozialen Notwendigkeit unseres Zusammenlebens geworden (...) Mehr und mehr verliert die Arbeitswelt ihren prägenden Charakter für den einzelnen (...) Diese Entwicklung ist eine Herausforderung sowohl für die Bildungspolitik wie für die Kulturpolitik, wobei zwischen beiden Bereichen vielfältige und enge Verflechtungen bestehen. Das Ziel einer ganzheitlichen Persönlichkeitsbildung kann nur erreicht werden, wenn gleichzeitig neben die Wissensvermittlung eine Erziehung zur selbstverantwortlichen, kritischen und schöpferischen Gestaltung der Lebensumwelt tritt. Wir brauchen Menschen mit kreativer Fantasie, die den Problemen der Gegenwart mit zukunftsgerichteten Ideen begegnen."[381] Als direkte Folge dieser Konzeption entstanden u. a.

– das *Landesmuseum für Technik und Arbeit in Mannheim*, das – in enger Anlehnung an die o. a. Kompensationstheorie – die Aufgabe hat, „die Geschichte der Industrialisierung im deutschen Südwesten von den Anfängen bis zur Gegenwart vorzustellen und in enger Verbindung dazu die jeweiligen sozialen Entwicklungen und Umbrüche darzustellen, also Einblicke in die sozialen und gesellschaftlichen Auswirkungen der Industrialisierung zu geben"[382] – im Sinne der Kompensationstheorie also die „Herkunftswelten" zu verdeutlichen;

– das *Zentrum für Kunst und Medientechnologie (ZKM)* in Karlsruhe mit der Aufgabe einer „Neudefinition des Verhältnisses zwischen traditionellen und neuen Künsten sowie zu einem intensiven Dialog und zur wechselseitigen Befruchtung der Bereiche Wissenschaft, Kunst, Forschung, Wirtschaft und Gesellschaft"[383] beizutragen – im Sinne der Kompensationstheorie also die „Zukunftswelten" zu gestalten und schließlich

– der *Studiengang Kulturmanagement* in Ludwigsburg.

---

381 Rettich, Hannes (1989): Kunstkonzeption des Landes Baden-Württemberg, Stuttgart S. 7f
382 Späth, Lothar (1989): Regierungserklärung zur Kunstkonzeption vor dem Landtag Baden-Württemberg am 13. Dezember 1989, Stuttgart S. 15
383 Späth (1989) S. 16

Problematisch an diesem Konzept ist vor allem die Gegenüberstellung von (scheinbarer) naturwissenschaftlicher Eindeutigkeit und kultureller Vieldeutigkeit, d. h. der behauptete *Mythos von den zwei Kulturen* (C. P. Show), der uns bereits in der Gegenüberstellung von *Zivilisation* und *Kultur* mehrfach begegnet ist. Kultur ist per se immer Kompensation, denn durch kulturelle Anstrengungen und Leistungen überwindet der Mensch jene Instinktdefizite, die etwa dem Tier in der natürlichen Umwelt ein Überleben garantieren.[384] Insofern ist der Mensch ein Mängelwesen, das kompensieren *muss*. Der oben skizzierte kompensatorische Kulturbegriff meint aber etwas anderes. Er akzeptiert zunächst unhinterfragt jene *Modernisierungsschäden*, als wären sie etwasNatürliches und nicht etwas, das von Menschen permanent produziert wird. Er verzichtet auf ein mögliches Gegenhandeln, dessen Ziel es sein müsste, diese Übel an der Wurzel ihres Entstehens zu beseitigen – etwa indem man sich gesamtgesellschaftlich auf ein anderes Konzept von „Moderne" und „Modernisierung" einigt.

Die entschiedenste Gegenposition zu *Fundamentalismus* und *Gegenmoderne* bildet der theoretische Ansatz der *Postmoderne*. Die Verwendung dieses Begriffs ist allerdings häufig recht diffus, was sich u. a. aus seiner Entstehung aus so unterschiedlichen Gegenstandsbereichen wie Literaturwissenschaft, Architektur, Malerei, Philosophie, Soziologie usw. erklären mag. Wolfgang Welsch unterscheidet deshalb einen *präzisen* Postmodernismus von einem eher *diffusen* bzw. *feuilletonistischen* Postmodernismus: „In einem strikten Sinn postmodern ist unsere postmoderne Moderne nur gegenüber einer anderen Moderne; nicht gegenüber der letzten und weiterhin verbindlichen des 20. Jahrhunderts, sondern gegenüber Moderne im ältesten und wirklich antiquierten Sinn, gegenüber Moderne im Sinne der Neuzeit. Die Postmoderne verabschiedet deren Grundobsession: die Einheitsträume, die vom Konzept der Mathesis universalis über die Projekte der Weltgeschichtsphilosophien bis zu den Globalentwürfen der Sozialutopien reichten."[385]
Demgegenüber entwickelt Welsch[386] ein Konzept der Postmoderne, das folgende Kennzeichen trägt:

– Postmoderne wird als Konzept *radikaler Pluralität* verstanden, d. h. die Postmoderne ist diejenige Phase, in der radikale Pluralität als Grundverfassung der Gesellschaft real und anerkannt wird und in der daher plurale Sinn- und Aktionsmuster vordringlich, ja dominant und verbindlich werden.

---

384 Vgl. hierzu ausführlich: Berger, Peter L./Thomas Luckmann (1991): Die gesellschaftliche Konstruktion der Wirklichkeit. Eine Theorie der Wissenssoziologie, Frankfurt/M.
385 Welsch (1988) S. 2, 6
386 Welsch (1988) S. 4ff

- Die Grunderfahrung der Postmoderne ist die des unüberschreitbaren Rechts hochgradig verschiedener Wissensformen, Lebensentwürfe, Handlungsmuster. Dies bedeutet, dass ein und derselbe Sachverhalt in einer anderen Sichtweise sich völlig anders darstellen kann und dass diese andere Sichtweise ihrerseits keineswegs weniger berechtigt ist. „Fortan stehen Wahrheit, Gerechtigkeit, Menschlichkeit im Plural."
- Dies beinhaltet eine „anti-totalitäre Option". Postmoderne tritt für die Vielfalt heterogener Konzeptionen, Sprachspiele und Lebensformen nicht aus Nachlässigkeit und nicht im Sinne eines billigen Relativismus ein, sondern aus Gründen geschichtlicher Erfahrung und aus Motiven der Freiheit. „Sie folgt der Einsicht, dass jeder Ausschließlichkeits-Anspruch nur der illegitimen Erhebung eines in Wahrheit Partikularen zum vermeintlich Absoluten entspringen kann. Daher ergreift sie für das Viele Partei und wendet sich gegen das Einzige, tritt Monopolen entgegen und decouvriert Übergriffe. Ihre Option gilt der Pluralität – von Lebensweisen und Handlungsformen, von Denktypen und Sozialkonzeptionen, von Orientierungssystemen und Minderheiten."
- Postmoderne steht nicht gegen die Moderne, sondern in ihrer Tradition. „Ihr Grundinhalt – Pluralität – ist von der Moderne des 20. Jahrhunderts selbst schon propagiert worden, gerade von Leitinstanzen wie Wissenschaft und Kunst. In der Postmoderne wird dieses Desiderat der Moderne nun in der Breite der Wirklichkeit eingelöst. (...) Sie ist eigentlich radikal-modern, nicht post-modern (...) ‚Postmoderne' bezeichnet nur die Form, wie diese Moderne gegenwärtig einzulösen ist".
- Postmoderne Pluralität ist allerdings nicht nur mit Freiheitsgewinnen, sondern auch mit einer Verschärfung von Problemlasten bzw. einer neuen Sensibilität für Problemlagen verbunden. Sie erfordert eine neue Art des Umgangs mit Pluralität und verlangt eine neuartige, eine genau auf diesen radikalen und daher konflikthaften Pluralismus zugeschnittene Ethik.

Pluralismus impliziert *Wahlfreiheit*. Wenn das (eine) Wahre, Schöne und Gute, das die idealistische Philosophie postulierte, zerbrochen ist, wenn vieles gleich-wahr, gleich-schön oder gleich-gut ist, so bildet sich ein permanenter Orientierungs- und Entscheidungsdruck. Dabei besteht ständig die Gefahr des Relativismus und der Beliebigkeit, die von Kritikern der Postmoderne immer wieder vorgebracht wird. Den soziologischen Hintergrund dieser Philosophie hat der Soziologe Gerhard Schulze in seinem kultursoziologischen Bestseller *Die Erlebnisgesellschaft* beschrieben.

Er verwendet den Begriff der „Erlebnisgesellschaft"[387] als (komparativ zu verstehende) Bezeichnung für eine Gesellschaft, in der (sowohl im historischen als auch im interkulturellen Vergleich) *innenorientierte* Lebensauffassungen eine relativ große Rolle für den Aufbau der Sozialwelt spielen. Ästhetisierung und Psychologisierung der Alltagswelt sind demnach Kennzeichen einer Gesellschaft, deren existenzielle Kernprobleme nicht mehr darin bestehen, physisch oder sozial zu überleben, sondern ein „schönes" Leben zu führen, d. h. Leben wird zum Er-Leben.

Während in eher außenorientierten Gesellschaften die Ziele des Handelns immer nach außen, d. h. auf die jeweilige Situation, gerichtet sind, konzentrieren sie sich im Gegensatz dazu bei der Innenorientierung immer auf das Subjekt selbst. In der Erlebnisgesellschaft vollzieht sich demnach eine Wendung des Denkens von außen nach innen, von der Situation zum Subjekt, im Konsumbereich von objektiven Nutzendefinitionen von Produkten (z. B. die Brille als Mittel, um besser sehen zu können) zum Nutzen als subjektivem Erlebnis (die Brille als neues Seherlebnis). Während beispielsweise beim außenorientierten Konsum die Qualität von Produkten unabhängig vom Konsumenten definiert wird, haben beim innenorientiert-erlebnisrationalen Konsum Waren und Dienstleistungen den Status eines Mittels für innere Zwecke. Man wählt sie aus, um sich selbst in bestimmte Zustände zu versetzen, d. h. Erlebnisrationalität ist Selbstmanipulation des Subjekts: Jeder ist für seine Erlebnisse selbst verantwortlich. Die Absichten der Konsumenten richten sich dabei auf psychophysische Kategorien, wie z. B. Ekstase, Spannung/ Entspannung, sich wohl fühlen, Gemütlichkeit, sich ausagieren usw. Beim erlebnisorientierten Handeln richtet sich der Anspruch ohne Zeitverzögerung auf die aktuelle Handlungssituation. Als Handlungstypus entgegengesetzt ist das Handlungsmuster der aufgeschobenen Befriedigung (Sparen, langfristiges Liebeswerben, der zähe politische Kampf usw.); bei Handlungsmustern dieses Typs wird die Glückshoffnung in eine ferne Zukunft projiziert.

Obwohl subjektiv-innenorientiert ist das Handeln in der Erlebnisgesellschaft keineswegs individualistisch-unvorhersagbar. Im Gegenteil: Auf dem sog. *Erlebnismarkt* treffen Erlebnisnachfrager und Erlebnisanbieter aufeinander und bilden in Form von Ziel-Mittel-Schemata eine routinisierte *Erlebnisrationalität* aus. Mit ihren Handlungsmustern formt und stabilisiert so jede Seite die andere. Gemeinsam treiben beide die Eigendynamik des Erlebnismarktes voran. Allerdings konsumieren die Einzelnen in der Erlebnisgesellschaft nicht die gleichen Erlebnisse in gleicher Weise, sondern sie wählen aus dem Erlebnisangebot bestimmte Schemata aus. Diese *ästhetischen Beziehungswahlen* erfolgen keineswegs beliebig, sondern werden vorrangig durch physische und psychische Dispositionen beeinflusst, wobei Lebensalter und Bildung

---

387 Schulze, Gerhard (1992); ders. (1999): Die Zukunft des Erlebnismarktes. Ausblicke und kritische Anmerkungen. In: Nickel, Oliver (Hrsg.) (1999): Eventmarketing. Grundlagen und Erfolgsbeispiele, München S. 303-316

zentrale Bestimmungsfaktoren sind. Diese sog. Beziehungswahlen (d. h. diejenigen Schemata, auf die sich der/die Einzelne jeweils bezieht) werden für Schulze nun unmittelbar struktur-, d. h. *milieubildend*. *Soziale Milieus* bilden sich demnach in der Erlebnisgesellschaft nicht länger durch schichtbezogene Beziehungsvorgaben (wie Einkommen, Berufsprestige und formaler Bildungsabschluss), sondern durch Beziehungswahl. Milieus werden den Menschen in Gesellschaften mit einem hohen Lebensstandard nicht einfach vom Schicksal verordnet, sondern man kann *wählen* bzw. man muss *wählen*, wenn man überhaupt noch irgendwo dazugehören möchte.

Kulturproduktion, Kulturrezeption und Kulturpolitik haben im Rahmen der Erlebnisgesellschaft einen zentralen Stellenwert, da vorwiegend über kulturelle Güter und Dienstleistungen Erlebnisse stimuliert werden. Folgt man Schulze, so sind öffentliche wie private Kulturanbieter den gleichen Mechanismen des Erlebnismarktes ausgesetzt und können sich diesen kaum entziehen. Anders als in explizit gesellschaftspolitisch orientierten kulturpolitischen Konzeptionen, wie etwa dem der *Neuen Kulturpolitik* in den siebziger und achtziger Jahren angenommen, kann, so Schulze, in der Erlebnisgesellschaft Kulturpolitik keineswegs nach Belieben steuern; sie ist lediglich ein Vektor in einem sozialen Zusammenhang.

Durch die Gleich-Gültigkeit der Erlebnisnachfrage gegenüber der Herstellung des Erlebnisangebots, sei die Produktion privatwirtschaftlich organisiert oder öffentlich gefördert, rückt das Publikum nun in eine strategische Position auf dem Erlebnismarkt. Der Gestaltungsspielraum der Kulturpolitik wird nämlich durch das definiert, was den Erlebnisnachfragern *Spaß* macht. Schulzes kritische Prognose für die Kulturpolitik: Je mehr der Erlebnismarkt ausufert, je mehr Publikum zum knappen Gut wird, desto eher sind die Anbieter auch im kulturpolitischen Handlungsfeld bereit, ihre offizielle Anspruchshaltung durch eine inoffizielle Bereitschaft zu unterlaufen, sich dem Geschmack des Publikums anzupassen. Es ergibt sich eine wachsende Diskrepanz zwischen manifester Ambitioniertheit der Kulturpolitik und latenter Bequemlichkeit der ästhetischen Praxis öffentlicher Kulturarbeit.

Das Produktive des von Welsch geforderten *präzisen Postmodernismus* besteht darin, dass er den Fragen reflexiver Modernisierung nicht ausweicht, sie durch einfache Antworten oder gar ein Leugnen der Fragen beiseite schiebt, sondern sich den Problemen des Wählen*könnens* und vor allem des Wählen*müssens* stellt. Er fordert ein ständiges Herausarbeiten und Aushalten von Spannungen und Differenzen, er versucht diese zuzuspitzen und zu verdeutlichen, um neue Lösungen zu finden. Das verschafft ihm die Gegnerschaft aller Freunde sog. „klarer Lösungen", die es allerdings angesichts der tatsächlichen Entwicklung hochdifferenzierter Gesellschaften kaum noch geben kann.

Aus dem von ihm vertretenen Pluralismus-Theorem leitet Wolfgang Welsch die grundlegende Leitlinie für die Kulturpolitik ab: „Man muss sich nach Kräften bemühen, der Gefahr der Indifferenz zu entgehen und alle

Förderungsmaßnahmen kritisch daraufhin prüfen, ob sie nicht bloß solche Indifferenz erzeugen. Umgekehrt gilt es, die Chancen der Vielheit im Feld der Kultur zu nützen und zu verstärken. Man muss Strategien und Maßnahmenkataloge finden, die ein Kaleidoskop hochgradig differenzierter Kulturformen befördern."[388]

Für die Umsetzung dieser „Leitlinie" nennt Welsch[389] eine Reihe von Kriterien:

– *Schärfe und präzise Charakteristik*, d. h. zu fördern seien demnach vorzugsweise Projekte, die klares Profil besitzen, von anderen sich abheben, eine unverwechselbare Konzeption vertreten;
– *Spezifizität*, d. h. die verschiedenen Sektoren der Kultur sind gehalten, nicht nach dem zu schielen, was in anderen Bereichen geschieht und Erfolg hat; derartige Fremdorientierung sei ein wesentlicher Grund der heute zu beklagenden Uniformierung;
– *Entzerrung*, d. h. der Angleichung, die allenthalben geschieht, gelte es durch Strategien der Trennung, Schärfung und Profilierung entgegenzuarbeiten. Der diffuse Kulturbrei sei zu Kristallisation und Strukturbildung zu bewegen.
– *Nichtmediale Kulturprojekte*, d. h. zu fördern sei das, was nicht ohnehin schon medial allerorten geschieht. Die Medien, allen voran das Fernsehen, prägten das Kulturleben von den elementaren Fakten bis zum gehobenen Styling. Die Tendenz gehe dahin, auch Kulturereignisse, die sich noch außerhalb dieses Wirkungskreise bewegen, von vornherein ihm anzupassen, damit sie eintrittsfähig werden.
– *Unterprivilegierte Kulturformen*; dies gelte für die gesamte Breite der neben der „hohen" Kultur bestehenden Formen der Alltagskultur, der Industriekultur, der Alternativkultur.

Welschs Fazit: „Eine Kulturpolitik, die sich an Maximen der genannten Art orientiert, rückt vom Gießkannenprinzip ab, das pluralistisch scheint und es doch nur in der schlechtesten Form ist, weil es bloß vorhandene Kräftekonstellationen bedient und keine Akzente setzt. Die Kulturinstitutionen werden dabei vielmehr zu Bedürfnisanstalten degradiert: Man verfährt nach bloßen Bedürfnis- und Nachfragegesichtspunkten."[390] Demgegenüber plädiert Welsch für „Kunst als Modellsphäre auch für das Verständnis sozialer Pluralität."[391]

---

388 Welsch, Wolfgang (1990): Kulturpolitische Perspektiven der Postmoderne. In: Cornel, Hajo/ Volkhard Knigge (Hrsg.): Das neue Interesse an der Kultur, Hagen (Kulturpolitische Gesellschaft e.V., Dokumentation 34) S. 88
389 Welsch (1990) S. 89ff
390 Welsch (1990) S. 90
391 Welsch (1990) S. 93

Auch der *Deutsche Städtetag* knüpfte in den neunziger Jahren an das postmoderne Pluralismuskonzept an, wenn er in seiner sog. *Magdeburger Erklärung* von 1995[392] feststellt: „Eine Stadt hat keine einheitliche Identität, sondern viele Identitäten, so wie sich aus ganz unterschiedlichen Menschen und Bevölkerungsgruppen zusammensetzt, die unterschiedliche Fähigkeiten, Bedürfnisse und Ansprüche haben. Erst in ihrer Summe machen sie zusammen mit der von Geschichte und Gegenwart geprägten Stadtgestalt die Unverwechselbarkeit der Stadt aus. Die Existenz der Stadt beruht auf Toleranz und Anerkennung des Andersartigen. Das Prinzip der Stadt von heute und morgen ist nicht die Unterordnung, Anpassung an eine herrschende Lebensform oder die Ausgrenzung, sondern der Austausch und die Kommunikation zwischen unterschiedlichen, auch widersprüchlichen Lebensweisen. Ohne diese Offenheit hätte die Stadt keine Zukunft.

Der Pluralität von Stadtgesellschaft entspricht eine Vielfalt von kultureller Praxis und kulturellen Angeboten, welche den unterschiedlichen Ansprüchen der Menschen in der Stadt gerecht wird. Die Anziehungskraft der Stadt hängt davon ab, ob sie vielen Individuen und Gruppen, jedem auf seine Weise, eine Beteiligung am kulturellen Leben bietet, ob auch Auswärtige neugierig darauf sind, deshalb die Stadt zu besuchen oder in der Stadt auf Dauer zu bleiben."

Doch auch der *Städtetag* sieht die im Konzept der Pluralität lauernde Gefahr der Beliebigkeit. So formulierte sein damaliger Kulturdezernent Bernd Meyer: „Wenn Kennzeichen von Stadt und Kultur die Pluralität ist, so bedeutet dies Chance und Risiko zugleich. Die Pluralität von Lebensweisen und kultureller Praxis sichert die Vielfalt, welche die Stadt für ihre Bewohnerinnen und Bewohner interessant und attraktiv macht. Sie erfüllt damit die unterschiedlichsten Bedürfnisse. Das Risiko liegt auf dem Weg in die Unverbindlichkeit, an dessen Ende die Beziehungslosigkeit, gewissermaßen die Atomisierung der Gemeinschaft stehen kann: Die Stadt als Ort der reinen Bedürfnisbefriedigung, wobei vom Grad dieser Bedürfnisbefriedigung der Grad der (scheinbaren) Identifikation des Einzelnen oder verschiedener Gruppen mit ihrer Stadt abhängt (...)

Was schon seit den 70er Jahren unter dem Motto ‚Kultur für alle' Gefahr lief, als universelle Anspruchs- und Bedürfnisbefriedigung missverstanden zu werden, darf jetzt nicht unter verstärkt ökonomischen Gesichtspunkten zum kulturellen Supermarkt verkommen, der alles für jeden zu jeder Zeit bereithält. Gerade die Kultur vermag zu verdeutlichen, dass die Stadt mehr ist als ein Dienstleistungsunternehmen, dass sie eine Lebensgemeinschaft ist, die nur dann gelingen kann, wenn der Einzelne bereit ist, eigene Leistungen in diese Gemeinschaft einzubringen. Dafür muss die Stadt aber Spielräume bieten."[393]

---

392 Deutscher Städtetag (1995): Die Stadt als Chance – Neue Wege in die Zukunft. Vorträge, Aussprachen und Ergebnisse der 28. Ordentlichen Hauptversammlung des Deutschen Städtetages vom 30. Mai bis 1. Juni 1997 in Magdeburg, Köln S. 230
393 Meyer (1995) S. 240f

4.4 „Kultur als Staatsziel" und „kulturelle Daseinsvorsorge" in Zeiten der Globalisierung

Die von Jürgen Habermas Mitte der achtziger Jahre konstatierte „Erschöpfung der utopischen Energien" sollte sich als prophetisch für das ausgehende Jahrtausend erweisen: „Heute sieht es so aus," schrieb er in seiner „Neuen Unübersichtlichkeit" von 1985, „als seien die utopischen Energien aufgezehrt, als hätten sie sich vom geschichtlichen Denken zurückgezogen. Der Horizont der Zukunft hat sich zusammengezogen und den Zeitgeist wie die Politik gründlich verändert. Die Zukunft ist negativ besetzt."[394]

Allerdings schienen der Zusammenbruch des Ostblocks, der Fall des „Eisernen Vorhangs" und die Durchsetzung freiheitlicher Demokratien im Osten Europas in den Jahren 1989/90 diese pessimistische Prognose zunächst massiv Lügen zu strafen, deutete sich doch unter diesen Vorzeichen ein neues Jahrhundert von Frieden und Freiheit für ganz Europa an. Manche riefen gar schon vorzeitig das „Ende der Geschichte"[395] aus, da der grundlegende ideologische und politische Konflikt zwischen Ost und West, der die Welt fast ein halbes Jahrhundert beherrschte und mehrfach an den Rand eines Weltkrieges zu treiben drohte, aufgelöst schien und sich das freiheitliche System des Westens in allen Bereichen durchgesetzt habe.

Die Menschen der „jungen Demokratien" des Ostens befreiten sich sowohl aus der allgegenwärtigen Dominanz eines allmächtigen Staates wie auch der dominanten ideologischen Vorherrschaft Moskaus, kämpften um ihre individuellen Freiheiten und drängten verstärkt (zurück) nach (West-)Europa. Die alte Sowjetunion selbst löste sich auf und öffnete sich, wenn auch zögerlich, dem Demokratisierungsprozess. Am Horizont zeichnete sich die Morgenröte einer einigen Welt im Zeichen von Frieden und Freiheit ab.

Doch sehr schnell wurde deutlich, dass an die Stelle des *einen* großen, wiewohl durch eine makabre „balance of power" bzw. ein „Gleichgewicht des Schreckens","gehegten" Konflikts, eine Vielzahl neu aufbrechender kleinerer, zunächst lokaler, gleichwohl zunehmend aber globalisierter Konflikte traten und treten, bei denen kulturelle Elemente ganz offensichtlich eine zentrale Rolle spielen. „In der Welt nach dem Kalten Krieg zählen Flaggen und andere Symbole kultureller Identität wie Kreuze, Halbmonde und sogar Kopfbedeckungen; denn Kultur zählt, und kulturelle Identität hat für die meisten Menschen höchste Bedeutung. Die Menschen entdecken heute neue, aber oft eigentlich alte Identitäten und marschieren hinter neuen, aber eigentlich alten Fahnen in Kriege mit neuen, aber oft eigentlichen alten Feinden", schrieb 1996 der amerikanische Politikwissenschaftler Samuel P. Huntington,

---

394 Habermas (1985) S.143
395 Fukuyama, Francis (1992): The End of History (deutsch: Das Ende der Geschichte. Wo stehen wir?), München

der mit seinem „Kampf der Kulturen"[396] (das im amerikanischen Originaltitel bezeichnenderweise „The Clash of *Civilizations*" heißt; vgl. zu der Gegenübersetzung von „Kultur" und „Zivilisation" im Deutschen das erste Kapitel) heftige Diskussionen und Gegenrede hervorrief. Doch spätestens seit dem welterschütternden „September eleventh" 2001 und seinen direkten Folgen wurde deutlich, dass der Traum vom problemlos-friedvollen Miteinander in einer bunten „Multikulti"-Welt eine Illusion war.

Auch in Deutschland begannen die neunziger Jahre zunächst voller Optimismus, war es doch durch den Mauerfall gelungen, den jahrzehntealten Auftrag der ehemaligen Präambel des Grundgesetzes, nämlich „die nationale und staatliche Einheit zu wahren", endlich in der Realität durch den *Einigungsvertrag* zu erfüllen. In ihm heißt es rückblickend: „In den Jahren der Teilung waren Kunst und Kultur – trotz unterschiedlicher Entwicklung der beiden Staaten in Deutschland – eine Grundlage der fortbestehenden Einheit der deutschen Nation"[397] – ein letztes Relikt der jahrhundertealten Wunschvorstellung einer „Kulturnation" Deutschland.

Kunst und Kultur hatten – das haben die Erörterungen des ersten Kapitels gezeigt – in Deutschland stets einen völlig anderen gesellschaftlichen und politischen Stellenwert als beispielsweise in England oder Frankreich. Während sich im England des 17. Jahrhunderts und im Frankreich des 18. Jahrhunderts die geistige Elite sowohl ökonomisch wie auch politisch artikulierte, definierte und positionierte, blieb dies der bürgerlichen Elite in Deutschland vor allem aus zwei Gründen versagt.

Erstens gab es nicht die so heftig ersehnte *politische* Einheit in einem zerrissenen Deutschland der zahllosen Fürstentümer und somit keinen zentralen Ort, wo diese Elite sich versammeln und artikulieren konnte (wie etwa in London im 17. Jahrhundert oder in Paris im 18. Jahrhundert). Daher sollten die Kunst und vor allem das Theater leisten, was die Politik nicht zuwege brachte: die zersplitterte, in Dutzende Herzog- und Fürstentümer zerfallene Nation zu vereinen. Zweitens gelang es dem deutschen Bürgertum bis in das 19. Jahrhundert hinein nicht, sich wirksam gegen den Feudalismus zu formieren und seine Ideen politisch umzusetzen, d. h. in Deutschland eine bürgerliche Revolution zu vollziehen, die die bürgerliche Elite anstelle der feudalen an die Macht hätte bringen können.

So waren es in Deutschland, wie im ersten Kapitel ausführlich dargelegt, vornehmlich die Universität und „die Kultur" (und hier vornehmlich das Theater), die die Wirkungsorte dieser bürgerlichen Elite darstellten. Im Jahr 1784 hielt Schiller in Mannheim seinen berühmten Vortrag „Vom Wirken der Schaubühne auf das Volk", den er dann 1802 in leicht veränderter Fassung

---

396 Huntington (1996) S. 18
397 Vertrag zwischen der Bundesrepublik Deutschland und der Deutschen Demokratischen Republik über die Herstellung der Einheit Deutschlands. In: Grundgesetz für die Bundesrepublik Deutschland (1995), München (Beck'sche Textausgaben) S. 154

unter dem Titel „Die Schaubühne als moralische Anstalt betrachtet" veröffentlichte. Hierin begreift Schiller das Theater als den vornehmsten Ausdruck des „Nationalgeistes", den er wie folgt definiert: „Nationalgeist eines Volkes nenne ich die Ähnlichkeit und Übereinstimmung seiner Meinungen und Neigungen bei Gegenständen, worüber eine andere Nation anders meint und empfindet." Doch anders als etwa der britische „Commonsense", der sich in einer mehr oder weniger institutionalisierten Öffentlichkeit (Parlament, Presse) niederschlägt, soll diese Öffentlichkeit in Deutschland auf der Bühne hergestellt werden.

Weiter schreibt Schiller zu den umfassenden Deutungsansprüchen des Theaters in Deutschland: „Die Schaubühne ist mehr als jede moralische Anstalt des Staates eine Schule der praktischen Weisheit, ein Wegweiser durch das bürgerliche Leben, ein Schlüssel zu den geheimsten Zugängen der menschlichen Seele."[398] Der Theaterkritiker Bernd Sucher bemerkt hierzu: „Deshalb verbindet sich die Nationaltheater-Idee hier (in Deutschland *A.K.*) am deutlichsten mit der Forderung nach sozialer Emanzipation des Bürgertums. Über den künstlerischen Aspekt weit hinausgehend, sollte das Theater als moralische und soziale Anstalt wirksam werden: Auf seiner Bühne sollte eine *Zone exemplarischer Öffentlichkeit* entstehen, in welcher die ersehnte *nationale Einheit unter bürgerlichen Vorzeichen* sozusagen auf symbolischer Ebene, im Bereich des ästhetischen (Vor-)scheins zu emanzipieren wäre."[399]

Die „Gelehrtenrepublik" trat im Deutschland des 18. und 19. Jahrhunderts somit an die Stelle tatsächlicher demokratischer nationaler Einheit. Und diese Sehnsucht (ganz im oben dargestellten Sinne eines Wilhelm Meisters), nämlich mit Hilfe von Kultur und Kultur(-politik) die Gesellschaft gestalten und verändern zu wollen, schwingt sogar noch in den Bemühungen einer „Neuen Kulturpolitik" mit, die explizit „Kulturpolitik als Gesellschaftspolitik" begreift (vgl. oben).

Zu Beginn der neunziger Jahre des 20. Jahrhunderts wurde zumindest das Problem der deutschen Einheit gelöst. Die zweite Sehnsucht der notorisch „verspäteten Nation" Deutschland[400], endlich auch eine bürgerliche Revolution auf deutschem Boden gehabt zu haben, konnte indes nur dadurch gestillt werden, dass die Implosion des maroden ökonomischen, gesellschaftlichen und politischen Systems der ehemaligen Deutschen Demokratischen Republik 1989 zu einer freiheitsheischenden „Revolution" uminterpretiert und stilisiert wurde. Wie die entsprechenden Vorgänge, die zum Zusammenbruch der Deutschen Demokratischen Republik geführt haben, tatsächlich zu bewerten sind, wird in späteren Jahren die Geschichtsschreibung zu beantworten haben.

---

398 Schiller, Friedrich (1965): Die Schaubühne als moralische Anstalt betrachtet. In: Schillers Saemtliche Werke, Band V, Leipzig S. 517
399 Sucher, Bernd C. (1996): Theaterlexikon. Epochen, Ensembles, Figuren, Spielformen, Begriffe, Theorien, München S. 299; Hervorhebung A.K.
400 So der Titel eines Buches, das erstmals 1959 erschien: Plessner, Helmuth (1974): Die verspätete Nation, Frankfurt/M.

Ganz zugespitzt könnte man sagen, dass somit die beiden Hauptprobleme, für die Kunst und Kultur in Deutschland über zwei Jahrhunderte eine (wenn auch nur scheinbare) Lösung anboten und dadurch ihren so spezifischen und herausragenden Stellenwert im politischen Leben dieses Landes begründeten, durch die Vollendung der deutschen Einheit aufgehoben wurden: (1) die deutsche Einheit wurde nun endlich auch politisch erreicht und (2) der Initiationsritus einer „normalen" Nation durch eine „bürgerliche" Revolution durch den Herbst 1989 erfüllt. Ganz konsequent erklärte man deshalb umgehend den Tag des „Wirksamwerdens des Beitritts der Deutschen Demokratischen Republik zur Bundesrepublik Deutschland gemäß Artikel 23 des Grundgesetzes"[401], den 3. Oktober, zum (neuen) deutschen Nationalfeiertag – so, wie die Franzosen ihren „Gründungsmythos" mit dem 14. Juli (Sturm auf die Bastille) zu dem ihren machten.

Vielleicht lässt sich mit dieser – sicherlich etwas kühnen – These erklären, warum die *inhaltlichen* kulturpolitischen Diskussionen in den endenden neunziger Jahren des 20. Jahrhunderts und den Jahren des ersten Jahrzehnts des neuen Jahrtausends so merkwürdig defensiv, ja geradezu *konservativ* (im Sinne einer Bewahrung des Bestehenden) geraten. Denn auch wenn der Einigungsvertrag in Artikel 35 festhält, dass Kunst und Kultur „im Prozess der staatlichen Einheit der Deutschen auf dem Weg zur europäischen Einigung einen eigenständigen und unverzichtbaren Beitrag" leisten und weiter festgestellt wird, dass „Stellung und Ansehen eines vereinten Deutschlands in der Welt (...) außer von seinem politischen Gewicht und seiner wirtschaftlichen Leistungskraft ebenso von seiner Bedeutung als Kulturstaat"[402] abhängen, so machen die folgenden Absätze (2) bis (7) des Art. 35 doch unmittelbar deutlich, dass es hierbei weniger um *Konzepte* und *Visionen* geht, sondern sehr viel eher darum, dass die „kulturelle Substanz" (Abs. 2) „keinen Schaden" nimmt – im Kern also um die alles entscheidende Frage: wer zahlt was?

Inwieweit sich durch den im Art. 35 festgehaltenen Auftrag die kulturpolitischen Gewichte in den neunziger Jahren des letzten Jahrhunderts zugunsten des Bundes verschoben, wurde ausführlich im dritten Kapitel beschrieben. Die mit dem Einigungsprozess in Zusammenhang stehenden ökonomischen, aber auch gesellschaftlichen und politischen Probleme[403] waren und sind indes ganz offensichtlich so gravierend, dass Kulturpolitik bislang offensichtlich daran verzagte, grundlegend vor allem *inhaltlich* und nicht nur organisatorisch an ihrer Lösung mitzuwirken. Eher muss sie im Gegenteil seit dem Ausgang des alten Jahrtausends aufpassen, dass sie nicht in Gefahr gerät, an-

---

401 Vertrag zwischen der Bundesrepublik Deutschland und der Deutschen Demokratischen Republik über die Herstellung der Einheit Deutschlands. In: Grundgesetz für die Bundesrepublik Deutschland (1995), München (Beck'sche Textausgaben) S. 154
402 Einigungsvertrag S. 154
403 Vgl. hierzu Herles, Wolfgang (2005): Wir sind kein Volk, München

gesichts der drückenden Lasten marginalisiert zu werden bzw. sich selbst zu marginalisieren.

Denn, wie der *Deutsche Kulturrat* in einer Pressemitteilung vom 27.12.2004 sehr zu Recht beklagt, findet Kultur „bei den kommunalen Spitzenverbänden nur noch unter ferner liefen statt. Der *Deutsche Städtetag* besetzte 2004 sein Kulturdezernat nach dem Ausscheiden des amtierenden Beigeordneten nicht wieder und der *Deutsche Städte- und Gemeindebund* verschmolz seinen Kulturausschuss mit dem Ausschuss für Jugend, Soziales und Gesundheit."[404] Diese Zeichen sind mehr als alarmierend, war es doch – wie oben dargestellt – vor allem der *Deutsche Städtetag* mit seinem Kulturausschuss, der seit den fünfziger Jahren die kulturpolitische Diskussion in Deutschland wie kein anderes Gremien getragen hat.

Und ganz anders als zu Zeiten des kulturpolitischen Konzeptes der *Kulturpflege*, das ganz im Zeichen der Restaurierung einer an das „Wahre, Schöne, Gute" der Weimarer Klassik anknüpfenden „affirmativen" Kulturtheorie stand, ganz anders als während der Aufbruchsphase der *Neuen Kulturpolitik*, die seinerzeit eingebettet war in den umfassenden gesellschaftstheoretischen Entwurf einer „Mehr Demokratie wagen", und auch anders noch als die den *postmodernen Entwürfen* folgende „Erlebnisgesellschaft" scheint seit der Jahrtausendwende sowohl *die* bestimmende philosophische bzw. gesellschaftstheoretische „Leitidee" zu fehlen wie auch die Bereitschaft, die zu ihrer Umsetzung notwendigen Ressourcen zu mobilisieren (wie dies etwa in den siebziger und achtziger Jahren des 20. Jahrhunderts durchaus in bemerkenswerter Weise geschah).

Basierten alle der vorgenannten Konzepte – mehr oder weniger explizit – auf der Grundlage des Wohlfahrtsstaates mit seinen nach oben scheinbar offenen Wachstumsmöglichkeiten („Allen soll es besser gehen!"), so wurde in Deutschland aus verschiedenen Gründen nun gerade diese Grundlage in den neunziger Jahren zum Problem, stieß der Wohlfahrtsstaat massiv an seine Grenzen – und mit ihm alle auf ihn aufbauenden gesellschaftspolitischen und kulturpolitischen Entwürfe. So stellen Norbert Sievers und Bernd Wagner 1993 anlässlich des Bilanz ziehenden Kongresses *Blick zurück nach vorn. 20 Jahre Neue Kulturpolitik* selbstkritisch fest: „Die Neue Kulturpolitik hat im Horizont eines erweiterten Kulturbegriffs vieles ermöglicht. Ihr lag eine auf Wachstum angelegte Konzeption zugrunde, die es in Sparzeiten naturgemäß sehr schwer hat (...) Es ist gegenwärtig nicht leicht, klar zu sagen, wie Kulturpolitik in Zukunft aussehen soll, wo im vergangenen Jahrzehnt doch so vieles ging und der Streit über Prioritäten kaum geführt werden musste. Es ist gut möglich, dass darin ein Kardinalproblem liegt: Die KulturpolitikerInnen

---

404 Pressemitteilung des Deutschen Kulturrat: Mehr Licht als Schatten. Jahresbilanz des Deutschen Kulturrates 2004, Berlin 27.12.2004

sind nun, wo das Geld knapp wird, gefordert, Wertentscheidungen zu treffen, zu begründen und dafür zu streiten."[405]

Zum Ende des alten Jahrtausends wurde überdeutlich, wie eng die „Neue Kulturpolitik" mit dem Wohlfahrtsstaat alter Prägung verwoben war. So kommen die Veranstalter der Tagung „Krise des Wohlfahrtsstaates – Zukunft der Kulturpolitik" 1996 zu der selbstkritischen Erkenntnis: „Zweifellos entspricht der klassische Wohlfahrtsstaat in seinen Finanzierungsmodalitäten und mit seinen standardisierten Angeboten, in seinem bürokratischem Aufbau und seiner hierarchischen Steuerung nicht mehr den Erfordernissen der zweiten Moderne [Beck] der post-industriellen Dienstleistungs-, Kommunikations-, Erlebnis- und gleichzeitig Risikogesellschaft. Aber eine neue, den veränderten Anforderungen von Gesellschaft und Wirtschaft der zweiten Moderne entsprechende wohlfahrtsstaatliche Politik und Zielgestaltung zeichnet sich bisher nicht einmal in Konturen ab. Entsprechendes gilt für die Rolle und den Stellenwert sowie die konkreten Förderformen und Maßnahmen der Kulturpolitik unter diesem neuen, veränderten Verständnis von Wohlfahrtsstaat."[406] In dieser skeptischen Einschätzung wird deutlich, dass die Zukunft der Kulturpolitik in Deutschland wohl kaum in der Fortschreibung des „alten" Wohlfahrtsstaates liegen kann.

Und in der Tat sind es nicht nur die Finanzierungsprobleme angesichts wirtschaftlicher Schwierigkeiten, hoher Arbeitslosigkeit, demographischer Verwerfungen und der gigantischen Lasten eines spezifisch Deutschland belastenden „Aufbaus Ost", die den Wohlfahrtsstaat alten Musters haben obsolet werden lassen. Vielmehr ist er durch seine Strukturen und bürokratische Ordnung immer weniger in der Lage, die Partizipationsinteressen seiner Bürgerinnen und Bürger adäquat zu befriedigen.

Denn wie die *Enquete-Kommission Zukunft des bürgerschaftlichen Engagements* des Deutschen Bundestages in ihrem Schlussbericht vom Juni 2002 feststellte, sind die Bürgerinnen und Bürger durchaus bereit, sich in breitem Maße zu engagieren – allerdings unter ganz bestimmten Bedingungen. „Starke etatistische Traditionen haben in Deutschland staatliche Instanzen und öffentliche Verwaltungen immer wieder zu Gegenspielern engagementbereiter Bürgerinnen und Bürger werden lassen. Die negativen Begegnungen reichen von Verboten gegen allzu Aktive bis zu ihrer Abdrängung ins Private. Bürgerschaftliches Engagement hatte daher historisch häufig dann die größten Entwicklungschancen, wenn die staatliche Handlungsfähigkeit (z. B. nach Kriegen) besonders schwach war. Eine auf die Förderung bürgerschaftlichen Engagements orientierte Staatlichkeit muss daher eine der zentralen Reformaufgaben sein, soll Bürgergesellschaft mehr als eine dünne Schale um einen dicken etatistischen Kern sein. Die zu verändernde Staat-

---

405 Sievers, Nobert/Bernd Wagner (1994): Vorbemerkung. In: dies. (Hrsg.) (1994): Blick zurück nach vorn – 20 Jahre neue Kulturpolitik, Hagen S. 7
406 Wagner/Zimmer (1997) S. 11f

lichkeit umfasst nicht nur das Mehrebenengefüge von Bund, Ländern und Gemeinden, sondern ebenso die Europäische Union und internationale Organisationen."[407]

Die Enquete-Kommission entwickelt auf dieser Grundlage das „Leitbild des *ermöglichenden Staates*"; dieses Leitbild „kennzeichnet eine bürgerschaftliche Verantwortungsteilung zwischen Staat und Gesellschaft, die auf mehr Bürgerorientierung abzielt. *Bürgerschaftliches Engagement* und *Bürgerbeteiligung* sind Kernstücke der Beziehung von Staat, Gesellschaft Wirtschaft und Familie."[408] Mit diesem Entwurf eines *„ermöglichenden* Staates" (im Gegensatz zu einem „paternalistischen" Staat, der alles und jedes selbst in Eigenregie durchführt) gewinnt die deutsche Diskussion Anschluss an die internationalen Überlegungen zur sog. „Zivilgesellschaft",[409] wie sie etwa in dem großen *John Hopkins Comparative Nonprofit Sector Project* unter der Leitung von Lester M. Salamon und Helmut K. Anheier mit ihren diversen Untersuchungen und Publikationen kulminieren. Diese Zivilgesellschaft ist allerdings auch in ihrem Inneren keineswegs ungefährdet, gerade weil Kultur in ihr eine zentrale Rolle spielt (ebenso wie in ihren Außenbeziehungen, wie Samuel Huntington dargestellt hat).

Denn Kunst und Kultur kommen in Zeiten der Globalisierung einerseits, tief greifender innergesellschaftlicher Verwerfungen und Verunsicherungen andererseits, eine wachsende Bedeutung zu. Folgt man etwa dem langjährigen amerikanischen Regierungsberater und Gründer der *Foundation on Economic Trends*, Jeremy Rifkin, so erleben wir gegenwärtig „die Metamorphose der industriellen Produktion in einen *Kultur vermarktenden Kapitalismus*". Rifkin schreibt weiter: „Kennzeichen des Industriezeitalters war die Vermarktung der Arbeit, im Zeitalter des Zugangs [*„Access"*] wird dies vor allem die Vermarktung des Spiels sein – das *Marketing kultureller Ressourcen*", die „Transformation zu einer ‚Erlebnis'-Ökonomie."[410]

Dies hat weit reichende Folgen nicht nur für Kunst und Kultur selbst, sondern für die Gesellschaften insgesamt. Nicht nur für Rifkin ist „die große Frage der kommenden Jahre (...), wie ein ziviles Zusammenleben bestehen kann, wenn Staat und kultureller Sektor ihre Selbstständigkeit weitgehend verlieren und als Mediator des menschlichen Lebens nur der kommerzielle Bereich übrig bleibt", wenn sich also ein Zeitalter Bahn bricht, „in dem Kultur

---

407 Enquete-Kommission „Zukunft des bürgerschaftlichen Engagements" Deutscher Bundestag (2002): Bericht Bürgerschaftliches Engagement: auf dem Weg in eine zukunftsfähige Bürgergergesellschaft, Opladen (Schriftenreihe: Band 4) S. 399

408 Enquete-Kommission „Zukunft des bürgerschaftlichen Engagements" (2002) S. 585 (Hervorhebungen A.K.)

409 Vgl. hierzu etwa: Walzer, Michael (1992): Zivile Gesellschaft und amerikanische Demokratie, Hamburg; zusammenfassend: Klein, Ansgar (2001): Der Diskurs der Zivilgesellschaft. Politische Hintergründe und demokratietheoretische Folgerungen, Opladen

410 Rifkin, Jeremy (2000): Access. Das Verschwinden des Eigentums, Frankfurt/M./New York S. 14f

die wichtigste kommerzielle Ressource, Zeit und Aufmerksamkeit der wertvollste Besitz und das Leben eines jeden Menschen zum ultimativen Markt werden."[411]

Dass dies keineswegs nur theoretische Gedankenspiele sind, sondern tagesaktuelle Relevanz besitzt, belegt eindrucksvoll das Engagement des kanadischen Anwalts und Autors Peter S. Grant,[412] der den kulturellen Sektor für einen ebenso bedeutsamen öffentlichen Sektor hält wie das Gesundheitssystem und die Verteidigung; seine Konsequenz: „Der Staat muss beschränkende Maßnahmen anwenden, um Freiheit und Vielfalt zu gewährleisten, das freie Spiel der Kräfte sorgt vor allem dafür, dass sehr schnell sehr viele Kräfte vom Spielfeld verschwinden."[413]

Betrachtet man die kulturpolitische Diskussion in Deutschland der letzten Jahre, so kann man sich des Eindrucks nicht erwehren, dass quer durch alle politischen Lager angesichts dieser neuen Herausforderungen eine sehr starke Tendenz besteht, auf sie vor allem durch eine Festschreibung und Sicherung des Bestehenden zu reagieren, nämlich durch die Aufnahme der *Kultur als Staatsziel in das Grundgesetz*, durch ihre Festschreibung als *staatliche bzw. kommunale Pflichtaufgabe* und schließlich durch die Entwicklung eines Konzeptes von „*Kultur als Daseinsvorsorge*".

Den – zumindest öffentlichen – Anstoß zu diesen Diskussionen hatte bereits am 14. November 2003 der scheidende Bundespräsident Johannes Rau anlässlich der Eröffnung des Kongresses *Bündnis für Theater* in Berlin gegeben: „Wenn ich mir etwas wünschen könnte, dann wäre es die Verankerung von *Kultur als Pflichtaufgabe auf allen staatlichen Ebenen*" (Hervorhebungen A.K.). In gleichem Sinne sprach sich die damalige Kulturstaatsministerin Christina Weiss am 24.11.2004 anlässlich der zweiten und dritten Lesung des Entwurfs 2005 für ihren Verantwortungsbereich im Deutschen Bundestag ausdrücklich für die Festschreibung von „Kultur als Staatsziel im Grundgesetz" aus. In einer diesbezüglichen Pressemitteilung führte sie weiter aus: „Eine Kulturnation wie Deutschland kann und darf es sich nicht leisten, diesen essentiellen Bereich in ihrer Verfassung unerwähnt zu lassen. Kultur ist eine der lebensnotwendigen Grundlagen unseres Zusammenlebens. Wir können nicht einerseits den Werteverlust unserer Gesellschaft beklagen und andererseits die Kultur mit ihrer prägenden Kraft im Grundgesetz unerwähnt lassen."[414] Unterstützung erhielt sie vom kulturpolitischen Sprecher der CDU-Fraktion, Norbert Lammert, der knapp und bündig erklärt: „Kulturförderung ist Verfassungsauftrag": „Nach ihrem Selbstverständnis, der Recht-

---

411 Rifkin (2000) S. 18f
412 Grant, Peter S. (2004): Blockbusters and Trade Wars, Toronto
413 Minkmar, Nils (2005): Mehr Staat wagen! Der kanadische Anwalt Peter S. Grant fordert besseren Schutz gegen amerikanische Medienmultis. In: *Frankfurter Allgemeine Sonntagszeitung* vom 6. März 2005
414 Presse- und Informationsamt der Bundesregierung: Kulturstaatsministerin Weiss spricht sich für Kultur als Staatsziel im Grundgesetz aus, Pressemitteilung Nr. 609 vom 24.11.2004

sprechung des Bundesverfassungsgerichts und der ausdrücklichen Formulierung im Einigungsvertrag soll und will sie (die Bundesrepublik Deutschland A.K.) zugleich Kulturstaat sein."[415] Obwohl die Enquete-Kommission dies noch einmal in ihrem Abschlussbericht von 2007 parteiübergreifend betonte, hat Kultur bislang wohl keine Chance als Staatsziel in das grundgesetz aufgenommen zu werden.

In dem Auftrag der im Juli 2003 eingesetzten *Enquete-Kommission „Kultur in Deutschland"* heißt es u. a.: „Auch das Verhältnis von freiwilligen Aufgaben und von Pflichtaufgaben soll Thema sein. In diesem Zusammenhang muss die Kommission auch näher bestimmen, was legitimerweise zur *kulturellen Grundversorgung* gezählt werden muss und wie diese sich sichern lässt."[416]

Der *Deutsche Kulturrat* legte am 29.09.2004 ein Diskussionspapier vor, in dem er „den Bund, die Länder und die Gemeinden (auffordert), die *kulturelle Daseinsvorsorge* zu gewährleisten."[417] Der *Deutsche Kulturrat* versteht unter diesem Begriff „ein flächendeckendes Kulturangebot in den verschiedenen künstlerischen Sparten, das zu erschwinglichen Preisen, mit niedrigen Zugangsschwellen breiten Teilen der Bevölkerung kontinuierlich und verlässlich zur Verfügung steht." Weiter heißt es: „Es ist ein solches Angebot an kulturellen Leistungen und kultureller Bildung sicherzustellen, das sowohl kulturellen Qualitätsansprüchen genügt als auch eine breite Teilhabe ermöglicht." Auffallend an diesem Konzept ist – wie bereits im Rahmen der „Neuen Kulturpolitik" oben dargestellt –, dass nahezu ausschließlich vom *Angebot* her gedacht wird, neuere Erkenntnisse z. B. aus dem Kulturmanagement, aber auch der Kultursoziologie über die Nachfrager bzw. ihr spezifisches Nachfrageverhalten außer acht bleiben.

Daher fordert der *Deutsche Kulturrat* „die Aufnahme des Staatsziels Kultur in das Grundgesetz. Die Staatszielbestimmung Kultur im Grundgesetz würde über das Bekenntnis zur Kunstfreiheit hinaus die Bundesrepublik Deutschland als Kulturstaat definieren (...) Ebenso fordert der Deutsche Kulturrat die Aufnahme des Staatsziels Kultur in alle Landesverfassungen. Die Länder nehmen für sich die Kulturhoheit in Anspruch. Die Staatszielbestimmung Kultur in den Landesverfassungen bekräftigt diesen eigenen Anspruch. Der Deutsche Kulturrat fordert eine kontinuierliche Evaluierung, wie diese Verantwortlichkeit eingelöst wird."

Da Kulturpolitik in Deutschland, wie oben gezeigt, in erster Linie Sache der Kommunen ist, beschränkt der Deutsche Kulturrat seine Forderungen nicht nur auf die Ebene von Bund und Ländern, sondern weitet sie auf den Bereich der kommunalen Selbstverwaltung aus: „Der Deutsche Kulturrat fordert

---

415 Lammert, Norbert (2001): Kulturförderung ist Verfassungsauftrag. Klare Vorgabe unseres Grundgesetzes. In: *Das Parlament* Nr. 20, 11.5.2001
416 Enquete-Kommission „Kultur in Deutschland" (2003) (Hervorhebung A.K.)
417 Deutscher Kulturrat (2004): Kultur als Daseinsvorsorge! (www.kulturat.de: Stellungnahme vom 29.09.2004)

die Länder auf, den Kulturbereich ebenfalls den *pflichtigen Selbstverwaltungs-aufgaben* der Kommunen zuzuordnen, um so die kommunale Kulturfinanzierung haushaltsrechtlich sicherzustellen." Darüber hinaus fordert er, „dass die kulturelle Bildung in den Weiterbildungsgesetzen der Länder flächendeckend verankert wird und daraus abgeleitet, Angebote kultureller Weiterbildung entsprechend gefördert werden." Wie die ausführlichen Zitate deutlich machen, geht es in diesem Konzept um die nun flächendeckende Übertragung der Prinzipien des „alten" Wohlfahrtsstaates auf die Kultur – so, als habe es die Kritik an eben diesem Wohlfahrtsstaat niemals gegeben (um einmal ganz von der Frage abzusehen, wie dies angesichts der maroden Staatsfinanzen auf allen Ebenen zu finanzieren sei).

So kann es kaum verwundern, dass sich gegenüber dieser Position Widerspruch nicht nur von Seiten der Finanzpolitiker, sondern auch der Kulturpolitik regte und regt. Die *Kulturpolitischen Mitteilungen* widmeten diesem Thema im Jahr 2004 gleich zwei aufeinander folgende Nummern.[418] Darin fragt Bernd Wagner angesichts der Begriffe „Kulturstaat" und „kulturelle Grundversorgung" ob „ihre verfassungsmäßige Verankerung sinnvoll und hilfreich"[419] sei und wirft die Frage auf, ob „in Anbetracht dieser Vielzahl von Verpflichtungen des Staates zur Pflege und Förderung von Kunst und Kultur in den Landesverfassungen" die ganze Diskussion um die Festschreibung im Grundgesetz überhaupt notwendig ist.

Hajo Cornel spricht in seinem Plädoyer „wider die Verrechtlichung der Kulturpolitik" gar von „Gespensterdebatten" und kommt zu dem Ergebnis: „Von fundamentaler Bedeutung wäre der Systembruch, der mit einer gesetzlich normierten kulturellen Grundversorgung Einzug hielte. Dann wäre tatsächlich Schluss mit der Kultur als freiwilliger Leistung und als kommunaler Selbstverwaltungsaufgabe. Dann kämen erstmals in der Geschichte der Bundesrepublik Deutschland die Vorgaben für kulturelle Inhalte (ja, auch für diese!) von oben, dann wird verordnet, was wichtiger ist und was weniger, dann bleibt für die freiwillige Leistung tatsächlich nur noch die Spielwiese des Restbudgets (...)"[420]

Und Norbert Sievers fragt: „Soll jetzt noch der letzte Bereich eigenverantwortlicher Politikgestaltung auf kommunaler Ebene womöglich nach dem Verfassungsgebot der ‚Gleichwertigkeit der Lebensverhältnisse' normiert und nach Maßgabe einer bedarfs- und flächendeckenden Versorgung durch Angebots- und Ausstattungsstandards konkret definiert werden wie es in den 1970er Jahren diskutiert worden ist? Was bedeutet dies für den politischen

---

418 *Kulturpolitische Mitteilungen* 106/III/2004: „Was ist kulturelle Grundversorgung" und Kulturpolitische Mitteilung 107/IV/2004: „Kultur verankern"
419 Wagner, Bernd (2004): ‚Kulturstaat' und ‚kulturelle Grundversorgung'. Ist ihre verfassungsmäßige Verankerung sinnvoll und hilfreich? In: *Kulturpolitische Mitteilungen* 106/III/2004 S. 32
420 Cornel, Hajo (2004): Gespensterdebatten. Wider die Verrechtlichung der Kulturpolitik. In: *Kulturpolitische Mitteilungen* 106/III/2004 S. 31

Status der Gemeinden, für ihre kulturelle Identität und Wettbewerbsfähigkeit? Kann es gelingen, der Vielfalt des kulturellen Erbes und den regionalen Besonderheiten der kulturellen Landschaften, die ja gerade das vielgerühmte Merkmal der deutschen Kultur sind, durch gesetzliche Vorgaben gerecht zu werden, die die Kriterien der Gleichwertigkeit und Verteilungsgerechtigkeit berücksichtigen?"[421] Diese Fragen zu stellen heißt angesichts sowohl der kulturpolitischen Diskussionen wie auch der gesellschaftspolitischen Entwicklungen der letzten dreißig Jahre eindeutige Antworten zu geben!

Kunst und Kultur mit ihren viel beschworenen kreativen und innovativen Potenzialen sind auch angesichts eines rauer werdenden Wettbewerbs durchaus in der Lage, sich unter politisch klug gesetzten Rahmenbedingungen entfalten zu können, sich zu behaupten und von der Gesellschaft getragen zu werden (wie nicht zuletzt die vielen kulturpolitisch klugen Bürgerentscheide etwa in der Schweiz[422] zeigen). So ist dem früheren Kulturreferent des *Deutschen Städtetages*, Bernd Meyer, zuzustimmen, wenn er davor warnt, angesichts einer allgemeinen Kürzungspolitik in entsprechenden *rechtlichen* Absicherungen den Rettungsanker für Kultur zu sehen: „Kulturmarketing im Sinne einer auf Mitwirkung und Mitverantwortung der Bürgerinnen und Bürger gerichteten Unternehmensphilosophie dürfte der Kultur auch in der Politik letztlich mehr Rückhalt verschaffen als der Ruf nach neuen Gesetzen."[423]

4.5 Struktur- oder wertkonservatie Kulturpolitik: Der „aktivierende Kulturstaat"

Wie reagiert nun die Kulturpolitik, wie reagieren die einzelnen Kultureinrichtungen auf di Herausforderungen der Globalisierung seit Beginn des 21. Jahrhunderts? Die Situation ist ausgesprochen paradox: Trotz (oder vielleicht gerade wegen!) dieser zu beobachtenden Entwicklungen, hat sich in den letzten Jahrzehnten (und zwar quer durch alle Parteien) ein merkwürdiger, in seinen Konsequenzen allerdings fataler „Rechtfertigungskonsens" breitgemacht, den der Kultursoziologe Gerhard Schulze treffend schon zu Beginn der neunziger Jahre des letzten Jahrhunderts beschrieben hat: „Öffentliche Kulturförderung kann immer nur gut sein, Steigerungen der Kulturetats immer nur wünschenswert, jedes kulturelle Angebot immer nur eine Bereicherung".[424]

---

421 Sievers, Norbert (2004): Kulturelle Grundversorgung – Kultur als Pflichtaufgabe. In: *Kulturpolitische Mitteilungen* 106/III/2004
422 Vgl. hierzu die erfrischend-provokativen Beiträge in Pommerehne/Frey (1993), hier vor allem S. 189ff
423 Meyer, Bernd (1996): Rettungsanker Kulturgesetze? In: Zeitschrift für Gesetzgebung 4, 1996 S. 352
424 Schulze (1993) S. 514

Dieser Rechtfertigungskonsens, der in der Vergangenheit allerdings nur auf der Basis überproportional steigender Kulturhaushalte überhaupt möglich war, mündete – und das ist das Fatale an der Entwicklung – in den letzten Jahren in die gefährliche „Fortsetzungsvermutung"[425] des bloßen „Weiter so" in der Kulturpolitik, ohne auf die neuen Herausforderungen grundlegend zu reagieren. Schon 1992 konstatierte Schulze: „Eine fundamentale Kritik, bei der es nicht um den Wettstreit kulturpolitischer Konzepte, sondern um die *Berechtigung kulturpolitischer Eingriffe schlechthin* ginge, ist kein Thema der gegenwärtigen Diskussion. Ist dies ein Vorzug? Diese Frage kann nur bejahen, wer selbst in den Rechtfertigungskonsens mit einstimmt"[426]

Angesichts der aktuellen Probleme des Kulturbetriebs ist diese Fortsetzungsvermutung allerdings überaus problematisch, denn, so Schulze, „das Risiko eines langen Weges besteht darin, dass einem schließlich nichts anderes mehr einfällt, als ihn fortzusetzen, auch wenn man gar nicht mehr weiß, warum.[427] Oder mit Mark Twain gesprochen: Nachdem wir dass Ziel aus den Augen verloren hatten, verdoppelten wir unsere Anstrengungen!

Seinen vorläufigen Höhepunkt findet dieser Rechtfertigungskonsens, der in Wirklichkeit ein gefährlicher Strukturkonservativismus ist, in der Arbeit der vom 15. Deutschen Bundestag eingesetzten Enquete-Kommission *Kultur in Deutschland*. Obwohl diese durchaus den Auftrag hatte, „sich eingehend mit den für die Kultur und ihre Institutionen wichtigen *Strukturfragen*" zu beschäftigen und „auf die Möglichkeiten und Notwendigkeiten von *Strukturreformen*" hinzuweisen, kam es in der ersten (allerdings verkürzten) Legislaturperiode lediglich zu einem einzigen Beschluss. Einstimmig empfahlen die dort versammelten Abgeordneten und Fachvertreter Kultur als Staatsziel im GG zu verankern und das GG um den Artikel 20b GG mit folgender Formulierung zu ergänzen: ‚Der Staat schützt und fördert die Kultur'."

Symptomatisch für diesen hier so genannten Strukturkonservativismus (ist eine Stellungnahme von Hans Herdlein in der Zeitschrift *Genossenschaft deutscher Bühnenangehöriger*, in der er Stellung bezieht zu dem versuch, Managementdenken auch in Theaterbetrieben einzusetzen: „Das Vordringen ökonomischen Denkens in den Freiheitsraum der Kunst macht auch vor den Toren der Kultureinrichtungen nicht halt (...) Es macht auch vor der Quantifizierung künstlerischer Leistungen nicht halt. Mit dem Wechsel von der behördenorientierten Verwaltung zum Managementmodell, sollen es Hilfsindikatoren ermöglichen, die subjektive künstlerische Wertentscheidung in betriebliche Kennzahlen umzuwandeln (...) Den Juristen war es bisher versagt, im Freiraum der Kunst – der ‚subjektiven Wertentscheidung' – tätig zu werden. Gleiches muss für den Betriebswirt gelten. Dennoch tönt es leitmotivisch in allen Lebensbereichen: ‚Strukturreformen' müssen sein. Aus dem

---

425 Schulze (2003) S. 15
426 Schulze (1993) S. 513
427 Schulze (1993) S. 309

Neudeutsch der Medien rückübersetzt heißt das: drastische Abbaumaßnahmen. Im Fachjargon der Betriebswirtschaftler geht es um Effizienz- und Effektivitätssteigerung der Betriebe." Und weiter: Ziel dabei ist es, drastische Verbesserungen in den bereichen Kosten, Qualität, Service und Zeit zu erreichen. Dabei wird Vorhandenes in Frage gestellt und den neuen innerbetrieblichen und marktlichen Gegebenheiten angepasst. Überflüssige Arbeitsschritte, Aufgaben, Positionen und Abteilungen werden eliminiert (...) Das sind die Realitäten, die hinter den Strukturreformen stehen"[428] – und Herdlein lässt keinen Zweifel daran, dass er (und seine Genossenschaft) diese vehement ablehnen.

Der hier kritisierte Strukturkonservativismus mit seiner verselbstständigten Institutionenlogik (erhalten um des bloßen Erhaltens willen), dessen Kraft nur noch mühsam dazu ausreicht, das Bestehende festzuschreiben und die vorhandenen Strukturen immer schlechter zu sichern, ist allerdings weder effizient genug, um die Zukunftsprobleme zu lösen, noch ist er gerecht. Er gerät zunehmend in Konflikt „mit einer anderen Form von Konservativismus, dem es weniger um die Bewahrung von (formalen) Strukturen als vielmehr um die Konservierung von (inhaltlichen) *Werten* geht"[429] wie Erhard Eppler, auf den dieses Begriffspaar zurückgeht, bereits Mitte der siebziger Jahre feststellte. Ein solcher bewahrenswerter „Wert" ist zweifelsohne der oben skizzierte Kulturstaatsgedanke im normativen (und auch im empirischen Sinn). Angesichts drängender Gegenwartsprobleme war schon damals für Eppler die alles entscheidende Frage, „ob wir Strukturen auf Kosten von Werten oder Werte auf Kosten von Strukturen bewahren wollen"[430]

Der Enquete-Kommission selbst scheinen seiner Zeit allerdings letztendlich doch selbst Zweifel gekommen zu sein, ob mit einer juristischen Festschreibung die tatsächlichen Probleme der Kultureinrichtungen in den Griff zu bekommen sind. So heißt es am Ende des *Zwischenberichtes* 2005 zum Staatsziel Kulturstaat: „Diese Staatszielbestimmung soll so gefasst sein, dass sie einerseits die Vagheit und die juristische Unverbindlichkeit eines bloßen Programmsatzes vermeidet, und dass sie andererseits *keine unerfüllbaren juristischen Hoffnungen* weckt oder aber den Gesetzgeber in seiner Gestaltungsfreiheit einengt. Sie soll so formuliert sein, dass sie in erster Linie einen *Handlungsauftrag* an den Staat enthält und eine *normative Richtlinie* für die Ausführung dieses Handlungsauftrages gibt. Die Zielbestimmung fließt damit sowohl in das *politische Ermessen* des Gesetzgebers ein als auch in verwaltungsrechtliche *Ermessens-* und *gerichtliche Abwägungsentscheidungen.* "[431]

In der Kulturpolitik scheint sich allerdings, wenn auch bislang eher zögerlich, ein Bewusstseinswandel zu vollziehen. So empfahl der Präsident

---

428 (www.buehnengenossenschaft.de/fachblatt/jg2004/leitarti052004.htm)
429 Eppler, Erhard: Ende oder Wende, München 1975 S. 37
430 Eppler (1975) S. 47
431 Zwischenbericht der Enquete-Kommission (2005) S. 12

der *Kulturpolitischen Gesellschaft*, der Essener Beigeordnete für Kultur, Oliver Scheytt in seiner viel beachteten Grundsatzrede anlässlich des dreißigjährigen Bestehens des Verbandes im Sommer 2006, den Begriff der „Neuen Kulturpolitik" durch den der „Aktivierenden Kulturpolitik" abzulösen: „Es geht darum, dass der Kulturstaat als *aktivierender Kulturstaat* verstanden wird: Kommunale Selbstverwaltung, Kulturföderalismus und die Aktivierung der Kulturbürger sind die Leitvokabeln eines solchen Kulturpolitikverständnisses." Und weiter: „*Aktivierende Kulturpolitik* erfüllt das Leitbild des aktivierenden Kulturstaates auf Basis eines öffentlichen Gestaltungsauftrages. Dazu gehören normative Entscheidungen, die sich in einer Programmatik ausdrücken, welche im Diskurs in der kulturellen Öffentlichkeit entwickelt wird".[432]. Die normativen Entscheidungen hat die Kulturpolitik zu treffen; Kulturmanagement beschränkt sich darauf, diese normativen Vorgaben so effizient und effektiv wie möglich in die Wirklichkeit umzusetzen.

4.6 Fazit

Da der rechtliche Rahmen, in dem Kulturpolitik in der Bundesrepublik Deutschland stattfindet, recht weit gefasst ist, kommt dem kulturtheoretischen bzw. kulturpolitischen Diskurs besondere Bedeutung zu. In den unterschiedlichen historischen Phasen und in den verschiedenen gesellschaftspolitischen Konstellationen artikulierten und artikulieren sich ganz unterschiedliche Erwartungen und Interessen gegenüber Kunst und Kultur. Diese wiederum schlagen sich in ganz konkreten kulturpolitischen Zielsetzungen, Konzepten und Programmen nieder, die für eine bestimmte Zeit die konkrete Kulturpolitik beeinflussen.

Durch diesen demokratischen Prozess ist sichergestellt, dass „die Kultur" nicht von *einer* staatlichen, zentralen Stelle gelenkt und geleitet wird, sondern sich im Kräftespiel ganz unterschiedlicher Vektoren, in einem „Trägerpluralismus" entfalten und jeweils neu definieren kann und muss. Erfüllten in den fünfziger und den frühen sechziger Jahren vor allem die Pflege und Bewahrung des Wahren, Schönen und Guten die gesellschaftspolitische Funktion, einem zutiefst orientierungslosen und in seinem Kern verunsicherten Volk einen gewissen Rückhalt in Kunst und Kultur zu geben, so stand die Demokratisierung aller Lebensbereiche seit Mitte der sechziger Jahre auf dem gesellschaftspolitischen Programm. Die umfassende Modernisierung der Gesellschaft, die seit Mitte der siebziger Jahren manifest wurde, führte nicht nur zu einer Pluralität der Lebensstile, sondern auch zu neuen Sinnstiftungsan-

---

432 Scheytt, Oliver: Blick zurück nach vorn – Von der aktiven zur aktivierenden Kulturpolitik. In: Kulturpolitische Mitteilungen 113, II, 2006 S. 36

sprüchen gegenüber Kunst und Kultur. Hierauf antworteten die Kompensationstheorie bzw. die Theorie der Postmoderne.

Wenn nicht alles täuscht, ist gegenwärtig Kulturpolitik angesichts der Globalisierungstendenzen einerseits, wachsender ökonomischer Schwierigkeiten andererseits in eine so in der Geschichte der Bundesrepublik noch nicht gekannte Defensivposition geraten. Die euphorischen Vorstellungen der siebziger und achtziger Jahre, quasi der Motor gesellschaftspolitischer Entwicklung zu sein, dürften längst ausgeträumt sein. Darin liegt für die Zukunft einerseits die Gefahr für die Kulturpolitik, marginalisiert zu werden, andererseits aber auch die große Chance, sich wieder auf ihren Kern, Kunst und Kultur, zu besinnen und der Gefahr zu entrinnen, sich von ihren Ansprüchen her zu überheben.

5 Instrumente der Kulturpolitik

Welche Möglichkeiten bzw. welche *Instrumente* stehen nun Staat bzw. Gemeinden zur Verfügung, um die im vorherigen Kapitel erläuterten kulturpolitischen Ziele und Konzepte in die Realität umzusetzen, um so die Entwicklung von Kunst und Kultur zu fördern? Ganz grundsätzlich ist dazu zunächst festzustellen, dass der Staat zwar keine Kunst bzw. Kultur schafft, aber ihre Ermöglichung sowohl durch direktes als auch durch indirektes Handeln beeinflussen kann, nach dem Wort von Markus Lüppertz: „Der Staat schafft den Rahmen, die Künstler den Kosmos". Das folgende Kapitel gibt einen Überblick über die Förderinstrumente, die dem Staat hierfür zur Verfügung stehen.[433]

5.1 Setzen von juristisch-administrativen Rahmenbedingungen

„Kulturpolitik erschöpft sich nicht allein in der Förderpolitik. Mit der Setzung der Rahmenbedingungen im Steuerrecht, im Urheberrecht, im Arbeits- und Sozialrecht gestaltet der Bund sehr wirkungsvoll in verschiedenen Rechtsgebieten Kulturpolitik. Er handelt hierbei aus seiner originären Zuständigkeit für diese Rechtsgebiete heraus und tritt daher auch nicht in Konkurrenz zu den Ländern. Da Kulturpolitik mit den anderen Politikfeldern verflochten ist, wirken sich Entscheidungen auch in kulturpolitikfernen Rechtsgebieten direkt auf das kulturelle Leben aus."[434] Durch die Verabschiedung von Gesetzen, Erlassen, Verordnungen, Satzungen usw. setzen aber nicht nur der Bund, sondern auch die einzelnen Länder und auch die Städte und Gemeinden *Rahmenbedingungen*, unter denen Kulturpolitik jeweils stattfindet. Hierbei kann unterschieden werden in einerseits *unmittelbar wirkende* und andererseits *indirekt wirkende juristisch-administrative Rahmenbedingungen*.

---

433 Vgl. zu diesem Thema allgemein und auch die Förderung durch die Privatwirtschaft einbeziehend: Ebker, Nikola (2000): Politische Ökonomie der Kulturförderung. Entwicklungen zwischen Staat, Markt und 3. Sektor, Bonn; Gramaccini, Norberto/Michael Krethlow (Hrsg.) (1999): Nutzt die Kulturförderung den Förderern? Neue Aspekte des Kunst- und Kultursponsorings, Frauenfeld/Stuttgart/Wien

434 Zimmermann/Schulz (2000a) S. 2

Unmittelbar wirkende juristische Rahmenbedingungen

Unter unmittelbar wirkenden juristischen Rahmenbedingungen werden Gesetze usw. verstanden, die ausschließlich aus dem Grund erlassen wurden, ein ganz bestimmtes (kultur-)politisches Ziel zu verfolgen. Wie bereits im zweiten Kapitel gezeigt wurde, ist der Staat in Deutschland aus historisch-politischen Gründen ausgesprochen zurückhaltend, was den direkten Eingriff durch Gesetze in die Kulturpolitik angeht. Allerdings gibt es durchaus solche Gesetze, wie die folgenden Beispiele zeigen.

Urheberrechtsgesetz

Der Staat hat zur Schützung der Rechte der Produzenten von künstlerischen Werken das Urheberrechtsgesetz erlassen.[435] Das Urheberrecht regelt im Urheberrechtsgesetz (*Gesetz über Urheberrecht und verwandte Schutzrechte UrhG*) den Schutz von Werken, die als „persönliche geistige Schöpfungen" angesehen werden können. Zu den geschützten Werken zählen: (1) Sprachwerke, wie Schriftwerke und Reden, (2) Werke der Musik, (3) pantomimische Werke, einschließlich der Werke der Tanzkunst, (4) Werke der Bildenden Kunst einschließlich der Werke der Baukunst und der angewandten Kunst und Entwürfe solcher Werke, (5) Lichtbildwerke, (6) Filmwerke sowie (7) Darstellungen wissenschaftlicher oder technischer Art, wie Zeichnungen, Pläne, Karten, Skizzen, Tabellen und plastische Darstellungen.

Im Einzelnen regelt das Urheberrecht den Schutz des Werkes (beispielsweise bezüglich Veränderung, Bearbeitung oder eine Nutzung durch Dritte), das Urheberpersönlichkeitsrecht (einschließlich der Vergütungsansprüche der Urheber durch Tantiemen und Verwertungsrechte) sowie besondere Rechtsverhältnisse wie beispielsweise im Medienbereich. Der Urheber eines Werks kann nach § 31 des *Urheberrechtsgesetzes* das Recht auf Nutzung, beispielsweise auf Vermarktung eines Werks, an andere abtreten. Dabei ist zu unterscheiden zwischen einer Wahrnehmungseinräumung und einer Nutzungseinräumung. Im Falle der Wahrnehmungseinräumung nutzt der Lizenznehmer die Rechte nicht selbst, sondern vermittelt sie weiteren Interessenten oder sichert im Auftrag des Urhebers dessen Vergütungsansprüche; letzteres ist die Aufgabe der *Verwertungsgesellschaften*.

Das Urheberrechtsgesetz unterscheidet das einfache und das ausschließliche Nutzungsrecht. Das einfache Nutzungsrecht berechtigt den Inhaber, das Werk neben dem Urheber oder anderen Berechtigten auf die ihm erlaubte Art zu nutzen (§ 31 Abs. 2 UrhG). Das ausschließliche Nutzungsrecht berechtigt den Inhaber, das Werk unter Ausschluss aller anderen Personen einschließlich des Urhebers auf die ihm erlaubte Art zu nutzen und einfache Nutzungs-

---

435   Vgl. Gesetz über Urheberrecht und verwandte Schutzrechte vom 9.9.1965 in der Fassung vom 13.9.2003 (Gesetz zur Regelung des Urheberrechts in der Informationsgesellschaft)

rechte einzuräumen (§ 31 Abs. 3 UrhG). Ein Theater, das ein Stück eines zeitgenössischen Autors aufführen möchte, erwirbt folglich ein einfaches Nutzungsrecht, während ein Verlag, der das Buch eines Autors publiziert, das ausschließliche Nutzungsrecht erwirbt und damit auch die Rechte für Verfilmung, Vertonung usw. innehat.

Aufgrund der rasanten Entwicklung der modernen Informationstechnologien ist die Reform des Urheberrechts noch längst nicht an ihr Ende gekommen. So markierte der *Deutsche Kulturrat* in der bereits zitierten Befragung vor der Bundestagswahl 2002 aus den Antworten der Parteien hinsichtlich des Urheberrechts folgende Positionen: „Unstreitig ist das Urheberrecht zu einem der entscheidenden Marktordnungsrechte im digitalen Zeitalter geworden. Die *FDP* sieht als wichtige Herausforderung, dass bei privaten Vervielfältigungen die individuelle Lizenz vor pauschalen Abgaben auf Geräte und Speichermedien den Vorzug erhalten soll. Weiter mahnt sie an, dass Vergütungsberichte endlich ernst genommen werden sollten und dort geforderte Anhebungen der Vergütungssätze auch tatsächlich umgesetzt werden. Neben der *FDP* setzen sich auch die anderen Parteien für eine Anhebung der Vergütungssätze ein. Eine Ausnahme stellen lediglich *Bündnis 90/Die Grünen* dar, die die vom Vergütungsbericht der Bundesregierung empfohlene Anhebung der seit 1985 bestehenden Vergütungssätze mit einem schlichten ‚Nein' ablehnen. Auch ansonsten sind die Ausführungen zum Urheberrecht von *Bündnis 90/Die Grünen* am besten mit dem Begriff ‚kurz und knapp' zu bezeichnen. Die SPD sieht sich gefordert, die Anhebung der Vergütungssätze wie es von der Bundesregierung empfohlen wurde, in der nächsten Legislaturperiode umzusetzen. Weiter wird es als erforderlich gesehen mit der weiteren Umsetzung der EU-Richtlinie zum Urheberrecht in der Informationsgesellschaft, die elektronischen Pressespiegel zu regeln. Hier sehen *CDU/CSU* ebenfalls Regelungsbedarf ebenso wie bei den Ausstellungsvergütungen für Bildende Künstler. Die *PDS* mahnt eine Weiterentwicklung des Urhebervertragsrechts an und erinnert ebenfalls an die Einführung von Ausstellungshonoraren."[436]

Das Künstlersozialversicherungsgesetz

Neben der gesetzlichen Anerkennung einer Vielzahl von Urheber-, Verwertungs- und Leistungsschutzrechten soll vor allem die 1981 geschaffene und 1983 in Kraft getretene *Künstlersozialversicherung* die sozialen Lebensbedingungen der Künstler in der Bundesrepublik Deutschland sichern.[437] „Die soziale Absicherung der Arbeitnehmer gegen Arbeitslosigkeit, Unfall, Krankheit und Alter besteht schon seit über 100 Jahren. Anders die soziale Absicherung von freiberuflichen Künstlern und Publizisten: Erst 1982 wurde

---

436 Schulz/Zimmermann (2002) S. 2
437 Zweites Gesetz zur Änderung des Künstlersozialversicherungsgesetzes und anderer Gesetze
     vom 13. Juni 2001. In: Bundesgesetzblatt 1/2001, S. 1027 (KSVG) Stand 1. Juli 2001

mit dem *Künstlersozialversicherungsgesetz* ein System der Sozialversicherung speziell für selbstständige Künstler und Publizisten geschaffen. Durch das *KSVG* werden diese Pflichtmitglieder in der gesetzlichen Renten-, Kranken- und sozialen Pflegeversicherung. Ausgenommen bleiben vom *KSVG* die Unfall- und Arbeitslosenversicherung. Vor der Einführung der Künstlersozialversicherung waren weitestgehend nur selbstständige Musiker in der Renten- und der Krankenversicherung pflichtversichert."[438]

Unter bestimmten Voraussetzungen sind demnach selbstständige, d. h. freiberuflich arbeitende Künstlerinnen und Künstler sowie Publizistinnen und Publizisten pflichtversichert. Insbesondere für ältere selbstständige Künstler wurde eine Lücke in der sozialen Absicherung geschlossen. Nach § 1 Künstlersozialversicherungsgesetz (in der novellierten Fassung vom Juli 2001) ist Voraussetzung für die Versicherungspflicht, dass eine künstlerische oder publizistische Tätigkeit selbstständig, erwerbsmäßig und nicht im Wesentlichen nur vorübergehend im Inland ausgeübt wird. Versicherungspflichtig ist nur derjenige, der im Kalenderjahr voraussichtlich ein Arbeitseinkommen erzielt, das eine bestimmte Mindestgrenze erreicht.[439]

Die Mittel für die Künstlersozialversicherung werden zur einen Hälfte durch Beitragsanteile der Versicherten, zur anderen Hälfte durch die Künstlersozialabgabe und durch einen Zuschuss des Bundes aufgebracht. Die Differenzierung der zweiten Hälfte in Künstlersozialabgabe der Vermarkter/ Verwerter und Bundeszuschuss ergibt sich daraus, dass der Bundeszuschuss dort eingreifen soll, wo die Künstler unmittelbar, d. h. ohne Einschaltung eines Vermarkters/Verwerters Geschäfte auf dem Kunstmarkt abschließen (sog. Selbstvermarktungsanteil). In seiner Grundsatzentscheidung vom 8.4.1987 hat das Bundesverfassungsgericht den Anspruch auf eine solche Abgabe bestätigt.[440]

Auch hier haben die Bundesparteien unterschiedliche Positionen. „Die *FDP* verweist auf die in dieser Legislaturperiode abgeschlossene Reform des *Künstlersozialversicherungsgesetzes* und sieht zunächst keinen Handlungsbedarf für Veränderungen. Dieses kann so interpretiert werden, dass eine weitere Absenkung des Bundeszuschusses nicht geplant ist. Für eine mittelfristige Beibehaltung des Bundeszuschusses zur *Künstlersozialkasse* spricht sich auch die *SPD* in ihrer Antwort aus. Sie erinnert dabei nochmals an entsprechende im Deutschen Bundestag gegebene Zusagen der derzeitigen Regierungskoalition. Auch *Bündnis 90/Die Grünen* sprechen sich für eine Beibehaltung des gegenwärtigen Bundeszuschusses aus. Sie werden sich weiter dafür einsetzen, dass ‚der jetzige Betrag für die Abgabepflichtigen nicht weiter

---

438 Jürgensen, Andri (2002); Deutscher Kulturrat (Hrsg.) (2000): Künstlersozialversicherungsgesetz, Bonn/Berlin (Bd. 1 der Reihe Kulturpolitik.Hintergrundinformationen; Finke, Hugo (2003): 20 Jahre Künstlersozialversicherung: Entwicklung – Überblick – Bilanz. In: Die Angestelltenversicherung 50/2003 S. 84-91
439 Heinrichs/Klein (2001) S. 233
440 Vgl. auch: Deutscher Kulturrat (Hrsg.) (2000)

erhöht wird.' Die *PDS* wird sich zumindest für eine Beibehaltung, wenn nicht Erhöhung des Bundeszuschusses einsetzen. Sie erinnert nochmals wie auch die *CDU/CSU* an das vom *Deutschen Kulturrat* entwickelte Korridormodell, das einen flexiblen Bundeszuschuss zwischen 15 und 20 % vorsah. Die *CDU/ CSU* führt darüber hinaus aus, dass der Bundeszuschuss ein angemessener Ausdruck der kultur- und sozialpolitischen Verantwortung des Bundes sein muss.'"[441]

Weiterbildungsgesetze

Volkshochschulen (VHS) sind öffentliche, der Weiterbildung dienende kulturelle Einrichtungen, deren finanzielle Mittel im kommunalen Kulturhaushalt veranschlagt sind. Volkshochschulen verfolgen eigene, erwachsenengemäße Bildungsziele (wie etwa Allgemeinbildung, Berufsfortbildung, politisch-gesellschaftliche Bildung, musisch-kreative Bildung, Förderung von Spezialinteressen usw.). Die rechtliche Situation der VHS ist nicht bundeseinheitlich geregelt. In einigen Ländern gehören Weiterbildungseinrichtungen zu den Pflichtaufgaben der Gemeinden (so in Nordrhein-Westfalen, Hessen, Bremen und Niedersachsen). In diesen Ländern sind die Gemeinden per Landesgesetz verpflichtet, ein flächendeckendes Weiterbildungsangebot bereitzustellen, das mit relativ hohen Landesmitteln unterstützt wird. In den anderen Bundesländern „sollen" die Gemeinden Volkshochschulen einrichten, d. h. es bleibt ins Ermessen der Gemeinden gestellt, ob sie jeweils Volkshochschulen einrichten oder nicht. Dort werden von Landesseite erheblich geringere Zuschüsse gezahlt.[442]

In Nordrhein-Westfalen trat 1976 das *Erste Gesetz zur Ordnung und Förderung der Weiterbildung* (WbG) in Kraft. Dieses verpflichtete die Kommunen des Landes, kommunale Volkshochschulen in eigener Trägerschaft zu unterhalten. Ganz konkret wurde gefordert, dass alle Städte und Gemeinden über ein Weiterbildungsangebot verfügen sollten, das regelmäßig angeboten werden, bestimmte Standardanforderungen erfüllen und in seinen pädagogischen Ansprüchen vergleichbar sein sollte. Da der Gesetzgeber der Weiterbildung einen hohen kultur-, bildungs- und gesellschaftspolitischen Stellenwert gab, sollte eine flächendeckende und staatlich gelenkte Volkshochschullandschaft entstehen. Eine großzügige Bezuschussung aus Landesmitteln minderte das finanzielle Risiko der Kommunen. Da die Landeszuschüsse allerdings an gewisse Mindestanforderungen gekoppelt waren, wurde die Bereitschaft gefördert, qualifiziertes Personal einzustellen. Im Ergebnis verfügte das Land Nordrhein-Westfalen innerhalb weniger Jahre über das dichteste Volkshochschulnetz in Deutschland.[443]

---

441 Zimmermann/Schulz (2002) S. 2
442 Vgl. Heinrichs/Klein (2001) S. 295f
443 Vgl. Heinrichs/Klein (1994) S. 106

Buchpreisbindung

Unter „Buchpreisbindung" wird eine durch private Verträge oder durch Gesetze bestimmte Regelung des Buchhandels verstanden, durch die Bücher – im Gegensatz zu den meisten anderen Produkten – nur zu einem vom Verlag festgelegten Preis an den Endverbraucher abgegeben werden dürfen. Das hat zur Folge, dass ein und das gleiche Buch überall dasselbe kostet, egal, ob der Kunde in einer kleinen Sortimentsbuchhandlung, einem Buchkaufhaus oder über das Internet einkauft. Hiervon ausgenommen sind die sog. Remittenden (d. h. vom Handel an den Verlag zurückgegebene Bücher, Mängelexemplare oder Altauflagen).

Da nach europäischem Recht Wettbewerbsbeschränkungen, die den Handel zwischen Mitgliedsstaaten betreffen, unzulässig sind, musste die im deutschen Sprachraum lange bestehende Regelung geändert werden. Zum 1. Juli 2000 wurde das bis dahin gültige *freiwillige* Preisbindungssystem („Preisbindungsrevers") in Österreich gesetzlich geregelt, zum 1. Oktober 2002 wurde in Deutschland durch das *Gesetz über die Preisbindung für Bücher*[444] eine entsprechende Regelung ebenfalls gesetzlich verankert.

Das Buchpreisbindungsgesetz verpflichtet die Verlage zur Preis*festsetzung*, belässt ihnen bei der Preis*gestaltung* aber genügend Flexibilität. So können Verlage Sonderpreise wie Subskriptions-, Mengen- oder Serienpreise festlegen; erscheint ein Titel in unterschiedlichen Ausgaben (z. B. als sog. Hardcover und als Taschenbuch) dürfen die Preise variieren.

Die Befürworter der (gesetzlich geregelten) Preisbindung wollen dadurch sicherstellen, dass ein flächendeckendes Angebot von Büchern als Kulturgut gewährleistet ist und durch die Preisbindung für die Verlage eine Quersubventionierung auch anspruchsvoller Titel mit kleiner Auflage ermöglicht wird. Gegner der Buchpreisbindung (also vor allem die Europäische Kommission) betrachten diese als eine illegitime Einschränkung des Wettbewerbs. Durch das neue Preisbindungsgesetz hat die Bundesregierung sichergestellt, dass feste Buchpreise in Deutschland auch innerhalb der Europäischen Union stärker als bisher rechtlich und politisch abgesichert sind. Damit hat sich die gesetzliche Regelung der Buchpreisbindung als neuer EU-Standard durchgesetzt. Mit Ausnahme Großbritanniens und Irlands, die durch den englischsprachigen Weltmarkt nationale Preisbindungen nur schwer einhalten können, sowie Finnlands haben inzwischen alle Mitgliedsstaaten der Europäischen Union Gesetze zur Buchpreisbindung eingeführt oder bereiten sie vor.

---

444 Gesetz über die Preisbindung für Bücher (BuchPrG) vom 1.10.2002; vgl. hierzu: Engelmann, Martin (2002): Die Zukunft der Buchpreisbindung im europäischen Binnenmarkt anhand des Systems der deutsch-österreichischen Buchpreisbindung, Berlin (Diss.); Wallenfels, Dieter/Christian Russ (2002): Preisbindungsgesetz. Die Preisbindung des Buchhandels, München

Haushaltsgesetz und Haushaltssatzung

In gewisser Weise ist allerdings auch jedes Haushaltsgesetz (auf Bundes- und Landesebene) bzw. jede Haushaltssatzung (auf kommunaler Ebene) ein spezifisches, auf die Kultur unmittelbar einwirkendes, allerdings auf die Dauer eines (Haushalts-)Jahres beschränktes Gesetz. Der kommunale Haushaltsplan ist der wichtigste Teil der kommunalen Haushaltssatzung. Er gliedert sich in Verwaltungshaushalt und Vermögenshaushalt, aufgeteilt in je zehn Einzelpläne, sowie den Gesamtplan, die Sammelnachweise und den Stellenplan. Neben den Einnahmen und Ausgaben für Pflichtaufgaben enthält der Haushaltsplan auch die Einnahmen und Ausgaben für freiwillige Aufgaben, spiegelt insofern also den (kultur-)politischen Willen einer Gemeinde wider. Damit macht der Haushaltsplan – insbesondere im sog. Einzelplan 3, der die Kulturpflege betrifft – auch wichtige Aussagen über den jeweiligen Stellenwert kommunaler Kulturarbeit.[445]

Indirekt wirkende juristische Rahmenbedingungen

Neben den direkt auf den kulturellen Bereich zielenden Gesetzen und Satzungen gibt es eine Vielzahl von allgemeinen Gesetz, Erlassen und Verordnungen, die aus einem umfangreicheren Regelungsbedarf entstanden sind, allerdings auch auf Kunst und Kultur Auswirkungen haben. Hierfür stehen die folgenden Beispiele.

Die Besteuerung ausländischer Künstler nach §50a EStG

Für ausländische Fernsehstars, Showgrößen usw. aus dem Unterhaltungsbereich, die in der Bundesrepublik tätig werden, hat der Veranstalter Einkommens- und Umsatzsteuer (branchenüblich als *Ausländersteuer* bezeichnet) zu zahlen.[446] Dies gilt auch für Künstler und Ensembles aus dem sog. E-Bereich. Diese Regelung wurde getroffen, weil das Finanzamt den nicht im Inland wohnenden Ausländer nicht zur Steuerpflicht heranziehen kann, andererseits aber eine steuerliche Bevorzugung solcher Personen ungerecht und wettbewerbsverzerrend wäre gegenüber deutschen Künstlern und Künstlergruppen.[447]

Mit dem Jahressteuergesetz 1990 wurde die Ausländersteuer von 15 % auf 25 % angehoben. Dadurch wurde das Veranstalten von Konzerten mit ausländischen Künstlern in Deutschland in vielen Fällen unbezahlbar. Nach massivem Protest aller Betroffenen lenkte das Bundesfinanzministerium

---

445 Vgl. hierzu ausführlich: Klein, Armin (1995a), (1998a und b) und (1999)
446 Vgl. zum Folgenden Heinrichs/Klein (2001): S. 20f
447 Bundesvereinigung sozio-kultureller Zentren e.V. (Hrsg.) (o. J.): Besteuerung ausländischer KünstlerInnen nach §50a EStG, Bonn

1996 ein und verfügte, dass neben den Möglichkeiten des § 163 Abgaben-
ordnung (abweichende Festsetzung von Steuern aus Billigkeitsgründen) ein
weiteres Verfahren eingeführt wird, durch welches Überbesteuerungen vermieden werden können. Das so genannte „vereinfachte Erstattungsverfahren"
wurde mit dem Jahressteuergesetz 1997 verabschiedet und ist in § 50 Abs. 5
Nr. 3 Satz 3 EStG geregelt. Die Erstattung setzt voraus, dass die Steuer die
Differenz zwischen Einnahmen und den in unmittelbaren wirtschaftlichen
Zusammenhang stehenden Werbungskosten bzw. Betriebsausgaben einer
Veranstaltung bzw. Veranstaltungsreihe um mehr als 50 % übersteigt. Damit
soll sichergestellt werden, dass der Steuerbetrag 50 % des Gewinns nicht
überschreitet.

Mit zahlreichen Staaten hat die Bundesrepublik Deutschland ein Doppelbesteuerungsabkommen vereinbart, um zu vermeiden, dass für eine von Aus-
ländern erbrachte Leistung Steuern sowohl in Deutschland als auch im Hei-
matland zu zahlen sind. Im Falle solcher Doppelbesteuerungsabkommen ent-
fällt die Ausländerlohnsteuer oder wird auf 5 % bzw. 10 % reduziert. Allerdings ist es selbst in solchen Fällen erforderlich, dem Finanzamt Meldung zu
erteilen und durch eine sog. Freistellungsbescheinigung nachzuweisen, dass
eine Steuerbefreiung gegeben ist. Sofern es sich um Künstler und Ensembles
handelt, die von deutschen Agenturen vertreten werden und die sich in
Deutschland auf Tournee befinden, wird in aller Regel der Agent die Freistellungsbescheinigung für die gesamte Tournee beantragen und für die Zahlung
der Ausländerlohnsteuer und der Ausländerumsatzsteuer sorgen.[448]

Durch eine neue Regelung, die am 1. Januar 2002 in Kraft trat, wurde der
Kulturaustausch darüber hinaus weiter entlastet. Vor allem der Mittelstand,
d. h. kleinere und mittlere Kulturveranstalter, profitieren von der Absenkung
des Steuersatzes von 25 % auf 20 %, der Herausnahme der Umsatzsteuer aus
der Bemessungsgrundlage sowie der abgestuften Bagatellregelung für Hono-
rare bis 1.000 Euro.

Steuerpolitik für Kunst und Kultur

Durch allgemeine und spezifische steuerpolitische Entscheidungen beeinflusst der Bund den Handlungsspielraum von Kunst und Kultur nachhaltig.
So kann z. B. die Ausweitung des ermäßigten Mehrwertsteuersatzes, der bisher für Bücher gilt, auf Hörbücher, E-Books, künstlerische Siebdrucke, Vi-
deos, Tonträger usw. diesen Markt ganz nachhaltig beeinflussen. Auch die
diskutierte Einführung des ermäßigten Umsatzsteuersatzes für Solisten, für
darstellende Künstler und für Autoren, die aus ihren eigenen Werken lesen,
kann ein Mittel der indirekten Kulturförderung sein. Die Parteien nahmen im
Jahr 2002 dazu wie folgt Stellung. „Sowohl die *CDU/CSU* als auch die *FDP*

---

448 Hahn-Joecks, Gerhard (1999): Zur Problematik der Besteuerung ausländischer Künstler
und Sportler, Baden-Baden

verweisen darauf, dass sie umfassende Steuerreformen planen und daher zu konkreten Fragen des Deutschen Kulturrates aktuell nicht Stellung nehmen wollen. *Bündnis 90/Die Grünen* scheinen als größte steuerpolitische Herausforderung die Neuregelung des Kulturorchestererlasses zu sehen. In ihrer Antwort konzentrieren sie sich fast ausschließlich auf diesen Erlass und streifen als zweites Thema kurz die Straffung der gemeinnützigen Zwecke. Die Ausführungen der *PDS* stehen teilweise unter dem Vorbehalt der Zustimmung durch die Finanzpolitiker. Anders als die *FDP* legt die *PDS* das Augenmerk nicht so sehr auf Steuersenkungen. Sie erhebt vielmehr die Forderung nach einer Wiedereinführung der Vermögenssteuer und einer Erhöhung der Erbschaftssteuer. Die zusätzlichen Haushaltsmittel sollen Kunst und Kultur zugute kommen. Sehr detailliert hat die SPD die steuerpolitischen Fragen beantwortet. Sie pflichtet dem Deutschen Kulturrat bei, dass gerade der ermäßigte Mehrwertsteuersatz auf Kulturgüter ein wichtiges Instrument der Kulturförderung ist. Unter Verweis auf europarechtliche Vorgaben macht sie deutlich, dass von deutscher Seite keine Spielräume für die Einführung des ermäßigten Mehrwertsteuersatzes für Tonträger usw. bestehen, in der nächsten Legislaturperiode aber entsprechende Vorstöße in Brüssel gemacht werden sollten. Weiter führt die *SPD* die in ihrer Regierungszeit beschlossenen Veränderungen im Steuerrecht wie etwa die Besteuerung ausländischer Künstlerinnen und Künstler an."[449]

Die steuerrechtliche Behandlung von Spenden an kulturelle Einrichtungen

Spenden sind private Zuwendungen von Einzelpersonen, Organisationen oder Betrieben, die in der Regel zwar an eine klare Zweckbindung, im Gegensatz zum Sponsoring aber nicht an eine Gegenleistung gebunden sind.[450] Es sind Geld-, Sach- und Aufwandsspenden zu unterscheiden. Spenden können seit der Neuregelung des steuerlichen Spendenrechts zum 1.1.2000 von jedem Spendenempfänger, der einen steuerbegünstigten gemeinnützigen Zweckbetrieb führt, direkt entgegengenommen werden; der Umweg über das sog. Durchlaufspendenverfahren ist nicht mehr erforderlich.

Spenden, soweit sie zur Förderung mildtätiger, kirchlicher, religiöser, wissenschaftlicher und der als besonders förderungswürdig anerkannten gemeinnützigen Zwecke (z. B. gemeinnützige kulturelle Vereine) bestimmt sind, können von der Einkommen- und Körperschaftsteuer steuermindernd abgesetzt werden. Voraussetzung für eine steuerbegünstigte Spende ist allerdings, dass die Spende tatsächlich dem steuerbegünstigten Zweck der Körperschaft zugeführt wird und nicht etwa einem steuerpflichtigen wirtschaftlichen Geschäftsbetrieb (z. B. einem Vereinsfest) und dass eine Spendenbescheinigung vorgelegt werden kann.

---

449 Zimmermann/Schulz (2002) S. S
450 Vgl. zum Folgenden Heinrichs/Klein (2001) S. 349f

Bei der Einkommensteuer können solche Spenden bis zur Höhe von 5 % des Gesamtbetrags der Einkünfte als Sonderausgaben abgezogen werden. Bei Ausgaben für besonders förderungswürdige kulturelle Zwecke – solche Zwecke (Einrichtungen) sind in der Anlage 1 zu § 48 Abs. 2 Einkommensteuerdurchführungsverordnung (EstDV) aufgeführt – erhöht sich der Höchstbetrag auf 10 %. Einzelspenden von mindestens 25.000 Euro für wissenschaftliche, mildtätige oder als besonders förderungswürdig anerkannte kulturelle Zwecke, die diese Höchstsätze überschreiten, können bis zum vollständigen Verbrauch im Rahmen der Höchstsätze im vorangegangenen und den fünf folgenden Jahren berücksichtigt werden. An die Stelle des nach dem Gesamtbetrag der Einkünfte berechneten Höchstsatzes kann der Steuerpflichtige, wenn es für ihn günstiger ist, den Satz von 0,2 % der Summe seiner gesamten Umsätze und der im Kalenderjahr aufgewendeten Löhne und Gehälter als Höchstbetrag wählen.

5.2 Schaffung von kulturellen Einrichtungen

Neben der Schaffung von Rahmenbedingungen durch entsprechende *ordnungspolitische Maßnahmen* können der Staat und die Kommunen, um ihre kulturpolitischen Ziele umzusetzen, kulturelle *Einrichtungen* wie beispielsweise Theater, Museen, Kommunale Galerien, Archive, Volkshochschulen, Bibliotheken, soziokulturelle Zentren, Musikschulen, Kommunale Kinos, Jugendkunstschulen usw. mit einer ganz spezifischen Aufgabenstellung bzw. Zielsetzung gründen. Sie können sie entweder in ihrer eigenen, direkten Trägerschaft behalten oder aber sie formal privatisieren. Folgende Beispiele mit der entsprechenden Aufgabenstellung können dies verdeutlichen.

- Auf Bundesebene wurde beispielsweise die *Kunst- und Ausstellungshalle der Bundesrepublik Deutschland* mit der Aufgabe gegründet, geistige und kulturelle Entwicklungen von nationaler und internationaler Bedeutung aus den Bereichen der bildenden Kunst und Kulturgeschichte sowie aus Technik und Wissenschaft sichtbar zu machen.[451]
- Ebenso auf Bundesebene ist das *Deutsche Historische Museum* eingerichtet worden mit dem kulturpolitischen Ziel, die gesamte deutsche Geschichte in ihren europäischen Zusammenhängen – von der ersten urkundlichen Erwähnung Deutschlands im Jahr 900 bis heute – darzustellen.[452]

---

451 Presse- und Informationsamt der Bundesregierung (2000) S. 57
452 Presse- und Informationsamt der Bundesregierung (2000) S. 57

- Im Bereich des Bibliothekswesens stellt die *Deutsche Bibliothek (DDB)* eine bundesunmittelbare Anstalt des öffentlichen Rechts dar; zu ihr gehören die *Deutsche Bücherei* in Leipzig, die *Deutsche Bibliothek* in Frankfurt am Main und das Deutsche Musikarchiv in Berlin. Ihr Auftrag ist die Sammlung, Archivierung und bibliographische Verzeichnung des gesamten deutschen Schrifttums (einschließlich Musikalien und Tonträger) seit 1931.[453]
- Auf Landesebene hat das Land Baden-Württemberg in Mannheim das *Museum für Technik und Arbeit* eingerichtet mit der Aufgabe, die Geschichte der Industrialisierung im deutschen Südwesten von den Anfängen bis zur Gegenwart vorzustellen und in enger Verbindung dazu die jeweiligen sozialen Entwicklungen und Umbrüche darzustellen, also Einblicke in die sozialen und gesellschaftlichen Auswirkungen der Industrialisierung zu geben. Es soll zugleich ein Forum für die Diskussion von Gegenwartsproblemen und Zukunftsaufgaben der Industriegesellschaft sein.[454]

Diese Einrichtungen befinden sich zumeist in unmittelbarer Trägerschaft einer Kommune, eines Gemeindeverbandes/Kreises, eines Zweckverbandes oder eines Bundeslandes (Regie- oder Eigenbetrieb) bzw. im Falle des Bundes, in der Rechtsform einer Stiftung. Dabei handelt es sich in aller Regel um nichtrechtsfähige Anstalten, d. h. um einen Bestand an sächlichen und persönlichen Mitteln, der zum Zwecke der Erfüllung einer besonderen öffentlichen Aufgabe entweder verwaltungsorganisatorisch oder auch rechtlich verselbstständigt ist. Sachlich rechnen solche verselbstständigten Verwaltungseinheiten zur Leistungsverwaltung für die kommunale Trägergemeinde bzw. das Trägerland. Für diese verschiedenen kulturellen Einrichtungen sind verschiedene Rechtsformen möglich, etwa die Führung als ein kommunales Amt, als Regiebetrieb, als Eigenbetrieb, als Stiftung, als öffentlich-rechtliche Anstalt oder auch als GmbH.[455]
Bei kommunalen und staatlichen Kultureinrichtungen besteht dabei grundsätzlich ein Rechtsanspruch des Bürgers, dass er sie auch tatsächlich nutzen kann. Dies hat durchaus Konsequenzen für die Praxis. Zeigt sich beispielsweise, dass die Kapazitäten ausgeschöpft sind (für eine geplante Veranstaltung der Saal also beispielsweise ausverkauft ist), so müssen Grundsätze aufgestellt werden, die den sachgerechten Zugang regeln. Bei Mangellagen ist also der jeweilige Leistungsanbieter dazu verpflichtet, jede unterschiedliche Behandlung oder unbillige Behandlung auszuschließen.

---

453 Presse- und Informationsamt der Bundesregierung (2000) S. 52
454 Späth (1989) S. 15
455 Vgl. hierzu ausführlich: Heinrichs (1999b) S. 130-157; Hartung, Werner/Reinald Wegner (1998): Kultur in neuer Rechtsform. Problemlösung oder Abwicklung? Bonn (Kommunalpolitische Texte der Friedrich-Ebert-Stiftung Band 11)

Vor allem dürfen nicht alle verfügbaren Plätze in einem Theater- oder Orchester-Abonnementssystem von vornherein vergeben werden, denn damit würde nur ein Teil der Nutzungsansprüche gedeckt, andere gleichberechtigte aber von vornherein ausgeschlossen. Deshalb muss eine sachgerechte Anzahl von Karten für den freien Verkauf vorbehalten und ein sachgerechtes Verteilungssystem eingerichtet werden.

Darüber hinaus ist zu berücksichtigen, dass durch die Trägerschaft einer Einrichtung in hohem Maße öffentliche Mittel gebunden bzw. festgelegt sind (etwa durch die Investitionskosten für den Bau bzw. die Errichtung der Kultureinrichtung, für deren Unterhaltung und vor allen Dingen für das entsprechende Personal). Dies führt zu relativ starren finanziellen, organisatorischen und personellen Strukturen, denn einmal eingerichtete öffentliche Betriebe lassen sich nicht umstandslos von heute auf morgen auflösen. Würde eine Stadt sich beispielsweise dafür entscheiden, ein Theater zu schließen, so sind die Mitarbeiter durch entsprechende Tarifverträge in aller Regel geschützt bzw. bestehen häufig langfristig wirkende Mietverträge. Bei der Gründung solcher Einrichtungen sollte in Zukunft also stets sehr sorgfältig auf die langfristigen Folgewirkungen geachtet werden.[456]

Andererseits tragen solche kulturellen Einrichtungen in hohem Maße dazu bei, dass Kultur einen „Ort" in der Stadt bzw. Gemeinde hat, wo sie für den Bürger jederzeit sichtbar wird: *das* Stadttheater, *die* Musikschule, *das* Konzerthaus, *die* Stadtbibliothek usw.; anders als bei Veranstaltungen bzw. Gastspielen vgl. unten), die nicht dauerhaft das Kulturleben einer Gemeinde prägen, haben sie oftmals identitätsstiftenden Wert: „unser" Stadttheater, „unsere" Musikschule usw., für die die Bürger sich oftmals besonders engagieren, z. B. in Fördervereinen oder Freundeskreisen. Darüber hinaus steht die von der öffentlichen Hand getragene kulturelle Einrichtung für eine bestimmte Kontinuität in der Kulturpolitik, da sie in ihrer Existenz weit weniger finanzpolitischen Schwankungen ausgesetzt ist als beispielsweise kulturelle Veranstaltungen, die sehr viel einfacher dem Rotstift zum Opfer fallen können.

5.3 Durchführung von kulturellen Veranstaltungen

Wie dargestellt, haben kulturelle Einrichtungen in aller Regel über einen längeren Zeitraum Bestand und können so dauerhaft die kulturpolitischen Zielsetzungen von Staat oder Gemeinden realisieren. Durch eben diese Konstanz stellen sie auf der anderen Seite aber feste Strukturen dar, die in hohem Um-

---

456 Vgl. hierzu ausführlich: Klein, Armin (2005): Nachhaltigkeit als Ziel von Kulturpolitik und Kulturmanagement – ein Diskussionsvorschlag. In: Klein, Armin/Thomas Knubben (Hrsg.) (2005): Deutsches Jahrbuch für Kulturmanagement 2003/2004, Baden-Baden S. 9-30

fang finanzielle Mittel binden und somit den kulturpolitischen Handlungsspielraum der jeweiligen Akteure einengen.

Im Vergleich dazu sind kulturelle *Veranstaltungen* mehr oder weniger
einmalige (bzw. in einem bestimmten Rhythmus wiederkehrende) kulturelle
Ereignisse, die entweder von kommunalen kulturellen Einrichtungen oder
von freien Trägern durchgeführt und von der öffentlichen Hand unterstützt
werden können. Hierzu zählen insbesondere Konzerte bzw. Konzertreihen,
Theateraufführungen bzw. Theatergastspiele, die diversen Festspiele und
Festivals, (Landes-)Ausstellungen, Lesungen, Kleinkunstveranstaltungen sowie Vorträge. Auch durch sie können kulturpolitische Ziele umgesetzt werden,
wie die folgenden Beispiele verdeutlichen.

- „Aus dem Landtag selbst kommt die Anregung, für herausragende Pro-
  duktionen deutschsprachiger Musiktheater ein regelmäßiges Musik-
  theatertreffen in Baden-Württemberg zu veranstalten (...) Eine derartige
  Veranstaltung kann – bei entsprechend qualitätsvollen Darbietungen – zu
  einem über die Landesgrenzen hinaus Beachtung findenden kulturellen
  Ereignis werden (...) Die Landesregierung betrachtet ein derartiges
  Musiktheatertreffen als eine wertvolle Bereicherung und sinnvolle Ergänzung der vielfältigen Anstrengungen zur Förderung der kulturellen
  Attraktivität unseres Landes."[457]
- „Als Ministerpräsident Georg August Zinn den *Hessentag* 1961 ins Leben
  rief, begründete er eine neue Tradition. Er wollte ein Fest veranstalten,
  das die Menschen zusammenführte, das Alteingesessene und Neubürger
  miteinander in Verbindung brachte, das eine Heimat für alle Bürgerinnen
  und Bürger Hessens schaffte. (...) Bis heute hat der Hessentag, bei allen
  Wandlungen, die er seit 1961 erlebt hat, seinen Charakter als verbindendes Fest aller Hessen bewahrt (...) Die Brauchtumspflege ist bis heute ein
  wichtiges Element des Hessentages. Doch inzwischen ist der Hessentag
  ein Fest, das Platz bietet für viele Sparten der Kultur. Die Verknüpfung
  von Tradition und Moderne macht die besondere Attraktivität der Hes-
  sentage aus."[458]

Das gemeinsame Merkmal aller Veranstaltungen ist vor allem ihre zeitliche
Begrenzung, d. h. anders als die dauerhaften Kultureinrichtungen finden sie
zu einem ganz bestimmten Termin statt und enden dann auch. Daraus resultieren die entsprechenden Nachteile, die u. a. darin bestehen, dass Veranstaltungen – anders als ein Stadttheater oder eine Musikschule – in der Regel
keinen festen, unverwechselbaren „Ort" im öffentlichen Leben haben: Sie
können beispielsweise in einer Stadt- oder Messehalle stattfinden, in der nach

---

457 Späth (1989) S. 19
458 www.hessen.de/Aktuell/Events/hessentag/histtext.htm (09.11.2001)

Ablauf des Festivals möglicherweise ein Diaabend, eine Verbrauchermesse oder eine Modenschau stattfinden. Ein weiterer Nachteil ist, dass es oft an der notwendigen Kontinuität mangelt und sich selten eine persönliche Bindung zwischen den gastierenden Künstlern und der Bevölkerung aufbaut, wie dies beispielsweise bei einem Stadttheaterensemble der Fall sein kann. Vorteile von Veranstaltungen sind u. a., dass kein spezifischer Raumbedarf besteht (wie etwa für ein stehendes Theater mit festem Ensemble die entsprechenden Werkstätten, Probebühnen etc.), sondern dass vorhandene Veranstaltungsräume weitgehend multifunktional genutzt werden können (z. B. Stadthallen, Bürgerhäuser, Schul-Aulen usw.). Darüber hinaus ist der spezielle Personalbedarf recht gering (weil weitgehend nur administrativ-organisatorische bzw. technische Leistungen vor Ort im Rahmen der Vorstellung erbracht werden müssen). Somit ist gegenüber festen kulturellen Einrichtungen eine erheblich höhere Flexibilität sowohl inhaltlicher als auch personeller und finanzieller Art gegeben.[459]

5.4 Finanzielle Kulturförderung

„Während die Schaffung von Einrichtungen oder die Durchführung von Veranstaltungen immer das unmittelbare Handeln des Staates einschließlich der Kommunen betreffen, beschränkt sich die öffentliche Hand bei der *Kulturförderung* darauf, das Engagement Dritter zu unterstützen. Dabei geht es seltener um die Absicht, sich dadurch eigenen Aufwand zu ersparen als vielmehr um das Ziel, durch die Unterstützung kultureller Initiativen der Bürgerinnen und Bürger die Bandbreite des Angebots zu erhöhen und gleichzeitig das unmittelbare kulturelle Erleben im tatsächlichen Handeln (und nicht nur im Konsumieren) zu fördern."[460] Insbesondere angesichts der in den letzten Jahren intensivierten Diskussionen um das „bürgerschaftliche Engagement"[461] kann die öffentliche Hand hier die Handlungsbereitschaft der Bürger unterstützen, ohne selbst tätig werden zu müssen – ein Paradigmenwechsel vom „aktiven" zum „aktivierenden" Staat.

Auch hinsichtlich der Kulturförderung lässt sich weiter differenzieren in die *institutionelle Förderung* (d. h. eine kulturelle Einrichtung wird – zumeist über einen längeren Zeitraum – gefördert), die *Projektförderung* (d. h. ein bestimmtes, zeitlich begrenztes, Projekt wird gefördert) und schließlich die *personenbezogene Förderung* (d. h. bestimmte Personen/Personengruppen werden gefördert).

---

459 Vgl. hierzu ausführlich: Heinrichs (1999b) S. 106-129
460 Heinrichs/Klein (1994) S. 115
461 Vgl. hierzu ausführlich: Enquete-Kommission „Zukunft des Bürgerschaftlichen Engagements" (2002)

Institutionelle Kulturförderung

Im Rahmen der sog. *institutionellen Förderung* (oftmals auch „Grundförderung" genannt) werden bestimmte kulturelle Einrichtungen durch Zuwendungen der öffentlichen Hand gefördert, z. B. ein kommunaler Kunstverein, eine freie Theatergruppe, ein kommunales Kino in privater Trägerschaft (etwa eines Vereins), ein soziokulturelles Zentrum usw. Hierzu zählen auch die zahllosen Gesangs- und Musikvereine, die zur Durchführung ihrer Tätigkeit für die entstehenden Kosten (z. B. Notenerwerb, Kauf von Musikinstrumenten, Ausbildung des Nachwuchses usw.) regelmäßige Zuwendungen erhalten. Beispiele können dies erläutern:

– „Das Angebot und die Dichte der Festspiele in Baden-Württemberg finden weit über die Landesgrenze hinaus Beachtung und Anerkennung (...) Die Theaterfestspiele werden jährlich mit knapp 4,2 Millionen DM gefördert. 1990 waren es rund 3,2 Millionen DM. Die Förderung ist unterschiedlich strukturiert. Bei traditionellen und seit Jahrzehnten bestehenden Festspielen orientierte sich die Förderung bisher am begründeten Bedarf und den finanziellen Möglichkeiten des Landes. Mittlerweile wurden allerdings Förderkriterien geschaffen, gemäß denen die Höhe der Landeszuschüsse in einer bestimmten Relation zur Höhe der kommunalen Zuschüsse steht."[462]

– „Baden-Württemberg verfügt über ein weitgespanntes Netz von Privattheatern mit eigenen Ensembles und eigenen Spielstätten. Dazu gehören auch Marionetten- und Figurentheater. Kleintheater sowie Marionetten- und Figurentheater empfangen laufende Zuschüsse bei entsprechender kommunaler Beteiligung."[463]

– „Eine Besonderheit der baden-württembergischen Musiklandschaft sind die zahlreichen Chöre und Vokalensembles (...) Interesse des Landes ist es, diesen hochqualifizierten Chortypus zu erhalten und ihn im Kulturleben der jeweiligen Kommune nachhaltig zu verankern. Deshalb wird verstärkt auf ein 2:1 Förderverhältnis zwischen Kommune und Land Wert gelegt. Derzeit üblich ist noch ein paritätisches Förderverhältnis."[464]

Projektförderung

Im Gegensatz zur institutionellen Zuwendung dient die Projektförderung der Deckung von Ausgaben für einzelne, genau abgegrenzte und noch nicht begonnene Vorhaben. Sie ist somit das Gegenteil jeder Form von institutioneller

---

462 Kunstpolitik in Baden-Württemberg (2000) S. 28
463 Kunstpolitik in Baden-Württemberg (2000) S. 19
464 Kunstpolitik in Baden-Württemberg (2000) S. 25

Förderung. Die Projektzuwendung stellt eine Zuwendung für zeitlich und inhaltlich begrenzte Projekte dar, die ein eigenes Projektmanagement erforderlich machen.[465] Im Rahmen dieses spezifischen Projektes können in bestimmtem Umfang Personal-, Betriebskosten und investive Ausgaben bezuschusst werden. Die Bewilligung und die Vergabe erfolgen für einen bestimmten Förderzeitraum. Nach Abschluss des Projektes ist vom Zuschussempfänger zumeist ein detaillierter Verwendungsnachweis beim Zuschussgeber vorzulegen. Projektzuschüsse gibt es auf Bundes-, Landes- und kommunaler Ebene.[466]

- „Bundeszuschüsse zu einzelnen Projekten erhalten die *Kunsthalle Bremen*, die *Kunsthalle Emden* und das *Deutsche Museum für Karikatur und kritische Graphik*, das *Wilhelm-Busch-Museum* Hannover. Vorgesehen ist auch eine finanzielle Unterstützung durch den Bund und das Land Baden-Württemberg zur Sanierung des *Schiller-Nationalmuseums* in Marbach, die mit einem Neubau zur Präsentation der Literatur des 19. und 20. Jahrhunderts verbunden sein soll."[467]
- „Im Bereich der Musik fördert der Bund Veranstaltungen mit gesamtstaatlicher oder internationaler Bedeutung sowie bundesweit arbeitende Einrichtungen und Organisationen mit internationaler Ausstrahlung. Schwerpunkte sind dabei die Wahrung und Pflege des nationalen Musikerbes, das zeitgenössische musikalische Schaffen und nicht zuletzt die Förderung des nationalen musikalischen Spitzennachwuchses."[468]
- Bildende Kunst im Land Brandenburg: Förderung herausragender Projekte von freien Trägern und Kommunen im Bereich zeitgenössischer bildender Kunst, die eine überregionale Bedeutung ausstrahlen, die sich durch Modellhaftigkeit auszeichnen oder die ein hohes Maß an Innovation beinhalten und eine Erweiterung künstlerischer Arbeitsfelder implizieren. Arbeits- und Studienaufenthalte im Ausland, mindestens 1.500.–, maximal 2.000.– DM für mindestens drei, maximal sechs Monate innerhalb eines Kalenderjahres.
- Projektmittel Theater in Hamburg: Einmal im Jahr vergibt die Kulturbehörde durch eine Jury Mittel an professionelle freie Theatergruppen. Gefördert werden Projekte aus den Bereichen Sprechtheater, Tanztheater, Musiktheater, Kinder- und Jugendtheater; möglich ist auch eine Basisförderung oder Konzeptionsförderung.
- Saarland: Regelmäßig jährlich wiederkehrende Veranstaltungen (z. B. Filmfestival), die im Saarland stattfinden; Stoffentwicklung (bedingt

---

465 Vgl. hierzu ausführlich: Klein, Armin (2004): Projektmanagement. Ein Handbuch, Wiesbaden
466 Vgl. hierzu z. B.: Landesarbeitsgemeinschaft der Kulturinitiativen und soziokulturellen Zentren in Hessen (1994): Gemein aber nützlich. Freie Kulturarbeit in Hessen. Kulturpolitische Beiträge, Marburg
467 Presse- und Informationsamt der Bundesregierung (2000) S. 58
468 Presse- und Informationsamt der Bundesregierung (2000) S. 37

rückzahlbar; bis zu 30.000 DM; als Ergebnis der Förderung ist ein Drehbuch oder eine andere, projektgerechte Beschreibung des Films vorzulegen).[469]

Mögliche Vorteile der Projektförderung liegen in einem gewissen Innovationszwang beim Geförderten und der Vermeidung des Aufbaus dauerhafter, und somit oftmals zur Unflexibilität neigender Organisationen und Apparate. Die Nachteile liegen in einer gewissen finanziellen und zumeist auch existenziellen Unsicherheit bei den Projektträgern, die ihre Existenzberechtigung quasi jeweils von Antrag zu Antrag neu nachweisen müssen. Die häufigsten Finanzierungsarten im Rahmen der Projektförderung sind:

- Die *Anteilsfinanzierung* (d. h. der Zuwendungsgeber beteiligt sich mit einer bestimmten prozentualen Beteiligung an der Gesamtsumme); im Rahmen der Anteilsfinanzierung wird ein Anteil der zuwendungsfähigen Ausgaben finanziert. Dabei legt der Zuschussgeber einen bestimmten, in aller Regel prozentualen Anteil fest, der dem Zuschussempfänger auf die Gesamtkosten des Projektes gewährt wird. Die Höhe richtet sich dabei nach den entsprechenden Gesamtkosten und ist gewöhnlich auf einen Höchstbetrag begrenzt.
- Die *Fehlbedarfsfinanzierung* (d. h. der Zuwendungsgeber übernimmt eine bestimmte Festsumme, die nicht durch Einnahmen gedeckt wird); unter der sog. Fehlbedarfsfinanzierung wird die Übernahme von Kosten bzw. Ausgaben, die durch den Zuwendungsempfänger nicht gedeckt werden können, durch einen (oder mehrere) Zuwendungsgeber verstanden. Die Zuwendung kann sich dabei auf eine bestimmte Kostenart (z. B. Personal-, Sach- oder Betriebskosten) oder auf die gesamten zuwendungsfähigen Kosten beziehen. Ebenso kann die Höhe des Fehlbedarfszuschusses (etwa durch die Angabe einer Maximalhöhe oder durch einen prozentualen Anteil) festgelegt sein. Sollten die Eigeneinnahmen des Zuwendungsempfängers höher als ursprünglich geplant sein, so ist gewöhnlich von der Rückzahlung der überzahlten Zuwendungen an den Zuschussgeber auszugehen. Im Bereich der kommunalen Kulturpolitik ist die Fehlbedarfsfinanzierung ein häufig eingesetztes Instrument, um vor allem innovative und experimentelle Projekte zu fördern, die von vornherein nicht auf Dauer angelegt sind.
- Die *Festbetragsfinanzierung* (d. h. der Zuwendungsgeber übernimmt einen bestimmten Zuwendungsbetrag, und zwar unabhängig vom tatsächlichen

---

469 Vgl. Klein, Armin (1998c): Öffentliche Kulturförderung. Europäische und bundesdeutsche Fördertöpfe für Kulturprojekte, Stuttgart September 1998; Klein, Armin (1997a): Öffentliche Kulturförderung. Fördertöpfe für Kulturprojekte in den Bundesländern, Stuttgart August 1997; Klein, Armin (1997b): Öffentliche Kulturförderung. Europäische und bundesdeutsche Fördertöpfe für Kulturprojekte, Stuttgart März 1997

Fehlbedarf; im Rahmen der Festbetragsfinanzierung werden von einem (oder mehreren Zuwendungsgebern) bestimmte Festbeträge entweder zu den Gesamtkosten bzw. Gesamtausgaben oder zu bestimmten Kostenarten (etwa Personal-, Sach- bzw. Betriebskosten) eines Zuschussempfängers gezahlt. Die Gewährung von Festbeträgen steht nur in indirektem Zusammenhang mit der Einnahmen-/Ausgabensituation des Empfängers, d. h. in aller Regel werden Festbetragszuschüsse zwar auf der Grundlage eines vorgelegten Budgets des Zuwendungsempfängers gewährt, um bei geringeren Einnahmen die entstehende Finanzierungslücke zu schließen, damit ist aber noch keine Regelung darüber getroffen, was mit den Zuschüssen geschieht, wenn die Erlöse bzw. Einnahmen unerwartet hoch sind, d. h. der Empfänger einen gewissen Überschuss erzielt. Für solche Fälle ist dringend vorab zu klären, ob gewährte Festbeträge beim Zuwendungsempfänger verbleiben oder an den Zuwendungsgeber zurückfließen.

– Die Gewährung von *Ausfallgarantien* (d. h. einer vorab begrenzten Fehlbedarfsdeckung im Ausnahmefall); die Gewährung einer Ausfallgarantie ist ein effizientes Instrument der öffentlichen kulturellen Förderung. Im Gegensatz zum Zuschuss, der in aller Regel eine vorab einkalkulierte Fehlbedarfsfinanzierung darstellt, wird eine Ausfallgarantie nur gewährt, wenn das zu fördernde Projekt in der vorab vorgelegten Kalkulation im Prinzip kostenneutral veranschlagt ist, d. h. die zu erwartenden Ausgaben durch die zu erwartenden Einnahmen gedeckt sind. Die Ausfallgarantie wird also nur dann wirksam, wenn unvorhersehbare bzw. unkalkulierbare Ereignisse (z. B. Gewitter bei Freilichtaufführung) die vorgesehene Durchführung des Projektes unmöglich machen. Die Höhe der vom Gewährer beabsichtigten Ausfallgarantie ist sinnvollerweise vorab zu fixieren und sollte nicht die Gesamtkosten umfassen, sondern nur einen bestimmten Teilbereich derselben.

– Die *Vollfinanzierung* der Veranstaltung eines freien Trägers durch die öffentliche Hand, d. h. in diesem Falle würde der Zuwendungsgeber die gesamten Projektkosten übernehmen. Der Begriff der Vollfinanzierung besagt, dass alle mit einer bestimmten Institution bzw. einem bestimmten Projekt verbundenen Kosten vom Zuwendungsgeber komplett übernommen werden. Bei freien Trägern ist eine Vollfinanzierung durch die öffentliche Hand eher selten, es sei denn, er gewährleistet die vollständige Abdeckung bestimmter Aufgaben von Politik und Verwaltung.[470]

Zuwendungen von öffentlichen Zuschussgebern an Dritte finden ihren Niederschlag in entsprechenden Haushaltsstellen bzw. Haushaltstiteln. Die Vergabe von Festbeträgen ist häufig an bestimmte *Kulturförderungsrichtlinien*, an die Ausstellung eines *Bewilligungsbescheides* sowie an die Führung eines

---

470 Vgl. entsprechende Stichworte in Heinrichs/Klein (2001)

entsprechenden *Verwendungsnachweises* gebunden. Da die Festbetragsfinanzierung in aller Regel eine dauerhafte und wenig flexible Finanzierungsmethode ist, wird sie in der kommunalen Kulturpolitik weitestgehend im Rahmen der institutionellen Förderung, weniger dagegen in der sog. Projektförderung eingesetzt.

Durch das Fehlen eines einheitlichen, rechtlich verbindlichen Handlungsrahmens für den Aufgabenbereich der Kulturpolitik der Kommunen und der Länder gibt es auch weder verbindliche noch einheitliche Kulturförderungsrichtlinien. So sind auch die Entscheidungsstrukturen und die Kriterien, nach denen über die entsprechende kulturelle Förderung entschieden werden, in den einzelnen Gebietskörperschaften sehr unterschiedlich ausgeprägt.

Um sowohl für den Geber als auch den Empfänger öffentlicher Zuwendungen eine gewisse Rechts- und damit auch Verhaltenssicherheit zu ermöglichen, erlassen die unterschiedlichen Gebietskörperschaften häufig selbstentwickelte Förderrichtlinien, nach denen öffentliche Zuwendungen vergeben werden.

Solche *Kulturförderungsrichtlinien* sollten mindestens enthalten (verschiedene Beispielformulierungen):[471]

(1) den *Gegenstand der Förderung* (Beispiele: öffentlich zugängliche Programme und Projekte; künstlerische Vorhaben; kulturelle Vorhaben; Projekte, an denen mehrere freie Kulturträger beteiligt sind [Vernetzung]; musisch-kulturelle Vereinigungen und Initiativen, die im Ortsgebiet ansässig sind; Kulturveranstaltungen, die sonst bislang nicht möglich waren usw.);

(2) die jeweiligen *Förderungsvoraussetzungen* (z. B. bestimmte Trägerform [z. B. eingetragener Verein], anerkannte Gemeinnützigkeit, öffentliche Zugänglichkeit, Kontinuität der Kulturarbeit; qualitative Voraussetzungen; gesicherte Gesamtfinanzierung usw.);

(3) die *Art* und den *Umfang der Förderung* (z. B. Institutionelle oder Projektförderung; Ausfallbürgschaft; Repräsentationskosten werden nicht berücksichtigt; Zuschüsse nur zu allen Aufwendungen, die direkt mit den Veranstaltungen zusammenhängen; keine Personalkostenzuschüsse; Zuschüsse für die Anschaffung geringwertiger Wirtschaftsgüter; Beschaffung von Notenmaterial und einheitlicher Kleidung für Chöre; Auftrittsprämien für Vereine, die sich an öffentlichen Veranstaltungen der Stadt beteiligen; Förderung nach Mitgliederzahl; Instrumentalgruppenzuschlag; Investitionszuschüsse; Jubiläumszuwendungen; Förderung von Austauschmaßnahmen mit Partnerstädten usw.);

(4) das *Förderungsverfahren* (z. B. formloser, schriftlicher Antrag beim Kulturamt; antragsberechtigt sind Einzelpersonen, Gruppen, Vereine

---

471 Vgl. Heinrichs/Klein (2001) S. 189

und sonstige Zusammenschlüsse; dem Antrag sind eine Projektbeschreibung, eine Übersicht sowie eine Projektbeschreibung beizufügen, aus der Veranstaltungsort(e), Einzeltermine und der Abschluss der Maßnahme ersichtlich wird; beizufügen sind ein nach Einzelpositionen aufgeschlüsselter Kosten- und Finanzierungsplan, aus dem des Weiteren die Gesamtkosten, die Eigenleistungen sowie nicht gedeckte Kosten hervorgehen; nach Abschluss der Veranstaltung hat der Zuwendungsempfänger einen Verwendungsnachweis vorzulegen; Bezahlung des Zuschusses: zur Hälfte wird der Zuschuss mit der Bewilligung ausbezahlt, die zweite Hälfte erfolgt nach Vorlage und Prüfung des Verwendungsnachweises usw.);

(5) die spezifischen *Antragsfristen* (z. B. der schriftliche Antrag muss vor Beginn der Maßnahme gestellt werden; der Antrag muss rechtzeitig vor Aufstellung des Haushaltsplanes eingehen; Anträge können quartalsweise gestellt werden usw.);

(6) die *Zuschusshöhe* (z. B. absolute Zahl, [„10.000 Euro"]; prozentuale Festlegung [„50 % der ungedeckten Kosten nach Vorlage der Abrechnung"]; Ausfallbürgschaft über die Höhe der ungedeckten Kosten);

(7) die entsprechenden *Zuständigkeiten* (z. B. Entscheidungen über Zuwendungen bis 5.000 Euro trifft der Kulturamtsleiter; über Zuwendungen über mehr als 5.000 Euro entscheidet der Kulturdezernent; über Zuwendungen ab 20.000 Euro entscheidet der Kulturausschuss; Entscheidungen über institutionelle Förderung sind nur im Rahmen der Haushaltssatzung nach Entscheid des Gemeinderates möglich; Dringlichkeitsbeschlüsse trifft der Kulturdezernent; die Überwachung der zweckentsprechenden Verwendung der Mittel liegt beim Rechnungsprüfungsamt der Gemeinde usw.);

(8) den erforderlichen *Förderungsbericht* (z. B. nach Abschluss der Maßnahme ist ein inhaltlicher Bericht sowie ein zahlenmäßiger Nachweis über Einnahmen und Ausgaben vorzulegen; ein Pressespiegel ist beizulegen; Evaluationen sind durchzuführen usw.);

(9) die *Folgen zweckwidriger Verwendung* (z. B. sollte die abschließende Prüfung zweckwidrige Verwendungen feststellen, sind die Mittel in voller Höhe oder in Höhe der zweckwidrig ausgegebenen Gelder zurückzuzahlen);

(10) Fragen der *Haftung* (z. B. Übernahme der Haftung für die zweckentsprechende Verausgabung bei freien Zusammenschlüssen ohne feste rechtliche Trägerform [Initiative, Künstlergruppe usw.]);

(11) das *Inkrafttreten und Geltungsdauer der Förderrichtlinien.*

Personenbezogene Förderung/Stipendien

Neben der Förderung von Institutionen und Projekten können der Staat und die Kommunen allerdings auch *einzelne* Personen direkt fördern: z. B. Musiker, Bildende und Darstellende Künstler, Literaten, Film- und Videoproduzenten usw.[472] Hierzu gibt es wiederum die unterschiedlichsten Möglichkeiten:

- *Bildende Künstler* beispielsweise können gefördert werden durch den Ankauf von Kunstwerken durch die Gemeinde (die diese dann z. B. im Rahmen einer sog. *Artothek* wiederum den Bürgern der Gemeinde durch eine befristete Ausleihe zugänglich macht); durch die Einbeziehung künstlerischer Werke bei öffentlichen Baumaßnahmen ("Kunst am Bau"); durch die Durchführung von Wettbewerben[473]; durch Ausstellungsmöglichkeiten in öffentlichen Räumen (beispielsweise in Rathaus, Krankenhaus, Bibliothek, Stadthalle); durch die Veranstaltung von Kunstmärkten; durch die kostenlose Bereitstellung von Künstlerateliers; durch die Gewährung von Stipendien[474]; durch die Verleihung von Kunstpreisen[475] usw.;
- *Literaten* beispielsweise können gefördert werden durch Lesungen im Rahmen von Partnerschaftswochen oder Schwerpunktthemen, Lesungen in öffentlichen Bibliotheken; durch Druckkostenzuschüsse; durch den bevorzugten Bücherankauf heimischer Autoren für die Stadtbücherei; durch die Förderung von Schreibwerkstätten für interessierte Bürger; durch die Verleihung von Literaturpreisen; durch die Einrichtung von sog. Stadtschreibern;
- *Musiker* können gefördert werden durch das Angebot der Musikschule bzw. der Einbeziehung heimischer Musiker; die Durchführung von Konzertreihen; die kostenlose Bereitstellung von Übungsräumen für Musikgruppen; die bevorzugte Einbindung örtlicher Musiker und Musikgruppen in das städtische Veranstaltungsprogramm; durch die Durchführung von Musikfestivals; durch die Bereitstellung von Auftrittsmöglichkeiten in Bürger- und Jugendhäusern; durch die Nutzung eines Tonstudios im Theater usw.

---

472 Vgl. hierzu Zimmermann, Olaf (1992): Im Labyrinth der Künstlerförderung. Handbuch für Stipendien, Spenden, Sponsoring und Alternativen, Köln
473 Vgl. hierzu: Handbuch des Bundesverbandes Bildender Künstler (1992): ProKunst. Grundsätze und Leitlinien zur Durchführung von Wettbewerben und anderen Projekten auf dem Gebiet der bildenden Kunst, Bonn
474 Vgl. hierzu etwa: Heckes, Pia/Andreas Denk (1990): Stipendien-Handbuch, Bad Honnef
475 Vgl. hierzu Brinkmann, Annette u. a. (2001): Handbuch der Kulturpreise, 4. Neuausgabe 1995-2000, Bonn; älteren Datums: Handbuch der Kulturpreise und der individuellen Künstlerförderung in der Bundesrepublik Deutschland (1985), Bonn; Heckes, Pia (1990): Kunstpreis-Handbuch, Bad Honnef

Neben diesen beispielhaft genannten Förderungsmöglichkeiten, die eher auf der gemeindlichen Ebene angesiedelt sind, gibt es auch Künstlerförderprogramme auf Bundesebene bzw. auf der Ebene der einzelnen Länder. Beispielhaft zu nennen wären etwa:

-   *Deutsche Akademie Villa Massimo Rom*: Wohn- und Arbeitsgelegenheiten in Rom für Künstler der Sparten bildende Kunst, Architektur, Literatur und Musik, sofern sie das 40. Lebensjahr noch nicht vollendet haben. Förderung: Zuschuss zu den Lebenshaltungskosten in Rom; Fahrtkosten Heimatort-Rom; Zuschüsse zu den Kosten für den Transport von Kunstwerken (einmaliger Materialkostenzuschuss für bildende Künstler), für doppelte Haushaltsführung, Krankenversicherung und Schulgeld Deutsche Schule Rom. Aufenthaltsdauer zwölf zusammenhängende Monate.

-   *Villa Romana Florenz*: Jährlich zehnmonatiger Italienaufenthalt für vier besonders begabte Bildende Künstler, die mit dem Villa-Romana-Preis ausgezeichnet werden; Nachwuchsförderung; freie Unterkunft in der Villa und Barstipendium; u. U. Zuschüsse für Reise- und Materialkosten.

-   „Das Land Baden-Württemberg gewährt professionellen Interpreten (Theater, Orchesterensembles, Solisten) mit Sitz in Baden-Württemberg Zuschüsse für die Vergabe von Kompositionsaufträgen an Komponistinnen und Komponisten ihrer Wahl. Die Förderung geht von der Überlegung aus, dass Werke zeitgenössischer Komponisten nur schwer den Weg in die breite Öffentlichkeit finden. Dies gilt nicht nur für das Publikum – auch die Interpreten üben häufig Zurückhaltung gegenüber Neuer Musik."[476]

-   „Das Land vergibt regelmäßig Stipendien an bildende Künstlerinnen und Künstler (...) Mit den Stipendien soll insbesondere jüngeren Künstlerinnen und Künstlern die Möglichkeit zum Austausch mit Künstlerkollegen aus anderen Ländern geboten werden."[477]

-   „*Writers in Exile*: Zusätzlich zu den bisherigen Künstlerförderungen unterstützt die Bundesregierung seit 1999 in Zusammenarbeit mit dem deutschen P.E.N. Künstler, die in Deutschland im politischen Exil leben. Darin soll auch ein Dank an die Länder zum Ausdruck kommen, die in der NS-Zeit deutschen Künstlern Zuflucht gewährt und ihnen Asyl und Arbeitsmöglichkeiten geboten haben."[478]

---

476 Kunstpolitik in Baden-Württemberg (2000) S. 25.
477 Kunstpolitik in Baden-Württemberg (2000) S. 45.
478 Presse- und Informationsamt der Bundesregierung (2000) S. 36.

5.5 Kulturentwicklungsplanung

Eine Kommune, ein Land können Kunst und Kultur auch dadurch fördern, dass sie durch ein strategisches Kulturmanagement Kulturentwicklungsplanung betreiben. Kulturentwicklungsplanung dient dabei vorrangig dem Ziel, langfristig wirkende Potenziale für ein künftiges Kulturangebot in einer Stadt oder einer Region zu entdecken, zu beschreiben und Entwicklungs- und Umsetzungsmöglichkeiten aufzuzeigen.[479]

In einem ersten Schritt ist hierzu eine differenzierte Analyse der aktuellen Kulturangebote, der tatsächlichen Nutzer (Zielgruppen) und vorhandener Überschneidungen nötig. Zweitens ist die Untersuchung der kulturellen Potenziale und Möglichkeiten, die bislang noch nicht gesehen wurden erforderlich; hierzu sollte eine Stärken-Schwächen-Analyse durchgeführt werden. In einem dritten Schritt sollte dann die „Vision", also der Entwurf einer möglichen Zukunft des Kulturlebens in der entsprechenden Stadt oder Gemeinde, wie sie sich vor dem Hintergrund sich wandelnder (politischer, wirtschaftlicher und gesellschaftlicher) Umweltbedingungen und einer veränderten Nachfrage der Bevölkerung abzeichnet, beschrieben werden.

Ist die Analysephase abgeschlossen, sollten die eigenen kulturpolitischen Ziele analysiert und möglichst genau beschrieben werden und zwar differenziert in (1) grundlegende kulturpolitische Ziele, (2) eher längerfristig angestrebte Zielvorstellungen, (3) mittelfristige Ziele und schließlich in relativ kurzfristig anzugehende Zielsetzungen. Sind die Phasen der Analyse und der Zielkonkretisierung abgeschlossen, geht es darum, mögliche Strategien zur Umsetzung zu entwickeln unter den Aspekten: was ist wann mit wem wie zu erreichen. Dabei sollte man sich darüber im Klaren sein, dass einmal festgelegte Ziele in Kulturentwicklungsplänen zwar verbindlich sein und bleiben sollten, die Planung selbst aber nicht starr, sondern flexibel gehandhabt werden sollte, um sich somit möglichst rasch auf eine sich immer rasanter verändernde Umwelt einstellen zu können.

In einem nächsten Schritt ist dann zu einem stärker maßnahmen- bzw. handlungsorientierten Procedere überzugehen, d. h. es sind Lösungsvorschläge für aufgetretene Problemlagen zu entwerfen. Diese Lösungsvorschläge sind mit Vertretern der interessierten Öffentlichkeit zu erörtern sowie in sachlicher, finanzieller und personeller Hinsicht auf ihre Realisierungschancen hin zu untersuchen. Diese Überlegungen sollten nicht nur auf eine Erweiterung des Angebots ausgerichtet sein (wie dies in den siebziger Jahren durchaus sinnvoll und der Fall war; vgl. hierzu ausführlich das vierte Kapitel), sondern auch auf eine Schärfung des Angebotsprofils, was im Einzelfall durchaus den Verzicht auf vorhandene Einrichtungen und Angebote zur Folge haben kann. Die dabei zu entwickelnde Realisierungsmatrix sollte auch Aussagen zu den

---

479 Vgl. zum Folgenden Heinrichs/Klein (2001) S. 184ff

ressourcenorientierten Realisierungschancen (personelle, sächliche und finanzielle Ressourcen) enthalten.

Verstanden sich Kulturentwicklungspläne der siebziger Jahre vorrangig als eher operative, mittelfristig angelegte Realisierungsplanung für die Umsetzung der sog. Neuen Kulturpolitik in Zeiten ausgeprägten wirtschaftlichen Wachstums (vgl. hierzu das vierte Kapitel), so begreifen sich heutige Pläne eher als Elemente eines strategischen Kulturmanagements in Zeiten knapper werdender öffentlicher Mittel und neuer Partnerschaften zwischen öffentlicher Hand, Privatwirtschaft und sog. Dritten Sektor.[480] In einem solchen Verständnis entfaltet sich Kulturentwicklungsplanung in einem dreifachen Spannungsfeld: (1) dem Spannungsfeld zwischen Kultur und Gesellschaft (einschließlich der Freizeit und soziokultureller Verhaltensweisen), (2) dem Spannungsfeld zwischen Kultur und Wirtschaft (einschließlich Stadtmarketing) sowie (3) dem Spannungsfeld zwischen Kultur und Management (einschließlich der strukturellen und finanziellen Möglichkeiten). Das heißt aber auch, dass Kulturentwicklungsplanung in dieser Komplexität nicht mehr allein die Entwicklung eines Kulturangebots der Stadt umfasst, sondern vielmehr als eine weiter zu fassende Stadtentwicklungsplanung mit kulturellen Bezügen in der Stadt zu verstehen ist.[481]

5.6 Beratung und Vermittlung

Bereits ein erster, oberflächlicher Blick auf die verschiedensten Fördermöglichkeiten auf der europäischen, der Bundes-, der Länder- und schließlich der Gemeindeebene durch Preise, Stipendien, Wettbewerbe, Projektzuwendungen usw. kann bei den dadurch zu Fördernden durchaus den Eindruck eines „Labyrinths der Künstlerförderung"[482] entstehen lassen, das in seiner Unübersichtlichkeit gerade Künstler und Kulturschaffende, die sich in Verwaltungsstrukturen häufig nicht auskennen, ratlos macht. Von daher kann ein recht wirksames Instrument der Kunst- und Kulturförderung eine entsprechende Beratung der Künstler, aber auch der Kultureinrichtungen über die verschiedenen Fördermöglichkeiten sein.

Ein Beispiel hierfür sind die *Cultural Contact Points*, die die *Europäische Kommission* 1998 in allen ihren Mitgliedsländern eingerichtet hat. Sie arbeiten als europäisches Netzwerk zusammen und sind bei Trägerorganisa-

---

480 Vgl. hierzu Sievers, Norbert (Hrsg.) (1998): Neue Wege der Kulturpartnerschaft, Bonn; Grosz/Delhaes (Hrsg.) (1999)

481 Wagner, Bernd (Hrsg.) (1997): Kommunale Kulturentwicklungsplanung. Beiträge und Materialien, Bonn; Morr, Markus (1999): Verplante Kultur? Rahmenbedingungen kultureller Planungen, Essen

482 Zimmermann (1992)

tionen angesiedelt, die auf nationaler Ebene bereits über Kulturförderung beraten. Sie sind bei der Vermittlung internationaler Kooperationspartner behilflich und bilden eine ständige Schaltstelle der Europäischen Kommission zu den jeweiligen nationalen Fördereinrichtungen.

In Deutschland wurde der entsprechende *Cultural Contact Point* vom *Deutschen Kulturrat* in Zusammenarbeit mit der *Kulturpolitischen Gesellschaft* mit Sitz in Bonn[483] eingerichtet. Die Kontaktstelle informiert interessierte deutsche Projektträger über die jeweils aktuellen europäischen Förderprogramme und berät bei der Antragstellung. Aber auch jedes kommunale Kulturamt sollte in diesem Sinne eine Beratungsagentur sein, indem es sich einen Überblick über die im jeweiligen Bundesland relevanten Fördermöglichkeiten verschafft.

Wie die obigen Ausführungen mit den einzelnen Beispielen (die natürlich beliebig sind) gezeigt haben, stehen dem Staat und den Kommunen somit eine Vielzahl von Instrumenten zur Verfügung, um ihre kulturpolitischen Ziele zu realisieren. Es dürfte unmittelbar einleuchtend sein, dass Ziele und Instrumente dabei kompatibel sein müssen: Will der Staat beispielsweise die Eigeninitiative der Bürger und der gesellschaftlichen Organisationen stärken (Stichwort *Bürgergesellschaft*), so sollte er sich entsprechend mit eigenen Initiativen zurückhalten und stärker auf die Kulturförderung Dritter bzw. freier Träger setzen.

Will er dagegen ganz bestimmte kulturpolitische Ziele unmittelbar und direkt durchsetzen, so wird er eher dazu neigen, dies in Eigenregie durch den Erlass von Gesetzen, durch die Gründung von entsprechenden Einrichtungen bzw. die Durchführung von Veranstaltungen zu tun. Allerdings wird ein Staat oder eine Kommune, die „alles selbst machen" wollen (z. B. durch ein großzügig mit personellen und finanziellen Ressourcen ausgestattetes städtisches Kulturamt, das alle Veranstaltungen in Eigenregie durchführt und somit dem Vereinsengagement kaum Handlungsspielräume lässt), kaum das ehrenamtliche Engagement der Bürger stärken. Deshalb gilt es stets genau zu prüfen, mit welchen Instrumenten sich welche Ziele möglichst optimal erreichen lassen.

---

483 Europa.eu.int/comm/dg10/culture/contact-point.html
    oder: www.kulturrat.de/ccp/

6 Schluss

„Kulturpolitik – ein Partythema"? wurde eingangs gefragt. Auch wenn sich in der „Kultur"politik das solide, bodenständige „politische Handwerk" mit dem oftmals so Schwebenden und so scheinbar Schwerelosen von Kunst und Kultur verbindet (und dabei für Augenblicke in die durchaus verlockende Gefahr geraten kann, das prosaische Irdische zu übersehen), so sollten die vorangegangenen Darstellungen und Überlegungen dennoch gezeigt haben, dass es sich bei der Kulturpolitik um ein eigenständiges, ausdifferenziertes politisches Handlungsfeld handelt.

Und dies ist ganz ausdrücklich im Sinne der in der Politikwissenschaft mittlerweile üblichen, analytischen Dreiteilung zu verstehen, nämlich (1) einer beschreibbaren *polity*, die die strukturelle, formelle und institutionelle Dimension der Politik fasst, also in erster Linie die Rahmenbedingungen, unter denen Kulturpolitik ganz konkret stattfindet (dies wurde im zweiten Kapitel dargestellt); den einer objektiven Analyse zugänglichen (2) *politics*, also den eher prozesshaften Dimensionen politischer Verfahren, in denen es um politische Akteure, um Interessen und Konflikte und ihre Lösung geht (wie im dritten und fünften Kapitel gezeigt) und schließlich einer (3) *policy*, also der inhaltlichen Dimension von Politik, die gerade in der „Kultur"politik naturgemäß besonders ausgeprägt ist, also die unterschiedlichen Konzepte und Vorstellungen davon bezeichnet, wie Kulturpolitik konkret aussehen soll, etwa das Konzept der „Kulturpflege" bzw. der Entwurf einer „Kultur für alle" usw. (vgl. hierzu ausführlich das vierte Kapitel).

Waren das Feld der Kulturpolitik (und die in ihm möglichen entsprechenden Stellen und Karrieren) jahrzehntelang heißbegehrt und sonnten sich ihre Protagonisten oft nicht nur in kommunaler, sondern bundesweiter Hochachtung,[484] so scheint das „Handwerk" der Kulturpolitik „nach den emphatischen kulturpolitischen Aufbrüchen in den siebziger Jahren und den pragmatischen, aber kulturpolitisch wirkungsmächtigen und erfolgreichen achtziger Jahren"[485] zu Beginn des neuen Jahrtausends weitaus mühsamer geworden zu sein.

---

484 Vgl. hierzu beispielhaft die Erinnerungen des ehemaligen Frankfurter Kulturdezernenten: Hoffmann, Hilmar (1999): Ihr naht Euch wieder, schwankende Gestalten, Hamburg; aber auch Scheytt (2001)
485 Sievers/Wagner (1994) S. 7

Diese Entwicklung mag manche schier in die Verzweiflung treiben, wenn beispielsweise der langjährige Kulturreferent Jürgen Kolbe feststellt: „Die Zeiten der Kulturpolitik, gleich ob nun alt oder ‚neu', sind ziemlich passé (...) Wir können uns in der längst vergangenen Politik von der Kultur noch so nostalgisch karessieren: Uns nimmt keiner mehr wahr."[486] Doch sollte das wirklich alles gewesen sein?

Wo, wenn nicht im Rahmen von Kunst und Kultur – und dementsprechend den durch eine engagierte Kulturpolitik immer wieder neu gesetzten Rahmenbedingungen und Anreizen – kann eine Gesellschaft in einen permanenten Dialog mit sich selbst treten, sich immer wieder neu be„sinnen" und Bilder davon entwerfen, wie jeder Einzelne für sich, aber auch die Gesellschaft als Ganzes in Zukunft leben wollen? Dies ist auf Dauer nur möglich, wenn die kulturpolitischen Protagonisten angesichts der immer wieder schier unüberwindlich erscheinenden Schwierigkeiten und der allzeit widrigen „Rahmenbedingungen" sich einerseits freudig-angespornt vom „Prinzip Hoffnung" getragen fühlen und sich andererseits grimmig-entschlossen den Anforderungen des (kultur-)politischen Handwerks stellen. Insofern ist für den zielorientierten Kulturpolitiker Sisyphos ein Optimist!

Und ganz im Sinne der „Wort- und Vernunftgläubigkeit der kulturpolitischen Oldies", wie beispielsweise eines Hermann Glasers[487], der diese Bezeichnung stolz und zu Recht für sich in Anspruch nimmt, gehört das letzte Wort dem Dichter, nämlich Hans-Magnus Enzensberger:

„...ungeduldig
im namen der zufriedenen
verzweifeln

geduldig
im namen der verzweifelten
an der verzweiflung zweifeln

ungeduldig geduldig
im namen der unbelehrbaren
lehren"

---

486 Kolbe, Jürgen (2001): Als es noch Kultur für alle gab. Ein Nachruf. In: Scheytt (2001) S. 22
487 Glaser, Hermann (2001): Was blieb? Blieb was? Rückerinnerung an die Zukunft. In: Scheytt (2001) S. 20

Literaturverzeichnis

Abkommen zur Errichtung der Kulturstiftung der Länder vom 4. Juni 1987, in der Fassung vom 25. Oktober 1991

Abkommen über die Mitwirkung des Bundes an der Kulturstiftung der Länder vom 4. Juni 1987, in der Fassung vom 25. November 1993

Abteilung für Auswärtige Kulturpolitik des Auswärtigen Amts (Hrsg.) (1993): Auswärtige Kulturpolitik, 1990-1992, Bonn

Aktionskreis Kultur im Bundesverband der Deutschen Industrie (2003): Handbuch Wirtschaft und Kultur: Formen und Fakten unternehmerischer Kulturförderung, Berlin

Alewyn, Richard (1989): Das große Welttheater. Die Epoche der höfischen Feste, München

Amtsblatt der Europäischen Gemeinschaften L 63 vom 10.3.2000

Amtsblatt der Europäischen Union C 310 vom 16.12.2004

Arendt, Hannah (1985): Vita Activa oder Vom tätigen Leben, München

Auswärtiges Amt (2002): Auswärtige Kultur- und Bildungspolitik heute, Bonn;

Auswärtiges Amt: Jahresbericht 2003; siehe: www.auswaertiges-amt.de

Auswärtiges Amt: 8. Bericht der Bundesregierung zur Auswärtigen Kulturpolitik, siehe: www.auswaertiges-amt.de

Auswärtiges Amt: „Konzeption 2000" über die zukünftige Strategie der Auswärtigen Kultur- und Bildungspolitik, siehe: www.auswaertiges-amt.de

Baier, Lothar (1991): Abschied vom Regionalismus. In: *Freibeuter*. Vierteljahresschrift für Kultur und Politik, Band 49

Bandelow, Volker (1997): Organisationsprobleme kommunaler Kulturverwaltung, Bochum (Diss.)

Bandemer, Stephan von u. a. (Hrsg.) (1998): Handbuch zur Verwaltungsreform, Opladen

Bausch, Ulrich M. (1992): Die Kulturpolitik der US-amerikanischen Information Control Division in Württemberg-Baden von 1945 bis 1949, Tübingen

Bayerisches Staatsministerium für Wissenschaft, Forschung und Kunst (2003): Kulturstaat Bayern. Finanzierung und Förderung von Kunst und Kultur in Bayern, München

Beauftragter der Bundesregierung für Angelegenheiten der Kultur und der Medien (2002): Kulturstiftungen: ein Handbuch für die Praxis, Berlin

Beck, Ulrich (1986): Risikogesellschaft. Auf dem Weg in eine andere Moderne, Frankfurt/M.

Beck, Ulrich (1991): Politik in der Risikogesellschaft, Frankfurt/M.

Beck, Ulrich (1993): Die Erfindung des Politischen. Zu einer Theorie reflexiver Modernisierung, Frankfurt/M.

Beiträge zur Kulturgeschichte der deutschen Arbeiterbewegung 1848-1918. Hrsg. von Peter von Rüden u. a. (1979), Frankfurt/M.

Berger, Peter L./Thomas Luckmann (1991): Die gesellschaftliche Konstruktion der Wirklichkeit. Eine Theorie der Wissenssoziologie, Frankfurt/M.

Beyme, Klaus von (1985): Politik und Lebenswelt. In: Funkkolleg Politik. Studienbegleitbrief 1, Weinheim/Basel

Beyme, Klaus von (1998): Kulturpolitik und nationale Identität. Studien zur Kulturpolitik zwischen staatlicher Steuerung und gesellschaftlicher Autonomie, Opladen/Wiesbaden

Bellezza, Enrico/Michael Kilian (2001): Der Staat als Stifter – Stiftungen als ‚public private Partnerships' im Kulturbereich, Gütersloh

Bibliothek des Deutschen Bundestages (2003): Kultur in Deutschland (Auswahlbibliographie; Aktuelle Bibliographien der Bibliothek Nr. 15; Redaktionsschluss 22. September 2003)

Bischoff, Friedrich (1990): Kunstrecht von A-Z, München

Bock, Philip (1970) (Hrsg.): Culture shock. A reader in modern cultural anthropology, New York

Bollenbeck, Georg (1996): Bildung und Kultur. Glanz und Elend eines deutschen Deutungsmusters, Frankfurt/M.

Boyle, Nicholas (2000): Goethe. Der Dichter in seiner Zeit. Band I. 1749-1790, München

Brandmüller/Zacher/Thielpape (o. J.): Künstlersozialversicherungsgesetz, Kommentar, Loseblattsammlung o. O.

Brinkmann, Annette u. a. (2001): Handbuch der Kulturpreise, 4. Neuausgabe 1995-2000, Bonn

Brockhaus-Enzyklopädie (1970), Wiesbaden

Buchheim, Hans (1967): Konrad Adenauer oder was Politik ist und wie sie gemacht wird. In: *Neue Rundschau* 38

Buchheim, Hans (1977): Das Grundgesetz und das Konzept des modernen Verfassungsstaates, Mainz

Buchheim, Hans (1988): Wie der Staat existiert. In: Der Staat. Zeitschrift für Staatslehre, Öffentliches Recht und Verfassungsgeschichte 27 Jg., 1988, H. 1

Buchheim, Hans (1991): Theorie der Politik, München

Buchheim, Hans (1993): Beiträge zur Ontologie der Politik, München

Bürgerkultur im 19. Jahrhundert. Bildung, Kunst und Lebenswelt. Herausgegeben von Dieter Hein und Andreas Schulz (1996), München

Bundesverfassungsgericht (1971): Beschluß vom 24. Februar 1971, Sammlung der Entscheidungen Band 30, Seite 173 bis 277

Bundesverband Deutscher Stiftungen (2001a): Stiftungen als Träger von Kultureinrichtungen: Dokumentation der 4. Tagung des Arbeitskreises Kunst- und Kulturstiftungen, Berlin

Bundesverband Deutscher Stiftungen (2001b): Stiftungen sichern Qualität: Dokumentation der 3. Tagung des Arbeitskreises Kunst- und Kulturstiftungen, Berlin

Bundesvereinigung sozio-kultureller Zentren e. V.(Hrsg.) (o. J.): Besteuerung ausländischer KünstlerInnen nach §50a EstG, Bonn

Clemens, Gabriele (1997): Britische Kulturpolitik in Deutschland 1945-1949, Stuttgart

Cornel, Hajo (2004): Gespensterdebatten. Wider die Verrechtlichung der Kulturpolitik. In: *Kulturpolitische Mitteilungen* 106/III/2004

Cornelius, Joachim (1994): Wie radikal muss der Umbau unserer Verwaltungen sein? Vortrag von Oberstadtdirektor Dr. Joachim Cornelius, Wuppertal in der *KGSt* am 9.12.1994

Council of Europe/Conseil de l'Europe (2002): Der Europarat. 800 Millionen Europäer, Straßburg

Defoe, Daniel (1995): Robinson Crusoe. Erster und zweiter Band, München

Deutscher Bundestag: Antrag der Fraktionen SPD, CDU/CSU, Bündnis 90/Die Grünen und FDP (2003): Einsetzung einer Enquete-Kommission ‚Kultur in Deutschland', Drucksache 15/1308 vom 01.07.2003

Deutscher Bundestag: Schlussbericht der Enquete-Kommission "Kultur in Deutschland" (Drucksache 16/7000) vom 11.12.2007

Deutscher Kulturrat (Hrsg.) (1996): Ehrenamt in der Kultur. Stand und Perspektiven ehrenamtlicher Arbeit im Kulturbereich, Bonn

Deutscher Kulturrat (Hrsg.) (2000): Künstlersozialversicherungsgesetz, Bonn/Berlin (Bd. 1 der Reihe *Kulturpolitik.Hintergrundinformationen*)

Deutscher Kulturrat (2004): Kultur als Daseinsvorsorge! (www.kulturat.de: Stellungnahme vom 29.09.2004)

Deutscher Kulturrat: Debatte zum Abschlussbericht der Enquete-Kommission „Kultur in Deutschland" des Deutschen Bundestages vom 13.12.2007

Deutscher Städtetag (1973): Wege zur menschlichen Stadt. Vorträge, Aussprachen und Ergebnisse der 17. Hauptversammlung des Deutschen Städtetages vom 2. bis 4. Mai 1973 in Dortmund, Stuttgart

Deutscher Städtetag (1979): Kultur in den Städten. Eine Bestandsaufnahme, Stuttgart/Berlin/Köln/Mainz

Deutscher Städtetag (1986): Stadt und Kultur. Arbeitshilfen des Deutschen Städtetages zur städtischen Kulturpolitik, Stuttgart

Deutscher Städtetag (1987): Kultur vor Ort. Hinweise und Materialien zur Förderung der offenen Kulturarbeit in den Städten, Stuttgart

Deutscher Städtetag (1995): Die Stadt als Chance – Neue Wege in die Zukunft. Vorträge, Aussprachen und Ergebnisse der 28. Ordentlichen Hauptversammlung des Deutschen Städtetages vom 30. Mai bis 1. Juni 1997 in Magdeburg, Köln

Die Förderung von Kunst und Kultur in den Kommunen. Kommunikationsformen, Willlensbildung, Verfahrensweisen (2001), Wolfenbüttel (Bundesakademie Wolfenbütte)

Dörnhöfer, Martin (1995): Regionen Europas – Versuch einer rechtlichen Einordnung, Würzburg (Diss.)

Dregger, Alfred (1984): Ein freier Staat braucht eine freie Kunst – aber eine freie Kunst braucht auch einen freien Staat. In: Bundestagsfraktion der CDU (Hrsg.): Kulturpolitik. Die Union in der Kulturpolitischen Debatte des Deutschen Bundestages am 8. November 1984, Bonn

Dreier, Thomas/Gernot Schulze (2004): Urheberrechtsgesetz – Urheberrechtswahrnehmungsgesetz – Kunsturhebergesetz, München

Duwe, Kurt (Hrsg.) (1987): Regionalismus in Europa. Beiträge über kulturelle und sozio-ökonomische Hintergründe des politischen Regionalismus, Frankfurt/M.

Ebker, Nikola (2000): Politische Ökonomie der Kulturförderung. Entwicklungen zwischen Staat, Markt und 3. Sektor, Bonn

Eco, Umberto (1972): Einführung in die Zeichentheorie, München

Eco, Umberto (1973): Das offene Kunstwerk, Frankfurt/M.

Eco, Umberto (1977): Zeichen. Einführung in einen Begriff und seine Geschichte, Frankfurt/M.

Elias, Norbert (1977): Über den Prozeß der Zivilisation. Soziogenetische und psychogenetische Untersuchungen. 2 Bände, Frankfurt/M.[3]

Ellmeier, Andrea/Béla Rásky (1997): Kulturpolitik in Europa – Europäische Kulturpolitik? Von nationalstaatlichen und transnationalen Konzepten, Wien (österreichische kulturdokumentation. internationales archiv für kulturanalysen)

Engelmann, Martin (2002): Die Zukunft der Buchpreisbindung im europäischen Binnemarkt anhand des Systems der deutsch-österreichischen Buchpreisbindung, Berlin (Diss.)

Enquete-Kommission „Zukunft des bürgerschaftlichen Engagements" Deutscher Bundestag (2002): Bericht Bürgerschaftliches Engagement: auf dem Weg in eine zukunftsfähige Bürgergesellschaft, Opladen (Schriftenreihe: Band 4)

Enquete-Kommission „Kultur in Deutschland" (2003)

Entschließung des Rates vom 21. Januar 2002 über die Bedeutung der Kultur im europäischen Aufbauwerk (im *Amtsblatt der Europäischen Gemeinschaften* C 32/02 vom 5.2.2002)

Entschließung des Rates vom 25. Juni 2002 über einen neuen Arbeitsplan für die Europäische Zusammenarbeit im Kulturbereich (im *Amtsblatt der Europäischen Gemeinschaften* C 162/03 vom 6.7.2002)

Eppler, Erhard (1975): Ende oder Wende, München

Esterbauer, Fried/Peter Pernthaler (Hrsg.) (1991): Europäischer Regionalismus am Wendepunkt. Bilanz und Ausblick, Wien

Europäische Kommission (2001): Die Europäische Union: ein ständiger Erweiterungsprozess, Brüssel (Generaldirektion Presse und Kommunikation)

Europäisches Parlament (2003): Europa 2003. Alles Wissenswerte über die Europäische Union, Berlin

Finke, Hugo (2003): 20 Jahre Künstlersozialversicherung: Entwicklung – Überblick – Bilanz. In: *Die Angestelltenversicherung* 50, 2003 S. 84-91

Fischer, Hermann Josef/Steven A. Reich (1992): Der Künstler und sein Recht. Ein Handbuch für die Praxis, München

Fohrbeck, Karla/Andreas Wiesand (1989): Von der Industriegesellschaft zur Kulturgesellschaft? Kulturpolitische Entwicklungen in der Bundesrepublik Deutschland, München

Frankreichs Kulturpolitik in Deutschland, 1945-1950 (1987). Ein Tübinger Symposium. Hrsg. von Franz Knipping, Tübingen

Frey, Rainer/Wolfgang Holler (1979): Die Grundtypen der Gemeindeverfassung in der Bundesrepublik. In: Frey, Rainer (Hrsg.): Kommunale Demokratie. Beiträge für die Praxis der kommunalen Selbstverwaltung, Bonn-Bad Godesberg, S. 241-274

Friedell, Egon (1976): Kulturgeschichte der Neuzeit, 2 Bände, München

Friedrich, Walther J. (1994): Vereine und Gesellschaften, München

Fuchs, Max (1998): Kulturpolitik als gesellschaftliche Aufgabe. Eine Einführung in Theorie, Geschichte, Praxis, Wiesbaden

Fuchs, Max (2005): Kulturpolitik im Aufbruch? In: *politik und kultur*, 02, 2005

Fuchs, Max (2009: Kulturpolitik, Wiesbaden

Fukuyama, Francis (1992): The End of History (deutsch: Das Ende der Geschichte. Wo stehen wir?), München

Fünf Jahrzehnte kommunale Kulturpolitik (1992), Köln (Reihe C, Deutscher Städtetag-Beiträge zur Bildungs- und Kulturpolitik, Heft 20)

5 Jahre Kulturförderung für die neuen Länder. Ein Bericht zur Kulturförderung des
Bundesministeriums des Innern, Bonn, 1996

Gau, Doris (1990): Kultur als Politik. Eine Analyse der Entscheidungsprämissen und
des Entscheidungsverhaltens in der kommunalen Kulturpolitik, München, S. 18f

Gellner, Ernest (1992): Der Islam als Gesellschaftsordnung, München

Gellner, Ernest (1995): Nationalismus und Moderne, Hamburg

Generaldirektion Bildung und Kultur (2002): Kulturfinanzierung in Europa, Brüs-
sel/Luxemburg (Amt für amtliche Veröffentlichungen der Europäischen Gemeinschaften)

Gesetz zur Regelung des Urheberrechts in der Informationsgesellschaft vom
10.09.2003 in BGBl Teil I/2003 S. 1774ff

Gesetz über die Preisbindung für Bücher (BuchPrG) vom 1.10.2002

Gesetz über Urheberrecht und verwandte Schutzrechte vom 9.9.1965 in der Fassung
vom 13.9.2003 (Gesetz zur Regelung des Urheberrechts in der Informationsgesellschaft)

Glaser, Hermann (1985): Kulturgeschichte der Bundesrepublik Deutschland (3 Bände), Frankfurt/M.

Glaser, Hermann (2001): Was blieb? Blieb was? Rückerinnerung an die Zukunft. In:
Scheytt (2001)

Glaser, Hermann/Karl-Heinz Stahl (1974): Die Wiedergewinnung des Ästhetischen.
Perspektiven und Modelle einer neuen Soziokultur, Berlin

Glaser, Hermann/Karl-Heinz Stahl (1983): Bürgerrecht Kultur, Frankfurt/M./Berlin/
Weimar

Glogner, Patrick (2005): Kulturelle Einstellungen leitender Mitarbeiter kommunaler
Kulturverwaltungen. Empirisch-kultursoziologische Untersuchungen, Wiesbaden
(erscheint Herbst 2005)

Görsch, Markus (2000): Komplementäre Kulturfinanzierung: das Zusammenwirken
von staatlichen und privaten Zuwendungen bei der Finanzierung von Kunst und
Kultur, Leipzig

Göschel, Albrecht (1993): Kulturbegriff in Ost und West (Projektskizze). In: *DIFU-
Berichte* 3

Göschel, Albrecht (1999): Kontrast und Parallele – kulturelle und politische Identitätsbildung ostdeutscher Generationen, Stuttgart/Berlin/Köln

Göschel, Albrecht u. a. (1995): Die befragte Reform. Neue Kulturpolitik in Ost und
West, Berlin (*DIFU-Beiträge zur Stadtforschung*)

Goethe, Johann Wolfgang von (1977): Wilhelm Meisters Lehrjahre. In: ders.: Sämtliche Werke, Bd. 7, München

Gramaccini, Norberto/Michael Krethlow (Hrsg.) (1999): Nutzt die Kulturförderung
den Förderern? Neue Aspekte des Kunst- und Kultursponsorings, Frauenfeld/
Stuttgart/Wien

Grant, Peter S: (2004): Blockbusters and Trade Wars, Toronto

Grasskamp, Walter/Wolfgang Ulrich (2001): Mäzene, Stifter und Sponsoren. 50 Jahre
Kulturpolitik der deutschen Wirtschaft im BDI, Stuttgart

Greverus, Ina-Maria (1978): Kultur und Alltagswelt. Eine Einführung in Fragen der
Kulturanthropologie, München

Grosz, Andreas/Daniel Delhaes (Hrsg.) (1999): Die Kultur AG. Neue Allianzen zwischen Wirtschaft und Kultur, München

Habermas, Jürgen (1962): Strukturwandel der Öffentlichkeit. Untersuchungen zu einer Kategorie der bürgerlichen Gesellschaft, Neuwied/Berlin

Habermas, Jürgen (1985): Die Neue Unübersichtlichkeit. Kleine Politische Schriften, Frankfurt/M.

Häberle, Peter (1983): Kulturpolitik in der Stadt – ein Verfassungsauftrag, Heidelberg/Hamburg/Karlsruhe

Häberle, Peter (1985): Das Kulturverfassungsrecht der Bundesrepublik Deutschland. In: *Aus Politik und Zeitgeschehen*, Beilage zur Wochenzeitung *Das Parlament*, (B28) vom 13 Juli 1985

Häußermann, Hartmut/Walter Siebel (1987): Neue Urbanität, Frankfurt/M.

Hahn-Joecks, Gerhard (1999): Zur Problematik der Besteuerung ausländischer Künstler und Sportler, Baden-Baden

Handbuch der Kulturpreise und der individuellen Künstlerförderung in der Bundesrepublik Deutschland (1985), Bonn

Handbuch des Bundesverbandes Bildender Künstler (1992): ProKunst. Grundsätze und Leitlinien zur Durchführung von Wettbewerben und anderen Projekten auf dem Gebiet der bildenden Kunst, Bonn

Hansen, Klaus Peter (1995): Kultur und Kulturwissenschaft. Eine Einführung, Tübingen/Basel

Hansert, Andreas (1992): Bürgerkultur und Kulturpolitik in Frankfurt am Main. Eine historisch-soziologische Rekonstruktion, Frankfurt/M.

Harrison, Lawrence E./ Samuel P. Huntington (2000): Streit um Werte. Wie Kulturen den Fortschritt prägen, Hamburg/Wien

Hartmann, Anne/Wolfram Eggeling (1998): Sowjetische Präsenz im kulturellen Leben der SBZ und frühen DDR 1945-1953, Berlin

Hartung, Werner/Reinald Wegner (1998): Kultur in neuer Rechtsform. Problemlösung oder Abwicklung? Bonn (Kommunalpolitische Texte der Friedrich-Ebert-Stiftung Band 11)

Heckes, Pia (1990): Kunstpreis-Handbuch, Bad Honnef

Heckes, Pia/Andreas Denk (1990): Stipendien-Handbuch, Bad Honnef

Hein, Dieter/Andreas Schulz (Hrsg.) (1996), Bürgerkultur im 19. Jahrhundert. Bildung, Kunst und Lebenswelt, München

Heinrichs, Werner (1992): Kommunale Kulturarbeit – Kultur vor Ort, Hagen (Studienbrief der Fernuniversität Hagen im Studienangebot „Kulturmanagement – Kulturwissenschaftliche Weiterbildung")

Heinrichs, Werner (1993): Einführung in das Kulturmanagement, Darmstadt

Heinrichs, Werner (1995): Privatisierung öffentlicher Kulturbetriebe aus kulturpolitischer Sicht. In: Heinze, Thomas (Hrsg.) (1995): Kultur und Wirtschaft. Perspektiven gemeinsamer Innovation, Opladen

Heinrichs, Werner (1997): Kulturpolitik und Kulturfinanzierung. Strategien und Modelle für eine politische Neuorientierung der Kulturfinanzierung, München

Heinrichs, Werner (1999a): Kulturmanagement. Eine praxisorientierte Einführung, Darmstadt

Heinrichs, Werner (1999b): Kommunales Kulturmanagement. Rahmenbedingungen, Praxisfelder, Managementmethoden, Baden-Baden

Heinrichs, Werner/Armin Klein (1994): Kulturpolitik. Studienbrief der Kulturwissenschaftlichen Weiterbildung der Fernuniversität Hagen, Hagen

Heinrichs, Werner/Armin Klein (2001): Kulturmanagement von A-Z. 600 Begriffe für Studium und Beruf, München

Hermand, Jost (1986): Kultur im Wiederaufbau. Die Bundesrepublik Deutschland 1945-1965, München

Hermand, Jost (1988): Die Kultur der Bundesrepublik Deutschland, 1965-1986, München

Herles, Wolfgang (2005): Wir sind kein Volk, München

Herzinger, Richard (1993): Der neue Kulturnationalismus. In: *Die Zeit* vom 20.8.1993

Hesse, Konrad (1975): Grundzüge des Verfassungsrechts der Bundesrepublik Deutschland, Karlsruhe

Hessische KulturGesellschaft mbH (1995): Erste Konferenz der Hessischen Kultursommer. Eine Dokumentation, Wiesbaden

Hilgers-Schell, Hans/Helmut Pust (1967): *Culture* und *Civilisation* im Französischen bis zum Beginn des 20. Jahrhunderts. In: Europäische Schlüsselwörter

Hill, Hermann (1997): Geld und Geist – ein ungleiches Paar? In: Hill, Hermann/Iris Magdowski (Hrsg.) (1997): Neue Wege für Kultureinrichtungen, Stuttgart

Hoffmann, Hilmar (Hrsg.) (1974): Perspektiven kommunaler Kulturpolitik, Frankfurt/M.

Hoffmann, Hilmar (1981): Kultur für alle. Perspektiven und Modelle, Frankfurt/M.

Hoffmann, Hilmar (1999): Ihr naht Euch wieder, schwankende Gestalten, Hamburg

Hoffmann, Hilmar (2001): Kultur und Wirtschaft. Knappe Kassen – Neue Allianzen, Köln

Holler, Wolfgang (1978): Die Grundtypen der Gemeindeverfassung in der Bundesrepublik Deutschland. In: Kommunale Politik. Rahmenbedingungen. Strukturen. Entscheidungsprozesse, Bonn, S. 91-94

Horkheimer, Max/Theodor W. Adorno (1969): Dialektik der Aufklärung. Philosophische Fragmente, Frankfurt/M.

Huntington, Samuel P. (1996): Der Kampf der Kulturen. The Clash of Civilizations. Die Neugestaltung der Weltpolitik im 21. Jahrhundert, München/Wien (amerikanische Originalausgab: The Clash of Civilizations, New York 1996)

Husmann, Udo/Thomas Steinert (1993): Soziokulturelle Zentren. Rahmenbedingungen und Grundfunktionen, Berufsfeld und Qualifikationsvoraussetzungen, Essen

Institut für Kulturpolitik/Kulturpolitische Gesellschaft (1998): Bibliographie Kulturpolitik: 1970-1997, Bonn/Essen

Jürgensen, Andri (2002): Ratgeber Künstlersozialversicherung. Vorteile. Voraussetzungen. Verfahren, München

Kant, Immanuel (1978): Beantwortung der Frage: Was ist Aufklärung. In: ders.: Schriften zur Anthropologie, Geschichtsphilosophie, Politik und Pädagogik 1. Hrsg. von Wilhelm Weischedel (Werkausgabe Bd. XI), Frankfurt/M.

Karmasin, Helene/Matthias Karmasin (1997): Cultural Theory. Ein neuer Ansatz für Kommunikation, Marketing und Management, Wien

Kersting, Norbert (2002): Ehre oder Amt? Qualifizierung bürgerschaftlichen Engagements im Kulturbereich, Opladen

KGSt (1979): Verwaltungsorganisation der Gemeinden. Aufgabengliederungsplan, Verwaltungsgliederungsplan, Köln

Klein, Ansgar (2001): Der Diskurs der Zivilgesellschaft. Politische Hintergründe und demokratietheoretische Folgerungen, Opladen

Klein, Armin (1979): Parteien und Wahlen in der Kommunalpolitik. In: Gabriel, Oscar W. (Hrsg.) (1979): Kommunalpolitik im Wandel der Gesellschaft. Eine Einführung in Probleme der politischen Willensbildung in der Gemeinde, Königstein

Klein, Armin (1993): Neues Interesse an der Kultur. Die Ausgaben der Gemeinden von 1981 bis 1991. In: *Der Städtetag* 1, 1993

Klein, Armin (1994a): Regionales Kulturmanagement. Nicht-institutionalisierte kulturelle Zusammenarbeit in der Region. In: *Handbuch KulturManagement* A 2.3

Klein, Armin (1994b): Der kommunale Kulturhaushalt. Teil 1: Der Haushaltsplan der Gemeinde: Steuerungselement für die Wirtschaftsführung der Kommune. In: *Handbuch Kulturmanagement*, Stuttgart, Februar 1994

Klein, Armin (1995a): Der kommunale Kulturhaushalt – Instrument aktiver Kulturgestaltung, Köln (Schriftenreihe Kulturpraxis und Recht Band 1)

Klein, Armin (1995b): Kultur für alle – für wen und wozu. Neuere soziologische Befunde. In Heinze, Thomas (Hrsg.) (1995): Kultur und Wirtschaft. Perspektiven gemeinsamer Innovation, Opladen S. 183-200

Klein, Armin (1996): Der kommunale Kulturhaushalt. Teil 2: Die Bewirtschaftung des kommunalen Kulturhaushalts im Normalfall und in Ausnahmefällen. In: *Handbuch Kulturmanagement*, Stuttgart, August 1996

Klein, Armin (1997a): Öffentliche Kulturförderung. Fördertöpfe für Kulturprojekte in den Bundesländern, Stuttgart August 1997

Klein, Armin (1997b): Öffentliche Kulturförderung. Europäische und bundesdeutsche Fördertöpfe für Kulturprojekte, Stuttgart März 1997

Klein, Armin (1998a): Grundlagen des öffentlichen Haushaltsrechts I. In: *Handbuch Kultur und Recht*, Düsseldorf 1998

Klein, Armin (1998b): Zur Struktur der kommunalen Kulturausgaben von 1975 bis 1995. In: Werner Heinrichs/Armin Klein (Hrsg.): Deutsches Jahrbuch für Kulturmanagement 1997, Baden-Baden, S. 175-191

Klein, Armin (1998c): Öffentliche Kulturförderung. Europäische und bundesdeutsche Fördertöpfe für Kulturprojekte, Stuttgart September 1998

Klein, Armin (1999): Grundlagen des öffentlichen Haushaltsrechts II. In: *Handbuch Kultur und Recht*, Düsseldorf

Klein, Armin (2002): Kulturpolitik und Ziele kulturellen Handelns, Studienbrief im Master-Aufbaustudiengang Kulturmanagement Pädagogische Hochschule Ludwigsburg

Klein, Armin (2002): Kulturpolitik. Eine Einführung, Opladen

Klein, Armin (2004) Projektmanagement. Ein Handbuch, Wiesbaden

Klein, Armin (Hrsg.) (2004): Kompendium Kulturmanagement. Handbuch für Studium und Praxis, München

Klein, Armin (2005): Nachhaltigkeit als Ziel von Kulturpolitik und Kulturmanagement – ein Diskussionsvorschlag. In: Klein, Armin/Thomas Knubben (Hrsg.): Deutsches Jahrbuch für Kulturmanagement 2003/2004, Baden-Baden

Klopstock, Friedrich Gottlieb (1982): Die Deutsche Gelehrtenrepublik, ihre Einrichtung, ihre Gesetze, Geschichte des letzten Landtags. In: ders.: Werke in einem Band, München

Kolbe, Jürgen (2001): Als es noch Kultur für alle gab. Ein Nachruf. In: Scheytt (2001)

Knemeyer, Franz-Ludwig (1993): Die Kommunalverfassungen in der Bundesrepublik Deutschland. In: Roth, Roland/Hellmut Wollmann (Hrsg.): Kommunalpolitik. Politisches Handeln in den Gemeinden, Bonn, S. 81-94

Knemeyer, Franz-Ludwig (1998): Gemeindeverfassungen. In: Wollmann, Helmut/ Roland Roth (Hrsg.): Kommunalpolitik. Politisches Handeln in den Gemeinden, Bonn (Bundeszentrale für politische Bildung)

Knoblich, Tobias (2002): Das Gesetz über die Kulturräume in Sachsen. In: Institut für Kulturpolitik der Kulturpolitischen Gesellschaft (Hrsg.): Jahrbuch für Kulturpolitik 2001, Essen S. 233-242

Knödler-Bunte, Eberhard (1987): Editorial Kulturgesellschaft. In: Themenheft *Kulturgesellschaft* von Ästhetik und Kommunikation, 67

Köpcke, Horst (1993): Pflichten des Kulturstaates. Versagt der Bund in den neuen Ländern? In: *Frankfurter Rundschau* vom 28.12.1993

Kolbe, Jürgen (2001): Als es noch Kultur für alle gab. Ein Nachruf. In: Scheytt (2001) S. 22

Kommission der Europäischen Gemeinschaften (2004): Vorschlag für einen Beschluss des Europäischen Parlamentes und des Rates über das Programm „Kultur 2007" (2007-2013), Brüssel

Kommunalverband Ruhrgebiet (Hrsg.) (1997): Regionale Kulturpolitik für das Ruhrgebiet. Materialien. Dokumente, Essen

Krauss, Marita (1987): Nachkriegskultur in München. Münchner städtische Kulturpolitik 1945-1954, München

Krieger, Georg (1996): Ökonomie und Kunst. Wechselseitige Beziehungen und regionale Aspekte, Berlin

Kroll, Jens M. (1998): Presse-Taschenbuch Kunst, Architektur, Design, 1998/1999, Seefeld

Künstlersozialversicherung (2000). Hrsg. vom Deutschen Kulturrat, Bonn/Berlin

Künstlersozialversicherungsgesetz vom 1. Juli 2001

Küppers, Hans-Georg/Thomas Konietzka (1995): Betriebsformen für die kommunale Kulturarbeit, Köln

Kulturpolitische Gesellschaft/Deutscher Kulturrat (Hrsg.) (2002): Europa fördert Kultur. Ein Handbuch zur Kulturförderung der Europäischen Union, Bonn/Berlin

Kulturpolitische Mitteilungen 106/III/2004: „Was ist kulturelle Grundversorgung"

Kulturpolitische Mitteilung 107/IV/2004: „Kultur verankern"

Lammert, Norbert: Kulturförderung ist Verfassungsauftrag. Klare Vorgabe unseres Grundgesetzes. In: *Das Parlament* Nr. 20, 11.5.2001

Landesarbeitsgemeinschaft der Kulturinitiativen und soziokulturellen Zentren in Hessen (1994): Gemein aber nützlich. Freie Kulturarbeit in Hessen. Kulturpolitische Beiträge, Marburg

Landeszentrale für politische Bildungsarbeit Berlin (1976): Deutsche kommunale Verfassungssysteme, Berlin

Lang, Gerhard (1975): Typen kommunaler Verfassung in der Bundesrepublik Deutschland. In: Wehling, Hans-Georg: Kommunalpolitik, Hamburg, S. 154-182

Lang, Jack (1998): Bitte etwas lauter. Europa vermißt einen Bundeskulturminister. In: *Frankfurter Allgemeine Zeitung* vom 19.5.1998

Langenscheidts Handwörterbuch Französisch. Französisch-Deutsch, Deutsch-Französisch, Berlin u. a. 2000

Langenscheidts Handwörterbuch Englisch. Englisch-Deutsch, Deutsch-Englisch, Berlin u. a. 2000

Lehmann, Klaus-Dieter: Die *Stiftung Preußischer Kulturbesitz* als Beispiel kooperativen Föderalismus (2002) In: Institut für Kulturpolitik der Kulturpolitischen Gesellschaft (Hrsg.): Jahrbuch für Kulturpolitik 2001, Essen

Leibholz, Gerhard/Hans-Justus Rinck (1992): Grundgesetz für die Bundesrepublik Deutschland Kommentar an Hand der Rechtsprechung des Bundesverfassungsgerichts, Köln

Leitsätze zur kommunalen Kulturarbeit (Stuttgarter Richtlinien) (1971). In: Städtische Kulturpolitik. Empfehlungen, Richtlinien und Hinweise des Deutschen Städtetages zur Praxis städtischer Kulturpolitik 1946-1970. Neue Schriften des Deutschen Städtetages, Köln

Lennartz, Knut (1996): Theater, Künstler und die Politik. 150 Jahre Deutscher Bühnenverein, Berlin

Linton, Ralph (1974): Gesellschaft, Kultur und Individuum. Interdisziplinäre sozialwissenschaftliche Grundbegriffe, Frankfurt/M.

Lipp, Wolfgang (1989): Kulturpolitik, Berlin

Malinowski, Bronislaw (1975): Eine wissenschaftliche Theorie der Kultur und andere Aufsätze, Frankfurt/M.

Mangoldt, Hermann von/Friedrich Klein (1992): Das Bonner Grundgesetz Kommentar, München

Mann, Thomas (1960): Betrachtungen eines Unpolitischen. In: ders.: Gesammelte Werke, Band XII, Frankfurt/M.

Marcuse, Herbert (1980): Über den affirmativen Charakter der Kultur. In: ders.: Kultur und Gesellschaft I, Frankfurt/M.[14]

Marquard, Odo (1987): Über die Unvermeidlichkeit der Geisteswissenschaften. In: Marquard, Odo: Apologie des Zufälligen. Philosophische Studien, Stuttgart

Maunz; Theodor/Günter Dürig u. a. (1994): Grundgesetz-Kommentar, München

Meyer, Bernd (1995): Einführung. In: Deutscher Städtetag (1995)

Meyer, Bernd u. a. (1996): Neue Rechtsformen für Kultureinrichtungen, Köln (*Reihe C Deutscher Städtetag-Beiträge zur Bildungs- und Kulturpolitik*, Heft 22)

Meyer, Bernd (1996): Rettungsanker Kulturgesetze? In: *Zeitschrift für Gesetzgebung* 4, 1996

Meyer, Thomas (1989): Fundamentalismus. Aufstand gegen die Moderne, Reinbek bei Hamburg

Meyer, Thomas (2000): Was ist Politik?, Opladen

Minkmar, Nils (2005): Mehr Staat wagen! Der kanadische Anwalt Peter S. Grant fordert besseren Schutz gegen amerikanische Medienmultis. In: *Frankfurter Allgemeine Sonntagszeitung* vom 6. März 2005

Ministerium für Arbeit, Soziales und Stadtentwicklung, Kultur und Sport des Landes Nordrhein-Westfalen (Hrsg.) (1999): Blickwechsel. Forum Regionale Kulturpolitik, Düsseldorf

Ministerium für Wissenschaft, Forschung und Kunst Baden-Württemberg (2000): Kunstpolitik in Baden-Württemberg. Bilanz und Ausblick 2000-2010, Stuttgart

Mitscherlich, Alexander (1965): Die Unwirtlichkeit unserer Städte. Anstiftung zum Unfrieden, Frankfurt/M.

Mitscherlich, Alexander/Margarete Mitscherlich (1967): Die Unfähigkeit zu trauern. Grundlagen kollektiven Verhaltens, München

Morr, Markus (1999): Verplante Kultur? Rahmenbedingungen kultureller Planungen, Essen

Mühlberg, Dietrich (2001): Beobachtete Tendenzen zur Ausbildung einer ostdeutschen Teilkultur. In: *Aus Politik und Zeitgeschichte*. Beilage zur Wochenzeitung *Das Parlament* (B11/2001) vom 9. März 2001

Münch, Richard (1993): Die Kultur der Moderne. Ihre Grundlagen und ihre Entwicklung in England und Amerika, Frankreich und Deutschland, Frankfurt/M.

Murnau, Manila, Minsk. 50 Jahre Goethe-Institut (2001), München

Naschold, Frieder/Marga Pröhl (Hrsg.) (1995): Produktivität öffentlicher Dienstleistungen. Dokumentation zum Symposium, Gütersloh

Naucke, Maria (2001): Der Kulturbegriff in der Rechtsprechung des Bundesverfassungsgerichts, Hamburg (Hamburger Schriften zum Kulturverfassungs- und -verwaltungsrecht)

Nickel, Oliver (Hrsg.) (1999): Eventmarketing. Grundlagen und Erfolgsbeispiele, München

Oppitz, Michael (1975): Notwendige Beziehungen. Abriß der strukturalen Anthropologie, Frankfurt/M.

OXFORD Advanced Learners Dictionary, CD-Version 1.0

Pappermann, Ernst (1984): Rahmenbedingungen kommunaler Kulturpolitik. In: Pappermann, Ernst/Peter Michael Mombauer/Joseph-Theodor Blank (Hrsg.): Kulturarbeit in der kommunalen Praxis, Köln

Parsons, Talcott (1951): The Social System, New York

Perpeet, Wilhelm (1984): Zur Wortbedeutung von 'Kultur'. In: Brackert, Helmut/Fritz Wefelmayer (Hrsg.): Naturplan und Verfallskritik, Frankfurt/M.

Pflaum, Michael (1967): Die Kultur-Zivilisations-Antithese im Deutschen. In: Europäische Schlüsselwörter

Pintarits, Sylvia (1996): Macht, Demokratie und Regionen in Europa. Analyse und Szenarien der Integration und Desintegration, Marburg

Plagemann, Volker (1992): Beitrag. In: Fünf Jahrzehnte kommunale Kulturpolitik (1992)

Plessner, Helmuth (1974): Die verspätete Nation, Frankfurt/M.

Pommerehne, Werner W./ Bruno S. Frey (1993): Musen und Märkte. Ansätze einer Ökonomik der Kunst, München

Presse- und Informationsamt der Bundesregierung (2000): Im Bund mit der Kultur. Neue Aufgaben der Kulturpolitik, Bonn

Priller, Eckhard/Annette Zimmer/Helmut K. Anheier (1999): Der Dritte Sektor in Deutschland. Entwicklungen, Potentiale, Erwartungen. In: *Aus Politik und Zeitgeschichte*. Beilage zur Wochenzeitung *Das Parlament* vom 26. Februar 1999 (B9/99)

Rásky, Béla u. a. (1995): Kulturpolitik und Kulturadministration in Europa. 42 Einblicke, Wien (*österreichische kulturdokumentation. internationales archiv für kulturanalysen*)

Rau, Thomas (1994): Betriebswirtschaftslehre für Städte und Gemeinden, München

Reichard, Christoph (1987): Betriebswirtschaftslehre der öffentlichen Verwaltung, Berlin/New York

Rettich, Hannes (1989): Kunstkonzeption des Landes Baden-Württemberg, Stuttgart

Richter, Reinhard u. a. (Hrsg.) (1995): „Unternehmen Kultur". Neue Strukturen und Steuerungsformen in der Kulturverwaltung, Essen

Rifkin, Jeremy (2000): Access. Das Verschwinden des Eigentums, Frankfurt/M./New York

Röbke, Thomas (Hrsg.) (1993): Zwanzig Jahre Neue Kulturpolitik. Erklärungen und Dokumente 1972-1992, Essen

Röbke, Thomas/Bernd Wagner (1997): Regionale Kulturpolitik. Übersicht über Diskussionen und Literatur. In: Röbke, Thomas/Bernd Wagner (1997): Regionale Kulturpolitik. Kommentierte Auswahlbibliographie, Bonn (*Institut für Kulturpolitik der Kulturpolitischen Gesellschaft*, Materialien, Heft 2)

Roellecke, Gerd (2001): Karlsruhe hat gesprochen: Mephisto. In: *Frankfurter Allgemeine Zeitung* vom 15.9.2001

Rohe, Karl (1986): Politikbegriffe. In: Mickel, Wolfgang W. (Hrsg.): Handlexikon zur Politikwissenschaft, Bonn

Roloff-Momin, Ulrich (1997): Zuletzt: Kultur, Berlin

Rousseau, Jean Jacques (1956): Bekenntnisse, Wiesbaden

Rousseau, Jean-Jacques (1975a): Diskurs über die Ungleichheit. Discours sur l'inégalité. Kritische Ausgabe des integralen Textes. Mit sämtlichen Fragmenten und ergänzenden Materialien nach den Originalausgaben und den Handschriften neu ediert, übersetzt und kommentiert von Heinrich Meier, 3. Aufl., Paderborn/München/Wien/Zürich

Rousseau, Jean-Jacques (1975b): Der Gesellschaftsvertrag oder Die Grundsätze des Staatsrechtes, Stuttgart

Rübsaamen, Dieter (2002): Verfassungsrechtliche Aspekte des Kulturföderalismus. Anmerkungen zum verfassungsrechtlichen Kulturauftrag der Länder; zum Bund-Länder-Zusammenwirken sowie zur Konzeption einer Bund-Länder-Kulturstiftung. In: Institut für Kulturpolitik der Kulturpolitischen Gesellschaft (Hrsg.): Jahrbuch für Kulturpolitik 2001, Essen S. 153 bis 182

SächsKRG vom 20. Januar 1994, veröffentlicht im SächsGVBl

Scheytt, Oliver (1994): Rechtsgrundlagen der kommunalen Kulturarbeit, Köln (Schriftenreihe Kulturpraxis und Recht Band 1)

Scheytt, Oliver (Hrsg.) (2001): Was bleibt? Kulturpolitik in persönlicher Bilanz, Bonn/Essen

Scheytt, Oliver (2004): Kulturverfassungsrecht – Kulturverwaltungsrecht. In: Klein, Armin (Hrsg.): Kompendium Kulturmanagement. Handbuch für Studium und Praxis, München S. 141-159

Scheytt, Oliver (2006): Blick zurück nach vorn – Von der aktiven zur aktivierenden Kulturpolitik. In: Kulturpolitische Mitteilungen 113, II, 2006

Scheytt,Oliver (2008): Kulturstaat Deutschland. Plädoyer für eine aktivierende Kulturpolitik, Bielefeld

Schiller, Friedrich (1965): Die Schaubühne als moralische Anstalt betrachtet. In: Schillers Saemtliche Werke, Band V, Leipzig

Schiwy, Günther (1969): Der französische Strukturalismus. Mode. Methode. Ideologie, Frankfurt/M.

Schiwy, Günther (1973): Neue Aspekte des Strukturalismus, München

Schmidt, Helmut u. a. (Hrsg.) (1996): Wozu deutsche Auswärtige Kulturpolitik?, Stuttgart

Schneider, Wolfgang (2004): Umsturz? Umbruch? Umgestaltung! Überlegungen zur Neustrukturierung der deutschen Theaterlandschaft. In: Jahrbuch für Kulturpolitik 2004. Thema: Theaterdebatte, Essen S. 238

Schneider, Wolfgang (2007): Grundlagentexte zur Kulturpolitik. Eine Lektüre für Studium und Beruf, Hildesheim

Schneidewind, Petra (2004): Die Rechtsform. In: Klein, Armin (Hrsg.): Kompendium Kulturmanagement. Handbuch für Studium und Praxis, München S. 159-178

Scholz, Rupert (1994): Randnotiz Nr. 8 zu Art. 5 Absatz 3 des Grundgesetzes. In: Maunz/Dürig (1994)

Schulz, Andrea (2000): Parastaatliche Verwaltungsträger im Verfassungs- und Völkerrecht. Dargestellt am Beispiel des Goethe-Instituts unter besonderer Berücksichtigung des Staatsorganisationsrechts, der Grundrechte und der Staatenimmunität, Berlin (*Hamburger Studien zum Europäischen und Internationalen Recht; HEIR* 23)

Schulze, Gerhard (1992): Die Erlebnisgesellschaft. Kultursoziologie der Gegenwart, Frankfurt/M./New York

Schulze, Gerhard (1999): Die Zukunft des Erlebnismarktes. Ausblicke und kritische Anmerkungen. In: Nickel, Oliver (Hrsg.): Eventmarketing. Grundlagen und Erfolgsbeispiele, München S. 303-316

Schuster, Franz (Hrsg.) (1989): Region und Kultur, Fachtagung der Konrad-Adenauer-Stiftung, St. Augustin (Institut für Kommunalwissenschaften)

Schwencke, Olaf (1988): Kulturpolitik ist Gesellschaftspolitik. In: Schwencke, Olaf / Norbert Sievers (Hrsg.): Kulturpolitik ist Gesellschaftspolitik. Gedenkschrift für Alfons Spielhoff, Hagen

Schwencke, Olaf (2001): Das Europa der Kulturen – Kulturpolitik in Europa, Essen

Schwencke, Olaf/Klaus H. Revermann/Alfons Spielhoff (Hrsg.) (1974): Plädoyers für eine neue Kulturpolitik, München

Schwencke, Olaf, Joachim Bühler und Marie Katharina Wagner (2009): Kulturpolitik von A-Z. Ein Handbuch für Anfänger und Fortgeschrittene, Berlin Siemons, Mark (2002): Black Box, Status quo. Partythema ‚Kulturpolitik: Weiß einer, was das überhaupt ist?' In: *Frankfurter Allgemeine Zeitung* vom 3.5.2002

Sievers, Norbert (1988): „Neue Kulturpolitik". Programmatik und Verbandseinfluß am Beispiel der Kulturpolitischen Gesellschaft, Hagen (Dokumentation 32 der Kulturpolitischen Gesellschaft)

Sievers, Norbert (Hrsg.) (1998): Neue Wege der Kulturpartnerschaft, Bonn

Sievers, Norbert/Bernd Wagner (Hrsg.) (1992): Bestandsaufnahme Soziokultur. Beiträge, Analysen, Konzepte. Dokumentation des gleichnamigen Forschungsprojektes der Kulturpolitischen Gesellschaft im Auftrag des Bundesministeriums des Innern, Stuttgart/Berlin/Köln

Sievers, Norbert (2004): Kulturelle Grundversorgung – Kultur als Pflichtaufgabe. In: *Kulturpolitische Mitteilungen* 106/III/2004

Sievers, Norbert/Bernd Wagner (Hrsg.) (1994): Blick zurück nach vorn. 20 Jahre Neue Kulturpolitik, Essen

Söndermann, Michael (2001): Zur Lage der öffentlichen Kulturfinanzierung in Deutschland. Ergebnisse aus der Kulturstatistik. In: Institut für Kulturpolitik der Kulturpolitischen Gesellschaft (Hrsg.): Jahrbuch für Kulturpolitik 2000, Essen

Söndermann, Michael (2004): Öffentliche Kulturfinanzierung in Deutschland 2003/ 2004. Ergebnisse der Kulturstatistik. In: Institut für Kulturpolitik der Kulturpolitischen Gesellschaft (Hrsg.):Jahrbuch für Kulturpolitik 2004, Essen

Söndermann, Michael (2008): Öffentliche Kulturfinanzierung in Deutschland 2007. Ergebnisse aus der Kulturstatistik. In: Institut für Kulturpolitik der Kulturpolitischen Gesellschaft (Hrsg.):Jahrbuch für Kulturpolitik 2008, Essen

Späth, Lothar (1989): Regierungserklärung zur Kunstkonzeption vor dem Landtag Baden-Württemberg am 13. Dezember 1989, Stuttgart

Spiekermann, Gert (1994): Soziokulturelle Zentren in der Bundesrepublik Deutschland. Daten – Befunde – Analysen. In: Bundesvereinigung soziokultureller Zentren e.V. (Hrsg.): Netzwerk Soziokultur, Essen

Spiekermann, Gert (1998): Soziokulturelle Zentren und Initiativen in der Bundesrepublik Deutschland. In: Verband Deutscher Städtestatistiker (Hrsg.): Städte in Zahlen/Heft 8. Ein Strukturbericht zum Thema Kultur und Bildung, Oberhausen, S. 215-239

Stadelmaier, Gerhard: Adieu, Dinosaurier. Abwicklung West: Nachruf auf das Schiller-Theater. In: *Frankfurter Allgemeine Zeitung* vom 24.6.1993

Statistisches Bundesamt (Hrsg.) (2001): Kulturfinanzbericht 2000, Wiesbaden/Stuttgart

Statistische Ämter des Bundes und der Länder (2004): Kulturfinanzbericht 2003, Wiesbaden

Statistische Ämter des Bundes und der Länder (2008): Kulturfinanzbericht 2008, Wiesbaden

Sternberger, Dolf (1984): Drei Wurzeln des Politischen, Frankfurt/M.

Stettner, Rupert (2002): Der verkaufte Verfassungsstaat: zur Kompetenzabgrenzung zwischen Bund und Ländern bei der Kulturförderung unter besonderer Berücksichtigung der Kulturstiftung des Bundes. In: *Zeitschrift für Gesetzgebung* 17, 2002, 4 S. 315-334

Strachwitz, Rupert Graf (1994): Stiftungen – nutzen, führen und errichten: ein Handbuch, Frankfurt/M./New York

Strachwitz, Rupert Graf (1999): Die Rahmenbedingungen des Dritten Sektors und ihre Reform. In: *Aus Politik und Zeitgeschichte*. Beilage zur Wochenzeitung *Das Parlament* vom 26. Februar 1999 (B9/99)

Straßl, Karl-Gerhard (2001): Kulturpolitik des Bundes, München

Sucher, Bernd C. (1996): Theaterlexikon. Epochen, Ensembles, Figuren, Spielformen, Begriffe, Theorien, München

Thiele, Carsten Peter (2000): Europa. Werte. Wege. Perspektiven, Berlin (Presse- und Informationsamt der Bundesregierung)

Trommler, Frank (1983): Kulturpolitik der Bundesrepublik Deutschland. In: Langenbucher, Wolfgang (Hrsg.): Kulturpolitisches Wörterbuch Bundesrepublik Deutschland, Deutsche Demokratische Republik im Vergleich, Stuttgart

Tylor, Edward Burnett (1871): Primitive Culture, London

van der Loo, Hans/Willem van Reijen (1992): Modernisierung. Projekt und Paradox, München

van der Will, Wilfried/Rob Burns (1982): Arbeiterkulturbewegung in der Weimarer Republik, 2 Bände, Frankfurt/M./Berlin/Wien

Verband der Bayerischen Bezirke (Hrsg.) (1996): Regionale Kulturpflege auf dem Weg in das neue Jahrhundert. Verbandsversammlung des kommunalen Spitzenverbandes der Bayerischen Bezirke in Würzburg 1996, München

Verfassungen der deutschen Bundesländer. Gesetze über die Landesverfassungsgerichte (1995) München (Beck-Texte im dtv)

Vertrag zwischen der Bundesrepublik Deutschland und der Deutschen Demokratischen Republik über die Herstellung der Einheit Deutschlands. In: Grundgesetz für die Bundesrepublik Deutschland (1995), München (Beck'sche Textausgaben)

Vermeulen, Peter/Kathrin Michel (1994): Sozialversicherung und Verwertungsrechte im Kulturbereich, Köln (Schriftenreihe Kulturpraxis und Recht Band 1)

Vogel, Bernhard (2002): Kulturpolitik – Aufgabe und Verantwortung der Länder in Deutschland und Europa. In: Institut für Kulturpolitik der Kulturpolitischen Gesellschaft (Hrsg.): Jahrbuch für Kulturpolitik 2001, Essen S. 57 bis 62

Vogt, Matthias Theodor (1993): Kinder, schafft Neues! Eine Einführung in das SächsKRG. In: Kulturräume in Sachsen. Eine Dokumentation. Mit dem Rechtsgutachten von Fritz Ossenbühl und einer photographischen Annäherung von Bertram Kober. Herausgegeben von Matthias Theodor Vogt, Leipzig

Wagner, Bernd (1993): Zwanzig Jahre Neue Kulturpolitik. Eine Bibliographie, Essen

Wagner, Bernd (Hrsg.) (1997): Kommunale Kulturentwicklungsplanung. Beiträge und Materialien, Bonn

Wagner, Bernd (Hrsg.) (2000): Ehrenamt, Freiwilligenarbeit und bürgerschaftliches Engagement in der Kultur, Bonn

Wagner, Bernd (2003): Engagiert für Kultur: Beispiele ehrenamtlicher Arbeit im Kulturbereich, Essen

Wagner, Bernd (2004): ‚Kulturstaat' und ‚kulturelle Grundversorgung'. Ist ihre verfassungsmäßige Verankerung sinnvoll und hilfreich? In: *Kulturpolitische Mitteilungen* 106/III/2004

Wagner Bernd/Annette Zimmer (Hrsg.) (1997): Krise des Wohlfahrtsstaates – Zukunft der Kulturpolitik, Essen

Wallenfels, Dieter/Christian Russ (2002): Preisbindungsgesetz. Die Preisbindung des Buchhandels, München

Walzer, Michael (1992): Zivile Gesellschaft und amerikanische Demokratie, Hamburg

Was tut der Bund für die Kultur. Antwort auf zwei Große Anfragen, Bonn 1984 (Presse- und Informationsamt der Bundesregierung. Reihe: Berichte und Dokumentationen)

Weber, Max (1905): Die protestantische Ethik und der ‚Geist' des Kapitalismus, Tübingen

Weber, Max (1956): Wirtschaft und Gesellschaft, Tübingen

Weber, Max (1992; erstmals 1919): Politik als Beruf, Stuttgart

Wege zur menschlichen Stadt. Vorträge, Aussprachen und Ergebnisse der 17. Hauptversammlung des *Deutschen Städtetages* vom 2. bis 4. Mai 1973 in Dortmund (1973), Stuttgart

Wehling, Hans-Georg (1989): Kulturpolitik, Stuttgart

Weizsäcker, Richard von (1987): Die politische Kraft der Kultur, Reinbek bei Hamburg

Welck, Karin von (2002): Die Kulturstiftung der Länder. Ein Beispiel für kooperativen Föderalismus. In: Institut für Kulturpolitik der Kulturpolitischen Gesellschaft (Hrsg.): Jahrbuch für Kulturpolitik 2001, Essen

Welsch, Wolfgang (1990): Kulturpolitische Perspektiven der Postmoderne. In: Cornel, Hajo/Volkhard Knigge (Hrsg.): Das neue Interesse an der Kultur, Hagen (Kulturpolitische Gesellschaft e.V., Dokumentation 34)

Welsch, Wolfgang (1988): Unsere postmoderne Moderne, Weinheim

Winters, Peter Jochen (1996): Das Reich war nicht zuständig, half aber, wo es konnte. In: *Frankfurter Allgemeine Zeitung* vom 9.1.1996

Wulf, Joseph (1963ff) zu den verschiedenen Künsten sowie zu Presse und Funk im Dritten Reich, Reinbek bei Hamburg

Zacharias, Wolfgang (2001): Kultur und Bildung. Kunst und Leben. Zwischen Sinn und Sinnlichkeit, Essen

Zacher, Joachim/Michael Zacher (2000): Soziale Sicherheit für Künstler und Publizisten. Das Handbuch zur Künstlersozialversicherung, Starnberg

Zehetmair, Hans (2001): Kultur bewegt. Kulturpolitik für Bayern, München

Zimmer, Annette (1996): Vereine – Basiselemente der Demokratie, Opladen;

Zimmer, Dieter E. (1992): Kultur ist alles. Alles ist Kultur. Über die sinnlose Erweiterung des Kulturbegriffs und was dies bedeutet für die öffentlichen Etats. In: *Die Zeit* vom 4.12.1992

Zimmermann, Olaf (1992): Im Labyrinth der Künstlerförderung. Handbuch für Stipendien, Spenden, Sponsoring und Alternativen, Köln

Zimmermann, Olaf/Gabriele Schulze (Hrsg.) (1999): Wer ist was in der Kulturpolitik – Handbuch des Deutschen Kulturrates, Berlin

Zimmermann, Olaf/Gabriele Schulz (Hrsg.) (2000a): Verbändealmanach 2001/2002. Bonn/Berlin

Zimmermann, Olaf /Gabriele Schulz (Hrsg.) (2000b): Handbuch Kulturverwaltung, Bonn/Berlin

Zimmermann, Olaf/Gabriele Schulz (2001): Strukturen der Kulturpolitik in der Bundesrepublik Deutschland. In: *Handbuch KulturManagement*, Mai 2001, Lieferung A 1.8

Zimmermann, Olaf/Gabriele Schulz (2002): Herausforderung Kulturpolitik. Die Antworten der Parteien – Ein Überblick. In: *politik und kultur*. Zeitung des Deutschen Kulturrates, Sonderausgabe Wahlprüfsteine 2002 S. 2

ZKP (1982): Bericht der Kommission Zukunftsperspektiven gesellschaftlicher Entwicklungen, erstellt im Auftrag der Landesregierung von Baden-Württemberg, Stuttgart

Zweites Gesetz zur Änderung des Künstlersozialversicherungsgesetzes und anderer Gesetze vom 13. Juni 2001. In: *Bundesgesetzblatt* 1,2001, S. 1027 (*KSVG*) Stand 1. Juli 2001

Über neue Formen der Sozialbindung

> Theoretische und ethnografische Erkundungen

Ronald Hitzler / Anne Honer /
Michaela Pfadenhauer (Hrsg.)

**Posttraditionale
Gemeinschaften**
Theoretische und ethno-
grafische Erkundungen

2009. 358 S. (Erlebniswelten
14) Br. EUR 24,90
ISBN 978-3-531-15731-3

Erhältlich im Buchhandel
oder beim Verlag.
Änderungen vorbehalten.
Stand: Januar 2009.

Der Inhalt: Theorien zum Phänomen der posttraditionalen Gemeinschaft – Metaprozesse posttra-
ditionaler Gemeinschaftsbildung – Situative und
transsituative Vergemeinschaftung – Posttraditio-
nalisierung von Gemeinschaft – Die Rückkehr der
Biologie in der posttraditionalen Gemeinschaft

Posttraditionale Gemeinschaften weisen vielfältige thematische Fokussierungen auf, verfügen
jedoch typischerweise nicht über wirksame
Sanktionsmöglichkeiten zur Durchsetzung von
Wichtigkeiten und Wertigkeiten bei ihren Mitgliedern. Sie können den Einzelnen weder zur Mit-
gliedschaft, noch im Rahmen seiner Mitglied-
schaft verpflichten, sondern ihn in aller Regel
lediglich verführen.

Diese „Verführung" geschieht wesentlich durch
die Option zur Teilhabe an einer für die Betroffenen attraktiven Form teilzeitlichen sozialen
Lebens, zu dem auch als „erlebenswert" ange-
sehene, vororganisierte „Ereignisse" bzw. Events
gehören.

www.vs-verlag.de

VS VERLAG FÜR SOZIALWISSENSCHAFTEN

Abraham-Lincoln-Straße 46
65189 Wiesbaden
Tel. 0611.7878-722
Fax 0611.7878-400